U0041629

交游×移界

游界
交與
移

主編
梅家玲
林姵吟

陳熙遠
張哲嘉
周春燕
胡曉真
黃子平
黃美娥
梅家玲
林姵吟
廖炳惠
黃英哲
張必瑜
沈　冬
洪淑苓
著

跨文史視野中的文化傳譯與知識生產

目 錄

作者簡介

（依論文編排順序）

　　陳熙遠，中央研究院歷史語言研究所副研究員。研究的主要焦點為明清時期的文化傳統與禮教秩序，如何隨著歷史地理內外在條件的演變，從而造成斷裂、轉化或重現等課題。研究成果可查參史語所網頁。

　　張哲嘉，中央研究院近代史研究所副研究員，檔案館主任。研究興趣包括身體史、藥物史、法醫史、近代東西方科學交流史。近年與沙培德（Peter Zarrow）合編有《第四屆國際漢學會議論文集：近代中國新知識的建構》。

　　周春燕，東吳大學歷史系兼任助理教授。主要研究中國婦女史、明清以來中國公共衛生發展史等領域，曾出版《女體與國族：強國強種與近代中國的婦女衛生（1895-1949）》一書，及發表相關論文多篇。

　　胡曉真，現任中央研究院中國文哲研究所研究員。主要研究領域是明清敘事文學、清末民初文學與女性文學。著有《才女徹夜未眠——近代中國女性敘事文學的興起》、《新理想、舊體例與不可思議之社會——清末民初上海「傳統派」文人與閨秀作家的轉型現象》，近期編有《日常生活的論述與實踐》一書（與王

鴻泰合編）。

黃子平，香港浸會大學中文系榮譽教授。近著有《歷史碎片與詩的行程》、《遠去的文學時代》等。

黃美娥，臺灣大學臺灣文學研究所教授兼所長。長期從事臺灣文學研究與史料編纂，近期編有《魏清德全集》和《臺灣原住民族關係文學作品目錄 1603-1945》、《臺灣原住民族關係文學作品選集 1603-1945》。

梅家玲，臺灣大學中文系特聘教授兼文學院臺灣研究中心主任。研究領域兼括中國近現代文學、臺灣文學與六朝文學。近期代表作為《從少年中國到少年臺灣》。

林姵吟，香港大學中文學院助理教授，哈佛燕京學社 2015/16 訪問學者。發表關於臺灣文學的中英文論文三十餘篇，英文專書 *Colonial Taiwan: Negotiating Identities and Modernity through Literature* 即將出版，編有 *Print, Profit, and Perception: Ideas, Information and Knowledge in Chinese Societies, 1895-1949*。

廖炳惠，美國加州大學聖地牙哥分校川流講座教授。著有中英文研究論文近百篇及專書《關鍵詞200》，《吃的後現代》、《臺灣與世界文學的匯流》等，並編有英文專書 *Taiwan under Japanese Colonial Rule* (co-edited with David Wang) 和 *Comparatizing Taiwan* (co-edited with Shih Shu-mei)。

黃英哲，現任日本愛知大學現代中國學部教授、國際問題研究所所長。專攻：臺灣近現代史、臺灣文學、許壽裳研究。近年著有《「去日本化」「再中國化」：戰後臺灣文化重建（1945-1947）》、《漂泊與越境：兩岸文化人的移動》；編有《許壽裳臺

灣時代文集》、《許壽裳遺稿（共四卷）》（與陳漱渝、王錫榮合編）、《臺灣省編譯館檔案》（與許雪姬、楊彥杰合編）。

　　張必瑜，倫敦大學亞非學院臺灣研究中心副主任。近期代表作為英文專書 *Place, Identity, and National Imagination in Post-war Taiwan*。

　　沈冬，臺灣大學音樂學研究所教授兼藝文中心任。研究領域為中國音樂史，近年專力於戰後臺灣流行歌曲。近期代表作為《寶島回想曲——周藍萍與四海唱片》（主編、合著），以及有關臺灣流行歌曲之系列研究論文。

　　洪淑苓，臺灣大學中文系教授。研究現代詩、民間文學、臺灣文學。著有《思想的裙角——臺灣現代女詩人的自我銘刻與時空書寫》、《臺灣民間文學女性視角論》等。

導論

林姵吟／梅家玲

　　明清以來，中外交流即日益頻繁；鴉片、甲午戰爭之後，中國／臺灣與異文化的往來對話，更因為民族意識的介入、教育啟蒙思想的蔚興、帝國與殖民的權力運作，衍生出許多駁雜面向。此後，第二次中日戰爭（1937-45）與國共內戰，造成民眾在二十世紀中葉大規模的流離遷徙，中國與臺灣的走向，亦在兩岸分隔之後，各有參差。而本書，便是試圖經由「文化傳譯」與「知識生產」角度切入，剖析其間多元駁雜的歷史文化進程。

　　「文化傳譯」來自不同文化體系間的交會與交鋒，帶來的不只是對於異文化的翻譯傳播，也是不斷游移的邊界想像，是文字、文本與文化的持續辯證。它可以落實為生活實踐，更可以進入文學書寫與知識體系，隨著教育制度、出版傳媒與各式網絡流通，進行典範與制度的轉移、知識的生產與再生產，以及族群社會認同的轉折變化。要言之，將包括以下幾個不同層面的問題：

　　一、翻譯與傳播：包含語言、觀念與經典等不同性質與脈絡的知識生產與轉型個案研究；

二、典範與制度：包含知識類型（宗教、醫學、歷史、文
　　學、音樂）及組織制度（大學社群、調查機構、雜誌團
　　體）的比較研究；

三、網絡與流動：包含人物群體、知識體系、文本、文化場
　　域等有形與無形層面與動態的文化研究；

四、（多）中心與邊陲：包含東亞（近現代中國及日本）及
　　其周邊（韓國、臺灣、琉球／沖繩、中國邊疆）的跨國
　　空間架構；

五、論述與想像：包含帝國與殖民、邊疆與異域、正統與規
　　範、性別與族群等不同時空及文化脈絡的論述分析；

六、假說與理論：包含個別研究的主要分析課題和解釋學
　　說，以及對於當代東亞研究主要論述的批評。

　　這些層面所觸及的學科領域各有不同，可謂關涉至廣，各有
側重；但整體而言，卻也彼此相關。尤其是，放在明清迄今的歷
史進程中省視，更可發現：動盪的政局、遷變的疆域、各種有形
無形的行旅歷程，皆所以牽動其間的運作發展，及其對於現代性
的追求過程。而本書，基本上乃是針對若干具體個案予以深入
考察，論析它們如何體現了不同時期、不同類型的文學、文化
或知識體系中的轉折變化。它的源起，首先是國內幾位學界同
道，於2007年以「交界與游移──跨文史視野中的文化傳譯與
知識生產」為主題，共組整合型計畫研究團隊，在國科會（現改
為「科技部」）支持下，就此議題進行研探。2009年秋天，由梅
家玲與林姵吟合作，先後在臺灣大學與英國劍橋大學，舉行國際

研討會，擴大國際學術交流。而收錄於本書的十三篇論文，主要便是這些成果的結集。它們有些和臺大或劍橋大學會議時發表的不同，但仍依循原有的「交界與游移」這一主題，就若干不同個案，從歷史、文學、文化史等角度來進行回應與闡述。其章節編排，以各篇題旨為主，時間次序為輔，分為四輯：

（一）知識生產與觀念轉型

本輯收有兩篇關於晚清中國及一篇近代中國的論文，分別關注今文學派儒教觀、日本旅人如何看待中國衛生，以及中國消費者哺育觀。三篇論文不約而同地凸顯了知識生產中，由不同個人或特定群體所形成的人際網路，以及過程中的觀念轉化與互滲。

其中，陳熙遠的論文探討晚清時期強調通時達變的今文學者，在重構其孔教的核心理論時，如何吸納了既有經今古文傳統的資源，又如何同時受其對西教理解（或誤解）的影響與制約。文章中做了一個大膽的假設：即今文學派的孔教理論建構與其對西教認知上具有某程度相應的交互作用。特別是耶教聖經中的新約與舊約，曾一度為晚清公羊學派提供了分疏今古文的參照點。

張哲嘉分析晚清時期的中日文化交流，聚焦當時日本出訪中國者之紀錄中所折射出的中國衛生與健康概況。他將訪華者依身分分為十類，然後逐一析論其眼中的中國印象。文章說明日本人對中國衛生落後之觀感和當時西方人頗為相似（西醫在當時日本勢力漸強所致），行文之中不乏歧視性字眼，但也有正面的評價（如中國北方人的體魄強健），而這些負面的評價在某程度上說明了日人企圖超越中國的文化心態。

　　周春燕的文章延續關於保健概念的討論。針對近代中國哺乳觀念的變遷，她梳理了西方以兒童為本位的觀念傳入中國後，所產生的一系列對傳統哺乳方式的衝擊（例如對乳母或代乳粉的選擇日趨嚴格，更加講究「科學」的方法哺育），也論證了西方哺育觀念因與「強國」論述的結合而來勢洶洶，而由鮮乳和代乳粉廠商與當地醫師或士紳結合的網絡，則透過印刷文化，尤其是報章雜誌上的廣告，加劇了這場哺育觀念之爭。

（二）文學典律的建構與重組

　　本輯時間跨度較大，但主題集中。三篇論文分別觸及清代以來的城市志書寫、現代中國文學史敘事、戰後臺灣文學典律的樹立。典律（canon）在希臘字源（kanon）上有丈量之意，英語中的使用由天主教開始，特指教廷所認可的經文，以與所謂「偽經」區隔開來。文學批評上可被理解為持續被沿襲、推崇的特定文本、作家或書寫範式。每一政治權力的交界、交接之際皆引發了典律的重構。典律和權威或霸權常有依從關係，因此遭人詬病。[1]

　　胡曉真以劫餘文人的城市書寫入手，不但梳理了「地方志」這一傳統書寫形式的多重作用與詮釋空間，也有以私人城市志對

---

[1]　不過John Guillory換了一個角度來看這個問題。他認為重點不在於哪位作家被視為經典、哪位被排除在外，而是何以會有此爭議。他援引布迪厄，強調經典生成時的特定歷史背景和體制運作，以及經典作品的生產和流通。參見其專著 *Cultural Capital: The Problem of Canon Formation* (Chicago: University of Chicago Press, 1994).

照官方版本的況味。論文以范祖述的《杭俗遺風》與丁丙編纂的《武林坊巷志》為本，闡述前者在細寫食物上有先前城市志書寫之風，但少了對政教歷史之興趣，以繁華日常為主，為俗世化城市書寫的佳例。同寫杭州，丁丙卻另闢蹊徑，以徵引他人著作為方法，植入自己之聲音，構築出杭州的集體記憶。在文獻輯佚上承襲了清代風範，但單一城市「坊巷」的考據又有別於傳統地方志，可謂文人化的地方志。劫難後如何記憶、怎樣重建因人而異，而太平天國一戰實為私人撰寫的城市志過渡到都市文學之關鍵。

黃子平從1935年趙家璧集當時文化菁英編選而推出的《中國新文學大系》談起，分析此選集如何以「作品精選」加「專家導讀」的方式，將中國現代文學「第一個十年」（1917-1927）經典化，從而奠定現代文學史敘事的基本架構。[2] 文章進一步梳理「大系」如何在1980年代後鹹魚翻身，陸續推出了第二（1928-1937）、第三（1938-1949）、第四輯（1949-1976），但也因攸關兩岸三地「文學經典」的整合而引發諸多問題：如文學史的斷裂與連續、文學的地緣政治、文學知識生產間的平衡與不平衡、文學史的文獻與系譜學，和作品的評價等。

黃美娥研究戰後初期臺灣文學新秩序的生成與重構，與胡

---

[2]　文學史的撰寫在中國肇始於二十世紀初期，未見於古代中國文學批評論述中。二十世紀之交的中國文學史書寫受了日本影響，例如林傳甲1910年出版的《中國文學史》，乃參照日本學者笹川種郎（1870-1949）的《支那文學史》而撰。關於現代中國文學史的體制化之討論，可參見張英進（Yingjin Zhang）的 "The Institutionalization of Modern Literary History in China 1922-1980," *Modern China* 20.3 (July 1994): 347-77.

曉真之文呼應，同樣關注時局驟變下文人的肆應和自處，也與黃子平論文有所對照，皆涉及文學場域中的政治角力。黃美娥鎖定1945年10月25日起一年內（即「光復元年」），提出「光復元年」文學階段論這一視角，以對現有研究臺灣戰後初期慣用的「去日本化，再中國化」詮釋框架進行補充，以更精緻地勾勒出臺籍文人、作家在政權遞嬗之際的努力，以及因「光復」後新舊、雅俗文學者間的跨界與分合。論文以數種過去較少被關注的期刊為個案，闡述「光復」對臺籍文人的意涵，論證其在文學秩序的「復歸」下，已在不同刊物中注入新意，特別是當中的集體文學國族主義化傾向，以及如何與中國文學嫁接又不失臺灣文學特殊性的思考，這短短一年的發展已奠定了戰後初期臺灣文學史之源頭。

（三）現代性的表述與再現

現代性的定義分歧，廣義上指現代的各種特質與情境，如歷史編纂上的分期、從農業至工商業社會的物質化進程、波特萊爾式的美學現代性，或自由、民主等概念，具多重向度的表述方式。與西歐諸國歷時約三百年的進程不同，中國和臺灣的現代性進程被壓縮，顯得早熟，不但未必有相對應的物質條件為輔，也與國族幽靈和殖民情境勾連不清。歸入此部分的三篇論文聚焦於二十世紀前半不同現代性的呈現，含括中國現代文學轉型中「聲音」的介入、三〇年代臺灣婚戀小說中「文明」的再現、殖民地氣候如何折射出日本殖民者與臺灣的曖昧以及殖民論述的不穩定性。

　　梅家玲的文章關注近代中國在文學的現代性追求過程中，聲音與文字轉型之際所牽涉的美學與政治等層面的拉扯和張力，例如如何從南腔北調的方言鄉音統合成中州正韻的「國語」。論文首先檢視「讀詩會」、「中國詩歌會」的誦讀實踐，分析前者菁英化和後者大眾化的取向，然後爬梳1937年中日戰爭爆發後朗誦活動如何走向群眾，並說明了聲音與文字間的頡頏，以及政治驅力主導下的朗誦詩特色，最後將此「聲音論述」置入朱自清等人的「語文教育」下加以闡述，論證當代國語文學和語文教育相輔相成之關係。

　　林姵吟聚焦日治臺灣，以1930年代於報章上連載的長篇婚戀主題小說為中心，探究這些作品中折射的「文明」視域。文章首先強調「文明」這一概念在中文語境中的多義轉化和展演，然後以徐坤泉的中文小說和林煇焜的日文小說為例，逐一析論兩位作家作品中「文明」磋商最為明顯的四個面向：折衷的婚戀價值觀與對新社會欲迎還拒的游移態度、中西揉合的宗教視界、駁雜的文化互文、等差式的關於臺灣的地誌書寫，最後探究此類通俗文本從社會學、文學、女性為中心等閱讀方式切入所分別具有的意涵。

　　廖炳惠的論文〈氣候變遷與殖民統治〉將重點轉向殖民者，討論日本人如何建構關於其南進政策根據地臺灣的「南方」論述，以推進其殖民統治。文章首先介紹了塔席克（Michael Taussig）關於天氣的三階段論述，然後剖析日本旅遊文學家（池上秀畝和佐藤春夫）對臺灣風土的觀察，並對照臺灣作家龍瑛宗如何將臺灣的濕熱和被殖民者的自憐，甚或自我敵視心態結

合。無獨有偶，石川欽一郎也經歷了自我摒棄，不斷地藉由臺／日的類比，對殖民地或懷舊或排斥，再再顯示了其殖民者身分的幽微轉折和岌岌可危的（日本）本我。

（四）戰後臺灣的族群，文化傳播與家國想像

本輯有四篇論文，探討臺灣社會因著國民黨遷臺而激化的不同族群的文化交匯。兩篇關注戰後初期的省籍關係與家國想像，一篇涉及戰前中國流行文化在戰後臺灣的鏈接，另一篇處理當代臺灣的原／漢議題。

黃英哲以陶晶孫（1897-1952）唯一遺留的日文小說〈淡水河心中〉（淡水河殉情）為中心，探究這位作家的多重跨界書寫。陶氏本身即具豐富的地理和職業的跨界經驗：畢業於九州帝國大學醫學部，參與「創造社」及左聯活動。戰後任職臺大熱帶醫學研究所，1950年亡命日本至1952年病逝之中，創作旺盛。〈淡水河心中〉從社會新聞改編成文學作品，以理解日文的外省青年為中介者，重新再現了戰後初期臺灣社會的省籍矛盾，日本殖民經驗與新來的統治者間交界後而生的語言、文化記憶的隔閡。小說敘述者本身的雙語能力（和陶晶孫本人相似）則讓他得以從多元視角記錄這起殉情事件，使官方論述和街談巷議得以交匯、碰撞，浪漫殉情被導向雅正，虛實重疊難辨。

張必瑜以戰後初期臺灣的小學地理課本為主，探討國民黨政府如何透過這些教課書的課文，以及其他儀式（如升降旗典禮）和物件（如地圖、標語、領袖肖像）全面地展演了其一如阿圖塞（Louis Pierre Althusser）所言的「意識形態國家機器」

（ideological state apparatuses）的反共邏輯，並強行灌輸其官方版本的、將臺灣架空的地理知識，導致戰後一代人在「中華民國」文化地理想像中，對本土臺灣反生失根之感。文中釐析了黨國化地理教育的三大策略：愛國愛鄉、敵人與失土的強調、邊陲化臺灣，提醒我們此以中華民國為主的認同建構終將隨臺灣政治生態的改變而被淘汰。

　　沈冬的論文以慎芝及群星會為切入點，由視、聽兩方面切入，探討《群星會》如何成為「極視聽之娛」的節目。文章首先勾勒了關華石與慎芝的背景與音樂生涯，對《群星會》音樂外的部分做文化史的分析（例如其演出型態，慎芝為《群星會》設計的節目行銷網絡，及她將廣播歌唱節目轉型為電視節目的過程），也經由對《群星會》演唱曲目及其作曲作詞者之考訂，追溯歌曲源頭，分析歌曲特色，並理出《群星會》早期歌曲由上海老歌、香港時代曲與臺灣原創的國語流行歌曲「三分天下」之局面，以及「洋曲中詞」的翻唱歌曲迅速萌生之情況，而《群星會》以衣香鬢影所營造出的視聽極致，則為六〇年代的臺灣觀眾提供了現實之外的無限想像。

　　洪淑苓則以泰雅族詩人瓦歷斯諾幹的作品入手，析論其中的族群書寫與文化關懷，與黃英哲論文中的省籍關係相呼應。文章側重探討瓦歷斯詩作中的幾大主題，諸如反映原住民都市生活的困頓、建構族群歷史（尤其是藉由霧社事件的再現）以對抗遺忘、隨著伊能嘉距的腳蹤，再次探勘原住民家園、叩問國家體制對其的破壞。文章指出後殖民式的抗爭逆寫只是瓦歷斯的初期目標。與其對母語書寫孤注一擲，瓦歷斯更看重內在精神的覺醒，

關注如何讓原住民文化重新在生活實踐中活化，以及如何在全球化大潮下達至族群和諧共處。

上述論文呈現了十三個相關但又各自獨立的個案研究。作者們共同聚焦於不同政權、意識形態、族群、語言、文化、觀念、體系、媒介之交界後所產生的游移與衝擊，除了關注參與其中的能動者（如個別作家、旅人或特定組織成員）持續磋商、磨合、折衷、應變的游移過程，也強調知識的建構性，及建構背後鑲嵌的角力軌跡和多重因素。我們衷心感謝從研究的開展到論文結集期間，科技部、臺灣大學、劍橋大學、哈佛燕京學社與蔣經國國際學術交流基金會所提供的各種協助，並感謝香港大學文學院徐朗星研究基金（Hsu Long Sing Research Fund）的出版資助，更期許這本跨文史的論文集能為文化傳譯和知識生產（尤其是中國和臺灣的脈絡下）的研究起到拋磚引玉之效。

Part I

知識生產與觀念轉型

新舊約與今古文

——「聖經」在儒教中國的近代啟示[*]

陳熙遠

　　江蘇無錫「瘦鶴詞人」鄒弢（1850-1931）以自己與上海青樓才女蘇韻蘭（汪瑗）的交往為經緯，鋪陳了一部《海上塵天影》（1896）。[1] 當時六十九歲的「天南遯叟」王韜（1828-1897）為其寫序，盛稱該書「於時務一門議論確切」，其中並寓有「經世實學」，足以「善風俗而導顓蒙」，讀者不可徒以「說部」視之。[2] 書中有回描述主角韓秋鶴與友人在桐華院裡宴飲，恰有在座的「美國名伎」馬利根提及天主，眾人於是紛紛琢磨起西教各種派別與彼此差異，大抵就是王韜所謂「議論時務」的景況。其中有段對話值得玩味：

[*] 本文為國科會計畫「聖經的啟示：經典、上帝與群眾在現代轉型中的儒教中國」（NSC 96-2411-H-001-057）之部分研究成果。撰修過程中先後得葉天賜、楊肅毓、蔡嵐婷、黃翊峰與施亞霓等學友的協助與校閱，定稿並蒙林姵吟教授細心斧正，謹此深致謝忱。
[1] 陳汝衡，《說苑珍聞》（上海：上海古籍，1981），頁105-107。
[2] 王韜，〈海上塵天影敘〉，司香舊尉〔鄒弢〕，《海上塵天影》，收入《古本小說集成》（上海：上海古籍，1990）。

〔馮〕碧霄道：「天主教重耶穌，耶穌教又說『上帝耶穌』、『我主耶穌』，多有『耶穌』這人。他的教又是不合的。究竟何時分起？不合之處何在？」

〔韓〕秋鶴道：「不同的很多呢！我也不盡知道，但知道天主教奉耶穌的娘馬利亞，耶穌教不奉；天主教尚偶像，耶穌教不尚；天主教師不婚不娶，耶穌教師婚娶生子；天主教名瞻禮，耶穌教名禮拜；天主教律例嚴而繁，耶穌教律例寬而簡；天主教尚拘守，耶穌教善變通；天主教有會有王，耶穌教有會無王；<u>天主教不專將新、舊約示人，耶穌教專重新、舊約</u>，這便是不同之處。但據我看來，<u>耶穌教近儒、近墨</u>，能博施兼愛，發經濟為事功；<u>天主教是楊子為我</u>，不喜多事，妄與人交涉⋯⋯。」[3]

馮碧霄的提問反映當時一般士人對「西教」分歧的好奇，特別是晚清耶穌新教強勢引進中國，似與原以天主教代表的「西教」有所出入。而作者所化身的主角韓秋鶴當下便從組織制度到教義宗旨，羅列兩者的差異。他以為耶穌教接近儒、墨兩家，而將天主教類比為楊朱之流，形成「為群」與「為己」的尖銳對比。在此對比中，儒、墨兩家似與耶穌新教劃為同一陣營，此與當年孟子同時距楊闢墨——前者為我無君、後者兼愛無父，已有微妙的差異，殆與墨子／墨教在近代思潮中被重估有關。作者藉小說主角對天主教與耶穌教的評比，與其說是其個人偏好，毋寧更反映出

---

[3] 司香舊尉，《海上塵天影》，〈第四十三章綺香園奇立斷腸碑彩蓮船偷看揹背戲〉，頁20。按：本文引文畫底線處為筆者所加，以為提點之用。

晚清以降士人社群在檢視西教派別時的主流傾向：天主教與耶穌教雖是本源分流、殊途同歸，但晚清士人對耶穌新教的關注，卻遠高過天主舊教。王韜即曾如此分疏西教的新舊兩派：

> 〔西人之教〕顧同一奉耶穌也，而其教有新有舊，舊者曰「加特力」，即天主教也，新者曰「波羅特」，即耶穌教也。舊教盛事科儀而教旨反昧；新教惟尚清修，而無一切拘攣陋習，尚近於儒。有新、舊約兩書，為彼教中圭臬。《舊約》記載開闢以來遺聞往事，及古人訓世格言，然亦不過猶太一隅耳。《新約》純錄耶穌生平言行，及門弟子授受之詞。近日教士之來中土者著書立說，出入儒經，大半華人為之粉飾……[4]

王韜早年曾協助傳教士進行《聖經》中譯的工作，對西教的教義與派別當有一定的認識。[5] 他正確地指出：《舊約》與《新約》所載或有時序之差異，但皆新、舊兩教共同尊奉的圭臬。不過他在評價兩教時，雖未分別比附為楊墨，仍冒出耶穌新教「近儒」的斷語，其對新教之偏好不言可喻。儘管對新舊兩教的喜好不同，正如《海上塵天影》裡的文人們對西教的派別與義理幾番權衡臧否後，仍以仲蓮民的斷言總結收場：

4　王韜，《瀛壖雜誌》（臺北史語所傅斯年圖書館藏清光緒元年〔1875〕刊本），卷六，頁11。

5　實則王韜本人正是為西教經典中譯過程中為之「粉飾」的一位重要助手。關於王韜與教會的關係，以及他的基督教信仰問題，參見Paul A. Cohen, *Between Tradition and Modernity: Wang T'ao and Reform in late Ch'ing China* (Cambridge, Mass.: Harvard University Press, 1987), pp.19-23.

〔仲〕蓮民道：「現在中國自有儒教，總不能信他的教。」

仲蓮民這一錘定音，揭露士人社群迎應各派洋教的底線：無論教義宗旨如何崇高、組織如何正經，仍應堅持儒教本位，無待外求。

韓秋鶴比較天主教與耶穌教的差異，依序從崇奉對象、傳教身分、戒律規範到組織領導，最後才論及經典教義。此與西教傳播中土的歷程若合符節：耶教的《聖經》既是闡述其教義宗旨的最終依據，以「經」解「教」當為首務。然而中土士人卻遲至帝制中國的最後一個世紀，才得以透過新舊約的漢文譯本，直接領略西教教旨。距明萬曆年間耶穌會士初次來華，稽延兩百多年之久。

一、《聖經》中譯與中土受容的曲折

耶教在中土傳教的過程中，聖經的翻譯似未被置於關鍵地位，這與過去佛教傳播於中土以佛典翻譯為首的歷程恰成對比。最早將聖經譯為中土文字，可遠溯至唐代傳入的景教。根據「大秦景教流行中國碑」所載：唐代貞觀九年（635）聶斯脫里派（Nestorian）傳教團抵達唐代首都長安，唐太宗（598-649；626-649在位）特命宰相房玄齡（579-648）前去親迎來自大秦（羅馬）的主教阿羅本（Alopen），阿羅本「翻經書殿，問道禁闈。深知正真，特令傳授」。該碑文並提及「圓廿四聖有說之舊法，理家國於大猷」以及「經留廿七部，張元化以發靈開」。前者所

指或可對應《舊約》，後者亦符合《新約》的卷數。[6] 儘管中譯的經文未得傳世，但碑文具體描述景教教徒抵長安後，在官方的認可下於貞觀十二年（638）「翻經建寺」，由此可見：當時應已著手進行聖經的中譯，而從貞觀年間，直到景教流行中國碑所設立的德宗建中二年（781），約近半世紀，當有一定的翻譯成果。只不過受武宗時期「會昌滅法」（845）的波及，外籍景教徒遭遣返，景教一時元氣大傷。隨著唐朝滅亡，景教幾乎消匿於中國的宗教景觀之中，[7] 景教信徒的翻譯成果亦隨之散佚殆盡。

迨天主教於明萬曆年間再度進入中土，儒教中國的官方已不可能主動支持甚或贊助異教經典的翻譯工作，自此聖經的譯述多止於個人的、零星式的嘗試。包括葡萄牙耶穌會士陽瑪諾（Emmanuel Diaz, 1574-1644）翻譯《新約》四福音書的《聖經直解》、巴黎外方傳教會（Missions Étrangères de Paris）會士白日昇（Jean Basset, 1662-1707）譯有《四史攸編耶穌基利斯督福音之合編》等。[8] 直到十七世紀初，耶穌會士才有翻譯聖經全書的契機，當時龍華民（Nicholas Longobardi, 1559-1654）派遣金尼

---

[6] 〔唐〕僧景淨撰，呂秀巖正書，〈唐大秦景教流行中國碑并側〉。該碑現存於西安碑林，中研院史語所藏有拓本（227x109cm裱於277x113cm；石269x99cm），該碑的底部及側緣並有古敘利亞文。對該碑文義的考釋，參見馮承鈞，《景教碑考》（上海：商務，1935）。

[7] 關於中國景教的研究迄今已有相當的積累，可參見朱謙之，《中國景教》（福州：福建教育，2002）；佐伯好郎，《中國に於ける景教衰亡の歷史》（京都：ハーバード・燕京・同志社東方文化講座委員會，昭和三十年〔1955〕）。

[8] 關於現存白日昇四種抄本的比較，參見內田慶市，〈白日昇漢譯聖經考〉，《東アジア文化交涉研究》（*Journal of East Asian Cultural Interaction Studies* 5, 2012），頁91-198。

閣（N. Trigault, 1577-1628）前往羅馬教廷請示中文文言舉行聖禮，獲教皇保羅五世（Pope Paul V, 1552-1621）覆函（1615）應允，准以「適合於士大夫的學者語言」將聖經中譯。[9] 儘管如此，有明一代對新、舊二約進行全文翻譯工作並未真正啟動。

現存最早將《聖經》進行全文翻譯的版本，為乾隆年間來擔任宮廷畫師的法國耶穌會士賀清泰（Louis de Poirot, 1735-1814）所為。在著手漢譯之前，他已完成滿文的譯本。賀清泰捨棄士大夫習用的文言，逕用北京的白話俗語進行譯解，並以「古」、「新」二字相應「舊約」（Old Testament）與「新約」（New Testament），將其譯本題名為《古新聖經》。[10] 在譯本正文前有兩篇序言，首篇闡明《聖經》的重要性，並解釋「古經」與「新經」的內容：

> 《聖經》者，不是人說的平常話，乃是天主之意、天主之語。雖然自古以來，聖人們接踵將天主之意、將天主之語

---

[9] 孫尚揚、鍾鳴旦（Nicolas Stardaert）著，《一八四〇年前的中國基督教》（北京：學苑，2004），第十一章〈聖經在十七世紀的中國〉，頁378。

[10] 賀清泰譯，《古新聖經》收入《徐家匯藏書樓明清天主教文獻續編28-34》（臺北：臺北利氏學社，2013）；另有標點本：賀清泰譯註，李奭學、鄭海娟主編，《古新聖經殘稿》（北京：中華書局，2014）。後書題作殘稿，主要考慮賀清泰並未將所參照畢武加大本的《聖經》（*The Vulgate Bible*）七十二卷悉數翻出，而是僅譯出其中三十七卷。按：賈立言、馮雪冰的《漢文聖經譯本小史》（上海：廣學會，1934）為最早關於聖經中譯歷史的系統研究，該書將賀清泰的西文音譯為「魯士波柔」，並描述其在北京朝廷擔任多年的通譯，「將聖經的大部分譯成國語」（頁17）。關於《古新聖經》的翻譯用語及其影響的評價問題，參見李奭學，〈近代白話文‧宗教啟蒙‧耶穌會傳統——試窺賀清泰及其所譯《古新聖經》的語言問題〉，《中國文哲研究集刊》42（2013.03），頁51-108。

記載書上，從無私意增減，故無私毫差錯之處。……《聖經》有兩樣：一是《古經》，一是《新經》。吾主耶穌未降生之先作的經，謂之《古經》，既降之後，謂之《新經》。雖說是兩樣經，卻都是天主降的旨意，教訓天下萬萬世人。[11]

他認為「古」、「新」的主要區別，本不過分別載述耶穌降生前後之事理，其所承載的天主旨意並無二致。第二篇序文則是為其採用通俗用語翻譯《聖經》的做法進行辯護。他表示看書有兩樣人，一種「誠心愛求道理，並不管話俗不俗，說法順不順」；另一種則「單留心話的意思深奧不深奧，文法合規矩不合」。賀清泰提醒讀者，切莫因他的通俗語體，而忽略古新兩經蘊含「天主親自說、聖人記載的」道理。[12]

不過，羅馬教廷1622年成立的傳信部（傳道總會；*Latin*: Sacra Congregatio de Propaganda Fide; Congregation for the Propagation of the Faith），在處理《聖經》翻譯出版上向來是謹小慎微的態度。1655年頒布的一項教令，明確規範傳教士必須獲該會許可，才可印行任何編譯的作品。1803年賀清泰去函傳道總會，表示已將新舊約聖經的大部分內容分別譯成滿文與俗語中文，傳信部雖表示肯定，卻質疑其翻譯的權限，未批准其付梓。[13] 儘管未嘗流傳，賀清泰的譯本對後繼譯者應仍具參考作

---

[11] 賀清泰，〈《聖經》之序〉，《古新聖經殘稿》冊一，頁1-2。
[12] 賀清泰，〈再序〉，《古新聖經殘稿》冊一，頁3。
[13] 參見孫尚揚、鍾鳴旦著，《一八四〇年前的中國基督教》，頁380-381。

用。蘇格蘭傳教士馬禮遜（Robert Morrison, 1782-1834）與普魯
士傳教士郭士立（郭實獵；Karl Friedrich August Gützlaff, 1803-
1851）都可能曾接觸過這部《古新聖經》。[14]

　　十九世紀主要的聖經翻譯工作，是由基督新教的傳教士
前仆後繼地展開。[15] 眾所周知，最早刊行的是所謂的「二馬
譯本」：一是英國浸禮會（Baptist Mission Society）宣教士馬
士曼（Joshua Marshman, 1768-1837）於1822年在印度塞蘭坡
（Serampore）所出版的《新舊遺詔全書》；一是馬禮遜完成於
1813年《耶穌基利士督我主救者新遺詔書》，出版於廣州。隨後
他又與倫敦會傳教士米憐（William Milne, 1785-1822）合作完成
《舊約》的翻譯工作，1819年在馬六甲刊刻發行。1823年馬禮遜
將兩書合刊為《神天聖書》。

　　鴉片戰爭後中英簽訂《南京條約》（1842），清廷允許通商口
岸的宣教活動，為耶穌新教的傳播提供發展契機，聖經翻譯與刊
印的需求更形迫切。1843年來自英美兩國的在華宣教組織群聚香
港，決定共組重譯團隊，以期協同完成統一的中文譯本。「委辦
譯本委員會」為英國倫敦會（London Missionary Society）、美國公
理會（American Congregational Chureh）、美國浸禮會（American
Baptist Foreign Mission Society）與馬禮遜教育會（The Morrison
Education Society）等代表所組成，不過此「委辦譯本」的製作

[14] 參見鄭海娟，〈文本之網：《古新聖經》與前後代《聖經》漢譯本之關係〉，《清華中文學報》11（2014），頁61-298。
[15] 關於天主教歷來中譯聖經的嘗試與成果，參見蔡錦圖，〈天主教中文聖經翻譯的歷史和版本〉，《天主教研究學報》2（2011），頁11-44。

過程相當曲折。關於希臘文Theos（Θεός）一詞譯名應作「神」
抑或「上帝」的問題，委員會未達共識，最後合作破局。因此
1852年新約的「委辦譯本」出版時，仍分別有「神」（美國聖經
公會，The American Bible Society）和「上帝」（英國暨海外聖經
公會，The British and Foreign Bible Society）兩種版本。隨後英
國倫敦會的麥都思等人退出委員會，自行修訂《舊約》，於1854
年出版。翌年，英國暨海外聖經公會將新舊兩約的譯本合訂付
梓，仍題作《代表譯本聖經》。儘管該「委辦譯本」未達原先統
一漢譯聖經定本之目的，但卻開啟了漢譯聖經的新頁，陸續有
「文理本」（文言）、「淺文理本」以及「官話本」等各種語文譯
本的嘗試……[16]

　　任何翻譯都是一種詮釋的嘗試，故不論在西方抑或中土，
《聖經》譯本一直處於不斷詮釋或翻譯的過程中。經過新教傳教
士的努力，中國知識分子終可在十九世紀正式透過《聖經》的全
譯本，直接檢視耶教義理，領悟上帝的啟示。

二、《聖經》譯本的最初啟示：從「新舊遺詔」
　　　到「新舊約」

　　因地利之便，廣東的士人較早獲讀《聖經》的中譯本。廣東
順德梁廷枏（1796-1861）在其《海國四說》（1844）首篇〈耶穌

---

[16] 參見趙維本，《譯經溯源——現代五大中文聖經翻譯史》，（香港：中國神學
　　研究院，1993）。

教難入中國說〉，便是綜攝當時「所見西國書及所傳送書之援引
聖書者，並耶穌教原遺諸書」合觀相參，進而對耶教教義加以
「薈萃縷析」。他首先簡介西教的源流：

> 溯天主教之始，蓋原於摩西，而耶穌後出。始則推衍之，
> 繼乃漸變之。摩西既死，其子孫乃出所遺書以行於世，半
> 傳於亞細亞洲之西希伯國，半傳於歐羅巴洲之東希臘國，
> 合而全之，謂之《古經》，亦曰《古遺詔書》，謂摩西得
> 天之詔示，所言自夏訖漢，皆耶穌未生以前時事。其曰
> 《新經》，亦曰《新遺詔書》者，謂如大民遷復本國時，
> 師士再得天啟之語，預指耶穌救世之事。兩者並尊之曰
> 《聖書》、曰《真經》。……[17]

梁廷枏「薈萃」的介紹可謂持平：儘管西教的經典有《古經》與
《新經》之分，但為信徒同尊並重。其在接下來的「縷析」裡，
則斷言耶穌外教終究無法在中土推行……

　　於此同時，廣東的落第秀才洪秀全（1814-1864）也開始接
觸西教義理，且有完全不同的體悟。馬禮遜《聖經》譯本對中國
所產生第一個重大影響，是在其刊行二十年後，間接地啟發了洪
秀全，使他領悟到自己與「天父」間的血緣聯繫。[18] 洪秀全曾

---

[17] 梁廷枏，〈耶穌教難入中國說〉，《海國四說》，收入《清代史料筆記叢刊》
（北京：中華書局，1993），頁6-7。

[18] 據洪仁玕《太平天日》所載，洪秀全三十一歲（1843）那年6月「有一天將
曉時，主聞有老人在床前呼喊曰：爾還這樣好睡乎？爾還不醒乎？主即起身
自思曰：奇矣。時主適看《勸世良言》一書，看見其書說有一位造天造地造
萬物大主宰之上帝……」。詳見洪仁玕，《太平天日》（1948年商務印書館景

輾轉從閱讀梁發（1789-1855）根據馬禮遜譯本加以敷衍的《勸世良言》獲得聖經義理，他對其中「天兄基督」降世救人的事蹟別有感悟，進而發願將擾亂的中土肇建成太平的天國。

　　太平天國定都南京的1853年，傳教月刊《遐邇貫珍》（*Chinese Serial*）於香港發行。創刊號上的〈西興括論〉一文，報導了太平天國起兵於廣西、定都南京的過程，行文中頗有期許之意。該文並抄錄記者所見太平天國刊行的十三種書目，包括《舊遺詔聖書》。[19] 不過，當時這部《舊遺詔聖書》可能僅是其中的部分。在翌年8月出版的《遐邇貫珍》登載了最新發展：

> 南京城中，發兵四萬，往北邊進取。其主者自號為「聖神」，據云無論中外何國君主，皆應尊奉朝貢之。聞其現下刊刻印造《舊遺詔聖書》，計有全書三分之一，觀其人，未必能解識此中義理，即其口雖傳述良善慈愛之言，而所行所為，常有殺戮無辜，屠害婦女幼稚，殘酷慘暴如此，於聖書意義，大有違悖也。[20]

從這篇報導可知，太平天國初期僅陸續刊刻部分《舊遺詔聖

　　印太平天國官書十種本），收入《續修四庫全書・史部・雜史類；445》（上海：上海古籍，1997），頁17-18。

[19] 這十三種書分別是：《太平天國癸好三年新歷》、《天命詔旨書》、《太平禮制》、《太平詔書》、《天父下凡詔書》、《天條書》、《太平條規》、《三字經》、《幼學詩》、《太平天國頒詔書》、《太平軍目》、《太平天國奏准頒行詔書》以及《舊遺詔聖書》。見松浦章、內田慶市、沈國威編著，《遐邇貫珍》（上海：上海辭書，2005），1（1853），頁6-7。

[20] 《遐邇貫珍》，8（1854），頁97。

書》，而非全本。記者顯然對洪秀全的聖經領悟有所保留，對太
平天國的評價則相當負面。在這期《遐邇貫珍》出版的前一個
月，「東王」楊秀清（1823-1856）已藉天父下凡為名降旨，指
出「其舊、新遺詔書多有記訛」，勒令停止後續的刊行工作。[21]
直到1860年太平天國再度重新刊刻新舊兩部聖經，分別題以
《欽定舊遺詔聖書》與《欽定前遺詔聖書》。太平天國史研究名
家羅爾綱（1901-1997）曾校勘1853年與1860年的版本，發現洪
秀全為求符合其上帝教的教義與太平天國的政策，曾對內容進行
多達十一個方面的修改。[22] 而這兩部洪秀全欽定的新舊約聖經
譯本則於太平天國的統治區內推廣。

　　湘軍領袖曾國藩（1811-1872）在咸豐四年（1854）發布
〈討粵匪檄〉，指太平天國乃竊引外夷洋教衝擊傳統的綱常名
教，試圖喚起「抱道君子」的危機意識：

> 粵匪竊外夷之緒，崇天主之教。自其偽君偽相，下逮兵卒
> 賤役，皆以「兄弟」稱之，謂惟天可稱父，此外凡民之父
> 皆兄弟也，凡民之母皆姊妹也。農不能自耕以納賦，而謂
> 田皆天王之田；商不能自賈以取息，而謂貨皆天王之貨；
> 士不能誦孔子之經，而別有所謂耶穌之說、《新約》之
> 書，舉中國數千年禮義人倫詩書典則一旦掃地盪盡。此豈

---

[21] 「天父聖旨」，收入羅爾綱、王慶成主編，《太平天國文獻》（桂林：廣西師範
　　大學，2004），卷三，頁329。

[22] 參見羅爾綱，〈《新遺詔聖書》、《欽定舊遺詔聖書》、《欽定前遺詔聖書》
　　跋〉，收入羅爾綱，《太平天國史叢考丙集》（北京：三聯，1995），頁492-
　　513。

> 獨我大清之變，乃開闢以來名教之奇變！我孔子、孟子之
> 所痛哭於九原。凡讀書識字者，又烏可袖手安坐，不思一
> 為之所也？[23]

曾國藩以明末流寇相比：李自成（1606-1645）攻占山東曲阜時「不犯聖廟」，而張獻忠（1606-1647）盤據四川梓潼時「亦祭文昌」，流寇雖惡，但仍對聖教祠宇有基本的尊重。反觀洪秀全的「粵匪」所及之處，「無廟不焚、無像不滅」，對傳統信仰悉數破壞殆盡。換言之，此實為斯文淪喪的千古名教之變。曾國藩似乎並未留意到西教中新舊派別之分，因此他先是指控太平天國援引「耶穌之說、《新約》之書」荼毒中土，隨後又期許「赫然奮怒以衛吾道」的士大夫挺身而出，戮力抗阻「天主教之橫行中原」。

　　不論曾國藩當時曾否親自寓目太平髮逆刊刻的「偽書」或僅止於聽聞，太平天國在1853年與1860年所分別刊布的《聖經》譯本，皆以郭士立的譯本為基底，[24] 並沿承《新／舊遺詔聖書》的題名，而非曾國藩所用的《新／舊約》之譯名。過去馬禮遜、郭士立等都使用「遺詔」一詞對譯Testament，凸顯出其為上帝所遺留的誡諭或教旨。何以曾國藩在檄文中會另用「委辦本」聖經的譯名，頗耐人尋味。

　　從「新舊遺詔聖書」轉向到「新舊約」的譯名，意味著對其

---

[23] 曾國藩，〈討粵匪檄〉，收入〔清〕李瀚章編輯，李鴻章校刊，《曾文正公全集》（臺北：文海，2005），文集卷三，頁1-3。

[24] 關於此課題的研究回顧，參見趙曉陽，〈太平天國刊印聖經底本源流考析〉，《清史研究》3（2010年8月），頁75-137。

內涵與性質賦予新的定位。委辦譯本採「新舊約」為題名時，自有一套內在義理。在韋廉臣（Alexander Williamson, 1829-1890）等人編纂的《二約釋義叢書》裡，曾詳細闡述新、舊約全書之「約」字意涵：

> 夫書何以「約」名？蓋為上帝與世人之所約也。上帝與耶利米書三十一章三十一節云：「時日將至，吾與以色列家及猶大家，必立新約。」意謂上帝前雖與人約以公正之律，然將來必有新約，藉恩而成。基督於馬可十四章二十四節明言：「吾血即新約之血」。復觀哥林多前十一章二十五節、加拉太四章二十四節、希伯來八章六節等處，即深明「新約」二字之精義。群考「約」之定意，本為上帝所立之約。後乃易其名為新、舊二約。[25]

結尾中強調《聖經》譯本題名的更改，是經「群考」議定的結果，以期凸顯《聖經》所載乃上帝與信眾所立之信約。

太平天國的譯本沿襲原「遺詔聖書」的題名，以為其中所載乃「天王」之「天父」與「天兄」的遺命（在第二次刊布時加上「欽定」二字）。曾國藩避免直用太平天國所刊行的《新遺詔聖書》，代之以委辦譯本所用的《新約》一詞，可能視兩者本為同源，無意區別，但也有可能是出自政治避諱上的考量（即「遺詔」一詞恐有牴牾皇權之虞）。無論如何，太平天國之後，漢譯

---

[25] 韋廉臣等編，《二約釋義叢書》，收入《中國宗教歷史文獻集成‧東傳福音‧冊十三》（合肥：黃山，2005），頁519。

《聖經》刻本的題名，「新舊約」普遍取代了「新舊遺詔聖書」，並沿用至今。再者，曾國藩僅舉「耶穌之說、《新約》之書」，而非將《新／舊約》並列，顯然是針對洪秀全刻意利用《新約》中所載其耶穌的言行事蹟，從而附會其與「天兄」的先後繼承「天父」遺詔的關係。經太平天國的洗禮後，中國士大夫欲透過《聖經》譯本來理解西教教旨，在新、舊兩約之間，無疑對《新約》投以更大關注。

三、儒者讀「經」：對西教聖書譯本的初步回應

以「經」解「教」，即透過閱讀教派經典來掌握該教核心意旨，本為最直捷的進路。但中土的儒者必須等待兩個多世紀，才得以從漢譯本《聖經》掌握耶教精髓。在十九世紀耶穌新教宣教士的努力下，《聖經》譯本終成中國新一代知識分子探賾西教的主要依據。

梁廷枏在〈耶穌教難入中國說〉一文中，即指出晚明來華傳教士如利瑪竇、艾儒略（Giulio Aleni, 1582-1649）等人雖通中西文字，但所言及之《聖書》，卻「不可得詳，無由盡知其體例」。直到近年來英、美兩國來華的傳教士延請中土士人教以漢字、漢語，故能「略識中土文義，〔將聖書〕翻譯而出」。儘管梁廷枏在閱讀刻傳書籍時，總覺「詞未暢達，又從譯轉，益易淺俚，僅可會意而得之」，[26] 但已足以彌補過去僅由耶穌會士的詮

---

[26] 梁廷枏，〈耶穌教難入中國說〉，《海國四說》，頁7。

釋來揣摩《聖書》教義的遺憾。更有人以西教經典的全譯本，回過頭來檢視明末傳教士的相關言行。銜名為「杞盧主人」所編的《時務通考》（1897），以及金永森（1853-1929）的《西被考略》一書中都曾提及《明史》載利瑪竇曾進貢「神仙骨」諸物一事，但當他們仔細翻查《新約》與《舊約》兩書，卻沒有發現任何關於「神仙骨」的記載或任何神仙的傳說。金永森因此懷疑利瑪竇之假冒神仙骨，與五胡十六國時期侯子光（？-337）謊稱西天佛太子以稱帝的計策如出一轍。[27] 杞盧主人雖認為此事應為「後來增竄」，不過堅持「老、莊之言，實有為耶穌先導者」。[28]

　　道光年間張揚今文學的主要旗手魏源（1794-1857）大概與梁廷枏同時獲讀《聖經》的譯本。其博采西方史地資訊編纂而成的《海國圖志》初刊於 1843 年，是以案語的形式陳述己見。當論及西域三大教時，魏源坦承並未參見利瑪竇《天學初函》諸書，主要的依據即為漢譯的《救世主耶穌新遺詔書》。他語帶保留地總結：

> 天主、天方皆辟佛、皆事天，即佛經所謂婆羅門天祠。
> 其教皆起自上古，稍衰於佛世，而復盛於佛以後。然吾

---

[27]　金永森，《西被考略》（清光緒二十九年武昌刻本），收入《四庫未收書輯刊・輯三・冊16》（北京：北京，1997），卷三，頁41-42。《明史》載利瑪竇進神仙骨一事，見張廷玉等撰，（臺北：鼎文，1980），頁8459-8460；侯子光扮佛太子事，見房玄齡等，《晉書》（臺北：鼎文，1980），卷一〇六，頁2767。

[28]　杞盧主人，《時務通考》（清光緒二十三年點石齋石印本），收入《續修四庫全書・子部・類書類；1254-1259》（上海：上海古籍，1997），卷十八，教務五，頁7-8。

> 讀「福音」諸書，無一言及於明心之方、修道之事也。又
> 非有治曆、明時、制器、利用之功也。惟以療病為神奇，
> 稱天父、神子為創制，尚不及天方教之條理。何以風行雲
> 布、橫被西海，莫不尊親？豈其教入中土者皆淺人拙譯，
> 而精英或不傳歟？[29]

「福音諸書」，可指廣義的全本《新約》，不過魏源所讀應是《新約》頭四卷關於耶穌生平與復活事蹟的〈馬太〉、〈馬可〉、〈路加〉與〈約翰〉等「四福音書」。魏源雖了解耶教廣被西土，信奉者眾，但他卻無法從經典裡找到足以信服的教義：福音諸書中既未論及「明心之方」、「修道之事」，又未載曆法器物之學理。這讓魏源不禁懷疑：是否因譯者才疏學淺，或譯筆拙劣，以致原貌盡失？

　　一般士大夫既以儒教經典為進德與修業之階，太平天國後，對西教聖經即便不排拒，也多漠然視之。傳教士依然積極設法散發《聖經》譯本以廣宣教，具閱讀能力的童生是他們鎖定的主要對象，而童生會聚集應試的考場，無疑是最利於發送《聖經》的場合之一。當初洪秀全便是在廣州應試時收到傳教士散發的《勸世良言》。只不過發送經書者的熱情不必然得到受贈者的善意回應。1898年安慶省城就曾因耶穌堂的傳教士到考場分送新舊約譯本，造成與應試童生爭執的事故，後經地方官員介入疏導，風

---

[29] 魏源，《海國圖志》（清光緒二年魏光燾平慶涇固道署刻本），收入《續修四庫全書・史部・地理類；743-744》（上海：上海古籍，1997），卷二十七，西南洋，頁28。

波才暫告寢息。[30] 可見以儒教自持的官紳衿生，即使不排斥閱讀異教經典，瀏覽後也多鄙夷其譯筆的淺俚，或對其中記載光怪神異之處嗤之以鼻。[31] 站在儒教立場對之進行批判者亦不乏其人。[32]

　　早期主動接觸耶教聖經的士大夫，或會在其論著中敘及閱讀聖經經驗的士大夫，並非研治儒教聖經的學者，而主要是擔任出洋使命的官員。他們身處涉外洋務的前線，需要知己知彼。例如鑲藍旗滿洲人志剛於同治六年（1867）銜命浮海出使泰西之前，預料西國必有人「執其教以講究為導誘」，為預作將來應對的準備，他便仔細閱讀「彼教之新舊約」，以期掌握其教旨之大略。他在日記中寫下：

> 耶穌之道，其體在自養光明，如佛家之定慧；其用在愛
> 上帝以愛人，如佛家之慈悲。究而言之，中國之「智」、
> 「仁」也。蓋天地間道理，聰明者皆能體而得之，本無

30　〈考童鬧教〉，《申報》，9016號，1898年5月23日，2版；〈考童鬧教續述〉，《申報》，9021號，1898年5月28日1-2版。

31　曾任廣東學海堂學長的陳澧（1810-1882）是在澳門獲讀西教聖書的譯本，翻閱後覺得其中內容「所云五經、十誡，大都不離天堂、地獄之說，而詞特陋劣。較之佛書尤甚。」〔清〕田明曜修，陳澧纂，光緒《香山縣志》（清光緒刻本），收入《續修四庫全書·史部·地理類713》（上海：上海古籍，1997），卷二十二，附記，頁85。

32　例如浙江太平縣地方學者吳觀周即有《閑距錄》一書，下卷專載其「條駁新、舊約書之譌誕者」。見〔民國〕喻長霖修，柯華威纂，民國《台州府志》（民國二十五年鉛印本），收入《中國方志叢書·華中·浙江省；74》（臺北：成文，1970），卷七十二，藝文略，頁14。

奇。而由耶穌之道，當無惡於世間。[33]

志剛肯定耶穌為「聰明磊落之士」，只不過未悟「道有行廢，身有見隱」之理，因而「徒炫己長，大犯時忌」，終究招致奇禍。他同時質疑其「七日復生」的記載，只不過是其信徒諱言耶穌受難，而捏造出來的無稽之談。他後來的確「執此以資談柄」，在英、法等國與來訪的教士相互詰難。

中國首位駐外（英法）使節郭嵩燾（1818-1891）曾總結夷人與中國交涉，每以「商」、「教」、「兵」三者相倚而行。[34]即運用商業、宗教與軍事交叉互補的運作模式逼中國就範。他在光緒五年（1879）準備從英倫歸國之際，外國友人贈送一本《新約聖經》，但他卻「每讀不能終篇」，最後總算在航行途中通讀乙遍。他在日記裡綜攝其從《新約》義理中所掌握的基督教：

> 大抵基督教門原本摩西。而西方佛氏之流傳以慈悲為宗，以生死禍福為說。其教流遍西土，雖各自立宗主，而宣播推衍不離此旨。其諸神異之跡亦多祖佛氏之說，倚托幻相，命之曰神通。而援天以立教，猶近吾儒本天之意。視佛氏之廣己造大，受天人供養者，亦有間焉。[35]

他所讀的《新約》應是漢文譯本，可能仍以「神」而非「上帝」

---

[33] 志剛，《初使泰西記》，收入鍾叔河主編，《走向世界叢書‧冊一》（長沙：岳麓，1985），「同治八年（1869）二月初一日」條，頁316-317。

[34] 郭嵩燾，楊堅點校，《郭嵩燾詩文集》（長沙：岳麓，1984），頁174。

[35] 郭嵩燾，《倫敦與巴黎日記》，收入鍾叔河主編，《走向世界叢書‧冊四》，頁912。

來對譯GOD一詞。他研判耶教經典中所載神異的傳聞，大抵脫
胎自佛教；同時又認為耶教「援天以立教」的作法，與儒教敬天
的宗旨接近。當時仍有不少學者抱持「西學中源」的立場，並
引伸到解釋西教的源流，例如張自牧（1832-1886）在〈瀛海論〉
裡便直指西洋天主教、耶穌教與希臘教三者「同出一源」──皆
源自中國的墨教，只不過「緣飾以桑門、天方之說」。[36] 儘管郭
嵩燾仍以其所熟悉的儒、佛兩教為座標，試圖定位耶教的宗旨與
教義，但並不輕率地將其中相類可比之處，逕自化約成西教中源
的結果。

　　光緒十六年（1890）銜命出使英、法、意、比四國大臣的薛
福成（1838-1894），也在日記裡寫下閱讀新舊約《聖經》的心
得：

> 西人之恪守耶穌教者，其居心立品，克己愛人，頗與儒教
> 無甚歧異。然觀教會中所刊新、舊約等書，其假托附會，
> 故神其說，雖中國之小說，若《封神演義》、《西遊記》
> 等書，尚不至如此淺俚也。[37]

---

36 張自牧，〈瀛海論〉，收入王錫祺輯，《小方壺齋輿地叢鈔・第十一帙》（臺
　北史語所傅斯年圖書館藏清光緒丁丑〔1877〕至丁酉〔1897〕上海著易
　堂），總頁487。該文並曾收入清・葛士濬，《清經世文續編》（上海：廣
　百宋齋，1891），卷一百二，洋務二，頁16。關於晚清「西學中源」的發
　展與評價，參見全漢昇，〈清末的「西學源出中國」說〉，《嶺南學報》4.2
　（1935），頁57-102。

37 薛福成，《出使英法義比四國日記》，收入鍾叔河主編，《走向世界叢書・冊
　八》，頁125，「光緒十六年（1890）三月十五日」。薛福成這段斷言流傳甚
　廣，金永森，《西被考略》亦曾徵引，見該書，卷三，頁52。

　　儘管身為官方代表，日記多屬半公開性質，不必然真實反映其個
人觀感，但仍可從中得知，薛福成肯定西教中篤守善道者的居心
人品，惟對作為教義核心的《聖經》，認為相較於中國的神怪小
說，甚至等而下之。

　　薛福成的評斷雖有比擬不倫之虞。但當時西洋傳教士也坦承
《聖經》裡確有若干篇章難以詮解。韋廉臣在其〈約書略說〉中
即曾舉例：

> 又：〈使徒猶大〉一書，〔以及〕約翰見逐於拔摩嶼囚禁
> 數年，上帝示以異象，乃作〈默示錄〉，俱係魔語。自古
> 至今，其言有能解者，有不能解者。待天地末日，上帝必
> 大為彰明，而人始昭然若發矇矣。[38]

韋廉臣坦承《新約》聖經中的〈猶大書〉（Epistle of Jude）與
〈啟示錄〉（Book of Revelation）二書中仍有許多內容懸而難解，
唯有期待末世審判時上帝的昭示，才能豁然開朗。如果連參研聖
經多年的傳教士對部分經典的記載，都只能存而不論，恐怕更難
奢望儒教官員在評斷時抱持著包容與開放的態度。

　　駐美二等參贊彭光譽在華府任職期間，認真「細繹」英
文本聖經，認為該版本「言事、言理，遠勝譯為華文」。1893
年，他受邀前往芝加哥參加第一次世界宗教大會（The World's
Parliament of Religion），發表專論闡發儒教的義理，文中並以基

---

[38] 《六合叢談》1.1，頁8a。關於《六合叢談》一書，可參考沈國威編著，《六合
叢談（1857-58）の学際的研究》（東京都：白帝社，1999）。本文引用原文即
參考該書所附之影印文本。引文中「〔以及〕」為筆者所加。

督教的經典評斷其教義：

> 基督之書，不得謂非亞洲諸子一子、百家一家。儒者存諸
> 子百家之言，獨黜一子一家之言，難矣。然遂欲尊一子一
> 家之言，盡貶大地古今諸子百家之言，亦不易也。[39]

彭光譽以傳統「諸子百家」的分類範疇，收編基督教的經典教
義，將之安頓在中國傳統的知識體系裡。必須留意的是：彭光譽
發言稿的中文本後曾進呈北京朝廷，並由總理各國事務衙門進行
校勘繕寫，交付琉璃廠文光齋開雕刊行。可見其說是在官方權威
認可或至少允許的範圍內。對代表清廷官方立場的彭光譽而言，
將「耶子」納入「諸子」的行列，已是儒者所能正面包容基督教
的底線。

　　將耶教納入諸子的思想系譜裡，並不僅是抽象式的比附與歸
類，實亦具體反映知識分子在書籍的庋藏與編目上。早年留日的
直隸詩人王以鍔（1852-1930）在其私人藏書中，便收有韋廉臣
等人所編的《二約釋義叢書》十九卷、《舊約》三十九卷與《新
約》二十七卷。王以鍔將這三套書編目歸於「子部」項下，[40] 耶
教《聖經》，不啻與道、墨、法、名諸家的論著等量齊觀。耶教
等同「耶家」，耶穌儼然「耶子」。

---

[39] 彭光譽，《說教》（哈佛燕京圖書館藏光緒二十二年〔1896〕總理各國事務衙
門據阿美利嘉初行本、同文館重印本校勘），頁45。

[40] 王以鍔，〈楚碧堂藏書目錄‧城內駱家街〉，崔正春修，尚希賓纂，《威縣
志》（民國十八年〔1929〕鉛印本），收入《中國方志叢書‧華北‧河北省；
517》（臺北：成文，1976），卷十七，藝文志，頁84。

四、聖人述作與上帝啟示：以康有為與朱一新論學為中心

傳統知識階層在言談筆論中提及的「聖經」一詞，率多指涉儒教經典，從先秦的「六經」（《莊子・天運》）到濫觴於南宋的「十三經」，殆皆屬於儒教的「聖經」。不僅如此，儒教聖經所形塑的意識形態，長期主宰中國的政統與道統。誠如梁啟超（1873-1929）在《戊戌政變記》裡的案語：

> 中國之政，向來奉聖經為準衡，故六經即為中國之憲法也。[41]

梁啟超將儒教之聖經等同於現代國家規範政體與治理的基石與根本，看似突兀，實則頗得其精髓。孔門經典毋論是藉學術思想或典章制度，長年壟斷中國的政統與道統，儒教聖經為立國的根本大法，洵非虛言。

儘管理想上，儒教聖經如日月經天，但近代中國面臨列強環伺，作為國家根本大法的聖經恐怕責無旁貸。道光二十五年（1845），文人齊學裘（1830-?）受邀游訪上海，旁聽英國傳教士麥都思講解西教《聖經》後，慨然寫下長詩，其中直言「觀其所著書，卑之無妙諦」，認為約書的義理卑之，無甚高論。儘管他在聽講過程中不禁動容，但之後仍以維護聖道的儒林身分呼籲：「德賊真可驚，邪魔急宜避」、「耶穌教一行，聖道恐疲

---

[41] 梁啟超，《戊戌政變記》《清議報》（光緒廿四年〔1898〕），第一冊，頁3。

弊」[42] 他隱隱感受到儒教的繼絕存之將會受到耶教的嚴峻挑戰。太平天國席捲大半江山，在一定程度上坐實了齊學裘的擔慮。即使太平天國寢息三十多年後，擔心西教入侵，以致陵夷儒教的危機意識仍普遍存在。曾於光緒二十年（1894），派充駐英二等參贊的宋育仁（1857-1931）在介紹外洋學校的發展與近況時，曾論及西教傳播於中國所潛藏的威脅，反映出晚清一般知識分子在迎拒西教時的依違心態：

> 彼教新、舊約書推本生民，稱天立約，言非而似是，法簡而易從。傳教者雖無煽亂之心，而實有變夏之志。[43]

就西教經典的內容而言，即或有不妥之處，似也不易直指其謬失。他們不得不承認：新舊約裡所闡述的理念與信仰的實踐，更易接引中土的芸芸大眾。儘管他們相信西方傳教士無意煽惑造次，但其吸納收編信眾的野心卻對孔教造成危機。

晚清今文經的興起是中國思想史的一樁重要公案。其雖與清代經學傳統的發展有內在牽連，[44] 然不可諱言，實亦與近代中國

---

[42] 齊學裘，〈申江記遊〉，《見聞隨筆》（清同治十年天空海闊之居刻本），收入《續修四庫全書・子部・雜家類；1181》（上海：上海古籍，1997），卷二十二，頁1-2。

[43] 陳忠倚編，《清〔朝〕經世文三編》（清光緒石印本），收入《清朝經世文編八種彙刊；14-15》（臺北：文海，1973），卷七十六，洋務八外洋學校，頁3-4。另亦收入〔清〕杞廬主人編，《時務通考》（1897）卷十九，學校，頁14。

[44] 例如艾爾曼（Benjamin A. Elman）以常州學派入手，回溯經今文學派在清中葉的發展歷程，從而探討地方宗族的學派傳承，以及其與現實政治的關聯。參見 Benjamin A. Elman, *Classicism, Politics, and Kinship: The Ch'ang-chou School of New Text Confucianism in Late Imperial China* (Berkeley: University of California Press, 1990).

被迫開放門戶，西學與西教紛至沓來的外在衝擊息息相關。眾所周知，康有為（1858-1927）是晚清思想界張揚今文學的關鍵人物。[45] 但僻處四川井研的經學家廖平（1852-1932）可能更早就以系統的論述對經今文學提出類似的創見。[46] 他曾自述其生平思想總共歷經了「六譯」的轉變，其中最早的兩個階段，便是先以「禮制」區分今、古文經學，其次主張「尊今抑古」，定今文經學為孔子真傳。廖平此時期的著論，確實與康有為的主張桴鼓相應。[47] 廖平對西教的發展亦頗為留意。在《知聖篇》裡，他

---

[45] 學界關於康有為生平與思想的研究極夥，此不列舉。然蕭公權的專論仍極具參考價值，Kung-chuan Hsiao, *A Modern China and a New World: K'ang Yu-wei, Reformer and Utopian, 1858-1927* (Seattle : University of Washington Press, 1975)。中譯本參見：汪榮祖譯，《康有為思想研究》（臺北：聯經，1988）。

[46] 從廖平的角度而言，康有為兩部揚名之作殆皆脫胎其論著。廖平在其〈四譯館經學四變記二變記〉中指出：「考究『古文家』淵源，皆出許、鄭以後之偽撰。所有『古文家』師說，則全出於以後據《周禮》、《左氏》之推衍。又考西漢以前，言經學者，主孔子並無周公；六藝皆為新經，並非舊史。於是尊經者作為《知聖篇》，辟古者作為《闢劉篇》。按：外間所傳之《改制考》，即祖述《知聖篇》，《偽經考》即祖述《辟劉篇》，而多失其宗旨。」見廖平，《六譯館叢書13》（臺北史語所傅斯年圖書館藏民國十年〔1921〕四川存古書局刊本），頁3。梁啟超在《清代學術概論》（1920）亦坦言：「今文學運動之中心，曰南海康有為。然有為蓋斯學之集成者，非其創作者也。有為早年酷好《周禮》，嘗貫穴之，著《政學通議》，後見廖平所著書，乃盡棄其舊說。」見梁啟超，《清代學術概論》（北京：東方，1996），頁69。

[47] 參見蒙文通（1894-1968），〈井研廖季平師與近代今文學〉，見《經史抉原》，收入《蒙文通文集卷三》（成都：巴蜀，1995），頁104-115。另廖宗澤在〈六譯先生行述〉亦指出：「海內學者略窺先祖之學皆逮一二變而止，三變以後冥心獨造，破空而行，知者甚少。五變、六變語益詭、理益玄，舉世非之，索解人不得，雖心折者不能贊一辭。」收入廖幼平纂集，舒大剛整理，《廖季平年譜》，收入《儒藏·史部·儒林年譜·五十；第100冊》（成都：四川大學，2007），頁74。

指出以今言闡述古典來宣揚教義的作法，中外皆然，並舉耶穌改革舊教與孔子改定六經皆同用此法，以為佐證：

> 耶穌改舊教，亦如孔子譯帝王之書以為經。時人但知今言，不知古語。好古之士，遂可借古文而自行己意。其說雖不足据，然凡立教番譯古書以為說，則同也。[48]

在《知聖續篇》中，廖平更推測，迨孔子藉六經改制而立新教後，在中土無所容身的帝王舊教，只得轉移至西方文明初開之邦：

> 六藝所言，實中國之新教；化胡所用，乃帝王之舊教。開闢之初，舊約為宜。新教已立，舊無所用，故移中國之舊教，以化西方初開之國。[49]

廖平此論固仍未脫「西學（教）中源」的格局，但依其論證理路，耶穌所改革之舊教，原係孔子改制後從中土西傳過去。而耶穌改革的進路則與孔子同功。

　　相對於廖平蟄伏於巴蜀一隅而深造自得，康有為則透過當時知識社群的網絡傳播，大張旗鼓於天下，儼然化身為當時今文學的代言人。與廖平對孔教優越於其他世界各教的樂觀相比，康有為對岌岌可危的儒門前景顯得憂心忡忡，因此不時疾呼：真正的孔教未曾實行於天下，遂使西教趁虛而入。

---

[48] 廖平，《知聖篇》（民國十年〔1921〕四川存古書局刊本），收入《六譯館叢書》27，頁26。

[49] 廖平，《知聖續篇》，《六譯館叢書》28，頁57。

　　隨著聖經譯本的刊刻流傳，傳教士的宣教策略，多環繞在如何透過新舊約的閱讀來掌握上帝的意旨。他們強調西教聖經不可僅視為記載某一部落社群往事陳跡的西方古史，而需細心體會其中蘊含的上帝意旨。《教會新報》裡有一篇勸讀聖經文如此推崇聖經：

> 吾教中聖經有二：曰《舊約全書》、曰《新約全書》。其旨精蘊，其義宏廣。包涵乎原始要終之道，囊括乎生死存亡之理。其宏綱領於二端而已：一以顯彰上帝至誠之功能，一以啟迪蒼生當物之切要。蓋宇內之大經誠謂無踰於此者矣。[50]

言下之意，《聖經》實已含括一切人類文明所需的「旨」、「義」、「道」、「理」，既已總結過去，復亦指引未來。西教傳教士強調《聖經》所載乃是上帝昭示的真理，因此一字不得隨意。若以此來比較儒、耶兩教聖經的關鍵差異：則儒教的聖經不過是聖人傳述的紀錄，容有商榷的餘地。若要因應西教傳教士推崇聖經譯本亙古長存、無所不包的重要性，康有為所引領的經今文學派正是想要竭力證明：孔教聖經同樣不可視之純粹記錄古史的斷爛朝報，而是蘊含了聖人的微言大義，有著具指引當下且預示將來的永恆價值。換言之，上述引文對西教聖經的肯定，應可適用在今文經學者所欲揭示的儒教聖經上。只不過，當今文學家以聖人述作與上帝啟示進行相垺並比時，認為必須先將聖人的述

---

[50] 蔡鴻璋，〈勸讀聖經文〉，《教會新報》，1874（295），頁2-4，總頁310。

作進行正本清源的篩檢，甄定出孔教真脈裡的滴骨血，才能與上帝的啟示相頡頏。

在其自編年譜中，康有為宣稱他早在光緒十四年（1888）即決意要「發古文經之偽，明今學之正」。光緒十七年（1891），康有為剛完成其鉅作《新學偽經考》，主張「舍古文而從今文，辨偽經而得真經」，當時朱一新（1846-1894）恰好移任廣州，兩人數有論學書信往返。在其自編年譜亦提及此事：他與朱一新「辨難頗多」，包括「中外之變、孔子之大道」，只可惜「朱君不信」。[51] 當時康有為不過是童生身分，朱一新則早已是光緒二年（1876）的恩科進士。因此康有為可說是以後輩的身分向前賢論道問學。

對朱一新而言，今古文之學並非壁壘相對、涇渭分明。他認為「今學」與「古學」其實已並行兩千多年，過去指謫或質疑《周官》、《左傳》與《古文尚書》缺失的學者代不乏人，但「其書卒莫能廢」，畢竟古文經仍有參考作用：「先王之大經大法，藉是存十一于千百焉，吾儒心知其意可矣。禮失求諸野，古文不猶愈於野乎？」[52] 然而康有為卻認為，由於孔教長期受古文經的謬理遮蔽，今文經的真諦隱而未彰，遂使而孔教流於「破碎荒陋」，以古文經主導的偽孔教終無法因應外教的挑戰：「彼《新約》、《舊約》之來，正恐無以拒之。」他欲以今文經為沉寂千

---

[51] 康有為，《康南海自編年譜》（中國人民大學圖書館藏抄本），收入《續修四庫全書‧史部‧傳記類；558》（上海：上海古籍，1997），頁23。

[52] 〈朱侍御答康長孺書〉，收入《康有為全集‧第一集》（北京：中國人民大學，2007），頁319。

年的真孔教起死回生，進而復原正宗孔教，以抗拒向中土撲迎而來的西教。因此首先必須嚴加區隔經今古文學的分際，才能讓孔教的真諦彰顯於世。為了說服朱一新，康有為特別提及：

> 彼教《舊約》，去年彼教亦自攻之。只分真偽與否，不能如此黑白不分也。[53]

康有為以去年西教檢討舊約真偽的傳聞，來支持自己的論點。不論康有為所獲悉的新聞屬實與否，此點足見康有為對西教動態的關注，並試圖用來作為支撐自己進行「孔教革命」的旁徵。在兩人往返論學的過程中，康有為甚至為了闡述其對儒教的創獲新見，特別將《舊約》九冊借給朱一新閱覽以資佐證。然而朱一新在送還《舊約》的覆函中卻表示：該書「半系寓言」，一如先秦《莊子》與《列子》等書，本不宜就其跡象求之。朱一新暗示康有為企圖以《舊約》比附儒教古文經的作法，終究是「方鑿圓枘」，格格不入。他指謫康氏「於其當信者（孔教經典）疑之，而可疑者（耶教經典）反信之」，才會造成「視中、西為一轍，混莊、釋為同源」的謬誤。[54] 康有為《新學偽經考》一書，極有可能正是從耶教經典的對比參照中汲取靈感，因而才會藉此向朱一新闡述孔教經典亦存在類似的情形，必須分判其間的真偽。在另一封書信裡，康有為憂慮地指出：若泰西諸國以其霸權為後

---

[53] 康有為，〈致朱蓉生書〉（1891.07.28），《康有為全集》第一集，頁315。

[54] 朱一新，〈復康長孺孝廉〉，《康有為全集·第一集》，頁334。另：《翼教叢編》亦收錄朱一新答康有為的五封書信，見蘇輿編，《翼教叢編》（臺北：文海，1971）卷一，頁1-18。

盾強力推行西教，中國恐有亡教之虞：

> 以國力行其教，必將毀吾學宮而為拜堂，取吾制義而發揮
> 《新約》。從者誘以科第，不從者絕以戮辱，此又非秦始
> 坑儒比也。[55]

康有為在此僅標出《新約》，似乎認定西教的傳教士對新、舊兩
約有所偏重去取，率以《新約》為其宣揚教義的主要根據。康有
為這番危言，與三十多年前曾國藩討伐太平天國的〈討粵匪檄〉
頗有浮鼓相應之處，特別是「《新約》之書」取代孔子之經的名
教危機。兩者的主要差異是：曾國藩舉證的是太平天國盤據時曾
經發生的實況，而康有為則是預警未來中國恐怕會面對最壞的可
能。對康有為而言，《舊約》既在西教裡受到「真偽」的質疑，
《新約》勢將會在西教傳播的過程中構成儒教發展的主要威脅。
而唯有以今文經復原孔子改制的理想，並付諸實行，中土才能真
正免除亡國喪教的危機。

五、藉新、舊約判今、古文：從譚嗣同到唐才常

　　康有為在十九世紀末葉揚起今文經的旗纛，引領出一批孔教
追隨者。梁啟超、譚嗣同（1865-1898）與唐才常（1867-1900）
皆有振聾發聵的著論行世，即如夏曾佑（1863-1924）的散論，
仍可從中得知其如何站在今文學的立場，闡述儒教的歷史源流。

---

[55]　康有為，〈答朱蓉生書〉（1891），《康有為全集》第一集，頁325。

1895年5月夏氏與當時研治古文經的宋恕（1862-1910）書信往返，對孔教當「改教」或「復教」有所斟酌。夏氏認為：先秦乃中國政教發展的關鍵。先秦以前，百家立說，各倡其教；然秦漢以降，儘管中國號稱獨尊儒教，實則僅是荀子一支。他感嘆：隨著秦漢帝國的統一，「中國之各教盡亡，惟存儒教；儒教之大宗亦亡，惟存謬論，已兩千年於此矣。」[56] 換言之，千百年來中國所施行者乃非孔子之原教，而是荀子之謬論。因此近代中國的挫敗，並非實行孔子原教所致，而是為孔教謬種所誤導。唯有重新規復真正的孔教，才能引領中國面對過去、掌握當下、因應未來。

　　夏曾佑在光緒十八年（1892）與梁啟超等人初識於北京。在癸巳（1893）、甲午（1894）兩年之間，夏、梁兩人幾乎天天論道問學：「泊呼癸甲間，相居望衡宇」，[57] 譚嗣同隨後也加入論學的行列。梁啟超曾撰文追憶夏曾佑，坦言當時他們都認為「中

---

[56] 夏曾佑，〈答宋燕生書〉，收入胡珠生編，《宋恕集》（北京：中華書局，1993），頁530。後亦轉收入《夏曾佑集·上》（上海：上海古籍，2011），頁445。夏曾佑此論後來在1903-05年所撰的《最新中學教科書中國歷史》（1933年重版時改名《中國古代史》）中有更深入的闡述。在論及「孔子之六經」一節中，夏曾佑開宗明義表示「中國之聖經，謂之六藝」，其本原皆出於古之聖王，後經孔子加以刪定，「筆削去取，皆有深意。自古而今。繹之而不盡，經學家聚訟焉。」他除了依序介紹「孔子手定」之六經以及「孔子應答」之《論語》與《孝經》，並附上唐朝經學家陸德明（550?-630）《經典釋文》的長篇敘錄。他在錄文的結尾特別加上一條案語：「按此篇，皆唐人之學，至宋學興，而其說一變。至近日今文學興，而其說再變。年代久遠，書缺簡脫，不可詳也。然以今文學為是。」見夏曾佑，《最新中學教科書中國歷史》，收入《夏曾佑集·下》，頁839。

[57] 夏曾佑，〈贈任公〉，《夏曾佑集·詩集》，頁428。

國自漢以後的學問全要不得的，外來的學問都是好的。」因此專讀各經的正文與周秦諸子，且對外國的學問求知若渴，但因不諳外國話，「只好拿幾部教會的譯書當寶貝。」[58] 大抵就在此時，研讀《聖經》的譯本，成為三人相互切磋的共同興趣。在其相互酬唱的詩作中，他們將諸教的典故、專詞混用，別出新句。梁啟超在《飲冰室詩話》曾舉若干詩例為證。如譚嗣同〈金陵聽說法〉七律：

> 而為上首普觀察，承佛威塵說偈言。一任血田賣人子，獨從性海救靈魂；
>
> 綱倫慘以喀私德，法會盛於巴力門。大地山河今領取，菴摩羅果掌中論。[59]

梁啟超僅註解詩中的「喀私德」（Caste）為印度傳統種姓制度的音譯，而「巴力門」（Parliament）指英國議會。但並未詳列出其他用語典故，只表示「苟非當時同學者，斷無從索解。蓋所用者乃《新約全書》中故實也。」據梁啟超的提示，可約略查證出：該詩中的「血田」殆指祭司用猶大出賣耶穌的銀錢所買的田地（〈馬太福音〉27：3-8），而「賣人子」一典指猶大出賣耶穌之事。（〈路加福音〉22：22；〈馬可福音〉14：21；〈馬太福音〉

---

[58] 梁啟超，〈亡友夏穗卿先生〉，《東方雜誌》21卷9期（上海：商務，1924），頁1-5。後亦收入《夏曾佑穗卿先生詩集》，附錄，頁138。

[59] 譚嗣同，〈金陵聽說法三首之三〉，收入《譚嗣同全集》（北京：三聯，1954），頁485。

26：24）。[60] 梁啟超還曾舉他們彼此附會所鑄的「龍蛙」一詞，包括譚嗣同的詩句「漫共龍蛙爭寸土，從知教主亞洲生。」[61] 夏曾佑亦贈詩梁啟超：「有人雄起琉璃海，獸魄蛙魂龍所徙」。[62] 梁啟超註解說：

> 當時吾輩方沉醉於宗教，視數教主非與我輩同類者，崇拜迷信之極，乃至相約以作詩非經典語不用。所謂經典者，普指佛、孔、耶三教之經。故《新約》字面，絡繹筆端焉。譚、夏皆用「龍蛙」語，蓋時共讀〈約翰默示錄〉，錄中語荒誕曼衍，吾輩附會之，謂其言「龍」者指孔子，言「蛙」者指孔子教徒云。故以此徽號互相期許。[63]

在《新約》中的「龍」與「蛙」，原俱指異教邪魔化身之惡獸（〈啟〔默〕示錄〉16：13），而梁譚夏等人反其意附會，轉引為孔教之教主與信徒。梁啟超後來回憶他們挪用《新約》的典故「附會」入詩的作法「至今思之，誠可發笑」，但何嘗不是這段因緣，使這群自許為孔教中從龍（教主）的蛙眾（門徒）勇於衝決制式的網羅，穿梭於各宗教經典之間，甚至馳騁其比附的想

---

[60] 按：因無由斷定梁、譚、夏等人當時援引附會時所參見之新約版本，本文在覆覈其用典之出處時，暫以今行之「和合本聖經」為憑。

[61] 原詩為：「大成大鬮大雄氏，據亂昇平及太平。五始當王迄獲麟，三言不識乃雞鳴。人天帝綱光中現，來去雲孫腳下行。漫共龍蛙爭寸土，從知教主亞洲生。」見譚嗣同，〈贈梁卓如四首之一〉，《譚嗣同全集》，頁477。

[62] 夏曾佑，《夏曾佑集》，頁58。

[63] 梁啟超著，舒蕪校點，《飲冰室詩話》（北京：人民文學，1998），第60條，頁49。

像，反芻至孔門義理的重新詮解上。

　　譚嗣同對《新約》的重視，不僅是將其中的典故轉化運用於詩作上他更摶揉了多種宗教義理和學術思想，加以萃煉而建構成「仁學」體系。其實他特地為有心研究其所謂「仁學」者，條列出一套必須融通的典籍書目：

> 凡為仁學者，於佛書當通《華嚴》及心宗、相宗之書；於西書當通《新約》及算學、格致、社會學之書；於中國當通《易》、《春秋公羊傳》、《論語》、《禮記》、《孟子》、《莊子》、《墨子》、《史記》，及陶淵明、周茂叔、張橫渠、陸子靜、王陽明、王船山、黃梨洲之書。[64]

表面上，這是欲研治「仁學」者的必讀書目。反過來推敲，此處所列之典籍，正是譚嗣同在建構其「仁學」體系時所參酌的主要資源。這份書目反映出他對儒家經書自有一套檢擇的標準，在《論語》與《孟子》之外，僅《易經》、《春秋公羊傳》與《禮記》三部經典可作為通其「仁學」的津梁。[65] 至於歷代先儒的作品也顯然經過特意的篩選。從這份必讀書目可知，若干先秦諸子與外教的經典無疑在其仁學中占有更重要的位置，其中譚嗣同捨《舊約》而僅以《新約》置於西書之首，去取之間，對兩者的

---

[64] 譚嗣同，《仁學》，收入《譚嗣同全集》，頁9。

[65] 是以譚嗣同在《仁學》即開宗明義指出：「仁以通為第一義」。隨後又闡述「通」有四義：一是「中外通」，多取義於《春秋》；「上下通」與「男女內外通」，多取義於《易經》，至於「人我通」，則多取義於佛經。見譚嗣同，《仁學》，頁6。

輕重權衡不言可喻。

　　與譚、梁問學論交契洽的唐才常，亦受康有為今文學主張的啟發。當他於光緒二十六年（1900）率自立軍起義而不幸殉難後，康有為在弔慰這些烈士之祭文裡，表示唐才常繼踵其孔教新論而極力張揚今文經的理想：「耿慕予之演孔兮，殫《春秋》於厥家；發大同之幽夢兮，惜中國之痁瘵！」[66] 主張「尊新必盛，守舊必亡」的唐才常以今文學與古文學之分來區劃孔教的真源與孼派，更為激進斬決。他在光緒二十年（1894）即寫就〈《春秋》三傳宗派異同考敍例〉一文，其目的乃藉《春秋》三傳來分判古今學之異同。他認為過去學者，從東漢許慎（約58-147）的《五經異義》、唐代陸淳（?-806）《春秋集解纂例》、《春秋集解微旨》與《集解辨疑》諸書，直到清代顧棟高（1679-1759）的《春秋大事異同表》，多以會通三傳而加以證說為主，儘管或有功於「廢疾之起，膏盲之鍼」，但總為「斷根取節、支窒錯迕之談」。許慎雖「頗明今古學之界」，又不免祖護古學。而後學者往往分據各傳而互相掊擊、斷以私意。無從就今古二派的差異「啟其扃鑰、定其指歸」。唐才常認為：

　　仲尼學術，始終異趣：始冀周道可行，事事以從周為志；終乃受命改制，斟酌三代之宜，託之空言，以詔萬世。故當定為古、今二派：古學者，已故已枯之論，無可采擇者也；今學者，日新盛業，大地教宗之所匯也。

---

[66] 康有為，〈祭唐才常及六烈士文〉，收入《康有為全集》第五集，頁261。

他批判《左氏》重事，「僅沿襲衰周苟且之制，敷衍成帙」，後又遭劉歆（50BC-23AD）所偽篡，因此可斷定為「古學派」；《公羊》與《穀梁》兩傳重「義」，實承接孔子晚年論定之遺緒，且可「治無盡世、無盡時之人世界」，故「祇以《左氏》作古史觀可也」。他並引據三傳所論並比較異同，藉以指出今文學如何揭發孔子「大同」的微旨。唐才常強調：「今之學者，必析三傳為今古學派」，而其他儒家經典，都應準此分判原則，劃為今古文學派，再廣證以禮制、《白虎通》與《春秋繁露》諸說，即可明瞭「孔子改制之精心」。[67] 他試圖解碼孔教聖經裡的微言，反映出近代今文經學家致力將孔教推向宗教萬神殿。然其分析令人懷疑：這些發現，是他窮究今文經典後，所考掘出孔子所寄寓的經世理想？還是抱著先入為主的定見，在今文經的字裡行間覓尋跡近貌似的論述？

唐才常不僅從儒教經學傳統的內在理路，闡述區別今古文學派的重要性。他同時也透過對其他宗教流派的探討，從而對應孔教自身的歷史開展。他在〈各國政教公理總論〉中，分別就「國會」、「教會」、「議院」、「君主」、「民主」等課題進行探討。其中「教會」部分，分述西方各教派之流變與宗旨，最後比對孔教中的真源與孽派：

> ……以上各會皆耶教分衍而成，猶中國諸子百家，胥萌芽素王精心。而自主、平權、救眾諸會，乃耶教真源；密

---

[67] 引文皆見唐才常，〈《春秋》三傳宗派異同考敘例〉，《覺顛冥齋內言》（臺北：成文，1968），卷四，頁35-42。

密教（禁父子兄弟不能相知）剖而司登教（規條不許熟食，創君可虐民之說）乃耶教孽派。猶吾《孟子》、《公羊》、大小《戴》，乃孔教真源；秦漢以來相沿法制，乃孔教孽派也。[68]

唐才常對當時世界主要宗教的派別進行比較，完成「各教派別攷」的系列文章，惟後來收錄於《覺顛冥齋內言》裡「各教攷原」項下的論文，僅為其十之一、二。儘管如此，已包括〈婆羅門攷〉、〈釋迦牟尼攷〉、〈景教源流攷〉、〈謨罕默德攷〉與〈火祆攷〉等數篇，足見其關注觸角極廣。在〈景教源流攷〉一文中，他明示：「景教源流，大率不出新、舊兩約。」他首先介紹《舊約全書》三十七篇的篇目與內容，並歸結道《舊約》所展示的是「民智未開，格致之學未明」時以神道設教的「巫世界」。隨後自耶穌興而「小變其說」，其教旨則詳見於《新約》二十一篇。唐才常將新、舊兩約分別代表了於新、舊兩教，並條析兩者間的關鍵差異：

凡摩西所制獻祭、禮儀、律法、食禁，〔耶穌〕皆不用之。又摩西假於神教，以張其君權之處；耶穌則以人人有一上帝而可自由自主、平等平權，不受君權之壓勒。又謂人生以靈魂為重，軀殼為輕，軀殼雖毀，靈魂永生，故當勇猛精進，以登極樂之天堂。而其立新世界為天國之言，亦足以拓眼光而充心力，故有志之士，頗不以迂謬疑之。

---

[68] 唐才常，〈各國政教公理總論教會〉，《覺顛冥齋內言》卷一，頁14。

　　　　此則耶穌改舊教之實，與佛氏改婆羅門、孔氏改三代舊制
　　　　同一苦心。

　　耶穌、釋迦與孔子三人皆從改革舊教中創制出新教，只不
過其改制的用心，並未完全為躡繼者所承續。耶教後來有路德
（Martin Luther, 1483-1546）因不服天主教皇的壓迫，別立新教以
抗羅馬。對照耶教因有路德「雷奔電激」地改革，唐才常不禁回
顧孔教發展的困境：儘管孔子早「以改三代舊教，隱其旨於《春
秋》」，但自秦漢以來長期受「暴君污相」的壓抑，致使孔子改
制的真諦「日即沈霾」。他感慨：耶穌改革舊教，與孔子改制的
苦心若合符節，然孔教長期受偽學孽派的蒙蔽，以致在當下無法
與時俱變，其所缺乏的正是能「昌言改制，大暢宗風」，像馬丁
路德式的英雄應世而出。無獨有偶，唐才常的摯友譚嗣同在其
《仁學》亦言「甚祝孔教之有路德也。」[69]

　　譚、唐兩位今文學的健將，均從耶教發展的歷程中，試圖找
出可資孔教參照的進路。唐才常主張以分新、舊約之法來判別
今、古學派之歧異，因他「反覆耶穌、路德之改舊教」，認為耶
教先有耶穌改制舊教在前，後有路德挺身而出，抗拒教皇專權，
使耶教重新振衰起敝。從而期望「竺信真源之吾黨中人」，能廓
清孔教之古學孽派，規復孔教今學真源，成為孔教的馬丁路德。

　　唐才常對諸教源流的考定，不僅出自學術探索的興趣。在
〈景教源流攷〉一文裡，其欲藉西教的發展歷程對勘孔教，以為

---

[69]　譚嗣同，《仁學》，頁85。

孔教注入活力，其用心不言可喻。文末他更呼籲：

> 嘗竊論之，《尚書》、《周禮》、《儀禮》、《毛詩》、《左傳》、《孝經》、《爾雅》為古學派，即<u>西教之《舊約》</u>也；《論語》、《孟子》、《公羊》、《穀梁》、大小《戴記》、齊、魯、韓《詩》為今學派，即<u>西教之《新約》</u>也。古學派多君主權及三代舊制，今學派多孔子因時創改以治天下萬世之法制。<u>故不明於今、古學派之分歧者，急以分新、舊約之法讀之，自迎刃而解，而犖然有當於其心矣。</u>[70]

這段看似偏離主題的結語，反而透顯唐才常考校景教源流的真正旨趣。試將唐才常這段分疏，綜攝列表如下，其欲藉耶教新、舊約之分，拆解孔教今、古文的作法，昭然若揭：

〔儒〕古學派≒〔耶〕舊約	〔儒〕今學派≒〔耶〕新約
古文經典：《尚書》、《周禮》、《儀禮》、《毛詩》、《左傳》、《孝經》、《爾雅》	今文經典：《論語》、《孟子》、《公羊》、《穀梁》、大小《戴記》、齊、魯、韓《詩》
沿襲三代舊制	孔子因時創改治萬世之法制
重君權	重民權（自由自主、平等平權）

　　值得一提的是：唐才常曾舉孔、佛屢瀕於危難而終能保全其身，相較而言，耶穌與其弟子卻多「死於教」。正因耶穌傳教

---

[70] 唐才常，〈各教考原・景教源流考〉，《覺顛冥齋內言》卷四，頁61-64。

的「堅忍悍勁之心」，遠甚於孔、佛，因此「其行教之廣、收效之速，且有超越吾素王之勢」。唐才常指出：若志於救世度眾生者，必須勘破生死，體悟「殺身成人〔仁〕之義」這一傳教關鍵。[71] 唐才常最終在1900年自立軍的起義中求仁得仁，表面上雖為「勤王」而死事，實則是為堅持今文派中「伸民權而張國力」的教義殉道。

作為今文經的戰將，且都不幸英年殉教的譚嗣同與唐才常兩人，不約而同地從《新約》聖經中，為沉寂的孔教真源找到探照出路的微光爝火。譚氏標舉《新約》，作為會通其《仁學》的要津之一，不啻已將《新約》納入其建構孔門新教的關鍵成分。而唐氏更將《新約》與《舊約》切割，藉以區隔今文與古文兩派，並將《新約》引為今文經的同道，儘管是各為其主——各為其「教」主——展示改制舊教的新章。

六、結論：兩種「聖經」的交會與儒教經典生命力的最後綻放

耶教《聖經》的漢文翻譯及其受容的過程，其影響固不侷限於耶教在中土的傳播。至若中國知識階層閱讀《聖經》，不僅檢

---

[71] 唐才常曾舉子路與顏回皆為教殉道之決心。他在〈景教源流攷〉的夾註裡表示：子路死衛，亦當以死教視之。顏淵不詳其死所，而其死也，子曰：「天喪予。」與其慟子路同，則其時亦必為教而死，而《論語》偶未詳其死所耳。又子畏于匡，顏淵後，子曰：「吾以女為死矣。」曰：「子在，回何敢死？」是孔子明以死教期之，而顏淵之所以不死者，徒以師在故耳。見《覺顛冥齋內言》卷四，頁63。

視耶教教義的精髓，更往往從中汲取可與自身傳統參照或對比的資源。本文提出一大膽的假設：晚清今文學派在建構其孔教理論的過程中，除了吸納既有今古文學的傳統資源外，同時也受到其對西教理解或誤解的影響與制約。其中西教《聖經》中的新、舊約之分，對他們以今、古文區隔儒教真偽的取徑，產生一定的啟示性作用。

相對於天主教教會處理《聖經》譯刊上的謹慎，耶穌教傳教士無疑更為積極進取，透過漢文譯本的刊行流傳，為中國廣大的潛藏信眾，提供一更為直捷的管道領悟上帝的意旨。讓《聖經》直接面對群眾，使群眾直接面對上帝，正是路德創建耶穌新教的初衷。晚清士大夫對天主教的守成與耶穌教的進取，似乎往往抱持一定的主觀成見。猶如《海上塵天影》裡所論：「耶穌教近儒、近墨，能博施兼愛，發經濟為事功」；相對而言，「天主教則如楊子為我，不喜多事，妄與人交涉」。其實天主「舊」教並未偏重《舊約》；耶穌「新」教也不專主《新約》，但從聖經譯本在十九世紀進入中國以來，官紳衿生對《新約》投以更多關注。之後橫空出世的洪秀全，亦起了推波助瀾的作用。

漢譯聖經在中土的傳播與影響，其對教內信眾的啟迪自不待論，至於原在其教外的各個社會階層，如何接觸、迎應或拒納等各種可能的反映，仍有待深究。但從晚清儒教經學發展的脈絡而論，特別是十九世紀的最後十年，當今文經乘勢鵲起，《新約聖經》在今文經陣營中扮演著關鍵角色。

借用耶教新／舊約的分判，來印證孔教今／古文的對比，恐怕只是部分今文學者一廂情願的誤解。隨著知識分子對耶教經典

與其各教派分支的掌握逐步深化，當不致牽強地將新舊約如此分判，或者認為天主舊教與耶穌新教對新舊二約有所側重或偏廢。我們也不宜推求過當，以為當時所有今文學者都認定新舊約間存在關鍵的差異，並用來對應孔教的今古文的區別。譚嗣同與唐才常若能持續關注基督教與其經典的關係，應未必會堅持他們對新、舊約的分判。儘管譚、唐或許出於一時的誤解，逐將「新、舊約」與「古、今文」兩相對應以作為內部的區隔，卻使他們更為堅定地選擇今文學的道路。因儒教經典與國家憲法所形成的命運共同體，使儒教經典能否應時迎變，與國家存亡緊密相繫。以儒教中國的興亡為職志的今文學家主張：獨尊於中國的儒術，實非孔教真貌，因此真正的孔教不僅毋須為中國發展的困境負責，反是解決當前困境的解藥。於是古文學派被描繪長期壟斷孔教門戶，抱殘守缺；惟今文學派考掘出孔子改制的微言大義，乃孔教之真源，足以出入古今，指引中國的未來。

　　將各教經典進行義理的評比對照，其方法論的前提，正在於預設了彼此間具有可比性，故將之置於同一範疇之內參較權衡。當清末民初「宗教」一詞漸成慣見的概念用語，支持將孔教列入宗教者，仍試圖以孔、耶彼此經典的相參互比，作為印證的根據。即如民初地方志的編者不乏將孔教納入「宗教」一門，其中即有人主張「查新舊約與六經四子書合符節者，不可勝數」，希圖藉以證明孔教具有同耶教一般的宗教性。[72] 只不過此時耶教

---

[72] 崔尌，〈孔教宜列宗教說〉，見張福謙修，趙鼎銘纂，民國《清河縣志》（民國二十三年〔1934〕鉛印本），收入《地方志人物傳記資料叢刊・華北卷；38》（北京：北京圖書館，2002），卷十三，宗教志，頁2-3。

儼然成為「宗教」定義的典範,而孔教卻正面臨在「宗教」範疇裡邊緣化的困境。民國後不過數年光景,經今古文兩者孰為儒教真脈的正宗嫡傳,似乎已不再切要,中國近代教育家、方志學者賈恩紱(1865-1948)曾感嘆:

> 中國經學最古,與社會習慣人心為不解之緣,亦猶《新約》、《舊約》普及於西國社會也。西國明知新、舊約之淺易,而不肯徑廢;中國明知經學之精粹,而反欲刪除。[73]

賈恩紱「淺易」、「精粹」的對比,大抵仍承襲傳統儒者比較儒耶經典的論斷,或可商榷。但他的感慨反映了當時儒教經典在中國的困境:彼時尊孔立教的呼籲,已遭主張學校罷祀廢經的風潮所逆襲。經學在教育系統裡的地位岌岌可危,無人有閒暇辨析今文與古文的正統與真偽。「淺易」的耶教聖經在教會裡仍研誦不輟,「精粹」的儒教聖經在中土學校中卻早已乏人問津。1891年康有為在寫給朱一新的信函中表示:毋庸擔慮現在今文學者對古文經的批判,而將來今文經也會成為攻擊的箭靶。畢竟「今文即孔子之文」,而且「惟異教直攻孔子,不患攻今學也。」但事實上,民國以降直攻孔子者,主要並不來自異教的信徒,而是受過

73　孫毓琇修,賈恩紱纂,民國《鹽山新志》(1916年刊本),收入《中國方志叢書‧華北‧河北省;496》(臺北:成文,1976),卷五,頁9-11。賈恩紱此論亦曾為別志所轉引,見張雨蒼修,王樹枏等纂,民國《新城縣志》(1935年鉛印本),收入《中國地方志集成‧河北府縣志輯》37(上海:上海,2006),卷七,地事篇學校,頁21。

儒家經典薰陶的知識社群。對新一代的知識分子而言，孔教經典
是否分判「今文」或「古文」，早已無足輕重。「今」亦已「作
古」，無法力挽儒門冷落的現代困境。對新一代的知識人而言，
孔教經典是否分判今文、古文，已無足輕重，「今」早已「作
古」，無法力挽儒門冷落的現代困境。

　　晚清標舉復原孔教的今文經運動，可能是傳統經學在歷史舞
台上最後一次展現其經世生命力的演出。在這曲最後的華爾滋
裡，耶教《聖經》既是孔教聖經對立抗衡的敵方，又是協同互援
的戰友。儘管可能只是出於一廂情願的片面認知，但耶教新舊兩
派的對比或《聖經》新舊兩約的劃分，為張揚今文經的學者在整
頓孔教陣營內部的異己，並豎立自身正當性的旗纛，提供了關鍵
的參照點。今文學派從儒外諸子或他教經典中所汲取的靈感，恐
怕比從儒門自身經學傳統裡汲取的養分更多。他們得自耶教《聖
經》的啟發，雖恐怕是來自對新舊約性質的誤讀，然而誤讀與曲
解可能遠比正解更有作用。昔日梁啟超與譚嗣同、夏曾佑等人擅
自挪用《新約》經典加以「附會」入詩，他們對耶教《聖經》的
關注，一如其對先秦諸子、佛法釋典、及各種西學譯著的涉獵，
無不希冀能從中汲取思想資源，反芻到孔教教義的詮解之中，為
孔教傳統注入與時俱進的動能與活力。

晚清時期日本旅人眼中的中國衛生與健康 *

張哲嘉

　　自1633年德川幕府下令鎖國後，日本就嚴禁國人出海，直到1862年才首次派出官方使團前往中國。這些代表們才剛在上海下船，便為當地的臭氣所震驚。納富介次郎（1844-1918）如此寫道：

> 上海市坊間通路無比骯髒，中小街路尤是。垃圾糞便成堆，無插足之處，人們亦不清掃。[1]

---

* 本文的部分研究資金來自臺灣國科會（NSC97-2410-H-001-088-MY2）的補助。稍早的版本曾於2009年9月於英國劍橋舉行的 "Encounters and Transformations: Cultural Transmission and Knowledge Production in a Cross-literary and Historical Perspective 1850-1960" 國際學術會議中發表，感謝與會學者的提問，也感謝所有參與由國科會贊助之「文化行旅與知識生產」研究計畫的同仁，特別是總主持人梅家玲教授。此文據收於林姵吟、蔡維屏主編的專書 *Print, Profit, and Perception: Ideas, Information, and Knowledge in Chinese Societies, 1895-1949* (Leiden: Brill, 2014) 中的英文版譯寫而成，對於編者、匿名書稿審稿人提供的寶貴修正意見，在此一併致謝。

[1] 納富介次郎，〈上海雜記〉（1862），收入小島晉治監修，《幕末明治中國見聞錄集成》（以下簡稱《幕末》）（東京：ゆまに書房，1997），共20卷，卷1，頁15。中文翻譯引自陶振孝、閻瑜、陳捷譯，《1986年上海日記》（北京：中華書局，2012），頁18。

　　這種典型西方遊客式的描述似乎不應出自一位日本人之口，因為幾個世紀以來，日本一直以中國為榜樣，包括衛生觀念在內的文化諸層面均受中國影響，且大部分日本和中國的家庭在當時都沒有廁所。而納富介次郎卻對上海作出了如此負面的評價，反映出當時日本人看待中國的態度已然發生轉變。

　　僻居海角一隅的日本，長久以來受惠於來自中國的優越知識與商品。基於國家利益的考量，持續關注著中國的政治動態，並與之保持文化聯繫。自七世紀起，日本便開始派遣使者、僧侶和留學生前往中國交流學習。[2] 這些得以到海外旅行的人士通常出身菁英階級，因此能敏銳地捕捉到值得記錄以便帶回國內傳播的資訊，日本人的遊記書寫此一悠久傳統也由此揭開序幕。近代以前，這些遊記不僅提供日本有關中國的一手資料，也使他們得以獲悉其他外來文明的訊息。

　　透過對遊記撰寫者及其讀者的檢視，可讓我們對中日文化交流的情況有更進一步的掌握。[3] 當時日本正處於幕政末年到明治時代的轉折期，而中國則是晚清時期，兩國同時面臨從傳統社會到近代化的轉型，也出現了以印刷媒體為代表的新技術和社會變革。本文擬探討遊記這一文類在上述時期的中、日互動中帶來何種影響，尤其是在醫學文化上之意義。

---

[2]　從七世紀到九世紀，留學生和僧侶統一由官方派遣。在此之後，日本僧人開始以非官方身分出行。見茂在寅男，《遣唐使研究と史料》（秦野：東海大學出版會，1987）。

[3]　Joshua A. Fogel, *The Literature of Travel in the Japanese Rediscovery of China, 1862-1945* (Stanford: Stanford University Press, 1996).

　　對研究醫學文化的史學家來說，這些遊記不僅揭示了作者如何觀察本地人習以為常的衛生觀念、習慣、行為，也流露出撰寫者的自我認知和對其他文化的評價。例如十二世紀時，僧侶榮西（1141-1215）認為中國人比日本人健康長壽的原因在於他們有喝茶的習慣，因此他從中國留學回來後便在禪林中大力推行飲茶。隨著僧侶和武士階級的互動，榮西對喝茶的推廣成了日本茶道傳統的重要起源之一。[4] 榮西的主要論點為日本的衛生條件和中國相比相形遜色，但只要改變生活習慣，便可強化日本人的體質。這一個案說明即使在中世紀，旅行者的報導式書寫也能影響日本社會，儘管改變的過程十分緩慢，而影響範圍也只限於社會中的某些特定群體。

　　雖然日本人對國外的醫學知識抱持著濃厚興趣，但在江戶幕府的鎖國政策下，一般日本人不可能獲准出國，更遑論留下旅行紀錄。為了突破禁令的限制，江戶時代的醫者採筆談的形式，從到訪的外國使者身上獲取資訊。江戶時代的醫者邀請訪日（大多來自朝鮮）的外國醫生以漢文書寫進行「對話」，從中交流醫學知識。筆談本身並非創舉，在此之前，通曉漢文的學者們早已藉由筆談交換過許多方面的知識，但關於醫學的筆談卻是江戶時期才開始勃興的新文類。

　　在筆談中，日本醫者最常徵詢的是有關朝鮮草藥、海產的諸多細節，人參的炮製方法，更是關心的焦點。但同時日本醫者也

---

[4] 廖育群，〈《吃茶養生記》──一個宗教醫學典型案例的解析〉，《中國科技史雜誌》（2006.1），頁32-43。

將朝鮮的同行視為競爭對手，雙方在醫理的切磋上不時辯難爭勝。從這些筆談中，不難看出日本醫者十分在意朝鮮的藥材功效比日本更勝一籌，也因此力圖改善國產藥草的品質。現今日本各大圖書館內藏有至少十八部關於醫學的筆談紀錄。[5] 儘管學者們尚不清楚這些紀錄當初究竟透過何種渠道流傳，但可以肯定的是，這些紀錄有許多是刊本，說明感興趣的讀者人數應有一定數量，並足以負擔印刷成本。

　　上述無論是出訪僧侶對衛生議題的關注，抑或是江戶筆談中對草藥的興趣，均屬較早的案例，而近代的遊記書寫，則流露出另一種時代風情，其中一個極其值得注意的特徵便是近代遊記的傳播規模比起早期要大得多。榮西對日本人的衛生保健觀念雖產生了一定的影響，但範圍有限，不易廣及禪宗僧侶及其最直接的聽眾——武士階級——以外的人群；江戶時代的醫者在藥物學方面進行了探索，然而這些知識也受限於小規模筆談書冊的流傳圈子。相比之下，明治時代的旅行者可謂得天獨厚，除了原有的書籍發行管道外，他們尚可自由利用報紙、雜誌等現代媒體來傳播其見識，其書寫的受眾範圍也因此大為拓寬。

　　要了解日本使者對中國衛生情況的看法，需先釐清這些旅行紀錄的作者群，以及誰是閱讀這類遊記的受眾。1912年清朝和日本明治時期同時告終，可說是深具指標性的一年，故本文將聚焦於1862至1912年間，並以1997年小島晉治所編纂關於這段期

5　梁永宣，〈藏於日本的朝日醫家筆談〉，《醫古文知識》（2004.3），頁24-27。

間的二十冊《幕末明治中國見聞錄集成》為主要的研究基礎。[6]
為了使資料更加完整，一些其他同時代日本見聞錄亦將一併納入
考量。

　　值得注意的是，儘管這個時代旅人的背景更為多樣化，當中
有不少人卻仍沿襲了江戶以前對中國醫藥的興趣，並留下觀察紀
錄。這就引申出一系列有趣的問題：日本人過去全盤追隨中國價
值，而在當時日本積極西化的潮流下，這些旅人在何種程度上仍
繼續向中國借鏡？有多少人是轉而跟進逐漸影響全球的西洋衛生
觀點？身為日本人，從事觀察與記錄時又是否有其獨特的角度？
本文將試圖從日本旅人的遊記入手，通過檢視其內容和傳播渠
道，來說明晚清時期個別的旅行記載中，日本人對中國的衛生與
健康情況的看法。

一、出訪者之間的關係網絡

　　在過去，只有貴族或僧侶等特殊階級的日本人有機會書寫海
外見聞錄。然而海禁解除後，旅行者的社會背景相形多元，書寫
目的也不盡相同。但這個變化並非發生於一夕之間，至少重新開
國後的第一批海外旅行者（除了偶有所聞的海難受難者以外）仍
然為幕府派遣的官方代表使團。

---

[6]　小島晉治監修，《幕末明治中國見聞錄集成》（1997），見〈序〉，第1卷，頁
　　數較為分散，此處略去。

　　1862年，幕府決定一改閉關自守的祖訓，派遣使團前往中
國考察商情，並將上海視作與中國進行貿易的起點。該使團的組
成人員頗有來頭，大多是幕府和特定藩侯所派出的代表。當時尚
無中國觀光手冊可供參考，這一行人便仰賴與日本保有長期貿易
關係的荷蘭人幫忙安排上海的導覽。但他們抵達上海後，若找到
願意與他們進行筆談的中國人，則可就自己的興趣來採集信息、
進行交流，重啟筆談之傳統。[7]

　　部分出行人員需要向他們自己的上級匯報所行見聞，為方便
起見，他們將見聞錄寫成了日誌的形式，以作為備忘錄。[8] 或許
因為這些資料僅供內部參考用，在很長一段時間，這批貿易使團
的日誌僅以手稿形態保存，很久以後才有印刷本刊行。[9] 根據小
島晉治的整理，有五位日誌的作者為上述使團中的成員。其中名
倉予何人（?-1901）的《官船千歲丸海外日錄》和峰潔的《清國
上海見聞錄》、《航海日錄》於1920年代出版，[10] 而其他三位：
松田屋伴吉的《唐國渡海日記》、納富介次郎的《上海雜記》和
日比野輝寬的《贅肬錄》則於1940年出版。[11] 由於出版的時間
較晚，同時代的其他日本出行者罕有機會參考他們的紀錄。

---

[7]　相沢邦衛，《高杉晉作上海行：攘夷から開国への覚醒》（東京：叢文社，
　　　2007），頁115。
[8]　如納富介次郎和日比野輝寬乃政府官員。
[9]　石曉軍，《中日兩國相互認識的變遷》（臺北：臺灣商務，1992），頁162。
[10]　峰潔，《清國上海見聞錄》，見《幕末》卷11。他的《航海日錄》也被收在同
　　　一卷中，兩份紀錄均寫於1862年。
[11]　國立情報學研究所的官方線上資料庫Webcat Plus保留了倖存的書目資料。見
　　　http://webcatplus.nii.ac.jp.

　　此次上海遣使結束不久，幕府政權即被推翻。新的明治政府繼續推行開國政策，並與中國於1871年簽訂《中日修好條規》（又名《日清修好條規》），使兩國的互動正式進入新的階段。日本各階層來中國者絡繹不絕，除了常駐的外交使節、留學生、間諜等常見群體外，也有大量的非官方的、各自懷抱不同目的的日本人前來訪華。也因此，他們的讀者群網絡已不像先前提及的榮西、或江戶幕府醫者般那樣單純。反之，他們出遊海外的文字紀錄吸引了不同的讀者群體，因此有必要釐清這些見聞錄的受眾，並予以分類。儘管有些讀者群體難以明確地劃分，但有部分群體相對明顯，可讓我們對當時社會脈絡與文本影響路徑有更進一步的了解。就旅行者的身分來說，筆者根據他們所將吸引的讀者群，將海外遊歷者的身分分為十類。以下將自每個類型中選取一到兩個典型代表作簡單介紹。[12]

二、訪華者的身分類型

　　（一）使節或官員。竹添進一郎（1842-1917）是明治政府派出的首批駐外使節之一。1875年，他以駐華公使祕書的身分赴華，於次年從北京出發遊覽中國。他對中原的諸多古都頗感興

---

[12] Joshua Fogel 在 *The Literature of Travel in the Japanese Rediscovery of China, 1862-1945* 中也將遊記作者進行了分類，但與本文的分類標準不同。例如被本文歸類為「使節或官員」的竹添進一郎，同時也是一名漢學家，因此被Fogel歸到漢學家一類。由於本文以遊記的讀者群為主要著眼點，筆者遂根據竹添在自己書中序言裡提到的社會關係、以及《棧雲峽雨日記》（收於《幕末》卷19）在二十世紀外交上的象徵意義，將他的身分歸入政治一類。

趣，之後又向南前往四川，順長江而下，抵達上海，最後從上海
返回日本。竹添精通漢學，他將沿途見聞以漢文記錄了下來，並
附上一己的漢詩創作。他將其詩文並茂的遊記冠上十分優雅的書
名《棧雲峽雨日記》（1879），付梓出版。

　　超過四十位中日名人對《棧雲峽雨日記》有所貢獻，其中
包括李鴻章（1823-1901）、伊藤博文（1841-1909）等顯要的題
詞。在某方面來說，竹添進一郎的旅行可謂中日兩國友誼的見
證。如此看法即使到了今日似乎仍未改變：如1981年某一中國
媒體的代表團訪日時，日方即贈送了一部《棧雲峽雨日記》作為
官方禮物。[13] 竹添的漢學功底深厚，詩文精巧，他的行文方式
被後來者競相模仿。作為近代第一位深入中國內陸考察的日本
人，竹添沿途記錄的史跡、物產、風土人情、政治意見，為日本
國內了解川陝等地情況提供了寶貴的資料，《棧雲峽雨日記》也
成為日本國內流傳最廣的一部漢文寫成的中國遊記。人們至今仍
可在二手市場以較低的價格買到1879年的初版，[14] 從國立國會圖
書館的目錄裡也可以找到1893和1944的再版，它的影響力與受
歡迎程度可見一斑。

　　竹添的遊歷於1876年結束，二十三年後，帝國博物館總長
股野琢（1838-1921）來到中國，他沿著竹添的足跡，同樣以
漢文記錄了遊歷見聞。股野的重點在古文物，特別是收藏於京
城（今名首爾）、瀋陽、與北京的皇家祕寶。身為政府的高級官

---

[13] 鍾叔河，〈曾經滄海放眼全球：王韜海外之遊與其思想的發展〉，引自王韜，
《漫遊隨錄‧扶桑遊記》（長沙：湖南人民，1982），頁24。

[14] 張明杰譯，《棧雲峽雨日記‧華杭遊記》（北京：中華書局，2007），頁13。

員，股野每到一地，均受到日本駐當地人員和中國官員的接待。他將其旅行紀錄命名為《葦杭遊記》（1909），在書中提及竹添為他的同事和朋友，種種跡象皆透露他以竹添為傚效之對象。[15]

（二）軍人。1874年，海軍中尉曾根俊虎（1846-1910）被派往上海籌措軍需。兩年後，他又背負著軍事間諜的任務來到中國。他的《北中國紀行》（1875）和《清國漫遊誌》（1883），記錄了他在1874-1876這兩年間在華北沿海省市以及江南地區等地的考察結果，詳述了這些地方的軍事布置，並附上二百多幅地圖。儘管迄今未見這兩本書在當時是否暢銷的隻字片語，不過曾根俊虎憑藉這些軍事情報得到了天皇的接見與褒獎。[16] 足見這批紀錄得到軍方內部相當高的重視。

（三）受邀前來的教習或教官。甲午戰爭後，聘請日本教官來軍校任教的風尚流行開來，為了儘快學到西方各方面的先進知識，清末學堂亦聘請了大量日本教師，如北京東文學社教習高瀨敏德和成都教習中野孤山，前者寫下了《北清見聞錄》（1904），後者對成都的描述甚至比竹添的更為詳盡。

（四）商人。中國的自然資源和市場使得日本商人紛紛來華探測商機。如阿川太良（?-1900），他的足跡遍及中國和印度支那的多個地方，《支那実見錄》（1910）便是他在中國遊歷時寫下的遊記。

---

[15] 股野琢，《葦杭遊記》，見《幕末》卷20，頁380。

[16] 范建明譯，《北中國紀行·清國漫遊志》（北京：中華書局，2007），譯者序頁2。

　　（五）佛教僧侶。一如中日的商業往來，兩國在文化上也交流活躍，尤其是自古以來即交往頻密的兩國佛教社群。日本長久以來多次派遣僧侶到中國學習，回國後開創各個宗派，但這種關係在晚清時代發生了逆轉，日本佛教徒開始主動抱持著傳教的目的抵華。東本願寺的僧人小栗栖香頂（1830-1905）的遊記是此類遊記的第一次嘗試，也是最具代表性的例子。1873年，他以調查和布教為目的首度造訪北京，後又重返北京學習。他的《北京紀遊》和《北京紀事》（1873）因為他有意藉此創造一可供日後佛教傳教事業使用的語言指南，而在語言學上別具意義。在他求學北京期間，小栗栖香頂請師傅根據他的筆談紀錄，將漢文改寫為北京俗語，以便讀者在研讀他的作品時能夠學習一些實用的北京口語。此兩本書不僅是他的遊記，也同時是白話的漢語教本。儘管他的書寫有著明確的讀者意識，但殊為可惜的是，他在世時並無機會出版其著作。[17]

　　（六）儒醫。儒醫岡田篁所（1820-1903）於1872年前往江南地區，在兩個月的遊歷後寫下《滬吳日記》（1890）。全文以日記體裁成書，但可說是恢復了江戶時期的「醫學筆談」傳統，因為書的主要內容為他與中國醫生的筆談紀錄，內容包括當地的疾病、名醫、醫學見解等。《滬吳日記》於1891年出版，應該主要在日本研究中國傳統醫學的儒醫圈間流傳。[18]

---

[17] 陳繼東、陳力衛編纂，《北京紀事・北京紀遊》（北京：中華書局，2008），頁17。

[18] 梁永宣，〈日本《滬吳日記》所載清末中國中醫史料研究〉，《中國科技史料》第2卷（2002），頁139-148。

　　（七）漢學家。傳統的日本「漢學家」對中國及其文化推崇備至者，岡千仞（1883-1914）即是其中的代表人物。他在東京時同不少駐日使館人員過從甚密，藉由外交網絡，因而有機會到中國觀光巡遊，結交要員。1884年，他應王韜（1828-1897）之邀來到中國。在近一年的停留裡，他先後拜訪過盛宣懷（1844-1916）、李慈銘（1830-1895）、李鴻章等知名人士。[19]他喜歡與他們探討時局和救國之策，也對如何讓中國富強提出諸多建議。由於他以私人身分出國，在發表政治見解時較無顧忌，言辭大膽犀利。和竹添一樣，他的遊記也以富麗的漢文寫就。在評論時局之際，也透露了他對當時中國知識菁英的看法，為認識中國提供了絕佳參考。也因此，他的遊記受到較廣大的讀者群和史學家青睞，多次再版，也不斷被選為研究的素材。[20]

　　（八）專職學者。代表者為寫下《支那文明記》（1912）的宇野哲人（1875-1974）和寫下《考史遊記》（1946）的桑原騭藏（1871-1931）。兩人後來均任東京帝國大學教授，也都親訪了長安、洛陽、曲阜、江南等中華文化的重點地區。出於對跨文化交流歷史的興趣，桑原更前往東蒙古進行考察。根據宇野在《支那文明記》的自序寫道，他每晚都會潤色自己的遊記，然後將它們作為家信寄回日本，因此他的父母和妻子成了他的第一讀者。他後來將這些書信結集成書出版。宇野認為他的一些同胞對中國人不甚友善，是以希望通過出版他的私人紀錄，會對雙方友誼的建

---

[19]　岡千仞，《觀光紀遊》，見《幕末》卷20，頁150、160、205。
[20]　參見陳華，〈從《觀光紀遊》看岡千仞眼裡的中國〉，《楚雄師範學院學報》25卷7期（2010），頁73-78。

立和彼此文化的相互了解有所助益。與宇野不同，桑原則是只在
旅途中簡略地記下見聞和感受。但他後來卻整理出詳細的考察報
告交給出資供他遊歷的文部省，文部省也將其報告刊載於專業學
術期刊《歷史地理》。也因此，桑原遊記的讀者們比宇野的讀者
們更快地獲得信息。對比兩人的遊記，桑原的文字技術性強，優
勢在於附上了大量的照片。由於桑原原本沒有對一般讀者公開
的打算，直到他去世後，這些考察報告才由他的學生們進行整
理，於1942年出版。第一版《考史遊記》迅速銷售一空，聲名
大噪，岩波書店於2001年重印的袖珍版也很快售罄。[21]

　　（九）記者。桑原後來在京都帝國大學的同事內藤虎次郎
（1866-1934）也曾到中國遊歷，並出版了自己的遊記。但他當時
並不具備留學生或學者的身分，而是以《萬朝報》記者的角色
來作報導。《萬朝報》在全盛時期是東京最暢銷的報紙，每日銷
售量可達九萬份。因該報主張社會主義改革，嘲諷上層階級，因
此吸引了大批來自藍領階層的讀者。[22] 內藤的遊記不僅記錄了
他自身的遊歷情況，也反映出當時中國的社會和文化現狀。他寫
了一系列探討中國政治、市政管理、與中日關係等嚴肅命題的文
章。在他返回日本後，這些文章全部在報紙上刊載。內藤後來又
增加了一些內容，將它們結集出版，名為《支那漫遊燕山楚水》
（1990）。內藤最終成為學術界的巨擘，他的這本書也被後輩旅
行者們奉為圭臬。[23]

---

[21] 張明杰譯，《考史遊記》（北京：中華書局，2007），頁1-2。
[22] 下中弘，《日本史大事典》（東京：平凡社，1994），共7卷，卷6，頁1069。
[23] 吳衛峰，《燕山楚水》（北京：中華書局，2007），頁2-3。

　　另外一位記者出身的遊記作家德富豬一郎（1863-1957）的著作亦不容忽視。他於1890年創辦了日本第一本綜合性雜誌《國民之友》以宣揚自己的政治主張，並以「德富蘇峰」的筆名而廣為人知。他激進的政治觀點散見於日本和朝鮮的多家報刊上，包括較具影響力的《國民新聞》。1906年，德富為觀察日俄戰爭之後朝鮮、滿洲地區和中國的情況，首度前往中國。他每日為報社供稿，因此並非先積累稿件，之後重新整理出版的模式。恰恰相反，不管每晚多累或者條件多麼艱苦，他都將當日的遊歷情況記錄下來，發表在《國民新聞》上。十一年後，德富又沿著與第一次行程差不多的路線再次來華，用類似的方法記錄每日見聞，並在行程中拜訪了包括梁啟超（1873-1929）在內的諸多名人。他這次的遊記報告後來結集出書，廣為流傳，在出版後僅僅兩週的光景便再版，一年後則發行了第三版。[24] 德富對於中國旅行的長期興趣與他的讀者對他作品的關注恰好相互呼應。

　　（十）特約作家。著名作家夏目漱石（1867-1916）曾獲南滿洲鐵道株式會社總裁中村是公（1867-1927）之邀前往滿洲。表面上看，這是一次訪友之旅，然而，根據夏目夫人的說法，實際上是中村想藉此請夏目漱石為他的鐵道公司做宣傳。[25] 當夏目於1907年獲日本最受歡迎作家的殊榮時，中村便想請他負責報社方面的工作，雖然他婉拒了這份邀請，但同意來一趟滿洲「瞧瞧」。夏目漱石從大連港下船，參觀遊覽南滿鐵路沿線地區，之

---

[24] 張明杰，〈近代日本人中國遊記總序〉，引自劉紅譯，《中國漫遊記・七十八日遊記》（北京：中華書局，2008），頁9-10。

[25] 夏目鏡子，《漱石の思い出》（東京：文春文庫，1994），頁223-226。

後跨鴨綠江取道朝鮮返回東京。夏目回國四天後，便開始在《朝日新聞》上連載遊記《滿韓漫遊》。後來由於伊藤博文突然遭朝鮮愛國志士刺殺，遊記中的朝鮮部分頓時成了敏感話題，於是連載只刊登到滿洲部分便中止。不過，夏目對滿鐵的宣傳作用應該頗讓高層滿意，因為自此以後，邀請文化人士考察旅遊便成了滿鐵的經常性活動。[26]

　　綜上所述，與前人相比，明治時期旅華的日本人來自多種不同背景，所面向的讀者群也頗為多元，而且有不少與大眾傳媒、企業公關等有關。以下將以他們對當時中國衛生和健康狀況的觀察，來分析明治期間日本遊人對中國的普遍印象。

三、第一印象：髒！髒！髒！

　　對當時的日本人來說，從滿洲走陸路或是坐船經水路到上海是來華最為方便的兩條路徑。在日本控制朝鮮前，水路是第一選擇，也是傳統的遣使路線，1862年的貿易使團便選擇了這種方式。因此，日本遊客對中國的第一印象通常與渾濁的河水有關。如幕府使團的成員們抵滬後就立刻聞到了臭氣，納富介次郎記錄道，當他們進城後，很快發現氣味來自街上堆積的糞便。納富的驚訝與反感得到許多後來者的共鳴。不僅是上海，中國北方地區的衛生情況同樣令人不敢恭維，股野便寫到瀰漫在瀋陽街頭的惡

---

[26]　王成譯，《滿韓漫遊》（北京：中華書局，2007），頁144。

臭。[27] 學者岡千仞描述的情形比納富的更糟，他在橋邊發現一具乞丐的屍體，多日無人願意收拾。[28]

　　何以會出現遍地黃金的情況呢？[29] 除了動物的糞便外，人的排泄物最為常見。當時大部分中國家庭沒有配備廁所。[30] 貿易使團的另外一名成員名倉予何人即表示，他不曾在中國看到過任何廁所，[31] 但這只是因為他囿於見聞。根據竹添的記載，經過漫長的旅程後，他終於在西安找到了一間公用廁所。[32] 與納富同行的日比野輝寬寫道，因為沒有廁所，中國當地居民是在家裡使用馬桶後，再將排泄物丟到外面。[33] 中野孤山則指出，公共廁所在當時的城市中並不常見，[34] 即使有也管理不善。[35] 因為沒有廁所根本無所謂，反正人人都可以在街上隨意大小便。[36] 史料顯示早在明代北京就是如此。[37] 女人雖無法像男人一樣無入而不自得，她們出行時也會帶上馬桶，以備隨時便宜行事。[38]

---

[27] 同註15，見《幕末》卷20，頁356。

[28] 同註19，見《幕末》卷20，頁53。

[29] 見周春燕，〈上海工部局醫官造衛生清冊：一份研究近代上海的重要史料〉，《政大史粹》，期11（2006年11月），頁179-204。

[30] 同註19，頁51。

[31] 名倉予何人，《官船千歲丸海外日錄》（1862），見《幕末》卷11，頁121。

[32] 竹添進一郎，《棧雲峽雨日記》（1879），見《幕末》卷19，頁74-75。

[33] 日比野輝寬，《贅肬錄》（1862），見《幕末》卷1，頁38。

[34] 中野孤山，《支那大陸橫斷遊蜀雜俎》（1913），見《幕末》卷17，頁37。

[35] 阿川太良，《支那實見錄》（1910），見《幕末》卷13，頁144。

[36] 同註34，見《幕末》卷17，頁104。

[37] 邱仲麟，〈風塵、街壤與氣味：明清北京的生活環境與士人的帝都印象〉，《清華學報》第1卷，頁181-225。

[38] 大鳥圭介，《長城遊記》，見《幕末》卷13，頁40。

　　今日的讀者可能難以想像一個沒有下水道系統的生活環境。當時的人們是怎樣善後的呢？他們會經常在江邊、河邊清洗馬桶，比如上海的黃浦江。[39] 所以日本遊客在上海觀察到的「渾濁的水」中就有不少排泄物。不幸的是，由於城內只有六、七口井，絕對不足以提供全城足夠的水源，所以黃浦江必須扮演補充飲水來源的角色，[40] 因此便出現了「馬桶刷和飲水瓢在岸邊一同出現」的日常景象。[41] 更可怕的是，人們還會用這些水來洗菜做飯。一些遊客親眼見到當地人「用渾水燒飯」，[42] 另一些遊客則反映以這些水煮的飯聞起來「氣味異常」。[43] 日本人對水源問題的看法與當地人大相徑庭。一名旅人在上海染病後懷疑病因是渾濁的污水時，當地華人表示了不同的看法：

> 只要在濁水中投入明礬，等待水清即可飲用，我們都是喝這樣的水。所以你們只是因為一時水土不服才會染病。[44]

　　對當地人來說，他們的生活環境並無不妥，外來者只需習慣就好，因此開旅店的也不覺得有清掃的必要。然而，對一些日本遊人來說，「旅店的所有東西都令人難以忍受。」[45] 旅店只負責

---

[39] 同註33，見《幕末》卷1，頁38。

[40] 同註31，頁106。成都也出現了類似情況，具體可參見註34中野孤山的《支那大陸橫斷遊蜀雜俎》（1913），頁225。

[41] 同註19，頁149。

[42] 宇野哲人，《支那文明記》（1912），見《幕末》卷8，頁22。

[43] 同註34，頁54。

[44] 同註33，頁78。

[45] 同註35，頁157。

提供一張床，[46] 連被褥、柴火和食物都需要遊客自己張羅，清潔
用品和洗浴設備就更不必指望了。[47] 臥床的品質也堪憂，[48] 前來
投宿的客人最經常抱怨的便是床上的臭蟲。[49] 日本人不堪其擾，
把臭蟲稱之為「南京蟲」。[50] 蚊子、蒼蠅、蟑螂等其他小型生物
也頻頻造訪，[51] 使日本遊客備受折磨，有人甚至開玩笑地說中國
旅店是「研究蜘蛛物種」的最佳場所。[52]

　　由於旅店常與畜欄比鄰而居，下榻的客人還可能遇到更大的
動物。有一次，一名遊客聽到床底下有奇怪的響動，發現原來是
一窩豬。[53] 何以豬隻會出現在客人的房間裡呢？竹添根據自己的
經歷為我們提供了答案：在他尚未在西安找到廁所前，每當他需
要解手時，就會有豬湊過來拱他的屁股。這是因為北方的農民把
人的糞便當作豬飼料，時間長了，豬便會自發地尋找食物。[54]
旅店和私人住家均無廁所，客人究竟是在店內還是店外方便，對
於旅店的主人來說是無關緊要的。[55]

[46] 佐藤善治郎，《南清紀行》（1911），見《幕末》卷18，頁320。

[47] 高瀨敏德，《北清見聞錄》（1904），見《幕末》卷15，頁78；中野孤山，
《支那大陸橫斷遊蜀雜俎》（1913），頁179、292。

[48] 同註35，頁157。

[49] 原田藤一郎，《亞細亞大陸旅行日誌並清韓露三國評論》（1894），見《幕末》
卷12，頁93。

[50] 戶水寬人，《東亞旅行談》（1899），見《幕末》卷14，頁586。

[51] 同註46，頁253；註49，頁97；及註48，頁144。

[52] 同註34，頁170。

[53] 同註34，頁173。

[54] 同註32，頁75。

[55] 同註34，頁169。

　　峰潔用他所掌握的科學知識來分析中國的環境：他認為，給人看病，可以通過把脈知道此人的身體情況；而上海即是中國的「脈」，這座城市的污穢，整個中國的衛生狀況也一目瞭然。[56] 這種說法得到了赴滿洲、北方、廣東、內陸的遊客們的附議。[57] 當然，也有個別城市或少數居民的良好衛生狀況令日本人印象深刻，如成都、長沙、岳州等地即因其相對地整潔而備受旅客讚美。[58] 但這些畢竟是特例，而且其常被凸顯的整潔反而更顯出其他地方的髒亂。一名遊客寫道，他終於明白何以杭州被譽為人間天堂，即是因它比天津等北方城市要乾淨太多了。[59]

　　總體來說，日本遊客在中國遊歷時所觀察到的衛生環境讓他們心生警惕，相互告誡中國乃疾病滋生的危險之國。[60] 對於這些外國遊客而言，在中國遊歷時因衛生情況差而容易生病以及需要忍受當地的髒亂，是他們共同的噩夢。[61]

---

[56] 同註10，頁30。

[57] 中野孤山，《支那大陸橫斷遊蜀雜俎》（1913），見《幕末》卷17，頁151；廣島高等師範學校，《滿韓修學旅行記念錄》（1907），見《幕末》卷9，頁61；原田藤一郎，《亞細亞大陸旅行日誌並清韓露三國評論》（1894），見《幕末》卷12，頁84；安東不二雄，《支那漫遊実記》（1892），見《幕末》卷11，頁421。

[58] 宇野哲人，《支那文明記》（1912），見《幕末》卷8，頁165；安井正太郎：《湖南》（1905），見《幕末》卷16，頁63；原田藤一郎，《亞細亞大陸旅行日誌並清韓露三國評論》（1894），見《幕末》卷12，頁74。

[59] 曾根俊虎，《清國漫遊誌》（1883），見《幕末》卷1，頁226。

[60] 峰潔，《官船千歲丸航海日錄》（1862a），見《幕末》卷11，頁28。

[61] 山川早水，《巴蜀》（1909），見《幕末》卷7，頁199。

四、日本人的衛生觀念

　　儘管中日雙方有時對環境問題抱持著相反的看法，但這並不意味著雙方在每一方面都格格不入。事實上，中日兩方在某些方面有些共通點。例如：兩國都承認飲用水是需要留心的，雖然彼此的關注點有些不同。和日本人一樣，中國人亦認為渾水不宜飲用；但與日本人不同的是，中國人認為只要用明礬或硫酸鈣過濾渾水，使之足夠清澈，便可飲用。[62] 他們對過濾這個步驟的要求堪稱嚴謹，如果水的清澈程度未達標準，很多中國人便會以損害健康為由拒絕飲用。[63]

　　中國人還會通過燒開水的方式來保證自身的健康。據《本草綱目》記載，明礬有毒，需煮沸才能使用，而它又是過濾飲用水的常用之物，因此人們「互相提醒對方，切勿飲用未煮沸的水。」[64] 中國人之所以飲用煮沸過的水，並非為了除菌，而是為了消除明礬的毒性。他們在夏天時最喜愛喝涼茶，認為茶已用煮沸過的開水，所以喝涼的也無妨。[65] 此一喝涼茶的習慣讓夏天喜愛吃冰的日本人大感興趣，也覺得無可厚非。[66] 不難想見，這些共同的偏好讓日本人在看待中國的一些習俗時比起同時期造訪中國的其他西洋旅行者要來得正面。像岡千仞就認為，沒有廁

---

[62]　見註10，頁28；註33，頁38。
[63]　同註19，頁149。
[64]　同上註。
[65]　同註46，頁229。
[66]　同註60，頁20。

所的生活環境只是另一種生活方式，僅因這點就歧視對方是不公平的。[67]

　　儘管如此，當時日本遊客對中國衛生狀況的評價在大多數時候還是與西方人的觀念比較貼近。有些人認為傳統的中醫學毫無意義。[68] 在1862年的使團中，有一人接受了中醫的治療，但在該病人病逝後，其他全員便從此仰賴旅居上海的法國醫生治病。[69] 關於中西醫醫療的比較在其他遊記中也頗有討論，例如山川早水寫道，傳教士的醫術在中國反響良好，[70] 成都只要是中產階級以上的家庭都會請西醫治病。[71] 因此，不難理解何以日本遊客認為在中國擴大日本醫學影響是樂觀可期的。與中國相比，日本醫學的確更加現代化，而且日本也的確有意打進中國的醫藥市場。[72] 一些人聲稱日本藥品受到中國消費者的歡迎，此外，在日本來華移民中，醫師被當地居民的接受度也相當高。[73] 小林愛雄（1881-1946）曾如此建議道：「女醫師在中國仍大有市場，值得我們進一步發展此一可能性。」[74]

　　然而同時也有許多報告表明，中國人的醫學態度仍舊相對

---

[67] 同註19，頁51。

[68] 米內山庸夫，《雲南四川踏查記》（1926），見《幕末》卷10，頁102。

[69] 松田屋伴吉，《唐國渡海日記》（1942），見《幕末》卷11，頁60。

[70] 同註61，頁112。

[71] 同上註，頁547-8。

[72] 永井久一郎，《觀光私記》（1910），見《幕末》卷19，頁324、343。

[73] 中野孤山，《支那大陸橫斷遊蜀雜俎》（1913），見《幕末》卷17，頁203；佐藤善治郎，《南清紀行》（1911），見《幕末》卷18，頁167、192。

[74] 小林愛雄，《中國印象記》（1911），見《幕末》卷6，頁294。

保守，甚至落後。[75] 天花疫苗在中國內陸數量稀少，[76] 很多人寧可請本土庸醫診治，也不願意找國外的、更有能力的醫生治療。[77] 即使是見識過西醫威力的人也仍舊願意固守中醫傳統。[78] 作為一個醫療衛生體系薄弱的國家，又有諸多疾病流傳，難怪中國在當時被稱作「東亞病夫」。但如果連具備先進衛生知識的日本遊客都無法抵禦這些疾病，中國人究竟又是如何生存下來的呢？

從第一批旅行者開始，健康問題便為眾人關注的焦點。當納富介次郎於1863年來到上海時，他認為「雖然中國人體質屢弱，但那些經歷了戰爭的人卻並非如此。」[79] 除去環境因素，很多旅行者將中國人的體質問題歸咎於鴉片。[80] 多位對中國友好的日本旅人，例如岡千仞即感嘆，中國的病弱是人為因素造成的，因為鴉片腐蝕了中國菁英階級的健康，那些最應被本國現狀所激怒的人正在使用藥品進行自我麻醉。[81] 另一些人則認為，東亞病夫的名聲是咎由自取，因為大部分中國人已經放棄了改善自己國家的希望。[82] 因此，這些人在書寫中使用大量歧視性的用詞，

---

[75] 同註47，頁73。
[76] 中野孤山，《支那大陸橫斷遊蜀雜俎》（1913），見《幕末》卷17，頁234。
[77] 宮內豬三郎，《清國事情探檢錄》（1895），見《幕末》卷11，頁532。
[78] 同註19，頁311。
[79] 同註1，頁29。
[80] 西島良爾，《実歴清國一斑》（1899），見《幕末》卷13，頁522。
[81] 同註19，頁30、76。
[82] 同註35，頁144。

將中國人稱為「如蟻如豕」，[83] 或是「動物的親類」。[84]

　　值得注意的是，有相當數量的旅行者對中國人的體質情況做出相反的，亦即相對正面的描述。這些較積極的評價常與中國北方人的體魄相關。[85] 高瀨敏德便對北方人的體質表示讚賞。他寫道：「如果經過合適的訓練，這些人會成為一支強有力的部隊……因為他們的飲食與西方人一樣，每天都吃肉。」[86] 這些報告對當時流行的「孱弱的中國人」的形象提出了挑戰。

　　日本人相信人的體質與地域有關。他們認為中國南方男人的強健之處與北方男人不同。[87] 通商口岸賣力氣的苦力給他們留下了深刻印象，[88] 因為這些人「無論多麼艱苦的工作都可以忍受」。[89] 高瀨覺得苦力們「具畜類般的耐力」，[90] 認為他們的力氣來自其「野獸本能」。[91] 這些評語一方面流露了對中國人的整體鄙視，但另一方面也顯示對具有超凡耐力的中國人的欽佩。夏目漱石在滿洲之行中也表現出與高瀨相似的觀點。他將滿鐵會社

---

[83] 原田藤一郎，《亞細亞大陸旅行日誌並清韓露三國評論》（1894），見《幕末》卷12，頁42。

[84] 川田鐵彌，《支那風韻記》（1912），見《幕末》卷18，頁365。

[85] 植村雄太郎，《滿洲旅行日記》（1903），見《幕末》卷15，頁190。

[86] 同註47，頁67。

[87] 宮內豬三郎，《清國事情探檢錄》（1895），見《幕末》卷11，頁513；安井正太郎，《湖南》（1905），見《幕末》卷16，頁666。

[88] 德富蘇峰（又名德富豬一郎），《七十八日遊記》（1903），見《幕末》卷15，頁637。

[89] 安東不二雄，《支那漫遊実記》（1892），見《幕末》卷11，頁432。

[90] 同註47，頁42。

[91] 同上註，頁120。

先進的管理方式與當地工人及民眾低下的素質進行對比，對中國人幾乎沒有正面評價。和大部分日本旅行者一樣，他對勞工身上的氣味大加嘲諷，對商店旅店的設施不敢恭維。在他看來，城內臭氣瀰漫，飲用水「又酸又鹹」，中國是個「骯髒的國家」，而滿鐵會社將會使這些低級的當地人得到開化。但當夏目漱石看到一名強壯的苦力正赤身裸體地幹活時，他想起了韓信（?-196BC），並遙想：「羞辱少年韓信的傢伙應該就是這樣的了。」韓信是楚漢相爭（206BC-202BC）時期最具才能的大將軍，為漢朝（202BC-220AD）的建立打下汗馬功勞，然而他年少落魄時被同村一名惡少侮辱。在此，夏目以韓信比喻日本人身型小但智力優越，而滿洲苦力則宛如欺負韓信的惡少──身強力壯，但頭腦愚笨。

德富豬一郎也提及苦力們的耐力，告誡自己的國人不要對中國人掉以輕心。[92] 他認為人們需要糾正對東亞病夫的偏見，因為中國人不僅「像動物般力大無窮」，[93] 而且還有其他能自己壯大起來的方法。[94] 一些日本人在親身考察後得出了與自己同胞相反的結論：即使外在環境如此惡劣，但中國人始終能倖存、並繁衍下來。這說明了中國這個國家並不能全以疾病、髒亂等字眼來概括，她的潛力不容忽視。

---

[92] 同註88，頁637。

[93] 同上註，頁632。

[94] 同上註，頁657。

五、結論

日本的遊記書寫傳統自古有之。到了明治和晚清時期，其影響力達到前所未有的程度。過去的遊人們純粹為了私人目的做記錄，即使出版，流傳範圍也較小，發行量有限。十九世紀中期後，這種情況逐漸有所改變。寫作者們開始接受機構贊助或是工作委託，不過他們下筆的主因還是出於個人興趣。如此轉變不是一蹴而就的，但天時所趨，勢所必至。1862 年的幕府使團中沒有一人有出版遊記的想法；然而到了明治末期，已有商人把腦筋動到知名作家身上，讓遊歷考察的遊記書寫成為鐵道公司的宣傳利器。在如此短的時間內，牟利便成了書寫遊記背後的主要誘因。當然，仍有些與商業無關的非營利重要活動，比如軍事偵察或是學術期刊也同樣支持遊記書寫。

本文探討了面向各類不同讀者群的日本旅遊者紀錄，概括了他們對晚清時期中國的觀察見解，其中也有部分可以訪查到銷售及發行情況。就讀者層面來說，竹添進一郎的遊記僅供漢文讀者參閱，內藤虎次郎的主要讀者為工人階級，而德富豬一郎的報紙讀者群中以右翼分子居多，這三人的書寫在各自的主力讀者群中皆廣受好評。桑原騭藏的學術報告原本只呈交給學界內的少數專家檢閱，但當他的學生把這些報告整理出書後，銷量驚人，說明一般讀者對他的文字也很感興趣。夏目漱石的遊記則從一開始就以連載的形式刊登在影響力最大的《朝日新聞》上，其個案提供了成功的宣傳模式，作者、報紙和出資邀請夏目的南滿鐵道株式會社三方都從中獲益。不久之後，其他媒體也紛紛推行這種

模式。1921年，《大阪每日新聞》請著名作家芥川龍之介（1892-1927）前往中國發表遊記連載。[95] 由於不同階級和社會背景的讀者都對描寫中國的遊記感興趣，各大出版社迅速作出反應，為讀者提供相關信息。

　　日本民眾為何對中國有如此大的興趣呢？德富豬一郎坦言，這是因日本是島國，資源稀少，需要中國的資源和市場來謀求發展。兩個亞洲國家都為西方勢力所壓迫，為了日後的發展，日本須在加入西方陣營、成為侵犯中國的幫兇，還是同中國一起對抗西方國家這兩個選項中作出抉擇。因此，日本人迫切需要關於中國的信息。中日之間的文化淵源也是日本人想探訪中國的一大原因。能來到中國尋訪日本文化史上一些重大事件的印跡，對很多日本人來說是夢寐以求的事。儘管明治時代開放了出國政策，大部分人仍需仰賴別人提供的信息，對於那些沒條件出國的人，這些資料可填補他們在旅行方面的空白，而計畫前往中國的人則可將旁人的遊記當作旅行指南。

　　在眾多記載中，日本旅行者的醫學觀念有了重大轉變。明治維新前，日本對中國的傳統醫學一直抱著仰視的態度，在晚清之前來到中國的日本人從未在遊記中貶低中國的衛生狀況。但當西醫在日本勢力大盛後，日本人對中醫的評價也發生了逆轉，各類遊記中頻頻出現關於中國衛生方面的抱怨：在他們眼裡，中國無處不髒，居住環境令人難以忍受，當地人也沒有養成衛生的生活

---

[95]　秦剛，〈譯者序〉，《中國遊記》（北京：中華書局，2007）。頁數較為分散，此處略去。

習慣。

　　儘管在此時期，日本人在整體上採納了西方式的國際標準來檢視中國的醫藥衛生狀況，但他們也在一些問題上保留了自己的獨立判斷。例如，小林愛雄認為西方的親吻習俗是「不衛生的」。[96] 由於日本在當時也缺乏家用廁所設施，並且同中國一樣保留了用堆肥的農業習慣，岡千仞和竹添進一郎均認為中國在這方面的處理並無不妥。[97] 再者，由於日本文化深受中國影響，日本人也認同儒家典籍中「南方之強歟？北方之強歟？」的論述，即不該僅用單一的評判標準來判斷體力的強弱。因此，日本人的想法並非是全盤西化的，他們的某些觀察角度為西方人所難及，從幕府晚期到明治時期的遊記逐漸擺脫江戶傳統的束縛，但仍與過去有著藕斷絲連的聯繫。

　　總體來說，自幕府末期起，日本遊客開始普遍批評中國的衛生情況，這種評價在多數時候同西方遊客十分相近。有紀錄表明，十八世紀在長崎經商的荷蘭商人對當地「喜愛清潔」的衛生習慣大加讚揚，[98] 不過據西方的標準，明治時期日本的衛生狀況仍需改進，例如在十九世紀，有西方遊客寫道，日本人使用堆肥的方式「不利於衛生」。[99] 明治初期，東京市民也有隨地大小便的習慣。東京之所以比中國城市顯得乾淨，是因當地巡警企圖遏制這一習慣，商人們也會將排泄物運走，以便販賣。中國雖也有

---

[96]　同註74，頁262。
[97]　同註32，頁47。
[98]　小野芳朗，《清潔の近代》（東京：講談社，1997），頁42-43。
[99]　李家正文，《糞尿と文化生活》（東京：泰流社，1989），頁219。

類似的業者，但從成效看來不如日本。即使到了明治末期，大部分市民也買不起沖水馬桶，不過政府有感於西方國家的清潔程度，對日本在衛生條件上的缺失有所注意，於是開始興建下水道系統，將其作為國家文明的標誌之一。[100]

對中國衛生狀況的批評也暗含著日本人企圖超越中國的心態，他們需要在中國身上尋求優越感。寫作者不僅在遊記中記錄了中國的衛生條件，而且以此評判中國的文明程度。有人甚至從這些批評中獲得了心理補償，因為他們從西方遊客的旅日遊記中感受到了同樣的羞辱。從江戶時代起，衛生問題開始受到人們的注意，在這個問題上，日本人能夠反超中國，占據前所未有的優勢。這點在夏目漱石的遊記中尤為明顯。當西醫在日本全面流行開來時，日本遊客的優越感也越發突出。[101] 但在衛生問題上，遊客中唯一的儒醫岡田篁所的看法卻與其他人的態度大相徑庭。他對中國的「骯髒」環境不予置評，在上文提到的多位遊客中，只有他不曾抱怨過這方面的問題。在上海一度病倒時，他表示可能是因「旅店條件不好」，此外沒有其他負面評價。[102] 公共衛生問題向來不是中醫學所關注的焦點，因此，岡田對中國衛生的無視似乎並非巧合。身為儒醫，岡田強調個人的「養生」，而非從公共環境，乃至國家的角度去審視健康問題。事實上，不光只是日本儒醫來到中國後，對當地的氣味和居住條件恬然自得，中國儒醫同樣也對中國的本土環境習以為常、毫無怨言。這說明筆

---

[100] 紀田順一郎，《世紀モノ語り》（東京：創元社，2000），頁224。

[101] 同註26，〈譯者序〉，頁147-150。

[102] 岡田篁所，《滬吳日記》（長崎：岡田恆庵，1890），頁14a。

談時期兩國醫者之交流僅限於共享的文化遺產，而且與後來人不同，公共衛生問題對這些人來說根本無足掛齒。此一認知在我們重審中國醫學史的近代轉變時，需格外留意。

胸哺與瓶哺

——近代中國哺乳觀念的變遷（1900-1949）

周春燕

　　據西方學者的研究，兒童受關注始於十八世紀以後。在洛克（John Locke, 1632-1704）、盧梭（Rousseau Jean Jacques, 1712-1778）等人，及早期浪漫主義者的影響下，開始對兒童感興趣，並研究童年。後由於公共衛生的發達、經濟環境的提升，及家庭結構改變等因素，兒童的待遇漸獲改善。[1] 1899年底，瑞典女教育家愛倫凱更在《兒童的世紀》中高喊：「二十世紀將是兒童的世紀」，此預言在往後得到迴響，世界各地也相繼出現兒童保護組織與運動。[2]

---

[1]　Marie France Morel, "The Care of Children: The Influence of Medical Innovation and Medical Institutions on Infant Mortality, 1750-1914," in R. Schofield, D. Reher, A. Bideau, eds. *The Decline of Mortality in Europe* (New York: Oxford University Press, 1991), pp. 196-219. Colin Heywood, *A History of Childhood* (Malden, Mass.: Polity Press, 2001), pp. 1-33, 146-155. Adriana S. Benzaquén, "The Doctor and the Child: Medical Preservation and Management of Children in the Eighteenth Century," in Anja Müller, ed. *Fashioning Childhood in the Eighteenth Century: Age and Identity* (Burlington, Vt.: Ashgate, 2006), pp. 13-18.

[2]　錢品玨，〈兒童年中的貧苦兒童〉，《婦女旬刊》19.19（1935.11），頁221。

　　在近代以前，中國社會常忽略兒童的特性及需求，甚至有殺嬰現象，[3] 即使是重視子嗣的上層階級，也總以「成人中心」或「長者為尚」的立基點管教兒童，強調道德及智育訓練，期望他們將來能光宗耀祖。此功能主義的教誨易使兒童活潑的本性受壓抑。[4] 清末嚴復（1853-1921）譯介赫胥黎（Thomas Henry Huxley, 1825-1895）的《天演論》，使「亡國滅種」與「強國強種」之說不踁而走，[5] 具孕育子嗣天賦的婦女因此受到重視。[6] 二十世紀以後，人們對於「強種」的期盼，加上西方重視兒童的觀念之傳入，兒童成為繼婦女之後另一個備受關注的群體。南京及上海相繼成立中華兒童教育社（1927）與中華慈幼協會（1928），推廣兒童福利。1930年代以後，因日本侵華的傷亡威脅，社會上充斥關於兒童對國家前途重要性的言論。1931年，中華慈幼協會為喚起國人及政府對兒童的重視，請求行政院將4月4日訂為兒童節，並獲准施行。[7] 政府後又訂1935年8月1日至1936年7月31日為「兒童年」，呼籲全國關心兒童。[8] 此將兒童與國家命運連結，認為「兒童是國家未來主人翁」的理念，在

---

[3]　劉靜貞曾回顧中國古代殺嬰之相關研究，並深入討論宋人生子不舉的問題。見氏著，《不舉子：宋人的生育問題》（臺北：稻鄉，1998）。

[4]　熊秉真，《童年憶往：中國孩子的歷史》（臺北：麥田，2000），頁45-127。

[5]　如《申報》自1895年7月27日至9月7日，每週六在頭版連載〈論開民智〉討論此一問題。詳情參見上述各日《申報》之內容。

[6]　周春燕，《女體與國族：強國強種與近代中國的婦女衛生（1895-1949）》（臺北：政治大學歷史學系，2010），頁94-108。

[7]　〈慈幼會定「四四」為兒童節，轉呈國府令飭全國舉行〉，《申報》（上海：上海書店重印，1982-1987）（1931.03.07），第15版。

[8]　〈全國兒童年實施會的新設施〉，《教育雜誌》25.11（1935.11），頁130。

日後屢被強調，抗戰期間更是如此。[9]

　　關於傳統中國的嬰兒哺育，學者已有若干研究。熊秉真在
《幼幼——傳統中國的襁褓之道》中，專章討論唐宋至明清間中
醫對於哺育嬰兒的建議；[10] 柯小菁則探討抗戰前中國新育兒知識
體系的建構及新母親角色之塑造，其中論及嬰幼兒的哺乳。[11]
本文擬討論二十世紀上半葉中國哺乳新觀念的引入，與知識分子
和醫生如何利用這些觀念引導民眾實踐其理想的哺育方式，以及
相關業者如何利用時代氛圍創造新的哺育商機，並從中獲利。最
後推估「胸哺」與「瓶哺」在市場上的占有率。由於嬰兒斷奶後
其進食種類較為複雜，本文僅探討斷乳前的哺育問題。

一、新觀念、新知識

　　清末以來重新發現兒童的歷程中，嬰幼兒的身心健康為人們
關注的焦點。二十世紀初期，歐美以兒童為本位的觀念傳入中
國，一些知識分子利用報章雜誌向國人引介關於嬰兒哺育的新思
維。[12] 1909年，無錫名醫丁福保（1874-1952）在《申報》副刊

---

[9]　菊逸，〈紀念兒童節應知：怎樣謀兒童的福利〉，《中國婦女》1.4（1940.03），
　　頁11；寒，〈救救孩子——為兒童節而作〉，《婦女月刊》1.5（1941.01），頁1。
[10]　熊秉真，《幼幼——傳統中國的襁褓之道》（臺北：聯經，1995），頁103-
　　135。
[11]　柯小菁，《塑造新母親：近代中國育兒知識的建構及實踐（1900-1937）》（太
　　原：山西教育，2011），頁76-84。
[12]　善哉譯，〈選擇玩具與兒童教育〉，《婦女時報》7（1911.07），頁22；弱，
　　〈怎樣做父母〉，《婦女月報》2.4（1936.05），頁46。

呼籲注意乳兒健康，因為「小兒為將來之國民，其身體之強弱，與國家之盛衰有莫大之關係」。[13] 之後《申報》上陸續出現類似看法的文章。[14] 兒童節訂立後，這類主張更為常見，並獲部分官方人士支持。[15] 另一署名波兒的作家則強調幼兒哺育不僅與個人健康有關，也影響國力與民族前途：

> ……我國人民，病弱者多，所以被外人稱為「東亞病夫」，其原因都是由於在嬰兒時，未受到良好的養育，長成之後，雖百般調養，終難轉弱為強，可見一個人之身體強弱與否，全在幼時的養育，和嬰孩時的哺乳方法是否得當。[16]

為能及早為民族幼苗奠下良好基礎，行政院衛生署印製了「嬰兒及幼童之營養」的衛生教育文宣，其中亦包含醫學專家們所建議的哺乳方式。[17]

（一）專家的建議：母乳最好

　　餵母奶是歷史最悠久、也是最多人採用的哺乳方式。十八世紀中葉後，隨著歐洲醫師和科學家們大量發表對兒童研究的成

---

[13] 丁福保，〈乳兒之衛生〉，《申報》（1909.01.10），第12版。

[14] 伯魯，〈嬰兒調養法〉，《申報》（上海）（1921.03.17），第16版；玉書，〈育嬰之百年大計〉，《申報》（1926.03.18），第11版。

[15] 〈四局會銜佈告兒童節程序：兒童乃國家之元氣，民法之生命〉，《申報》（上海）（1933.04.02），第32版。

[16] 波兒，〈談談哺乳〉，《婦人畫報》39（1936.04），頁4。

[17] 行政院衛生署，〈嬰兒及幼童之營養〉，《婦女共鳴》10.5（1941.07），頁39。

果，餵母乳對嬰兒健康及親子關係的益處漸為人知。[18] 至十八世
紀末餵母乳已成風潮，法、德兩國相繼立法鼓勵母親親自哺乳。
法國大革命期間，哺餵母乳的共和美德，與雇用奶媽的貴族腐化
互為對比，餵母乳被視作愛國、支持新政體的公民責任表現。
再者，醫界也以數據證實餵母乳的嬰兒，其死亡率要比交給奶
媽、或使用代乳品的嬰兒低得多。在醫師和政府不斷地使用「應
該」、「責任」、「義務」等字眼來鼓吹餵母乳的同時，母親的責
任也隨之加重。[19]

　　相較於近代西醫對生母親自哺乳的推崇，傳統中醫的態度顯
得較為模糊。儘管許多史料曾記載人乳具延年益壽的妙用，[20]
但醫家對於哺餵母乳一事著墨不多，如宋代的《小兒衛生總微論
方》僅提及「自乳養者，一切不論」。[21] 西風東漸後，歐美推崇
母奶、且將哺乳視為愛國舉措亦出現在二十世紀初的中國。當

---

[18] Valerie A. Fildes. *Breasts, Bottles & Babies: A History of Infant Feeding* (Edinburgh University Press, 1986), pp. 81-91; Adriana S. Benzaquén, "The Doctor and the Child: Medical Preservation and Management of Children in the Eighteenth Century," in Anja Muller ed. *Fashioning Childhood in the Eighteenth Century: Age and Identity* (London: Ashgate, 2006), pp. 13-25.

[19] Marilyn Yalom. *A History of the Breast* (New York: Alfred A. Knopf, 1997), pp. 111-117, 226-227; John Knodel, Etienne Van de Walle, "Breast Feeding, Fertility and Infant Mortality: An Analysis of some Early German Data," *in Population Studies* (1967): 115.

[20] 據《本草綱目》記載：漢初宰相張蒼，年老無齒，遂飲用人乳，竟得年百餘歲；而卒於南朝的何尚之（382-460），也因喝人乳而治癒陳年舊疾。這兩個例子都顯示人乳具特殊功效，故李時珍引《醫通》曰：服人乳，「能益心氣、補腦髓、止消渴，治風火證，養老尤宜」。以上見〔明〕李時珍，《本草綱目》（北京：人民衛生，1975），卷52，〈人部・乳汁〉，頁2951。

[21] 熊秉真，《幼幼：傳統中國的襁褓之道》，頁114。

時，許多知識分子接受西方的醫學理論，在出版品上呼籲母親親哺之優勢。如留日的瞿姚英乃，便指出母乳的乳質及濃淡程度與營養成分，恰能配合嬰兒體質與不同階段的消化能力。她還說明牛乳與羊乳因蛋白質過高、醣分過低，不適合人類嬰兒。[22] 日後，留美醫學博士李廷安（1898-1948）、賴斗岩，留日醫師陳卓人等，也都基於相同理由，提醒民眾勿以牛奶取代母乳，以免影響嬰兒的生長發育。[23]

　　初乳的免疫功效是母乳的特點之一。傳統中醫雖肯定人乳的功效，但對初乳這一特點則未提及。過去人們普遍認為新生兒體內帶有「胎毒」，不主張出生後立即餵乳，而代以甘草汁、牛黃、黃蓮、人蔘湯等「去胎毒」的藥方。[24] 此外，民間還有「開奶」習俗，即另覓一正在哺乳的婦人餵嬰兒第一口奶；[25] 甚至有人認為：延遲第一次哺乳的時間，有助於將來小兒長相清秀，故有些產婦在經過一晝夜後才開始授乳。這些中醫藥方及民間習俗，說明傳統中國對初乳功效的陌生。對此，許多西醫特別強調初乳的好處，如無錫醫師萬青選就利用傳統中國的胎毒觀念，提醒民眾千萬不要放棄產後2-3日內所分泌的初乳，因為這些珍貴

---

[22] 瞿姚英乃，〈小兒營養法〉，《婦女時報》15（1914.11），頁25。

[23] 陳卓人，〈牛乳和人乳的比較〉，《婦女雜誌》10.3（1924.03），頁569；李廷安，〈兒童節談嬰兒衛生與學齡前兒童衛生〉，《申報》（1933.04.04），第4張第13版；賴斗岩，〈兒童衛生〉，《教育雜誌》，25.12（1935.12），頁50。

[24] 熊秉真，《幼幼：傳統中國的襁褓之道》，頁92-93。

[25] 柯小菁，〈塑造新母親：近代育兒知識的建構（1903-1937）〉（新竹：清華大學歷史研究所碩士論文，2007），頁77。

的乳汁具有「瀉下腹中之毒」的妙用。[26] 1926年，陳卓人醫師則直接告訴父母：喝母乳可使嬰兒獲得免疫物質，使嬰兒體質較佳。[27] 1947年，留德女醫學博士蘇曾祥進一步說明：母親所患過的疾病，其抵抗力可透過母乳傳給嬰兒，使嬰兒不易罹病，這是牛乳等代乳品所無法提供的。[28] 此外，還有人提到母乳溫度適中、「無微菌，不致腐敗」的優點，非其他代乳品所能及。[29]

另一方面，有醫師從母體的角度提醒婦女：小兒的吸乳動作，可刺激子宮收縮，預防產後出血，並促進母親下腹部器官儘早恢復正常狀態。[30] 另一作者則認為產婦親自餵乳，不僅可增進親子關係，還能防止過早第二次受孕。[31] 這對當時普遍缺乏有效避孕的婦女而言，或許是吸引她們餵母乳的誘因之一。[32] 當然，也與餵母乳的經濟與便利（可隨時隨地哺餵，無消毒、沖調等繁雜手續）有關。[33]

---

[26] 萬青選，《男女婚姻衛生寶鑑》（上海：進化社，1915），頁123-124。

[27] 陳卓人，〈牛乳和人乳的比較〉，頁569-570。

[28] 蘇曾祥，〈母親應該自己哺乳 —— 兼談怎樣選擇奶媽〉，《家》13（1947.02），頁63。

[29] 善如，〈與做母親的討論兒童教養問題〉，《婦女月報》1.4（1935.05），頁14。

[30] 波兒，〈談談哺乳〉，頁4-5。

[31] 善如，〈與做母親的討論兒童教養問題〉，頁13-14。

[32] 沈驥英，〈節育事工之檢討〉，《中華醫學雜誌》28.5（1942.05），頁158-163。呂芳上，〈個人抉擇或國家政策：近代中國節育的發展——從1920年代《婦女雜誌》出版產兒限制專號談起〉，《近代中國婦女史研究》12（2004.12），頁195-230。

[33] 楊敏閑，〈談談嬰兒哺乳〉，《婦女月刊》3.5（1944.04），頁37。

（二）雇用奶媽的新要求

　　儘管胸哺好處多，但中外皆有許多人家捨母乳而另覓奶媽代勞。[34] 在傳統中國，中上之家不論母親是否缺乳，習慣雇用奶媽，且每個孩子都有專屬的乳娘。[35] 許多醫籍也記載選擇乳母的注意事項，可見中醫並不反對雇奶媽。[36] 此現象持續到民國前期。而這些婦女之所以雇用奶媽，不外乎：省生母之勞、誇耀鄰里、[37] 求多孕廣嗣、[38] 生母怕容顏衰老。[39]

　　時至近代，基於對人乳功效的肯定，故西醫（包括行政院衛生署）也不反對雇用奶媽，但僅限於當生母亡故、罹病，或外出工作無法餵奶等特殊狀況。為此，西醫也提出若干選擇乳母的條件供父母參考。從表一可看出，近代中國人在選擇乳母時，多了以往所忽略的項目（如乳母年齡）。再者，近代西醫特別注重奶

---

[34] 關於二十世紀以前，西方雇用奶媽的情形及原因，見George D. Sussman, *Selling Mothers' Milk: The Wet-Nursing Business in France, 1715-1914* (Chicago: University of Illinois Press, 1982), pp. 1-188; Valerie A. Fildes, *Breasts, Bottles & Babies: A History of Infants Feedings*, pp. 152-210.

[35] 葛克全，〈節制生育與國民健康〉，《醫事公論》3.16（1936.06），頁3；徐家槙、高誦芬，《山居雜憶》（海口：南海，1999），頁365。

[36] 熊秉真，《幼幼：傳統中國的襁褓之道》，頁114-118。

[37] 萬選青，《男女婚姻衛生寶鑑》，頁123-124。

[38] 過去中上家庭雇用乳母，可縮短間隔，增高富裕家庭之生育率。見熊秉真，《幼幼：傳統中國的襁褓之道》，頁135。

[39] 一般認為乳汁既為滋補聖品，其養分來自母體，因而擔心哺乳後將失去青春，或身材走樣。見素貞，〈給年輕的母親們〉，《婦人畫報》47（1937.03），頁30；雷茂榮，〈為乳兒要求母乳說幾句話〉，《大眾醫刊》3（1931.05），頁32。

媽的生產時間最好與生母相近，以期奶媽乳汁的濃淡程度能符合
嬰兒所需。第三，近代西醫多要求乳母到醫院接受身心健康檢
查，甚至還要審查乳母的家族病史。最後，傳統中醫認為不宜傭
乳的疾病，在近代較為少見，取而代之的是當時常見的傳染病或
流行病。1947年，有婦女在雜誌上提出：〔奶媽〕這種被迫捨棄
自己孩子的貧苦婦女，大半是由於丈夫的荒唐，不努力生產所
致，因此很容易染有各種性病。[40] 可見性病亦是雇主的擔憂之
一。由於西醫對奶媽的篩選比較嚴格，能符合標準的相當少，許
多人家都曾面臨奶媽難請的窘境。[41]

表一　中、西醫對於乳母要求之比較

項目	傳統中醫擇乳母的條件	近代西醫擇乳母的條件
健康要求	1. 無胡臭、癭瘻、氣嗽、瘑疥、癰癭、白禿、癧瘍、瀋脣、耳聾、齆鼻、瘨癇等。 2. 最好由有經驗的醫師檢查其身體，以判斷是否患有不適傭乳的疾病。	1. 乳母本身需健康完全：無梅毒、花柳病、淋病、結核病、腳氣病、沙眼、傳染性皮膚病（如疥瘡等）。 2. 需到醫院檢驗體格及血液、尿液、大便。
家族病史		需檢查乳母的近親、父母、兄弟、姐妹，有無肺病、梅毒、精神病，及其他一切傳染病，有之，則不可用。

---

[40] 葉子，〈育嬰記〉，《婦女月刊》5.5（1947.02），頁28。

[41] 潭影，〈乳母〉，《老實話》50（1934.12），頁387；素人，〈母親的經驗〉，《婦女月刊》2.2（1942.07），頁34-36；徐家楨、高誦芬，《山居雜憶》，頁358-36。

外貌	體態合宜：肌肉充肥；忌「獨眼跛足、龜胸駝背、鬼形惡貌、諸般殘疾者」。	1.胸廓開展、乳房須緊張飽滿。 2.貌端美、顏色亦須秀麗清潔、口脣帶紅色，齒潔白而排列勻稱；能皮膚白皙、面貌端莊、身體壯碩、乳汁充足者，薪資可稍優。
乳汁	乳汁需濃白。	擠壓乳母的乳房，觀察其乳汁是湧出或線狀或滴出，以判斷乳汁多寡。
年齡		35歲以下為最適。最好有育兒經驗。
生產時間		最好與生母的生產時日相差不過兩個月，以免乳汁成分相差過多。
性情	情性和悅、純厚、篤實、婉靜寡慾、知寒溫之宜。	性情溫和、品性端正、作事聰明，以溫厚篤實、謹慎者為佳。若能找到略受過教育的更好。
生活習慣	衛生習慣良好。	生活平靜、睡眠充足、適當的勞動、營養均衡、衛生習慣良好。

※ 資料來源：傳統醫籍選擇乳母的條件，見熊秉真，《幼幼——傳統中國的襁褓之道》，頁114-118。近代擇乳母的條件，見萬青選，《男女婚姻衛生寶鑑》，頁129-131；行政院衛生署，〈嬰兒及幼童之營養〉，頁39；蘇曾祥，〈母親應該自己哺乳——兼談怎樣選擇奶媽〉，頁68。

（三）科學的哺乳方法

　　美國學者瑞瑪・艾波（Rima D. Apple）曾研究十九世紀末至二十世紀上半，科學與醫學知識對美國哺育行為的影響，發現科學家與醫學家常宣稱：媽媽們需依其忠告行事，才能確保嬰兒健康。此番見解不僅得到教育家、社會評論家的支持，媽媽們也深信不疑。這一遵照專家意見而進行的照護行為，被稱作「科學母職」（scientific motherhood），在二十世紀後透過女性雜誌、育兒書籍，或學校中的家政課程大量傳播；而婦女與生俱來的母

性本能，以及傳統透過經驗而來的育兒知識，則遭到貶低的命運。[42] 二十世紀初這股「科學母職」的風潮也吹到中國。如前所述，當時在報章雜誌上發表育兒文章的作者，多具醫學背景。他們除鼓勵婦女親自餵母奶外，還進一步要求哺乳時必須遵照他們的指示操作，才能確保母嬰健康。傳統醫書中雖然也有類似的建議，但內容較籠統，強調重點亦與西醫不同。

　　首先，關於乳房的護理：傳統醫籍對乳房外部的清潔著墨不多，僅強調必須先除去宿乳。[43] 但近代西醫則相當重視，包括產前即須每日以酒精、甘油擦拭乳頭，使皮膚變硬，以防將來餵乳時皮膚破裂引發乳瘡。[44] 而在授乳前，則建議適度按摩乳房，促進乳汁分泌。醫師也勸止婦女餵奶前以自己唾液潤濕乳頭的習慣，而改以溫水或清潔劑洗淨乳頭、乳暈，防止傳染病。至於哺乳之後，則建議用脫脂棉與硼酸水拭淨乳頭及嬰兒的嘴巴。最後亦提醒哺乳婦女平時應給乳房適當的支托與保護。[45]

　　其次，授乳的間隔與分量：傳統醫家對此多半只提及「量以為常」或「勿令太飽」等原則，[46] 並無提出更為精確的數據，因

---

[42] Rima D. Apple, "Constructing Mothers: Scientific Motherhood in the Nineteenth and Twentieth Centuries," in *Social History of Medicine* (1995): 161-178.

[43] 熊秉真，《幼幼——傳統中國的襁褓之道》，頁104。

[44] 徐家楨、高誦芬，《山居雜憶》，頁357。

[45] 關於哺乳前後的乳房護理，參見初生阿侯者，〈小兒生產後之第二個月〉，《婦女時報》13（1914.04），頁54；梅夢，〈簡易家庭看護法〉，《婦女雜誌》1.4（1915.04），頁5；霓書，〈乳哺小兒應注意的要點〉，頁5；善如，〈與做母親的討論兒童教養問題〉，頁14；逸珠，〈乳房的常識〉，《婦女雜誌》2.2（1941.02），頁38-39。

[46] 熊秉真，《幼幼——傳統中國的襁褓之道》，頁104、107。

此家長常以孩子是否哭鬧，或由成人推測嬰兒是否饑餓來決定。
而西醫則建議應綜合嬰兒的年齡、消化能力以及體質等因素，
據以決定哺乳的次數。[47] 如1947年，衛生署就建議：初生至4月
內的嬰兒，每日餵6次；5-10月大的嬰兒，每日餵5次；11-12月
大，每日餵4次。若嬰兒體重不足或身體虛弱者，則每3小時餵
1次。每次哺乳時間約為10-20分鐘，過多則妄費嬰兒力氣。[48]

　　值得注意的是，定時哺乳的提出，或與鐘點時間的引入有
關。過去中國以「時辰」或「刻」為計時單位，欠缺精確的分
時；但同、光時期（1862-1908）國外鐘錶的大量進口，[49] 及國人
自製鐘錶成功，鐘錶逐漸普及。[50] 哺乳的間隔與每次應哺乳若
干分鐘，得以被精確規範。此外，西醫鼓勵哺乳婦女適度運動、
重視營養（鼓勵蛋白質、蔬果均衡攝取），以使自己乳量充足，
又能修復母體。[51] 與易使母親發胖、阻塞乳腺管、不利乳汁分
泌的傳統注重大補的高脂肪食品大為不同。[52]

---

[47] 姚昶緒編，余雲岫校，《胎產須知》（上海：商務，1920），頁42；正，〈教
育兒童當起於他出世的那一天〉，《婦人畫報》8（1933.08），頁6；侃箴，
〈母親的話〉，《婦女雜誌》4.8（1943.08），頁33。

[48] 行政院衛生署，〈嬰兒及幼童之營養〉，頁39。

[49] 黃金麟，《歷史、身體、國家：近代中國的身體形成（1895-1937）》（臺北：
聯經，2001），頁197。

[50] 王安堅，〈鐘錶史趣談〉，收入上海文史資料委員會編，《上海文史資料選
輯》第66輯（上海：上海人民，1990），頁135-138。關於近代中國鐘錶的普
及，另參見李侑儒，《鐘錶、鐘樓與標準時間——西式計時儀器及其與中國
社會的互動（1582-1949）》（臺北：政治大學歷史學系，2012），頁65-258。

[51] 文潔，〈從行經到生產〉，《婦女雜誌》4.8（1943.08），頁32。

[52] 徐家楨、高誦芬，《山居雜憶》，頁356-359。

二、新科技、新產品

　　傳統以來，當母乳和奶媽的乳汁皆不可得時，婦女多半採取人乳以外的「人工哺育法」。人工哺育的食品包括牛乳、馬奶、羊奶、驢乳、豬乳等動物性乳品；以及奶糕、豆漿、米湯、麵糊、稀飯、菜湯等植物性食料。[53] 據一份1937年的資料顯示，中下人家一旦母乳不足，多以價格低廉的奶糕代替。由於奶糕以白米製成，澱粉多而蛋白質少，嬰兒吃後可能有營養不良、生長遲滯等危險，因此稍有能力者多選擇動物性乳品。[54]

　　其中，牛奶是常被使用的母乳替代品，中醫也肯定牛奶的功效，《本草綱目》就記載牛乳可以養心肺、補虛羸；[55] 清代名醫王士雄（1808-1868）則說：牛奶「功同人乳」，故小兒失乳者，可以代之。[56] 清代就有育嬰堂飼養牛隻以取乳育嬰的例子，乾隆年間溫州府永嘉縣的育嬰堂即其一例。[57] 可見古代中國人對於牛乳並不陌生，且已用於哺餵嬰兒。而在民國時期，則以標榜經過科學方法消毒及製造的牛乳製品最常被使用。[58]

---

[53] 瞿姚英乃，〈小兒營養法〉，頁25-26；冰凝，〈人工育兒經——採用科學的原理，利用土產的營養〉，《婦女月刊》4.4（1945.06），頁28。

[54] 偉，〈用鮮牛乳哺育嬰兒的方法〉，《家庭星期》2.15（1937.03），頁234；侯祥川述，吳傳歡錄，〈奶糕不適於育嬰〉，《醫潮》2.2（1948.02），頁18。

[55] 〔明〕李時珍，《本草綱目》，卷50，〈獸部一·牛〉，頁2751。

[56] 〔清〕王士雄，《隨息居飲食譜》，收入〔清〕王士雄著，盛增秀主編，《王孟英醫學全書》（北京：中國中醫藥，2000），頁206。

[57] 〔光緒〕《永嘉縣志》（臺北：成文出版社據民國二十四年補刊本影印，1983），卷35，〈庶政〉，「育嬰堂·牛乳哺嬰規條」，頁7b-8b。

[58] 李永陽，〈戰時育兒與山羊乳〉，《婦女雜誌》6.5（1945.06），頁30。

（一）經科學消毒的鮮牛奶

五口通商以後，來華的洋人漸多，因其飲用牛奶，部分華人遂起而效尤。影響所及，不僅牛奶的營養價值受推崇，甚有婦女誤以為牛奶比母乳好，捨棄胸哺，以牛奶餵養嬰兒。在1910-1930年代，多位醫師針對此社會怪象提出警告。因為牛奶的成分不僅無法滿足嬰兒所需，且當時市面上牛奶之衛生狀況令人擔憂。據時人言，中國飼養牛隻的牧場，因資本少、設備差，無法對鮮奶有效消毒，運送過程也缺乏冷凍技術，致使鮮奶中常暗藏細菌，嬰兒食之可能導致腹瀉或感染結核病。[59] 還有不肖商人為降低成本，添加清水、澱粉、腐敗的陳乳等以增加牛乳的分量，甚至添入防腐劑。[60]

面對社會上的諸多質疑，國民政府衛生部自1929年9月1日起實施《牛乳營業取締規則》，詳細規定鮮乳的比重、成分、新鮮度、容器，以及牛隻是否健康、營業者及牧場工作者不可患有傳染病等，以保障民眾喝鮮乳的安全。[61] 而廠商一方面強調其產品已經「Ａ字消毒」，[62] 可安心食用；另一方面則利用民眾的愛國熱忱，將牛乳的營養功效與未來的強壯國民作連結，大打

---

[59] 陳卓人，〈牛乳和人乳的比較〉，頁568-570。

[60] 盛文，〈牛乳的成分和品質的檢驗法〉，《婦女雜誌》17.9（1931.09），頁101；扶島，〈牛奶攙假的鑑別法〉，《新婦女》6（1940.11），頁8。

[61] 衛生部，〈牛乳營業取締規則〉（1928.10.20公布，1929.09.01施行），見蔡鴻源主編，《民國法規集成》第40冊（合肥：黃山書社，1999），頁242。

[62] 所謂「Ａ字消毒」，可能是指經過蒸汽消毒，被政府或公正單位評為Ａ等。當時上海畜植公司和自由農場的牛奶廣告，都出現「Ａ」這個字眼。見「自由農場牛奶」廣告，《申報》（1928.11.03），本埠增刊，第1版。

廣告（如「可的牛奶」，見文末圖一）；而華資的生生牛奶則強
調其為「國貨」，呼籲民眾不要購買代乳粉或罐頭牛奶等舶來品
（圖二）。儘管政府與鮮乳供應商都針對民眾的質疑做出改進，
但因怕牛隻有病，民眾不查，直到1940年代仍有醫師提醒無法
親自哺乳的母親僱用奶媽或吃代乳粉，不可吃鮮牛奶。此外，鮮
乳不易攜帶亦是一大缺點。[63] 正因飲用鮮乳有諸多風險與不便，
使代乳粉有了推展的空間。

（二）無異母乳的代乳粉

在近代以前，儘管人們多方設法以哺餵無法獲得母乳滋養的
嬰兒，但這些替代品不是營養不足就是費用高昂，又或者是具有
容易腐敗、攜帶不便等問題。這些缺憾促使科學家們竭力地尋
求其他代乳品。自1830年代開始，無論是將牛奶製成乾燥的奶
粉，或是罐裝煉乳（condensed milk），甚至是添了小麥、麵粉、
糖等混合物的代乳粉，都陸續出現在世人面前。其中的奶粉及代
乳粉，因不需再經煮沸，且攜帶方便、易於貯存，廣受使用者歡
迎。據統計，十九世紀末西方市場約出現20餘種不同品牌的代
乳粉。[64] 這種新式代乳品至遲在1880年代初期，就已經出現在
中國的報紙上，[65] 1920年代以後則大量湧現；到了抗戰前夕，一

---

[63] 素人，〈母親的經驗〉，頁31、35。

[64] Jacqueline H. Wolf, *Don't Kill Your Baby: Public Health and the Decline of Breastfeeding in the 19th and 20th Centuries* (Columbus: Ohio State University, 2001), pp. 10, 158-168. Stewart Lee Allen著，朱衣譯，《惡魔花園：禁忌的美味》，頁192。

[65] 「老德記藥房」廣告，《申報》（1883.06.21），附張。

些大城市的中上家庭，已常使用代乳粉餵養幼兒。[66] 這些新式
代乳品之所以能在中國迅速拓展，有賴於醫師的推波助瀾，及廠
商高明的行銷手法。

　　多數醫師建議家長使用代乳粉，係因其較鮮牛乳安全。與此
同時，廠商也利用民眾相信專業醫師的心理，尋找醫師為其產
品代言。1914年一名自稱「十三世專門婦幼科」的鄭樂山中醫
師，就為英商愛蘭百利代乳粉作廣告；[67] 而1920年代末期，華資
的惠民奶粉更找到東三省防疫處處長伍連德（1879-1960）為其
產品背書。[68] 同時，廠商也和醫院的婦產科醫師合作，由他們
直接向住院分娩的產婦推薦產品。[69]

　　廠商的行銷手法也令人矚目。除透過文字宣揚自家的產品
來自西方先進國家、歷史悠久，[70] 或標榜產品已通過各種專業驗
證（醫學、化學、獸醫學及微生物學）、衛生可靠外，[71] 多數代
乳粉廠商都在廣告中先肯定母乳的功效，才進一步強調其產品已
經科學改良，成分幾「與母乳無異」，以減輕消費者的敵意，以

---

[66] 林景亮，〈北平鮮牛乳之分析及其改善〉，《學藝》14.2（1935.03），頁199。
[67] 「愛蘭百利代乳粉」廣告，《申報》（1914.11.01），第10版。
[68] 「惠民奶粉」廣告，《申報》（1928.12.04），第13版。
[69] 「惠民奶粉」廣告，《申報》（1928.11.04），第9版。
[70] 愛蘭百利奶粉、企公老牌牛奶、葛蘭素奶粉均標榜自己是歷史悠久的英
國廠商。寶華乾牛奶也標明自己是美國廠商。見「愛蘭百利代乳粉」廣
告，《婦女時報》9（1913.02）；「企公老牌牛奶」廣告，《東方雜誌》10.1
（1913.07）；「葛蘭素奶粉」廣告，《婦女雜誌》9.11（1923.11）；「寶華乾牛
奶」廣告，《婦女雜誌》15.6（1929.06）。
[71] 「企公老牌牛奶」廣告，《東方雜誌》10.1（1913.07）；「寶華乾牛奶」廣告，
《婦女雜誌》，15.7（1929.07）；「克甯乳粉」廣告，《女聲》1.20（1933.07）。

便其安心使用。此廣告手法，後來成為代乳粉的廣告潮流之一，至1940年代仍很常見。[72]（圖三）許多廠商也利用圖像來吸引讀者目光，如利用白胖可愛的嬰兒照片來刺激家長的購買慾。大力果乾牛奶、牛欄牌肥兒代乳粉，都曾出現這類廣告。（圖四）不過，由於哺乳主要由婦女負責，而許多婦女都害怕哺乳將使容顏老去，因此有廠商針對這一點，強調使用其產品不僅可令嬰兒儘早斷乳，還能使母親青春永駐、琴瑟好合。[73] 1934年，勒吐精代乳粉更搭上月份牌廣告的風潮，[74] 由一名著新式緊身旗袍、曲線玲瓏的摩登美女為其代言。（圖五）這些賞心悅目的圖片，透露其產品鎖定的消費群，主要是中上階層、且較能接受新式或外來事物的摩登母親；同時也暗示婦女使用代乳品之後，依然窈窕年輕。此訴求或許能從「美女牌代乳粉」的品牌名稱中一窺奧祕！[75]

---

[72] 以下廣告，均標榜其產品成分與母乳相同或相近，如「愛蘭百利代乳粉」廣告，《婦女時報》9（1913.02）；「勒吐精代乳粉」廣告，《婦女雜誌》9.9（1923.09）；「好立克麥精牛乳粉」廣告，《婦女雜誌》14.5（1928.05）；「寶華乾牛奶」廣告，《婦女雜誌》15.6（1929.06）；「大力果乾牛奶」廣告，《申報》（1931.03.31），第6版；「百祿牌牛奶粉」廣告，《婦女雜誌》4.1（1943.01）。

[73] 「企公牌牛奶」廣告，《申報》（1915.05.01），第11版。

[74] 「月份牌廣告」，是指跨越二十世紀上半葉，而以1920、30年代為鼎盛時期的一種印有月份年曆的廣告畫。1925年以後，因社會上流行緊身旗袍，其廣告主角遂多為穿著這類旗袍的美女。見張燕風，《老月份牌廣告畫》（臺北：漢聲雜誌，1993），上冊，〈論述篇〉，頁64-80。

[75] 「美女牌代乳粉」廣告，《上海婦女》1.1（1938.04）。

　　除了靜態廣告外，還有廠商贈送育嬰手冊與免費試吃產品，[76] 提供民眾育嬰資訊，減少民眾擔心寶寶發生適應不良的憂慮。再者，由於代乳粉需沖調後方可使用，且多為國外進口，以致許多母親有使用上的疑問。因此，以「廣惠全民」自詡的華資惠民奶粉，不僅強調其產品「深合華人體質」，還雇用女看護提供免費到府解說的服務。[77] 1920年代以後，中國的代乳粉廠商甚至涉足當時流行的嬰兒健康比賽，他們或為主辦者，或提供產品充當獎項，並在賽前及賽後刊登相關資訊與照片以進行商業宣傳。[78] 惠民奶粉還因多次贊助相關活動而贏得「熱心保嬰」的美譽和正面形象。[79]

（三）強種愛國的生乳藥

　　雖大多數的產婦都能分泌足夠的乳汁餵養嬰兒，但也存在礙於健康因素而乳汁不足者。廠商隨即針對這點推出相關藥品。由

---

[76] 「愛蘭百利代乳粉」廣告，《申報》（1913.03.07），第9版；「勒吐精代乳粉」廣告，《婦女雜誌》9.3（1923.03）；「惠民奶粉」廣告，《婦女雜誌》14.4（1928.04）。

[77] 「惠民奶粉」的這些廣告，其出處如下：《婦女雜誌》14.4（1928.04）；《申報》（1928.11.02），本埠增刊，第2版；《申報》（1929.01.15），第4張第13版。

[78] 如《申報》就多次報導惠民奶粉及上海乳品公司主辦或協助的嬰兒健康比賽，見〈嬰兒活潑比賽〉，《申報》（1928.04.15），第15版；〈惠民奶粉大贈送參加女青年會兒童比賽〉，《申報》（1931.05.22），第10版；〈嬰兒健康比賽昨舉行決賽〉，《申報》（1944.04.01），第3版。另外，關於近代中國兒童的健康比賽，見盧淑櫻，〈科學、健康與母職：民國時期的兒童健康比賽（1919-1937）〉，《華南師範大學學報（社會科學版）》2012.05，頁31-38。

[79] 〈熱心保嬰之惠民奶粉〉，《申報》（1931.06.05），第15版。

於傳統中醫認為乳汁是母親血液的變體，[80] 故市面上有不少產品以「補血旺乳」為訴求重點，如1920-1930年代經常出現在報章雜誌上的「韋廉士大醫生紅色補丸」和「巴德補血酒」。[81]

　　另外，還有一種專門刺激乳汁分泌的成藥。1930年代初期，《申報》及《婦女雜誌》上就出現「百靈自來奶藥」，宣稱奶水不足者只要服用三天，即能使乳汁充足、母健子肥。[82] 1931年九一八事變後不久，該廠商又配合「愛用國貨」的氛圍，不僅在廣告中聲稱其產品由「中央衛生試驗所驗證」，並提到：

> ……愛國愛兒者請注意！乳閉、乳少之產婦，如用外國代乳粉哺育其兒，因不合我國人之體質，有礙嬰孩之消化，故多瘦弱善病，非愛子，亦非愛國也！……（圖六）

　　抗戰前夕，日人控制的《盛京時報》上出現直接把產品命名為「歐美生乳藥」的廣告，利用部分民眾的崇洋心理，暗示其產品與先進的歐美有關，藉以模糊民眾的仇日心理。（圖七）上述廣告透露：儘管市面上有代乳粉可替代母乳，但因代乳粉多是昂貴的舶來品，且未必適合華人體質，故不少婦女還是願意親自哺乳；即使是缺乏母奶的媽媽也想盡辦法刺激乳汁分泌，使廠商有

---

[80] 如《醫心方》記載：「婦人手太陽少陰之脈，下為月水，上為乳汁」；《本草綱目》亦有類似說法。見丹波康賴撰，趙明山等注釋，《醫心方》（瀋陽：遼寧技術，1996），卷23，〈治產後無乳方第卅十六〉，頁926；〔明〕李時珍，《本草綱目》，卷50，〈人部一類‧乳汁〉，頁2950。

[81] 「韋廉士大醫生紅色補丸」廣告，《婦女雜誌》11.1（1925.01）；「巴德補血酒」廣告，《申報》（1931.03.01），第15版。

[82] 「百靈自來奶」廣告，《申報》（1931.03.28），第7版。

利可圖。

三、胸哺與瓶哺的競爭

　　如前所述，二十世紀初以降，不少出版品刊載以兒童為主題的文章，作者常援引西醫利用科學儀器對母乳的檢驗結果，強調母乳對嬰兒的莫大助益，鼓勵婦女親自哺乳。同一時期的報章雜誌也出現大量的代乳品廣告，同樣以西方科學為號召，強調其產品經過改良，且以最先進的方式添加各種營養素可媲美母乳，使嬰兒健康茁壯。而醫學專家及知識分子對母乳也一致推崇。然而，1943年上海的《企業周刊》卻報載：「戰前煉乳、奶粉進口，年達數千萬元」，[83] 雖然這段資料無法證明進口的全是嬰兒所使用的代乳品，且亦未提及使用的時機是在斷奶前或斷奶後，但可推測代乳粉的使用者應不少。因此，在民國的嬰兒哺育市場上，胸哺與瓶哺的競爭勢所難免。

（一）餵母乳係國民之母的天職

　　哺餵母乳的辛勞，與民間認為哺乳易老等因素，可能導致女性不願親自餵奶。清末以來，女性對工作權的爭取亦不利於婦女哺餵母奶。尤其是1920年代，知識界更積極鼓勵婦女經濟獨立、出外就業。[84] 而國民黨在北伐成功後也喊出「女子與男子職

83　惠，〈福民乳品公司〉，《企業周刊》1.18（1943.05），頁11。
84　如1924年6月上海《婦女雜誌》就以「職業問題」為專號，探討婦女就業的各種面相；同一時期，其他報章雜誌亦頗多類似文章。

業機會平等」的口號。[85] 隨部分婦女投入職場，一些擔心家中
幼兒無人照料、以及推崇生母親自哺乳的人士，乃呼籲婦女應基
於「強國強種」的考量，為國家哺育健康的下一代。[86] 1930年
代以後，中國被捲入世界經濟恐慌的漩渦中，社會上要求婦女回
家扮演「賢妻良母」的呼聲增強。在蔣介石（1887-1975）1934
年始發起的新生活運動中，母性即為表揚的重點之一。[87] 此後，
因戰爭傷亡，攸關國家命脈的兒童更受重視，要求婦女在家親自
哺乳以盡國民之母天職的聲浪更加高昂。[88]

　　無論是母性的趨使、對專業醫師的信任、抑或受愛國心的激
勵，在一些近代女性的哺乳經驗談中，的確出現部分受過教育，
有經濟能力雇用奶媽或購買代乳品的婦女選擇親自哺乳。[89] 1940
年女教育家章繩以（1890-1962）即在雜誌上呼籲婦女應親自哺
乳，她說：「筆者小兒之死，即因未吃母乳缺乏抵抗力」所致；

---

[85] 國民黨中央訓練部，〈確定教育宗旨及教育標準〉，《申報》（1928.08.01），
　　第4版。

[86] 黃石，〈愛倫凱的母性教育論〉，《婦女雜誌》10.5（1924.05），頁741、
　　743；雲，〈中國女子職業談〉，《婦女共鳴》17（1929.12），頁14。

[87] 關於1930年代「婦女回家」的討論，詳見許慧琦，〈一九三〇年代「婦女回
　　家」論戰的時代背景及其內容──兼論娜拉形象在其中扮演的角色〉，《東華
　　人文學報》4（2002.07），頁137-162。

[88] 善如，〈與做母親的討論兒童教養問題〉，頁13；孤軍，〈紀念母親節的意
　　義〉，《中國婦女》1.5（1940.04），頁13；丁寶筠，〈人工哺乳〉，《醫潮》2
　　（1948.02），頁16。

[89] 素人，〈母親的經驗〉，頁34-36；葉子，〈育嬰記〉，頁28-29；羅久蓉訪
　　問、記錄，〈張蓉珍女士訪問紀錄〉，見羅久蓉、游鑑明、瞿海源訪問，羅久
　　蓉等記錄，《烽火歲月下的中國婦女訪問紀錄》（臺北：中央研究院近代史研
　　究所，2004），頁20-21。

並提醒婦女：「母親一滴乳，可以為國家造就一個健全的國民。其關係豈淺尟哉？」[90]

（二）昂貴的奶媽與代乳品

　　對家境寬裕的婦女而言，若無健康缺陷，哺乳方式的選擇取決於個人信念。但對庶民來說，價格是一大考量。許多資料顯示只有富貴人家才雇得起奶媽。因大多數的奶媽都是雇至家中，除了月薪，主人還得供食宿，且在到職之初須先做好四季衣服相贈，有時還要預付3個月的薪水；在孩子百日、斷奶、周歲時，主人得再送衣料及飾物，並付雙倍工資。平日每餐要添魚、肉等，並在正餐外提供點心，以增奶水。[91] 1930年，經南京警察廳公證過的一份「乳娘介紹證據」中也有類似的記載。（圖八）

　　就鮮牛乳來看，傳統中國雖有使用牛乳的紀錄，但並未普及。直到近代才在西方觀念的影響下，成為少數人的飲品及代乳品。由於中國乳牛不多，價格相當昂貴。以1900年為例，當時1瓶牛乳的價錢可買1磅的牛肉或6.8磅的米（約3.1公斤）。[92] 且若以鮮乳餵養嬰兒，不可能每天只喝1瓶。1930年代以後，鮮乳供應商雖增多，但其價格仍非一般庶民所能負擔。1935年，一份北平鮮乳業的調查資料就指出：只有富貴大戶及部分中等人家才有能力飲用牛乳，直至1940年代依然如此。[93]

---

[90] 章繩以，〈貢獻給做母親的小禮物〉，《健康家庭》2.6（1940.09），頁4。

[91] 徐家楨、高誦芬，《山居雜憶》，頁356-359。

[92] 《上海工部局衛生清冊（1908）》（上海：商務，1909），頁43。

[93] 林景亮，〈北平鮮牛乳之分析及其改善〉，頁199；冰凝，〈人工育兒經——

　　至於代乳粉，價格也不便宜。由於代乳粉多係國外進口，在平時已屬昂貴；抗戰期間又因貨源中斷，或遭不肖商人囤積，價格更高。[94] 許多廠商雖標榜代乳粉可沖泡出大量牛奶，十分經濟，但這並非事實。1937年，有人指出1罐3磅重、價錢約6元的進口奶粉，可沖淡奶24磅，若要沖出與鮮乳同樣濃度，只能沖得16磅。[95] 以當時衛生署所建議的嬰兒食量而言，1罐6元多的奶粉，若沖淡奶，可供1個月大的嬰兒吃上12天，若沖得和鮮乳同樣濃度，則只能吃8天。換言之，每月須花15-23元購買代乳粉；若是2個月以上的嬰兒，則食量加大，費用更多。以同年大城市的小學教師平均月薪42.5元來說，僅嬰兒代乳粉即已消耗其收入之大半。當年全國各省小學教師的平均收入僅有10.7元，[96] 不足以支付嬰兒一個月的代乳粉開銷。

　　儘管代乳品並不便宜，但從時人「只有富貴人家才有能力使用鮮乳，中等人家則使用代乳粉餵養嬰兒」的言論看來，[97] 奶粉比鮮牛乳便宜應是事實。另一份資料則說：使用代乳粉的費用，比雇用奶媽低。[98] 由此推論，在一般情況下，雇用奶媽的整體花費可能與鮮乳差不多，或者稍高，而代乳粉則最為便宜。但即便如此，代乳粉仍只在中上之家才可能使用。對多數經濟力不甚

採用科學的原理，利用土產的營養〉，頁28。

[94] 惠，〈福民乳品公司〉，頁11。

[95] 偉，〈用鮮牛乳哺育嬰兒的方法〉，頁234。

[96] 李朋，〈改善教師待遇與良師興國運動〉，《四川教育》1.6（1937.06），頁40。

[97] 林景亮，〈北平鮮牛乳之分析及其改善〉，頁199。

[98] 偉，〈用鮮牛乳哺育嬰兒的方法〉，頁234。

寬裕的母親而言，倘若自己有充足的奶水，不可能棄之不用，在
物資匱乏的抗戰時期更是如此。1948年，衛生署公布其對幾個
城市的調查數據時指出：由於煉乳、奶粉、鮮牛乳等價格昂貴，
平民不易多得，因此有90％的嬰兒係用人乳哺餵。[99] 雇用奶媽
花費之高已如前述，故這90％的人乳哺育，應以母乳占大多數。

四、結論

　　哺乳觀念以西式報紙、雜誌與廣告為媒介傳入中國。餵母乳
原本即是中國人主要的育嬰方式。時至近代，由於西醫在報章雜
誌上高度推崇母乳，此古老的哺乳方式，披上科學的外衣，重獲
知識分子的肯定，成為「強種」的良方；而婦女則被要求必須在
家裡餵母乳，為國家哺育健康的下一代，以盡「國民之母」的義
務。與此同時，過去經常出現在富貴人家的奶媽，雖因醫師對母
乳的肯定而繼續活躍，但其存在已非過去的誇富工具，且選擇乳
母的條件也因西醫的建議而日趨嚴格。

　　報紙、雜誌的廣告提供了哺乳相關產品促銷的場域。為與母
乳競爭，鮮牛乳廠商在廣告上強調它營養豐富、有助兒童發育；
而代乳粉廠商則在廣告中宣稱其產品已改良得「與母乳無異」，
足以取代母乳。廠商為消除華人對西洋代乳粉的疑慮，一開始
即找著名的中醫與士紳為其產品背書。1920年後，華人逐漸崇

---

[99] 程美玉，〈我國嬰兒死亡率及死因之檢討〉，《中華醫學雜誌》34.2
　　（1948.02），頁57。

尚「科學」的西醫，廠商轉而與西醫合作，請其推薦缺乳的婦女使用代乳粉。無論是提倡餵母乳的優點，還是規範選擇乳母的新條件，或是警告鮮牛乳消毒不完全、運送過程不衛生，甚或是建議媽媽以瓶哺替代胸哺，醫師都在其中扮演重要角色。他們透過翻譯，或加入符合當時中國輿情與民俗的元素，將源自於西方的知識，轉換成一般民眾能接受的想法，進而形塑了近代的哺乳觀念。

　　在西方哺乳觀念的傳播過程中，「科學」與「強國」不但是知識分子與醫生主要的關注點，也充斥在胸哺與瓶哺的宣傳戰中。當中涉及科學知識與商品利潤的競爭，但最後則取決於擔任母職者的選擇。由於中國的乳製品產業不及西方發達，鮮牛乳和代乳粉多半僅流通於大城市，且價格不夠平民化；加以奶媽仍活躍於哺育市場、廣大的民眾無力購買新產品，以及社會上仍有不少庶民維持傳統的觀念與模式餵養嬰兒，瓶哺產品的擴展仍在緩步之中。胸哺與瓶哺也與產業發展、社會結構、生計能力攸關。科學與強國的哺乳觀念灌輸，配合當時中國國情，胸哺雖較占優勢；但瓶哺廠商的廣告宣傳，已為二十世紀下半葉的發展埋下了變數。

圖一　可的牛奶廣告

《申報》（1929.11.03），本埠增刊，第1版。

圖二　近代上海的鮮奶廣告

《申報》（1931.03.03），本埠增刊，第1版。

圖三　勒吐精代乳粉廣告

《醫學週刊集》卷3（1930.04）。

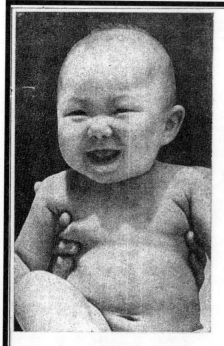

圖四　牛欄牌肥兒代乳粉廣告

《良友畫報》130（1937.07），頁55。

圖五　1934年的勒吐精代乳粉廣告

張燕風，《老月份牌廣告畫》（臺北：漢聲雜誌，1994），
上冊，〈論述篇〉，頁38。

圖六、百靈自來奶藥

「百靈自來奶」廣告，《婦女雜誌》17.10（1931.10）。

圖七　歐美生乳藥

「歐美生乳藥」廣告，《盛京時報》（1937.07.06），第1版。

圖八　1919年南京「乳娘介紹證據」

故紙堆編委會，《故紙堆》（北京：北京圖書館，2003），丙冊，
頁114。

Part II

文學典律的建構與重組

記一座城的身世*

——劫餘心理與城市志書寫

胡曉真

　　在法國導演侯麥（Eric Rohmer）的電影《夢梭麵包房的女孩》（*La Boulangère de Monceau, 1963*）中，巴黎各個街道的路標如閃卡般不斷出現於觀眾眼前。觀眾由鏡頭帶領，猶似造訪街角、麵包房、咖啡座、餐館、公寓住宅，而當電影中的日常生活與命定的巧合發生衝撞而產生劇情變化時，也總是明確交代事件是在巴黎的哪個特定地點發生。鏡頭帶領觀眾的眼神認識巴黎，

---

*　本文主標題的構想來自筆者另一篇文章的小節標題，該標題作「讀一座城的身世」。參見胡曉真，〈戲說市聲／士聲——《岐路燈》的儒者敘事〉，《漢語言文學研究》2012年3卷2期，頁27-34。另外，臺灣的都市散文推手林燿德早在1987年即出版《一座城市的身世》（臺北：時報文化，1987），雖主題是都市與現代人，但也是筆者訂題的資源。本文部分內容由筆者未發表之會議口頭報告大幅發展而成，Siao-chen Hu, "Remembering Hangzhou after the Taiping Rebellion: The Cases of *Hangsu yifeng* and *Wulin fangxiang zhi*," Oral presentation in the international conference "Urban Life in China from the 15th to the 20th Century." Paris: École Française d'Extrême-Orient (EFEO), Dec. 4-6, 2008。修訂稿則宣讀於「戰爭隱喻：衝突、生命、書寫」國際研討會，臺北：中研院文哲所，2014年10月30-31日。

但並非鳥瞰全景，而是平視地穿街過巷，猶如行走在其中。如是，這部電影營造了觀眾與城市之間的親密感，用一幕接著一幕的街景，連接視覺與情感，一點一滴、至細極微地累積個人與城市生活之經驗乃至回憶的牽繫。韓南（Patrick Hanan）曾提出清代中期的《風月夢》是中國第一部紀實的城市小說，他便主張城市小說的街道是必須用腳走過的。[1] 雖然藝術類型不同，但韓南對城市小說的理解，恰是侯麥這部電影的特質。

話雖如此，鏡頭未曾帶到的城市角落，遠遠多過電影能呈現的負載，也超過觀眾感官能接受的程度。小說也因為情節的限制，敘事者的腳步很難真正踏過大街小巷。[2] 相對地，「志書」或者「地方志」這種傳統書寫形式，卻更可能深入街里巷弄。志書是對一個地方的歷史、地理、制度、經濟、人物以及文獻等實用資料的纂輯或撰述，記錄城市的只是各類志書中的一種。不過，宋代以降，出現不少有特色的城市志，如《長安志》、《臨安志》等。若以編纂者為標準，則有官修志書與私修志書之分；而相較於官方志書，私人撰著的志書，更有傳達特殊視角、寄託個人情志的機會。

---

[1] Patrick Hanan, "*Fengyue meng* and the Courtesan Novel," *HJAS* 58.2 (1998.12): 345-372.

[2] 除《風月夢》外，筆者還注意到另一部清代小說《林蘭香》也將北京的許多地點融入敘事，並且指出確切的地名，對城市地景與社會習俗有明顯的關注。參見胡曉真，〈絲絃、帳簿、華年——論林蘭香與世情小說的擬真世界〉，《中國文哲研究集刊》26（2005.03），頁213-250。

一、私人劫餘城市志的書寫

在諸多城市志當中，有種類型特別引起文學研究者的共鳴，那便是在戰爭、災難、毀滅、回憶與重建的思考下，由私人所編撰者。為討論方便，姑且稱之為「劫餘城市志」。劫餘城市志往往將城市視為有生有死的有機體，且與它的居住者以及作志者發生生命呼應的關係。閱讀一部劫餘城市志，不只讀這城市的宮室、典章、沿革、文物以及生活，也讀作志者的心念意志，讀他怎麼理解那有生命的城市的身世。如此，城市志便不再只是歷史資料庫，而具有文學、文化與個人或集體精神樣態等多重詮釋的可能。

以古都杭州為例。杭州在太平天國戰役期間遭受屠戮破壞，城市繁華盡皆毀於戰火。清廷收復杭州之後，民間的回應是多重的，包括掩埋屍體、安頓魂靈、紀念忠義等實際的工作，[3] 也包括文本性的文化重建。[4] 另一方面，城市的舊日光輝雖似遠逝，人們卻不會任其消失，而以文字再次編織美麗的碎錦，成為記憶。這種情懷，與侯麥電影中以鏡頭表現的頗為相似。或許英文的「recollection」一字表達得更為清楚——回憶的活動，總是牽涉事件與情感之碎片的尋覓、貯存、分類、刪除與重整。文人在

---

[3] 梅爾清的近著詳盡地討論了整個過程。參見 Tobie Meyer-Fong, *What Remains: Coming to Terms with Civil War in Nineteenth-Century China* (Stanford: Stanford University Press, 2013).

[4] 筆者曾以杭州文人丁丙之纂輯太平天國紀錄的工作討論這一問題。參見胡曉真，〈離亂杭州——戰爭記憶與杭州記事文學〉，《中國文哲研究集刊》36（2010.03），頁45-78。

繁華過後，對城市進行文獻纂輯的記憶工程，也是本文要探討的
對象。本文將討論幾個私人城市志文本（如：清初回憶明末開封
的《如夢錄》，並及太平天國戰後的《東京志略》，太平天國戰
後記錄杭州的《杭俗遺風》及《武林坊巷志》，以及留存晚清北
京印象的《京師坊巷志》），和它們分別展現的作者劫餘心理以
及不同的記憶工程經營方式。筆者選取《杭俗遺風》與《武林坊
巷志》分別代表俗世化的與文人化的兩種類型，以說明私人城市
志的不同取向與情味，不同文人面對「劫餘」的心理運作方式，
以及後來所導向的不同城市書寫的方向。

二、從市井到「大世界」
——《杭俗遺風》的俗情世界

先從一部較少受文學研究者注意的小書《杭俗遺風》談起。
這是一部完全由個人觀點與經驗出發的作品，在城市志中別樹一
幟，更可以說標誌著具有近代特色的城市感知方式。此書記載的
是太平天國戰前榮華侈靡的杭州城市景觀。作者范祖述在太平軍
攻破杭州時，正好到福建旅行，因而逃過劫難。杭州在1860年
初次被太平軍攻下，旋獲收復，但次年在長期圍城後又再度陷
落，且屠戮極慘。范祖述的〈序〉寫於1863年，距杭州陷城尚
未久，何時收復更在未定之天。范祖述因未親眼見到城破之後的
慘狀，未曾與親族鄉黨共難，造成了僥倖與愧疚相糾結的心理，
而其表現便是《杭俗遺風》一書。過去，此書被視為清代後期杭
州民俗的資料集，受到歷史學者的徵引與討論。不過，除了史料

價值，此文本還有其他探討空間，特別是放在劫餘城市志的脈絡
中來看。

（一）瑣碎與偉大──俗情的列舉

　　這部作品記錄作者心目中杭州的市井樣貌，精神筆觸猶如描
述剛過世的親人的面目一般，似乎生怕遺忘的力量占了上風，音
容隨歲月蝕去。書〈序〉說得清楚：

> 茲於咸豐庚申、辛丑，粵匪兩次竄陷。……所在山水之
> 勝，景物之華，莫不蹧蹋殆盡，蹂躪蕩然，可勝悼哉！[5]

完美城市遭到毀滅的悲嘆，以及被遺忘的焦慮，自然不是范祖述
獨有。自漢、晉的〈兩都賦〉、〈兩京賦〉、〈三都賦〉以來，文
學史上早有一個隊伍，不絕如縷地試圖以文字抓住城市浮生，范
祖述特別之處，在於他直言不諱，明白宣示他無意於官方典章制
度或文人高雅文化，而只對城市的市井層面有興趣。〈序〉中如
此說：

> 以予生長是邦，目見夫四時行樂，靡麗紛華，誠有無美不
> 備，應接不暇者。茲所記者，不過一切俗情，故曰《杭俗
> 遺風》。[6]

作者刻意將「一切俗情」放在杭州的千年歷史文物遺跡、政教機

---

[5]　范祖述，《杭俗遺風》（上海：上海文藝，1989），頁1。
[6]　范祖述，頁1。

構、文學傳統等等的對立面，如此，他的文本便代表由歷史精神到市井風味的過渡。也可以說，《杭俗遺風》標誌了私人城市志由「大觀」到「小說」的轉折，這對後來的城市文學——例如晚清以降的「海上」書寫——實有先鋒前導的象徵性。

　　范祖述在書〈序〉中毫不掩飾地承認甚至張揚自己對市井生活一往情深，當代的我們習慣了小資情調，大約不以為怪，但他同時代的人讀來卻可能感到困窘不安。范氏的鄰居林真為他作序，便感受某種論述的危險性，試圖緩頰，因而急切地指出：「識雖渺小，不賢者亦廣其傳。……補闕拾遺，事堪考訂。」[7] 寫一部城市志，或有關城市的回憶錄，專注於「渺小」未嘗不可？或者一定要納入宏大華偉、風教相關的敘述，不可自限於里巷瑣碎？一個杭州文人在滅亡的灰燼中寫城市志，若不曾表露出一點「故都情結」，不曾發出歷史的詠嘆，是否真是可疑乃至可鄙之事？思考這些問題，實不宜以今日「小確幸」的標準論斷之，而應回顧《杭俗遺風》之前私人城市志的老祖宗，才能領略這一文本的近代特色。

　　多數人會以南宋孟元老的《東京夢華錄》（1147）為中國城市文學之祖。[8] 這部書在南渡以後記錄北宋汴梁都城盛景，奚如谷早已指出，全書的一大特色是敘述自然地在不同層次的景觀之間游移轉換，從政治上至高無上的帝后之尊，到庶民市場上最

---

[7]　林真，〈序〉，見《杭俗遺風》，頁2-3。

[8]　有關城市志與回憶錄的發展，可參見周笑添、周建江，〈中國古代城市筆記小說的源、流、變〉，《西北師大學報》32.2（1995.02），頁39-44。

賤價的一塊餅，都被放在同一個文本平台上打量。[9] 即便如此，
《東京夢華錄》至少一半的內容，仍以不同形式圍繞著官家皇室
與國家儀典，不忘這是有關一個「京城」（即使已淪落夷狄）的
紀錄。這種故都情結，在南宋亡後，又在杭州城市回憶錄中出
現，如周密《武林舊事》（1290）與吳自牧《夢粱錄》（約1270）
皆是。不論寫汴梁的《東京夢華錄》或寫杭州的《武林舊事》與
《夢粱錄》，回憶的中心都是京華，而皇家、政教、儀典無疑是
其中重要的寄託所在。例如，《武林舊事》只有第六卷專寫杭州
的日常生活。相較之下，《杭俗遺風》與其幾部前行者有很大的
差距，因為它刻意迴避歷史感，對杭州的帝京前塵似乎毫無感
受。當然，這不是沒有客觀原因的，畢竟到了范祖述的時代，杭
州作為國都已是六百年前的往事。其結果便是，《杭俗遺風》不
再是帝國京華的實錄，而是富庶城市日常生活與民間娛樂的記
載。可以說，《杭俗遺風》極端化地標誌由「帝京的歷史回憶」
轉向以「當代經驗」中的俗世與日常為中心的城市志。

　　不過，《杭俗遺風》與其前行文本仍有許多相似之處。其
中，對各種吃食以及城市居民的興趣，尤其引人注目。《東京夢
華錄》第二卷在「州橋夜市」與「飲食果子」兩節的內容都有一
長串食品的名稱。[10] 市集與飯館提供的食品種類繁多，無疑是
城市生活發達的表徵之一。但更有趣的是在飯館與酒館裡討生活

9　奚如谷（Steve West），〈皇后，葬禮，油餅與豬──《東京夢華錄》和都市
　　文學的興起〉，《第三屆國際漢學會議論文集──文學、文化與世變》（臺
　　北：中研院文哲所，2002），頁197-218。
10　孟元老，《東京夢華錄》（北京：中華書局，1985），頁39-41。

的形形色色的人們。孟元老說，那裡有店內賣下酒的廚子，稱作「茶飯量酒博士」，有鄰近街坊女人為客人換湯斟酒，稱作「焌糟」，有專門幫客人跑腿的，稱作「閒漢」，有給客人找樂子的稱作「廝波」，還有賣草藥果實的稱作「暫撒」。[11] 這些人都不屬於傳統的士農工商四民中任何一類，而是城市生活的新型居民。《武林舊事》也重視飲食。第六卷中有一節是「酒樓」，另有一節是「市食」，[12] 兩節都不厭其詳地列舉食品名稱，仍沿襲《東京夢華錄》的風格。《夢粱錄》第十六卷的食物清單更長，食品經過分類，又寫飯館、酒館、茶館、麵館，以及賣糕點、賣米、肉、魚的鋪子，[13] 此處所列的食物品項可說數不勝數。

　　有人則必有事，城市與犯罪的關係在這些作品中也被點明。《武林舊事》便在「游手」一節中列出杭州城裡各種犯罪，例如「美人局」，讓妓女假扮待價而沽的姬妾；「賭局」巧設博戲詐騙；「水功德局」騙人藉以求官。賣假貨的商人叫「白日賊」，扒手叫「覓貼兒」。[14] 而《夢粱錄》第十九卷則數出城市中另一群無用之輩。有一種人身無一技之長，成天跟著富貴人家子弟鬼混；另一種人則是諸般技藝，樣樣精通，專門教人鬥蟋蟀兒，玩音樂，猜謎語，說故事，馴野禽。[15] 這些作品所記的種種犯罪行為與特殊居民，都只在城市才能出現。不論是食品還是人品，《東京夢華錄》系列的城市回憶錄總是提交繁複的品項清單。名

---

[11]　孟元老，頁48-53。
[12]　周密，《武林舊事》（北京：中華書局，1991），頁128-138。
[13]　吳自牧，《夢粱錄》（北京：中華書局，1985），頁141-148。
[14]　周密，頁130。
[15]　吳自牧，頁181。

單的列舉對應著美學上「無限」的暗示，正如艾可（Umberto Eco）所說，文學史上多的是「念茲在茲而努力收集事物的例子」。[16] 城市回憶錄傳統中不厭其煩的物與人的冗長清單，並非要窮盡城市的可能性，而相反地是要引人想像城市的不可數以及相應的偉大。對後來的讀者來說，雖然特定名稱的確切內涵逐漸模糊，但其數量與多樣性仍能震撼讀者，傳達原作者對城市偉大特質的認知與感受。《杭俗遺風》便直接繼承了這一以「列舉」來擁有無限名物的面向，並且朝向一切俗情發展。

（二）排場與展示──俗情的舞台

除了《東京夢華錄》系列，還有另一種城市回憶錄的典範，張岱的《陶庵夢憶》與《西湖夢尋》便是最好的例子。張岱在明亡以前，享盡江南繁華，他晚年自稱早歲是紈綺子弟，「好精舍，好美婢，好孌童，好鮮衣，好美食，好駿馬，好華燈，好煙火，好梨園，好鼓吹，好古董，好花鳥，兼以茶淫橘虐，書蠹詩魔」，這裡所列的享受，多半同時牽涉文化與物質的條件。令人好奇的是，這些享受的項目，哪些需要城市條件的支持呢？曾有學者指出，張岱的回憶錄受晚明劉侗與于奕正所合著之《帝京景物略》（1635）的影響。[17] 這部城市志詳細描寫晚明北京城及近郊的風景、園林、風俗，並且大量帶入相關的歷史與文學典故。張岱的回憶錄同樣文風優雅，但敘述主體更為彰顯。例如，要列

---

[16] 安伯托・艾可（Umberto Eco）編著，彭淮棟譯，《無盡的名單》（臺北：聯經，2012），頁17、67。

[17] 吳承學，〈《帝京景物略》與竟陵文風〉，《學術研究》（1996.01），頁73-76。

舉食品，張岱便不以形式上客觀的飯館食肆為依歸，而是宣示：
「越中清饞無過余者，喜啖方物。」然後便如數家珍地舉出從各
地——北京、山東、福建、江西、山西、嘉興、南京、杭州、蕭
山、諸暨、臨海、臺州、東陽、山陰——運到他餐桌上的珍饈美
食。他說：「遠則歲致之，近則月致之、日致之。耽耽逐逐，日
為口腹謀。」[18] 透過這樣的個人化敘述，作者的自我聲音突出，
形象更是鮮明。雖然稍後張岱對自己沉溺美食的追求表示愧悔，
但難掩當年品味精緻且「傳食四方」的自豪感。我們可注意到，
張岱列出的多是食材，例如水果類的蘋婆果、秋白梨、福橘、櫻
桃，水產類的河蟹、屯蟶、白蛤、江魚、鰣魚，鮮蔬類的筍子等
等，可見他的美食倚賴家廚自製，不像《東京夢華錄》系列寫食
物，都是城市裡食肆與市場中現成之物。

　　由食物的例子即可知，如張岱這等文人，他的城市經驗最好
的部分，正是他可以與之維持一個美感距離。換句話說，《陶庵
夢憶》談美食，其實講的是地位與品味，與《東京夢華錄》系列
的庶民市肆完全不同。《東京夢華錄》的作者孟元老追憶「八荒
爭湊，萬國咸通」的東京，作為北宋都城的居民，他對其中的
儀式、酒樓、食店、技藝、民俗等等一切都無條件地認同，而
一旦遭遇兵火，雖然只能在「情緒牢落」、「回首悵然」中默默
以終，但他熱烈地期望透過文字，將東京的繁華整體傳達給後輩
乃至後代。這便使得孟元老與他設想的讀者形成一個緊密的分
享團體。張岱在南明滅亡後，於窮愁殘敗中寫《陶庵夢憶》。他

---

[18] 張岱，《陶庵夢憶》（北京：中華書局，1985），頁34。

在〈序〉中幾度強調果報與懺悔，對往日享有的繁華靡麗，似有愧憾；然而觀其內容，張岱對明末江南種種精緻文化，仍情有獨鍾，他更堅持自己清逸的品味，不能與城市庶俗混雜等同。因此，張岱對江南城市的態度是分殊階級與品味的，這使得他在大劫後，既不能包容城市凡俗的那一面，也無法與眾人共感。如是，同樣是寫在動亂與破壞之後，兩種私人城市志不論呈現的畫面，或作者劫餘的心理，都非常不同。

就此而論，《杭俗遺風》雖然缺乏對政教歷史的興趣，仍屬《東京夢華錄》一系，對城市的凡俗細節尤為認同。在討論食物的一章，范祖述講的都是杭州著名的飯館以及吃食，且特別留意食物的價錢，這在其他私人城市志中是未見的。范祖述表現的是市井之民的經驗與品味，他覺得重要而值得記錄的「遺風」包括節慶、慈善機構、大眾娛樂、結婚、壽慶、喪葬、職業、飲食、地方物產等。相反地，其他杭州書寫所津津樂道的岳王廟、于謙祠等英雄陵墓，或白居易、蘇東坡這些歷史文化人物，卻完全缺席。他表現的話題，有些或者可說與傳統儒家價值相關，例如婚喪儀式，但其他的話題則是作者對城市的個人性關懷。以「儔品類」為例，范祖述列出了十三種類型，以為可以代表杭州的特色。第一種是「大先生」，指的是揮金如土以遂己意的人。評論者洪岳指出，這個詞原來專指晚清大商人胡雪巖。第二類是「二先生」，指的是追逐流行的浮浪子弟。與前兩個類型相對的是「土戶兒」，范祖述描述為與官員文士沒有接觸的殷實地主。[19]

19　范祖述，頁93-94。

在「排場」類，范祖述則寫了特殊職業，例如為人備辦宴席的專業「廚司」與「茶司」，婚禮時陪伴新人的「攙伴」，以及專門為人安排各種儀式典禮的「綵結」。[20] 這些類型顯示城市裡各種行業的專業化，而正如「排場」一詞所暗示，這些人猶如在城市舞台上你方唱罷我登場，熱鬧聲喧，代表居民集體共有的虛華感，也是觀看與自我展示的慾望。

部分繼承城市回憶錄的傳統，范祖述也寫娛樂，書裡舉出一連串說唱與戲劇表演的形式。不過更為有趣的還是因時代變遷而出現的新事物，例如杭州在十九世紀中葉的女性職工。范祖述提出八種女性的職業，包括擔任閨塾師，或在尼庵供職等。他把女子接受閨塾教育，視為未來以教書為業的準備，而教師也是他口中女性職業的首選。這與傳統女子教育的德性與文藝取向非常不同。更何況，根據范祖述的說法，閨塾師的薪資甚至比男性塾師更高，因為願意為女兒聘請閨塾師的，一定是家境較為優渥且對女兒期望較高的家庭。

范祖述的描述，固然脫去了明清女子教育教導「才女」的美麗外衣，但也指出女性在社會中扮演新角色的可能性，這與晚清以後的發展有清楚的聯繫。《杭俗遺風》所列的八種職業，都是女性可藉以謀生的，作者甚至標明每種行業的所得。這錙銖必較的態度也顯示范祖述對城市生活的實際要求（而非美感層次）的認知。這種生活感，比《東京夢華錄》系列所有作品都更進一步，顯示了十九世紀中葉城市的近代化軌跡。如果我們觀察二十

20　范祖述，頁86-93。

世紀初期對於女性職業的討論（例如《婦女雜誌》之類刊物中大量的相關文章），便可發現《杭俗遺風》對女性職工的態度，表現了十九世紀中期以後社會實況與觀念的改變，即將過渡到現代的情境。

（三）集中與規畫──俗情的「革命」

　　六十餘年後，民國肇建已十五年，杭州人洪岳評論《杭俗遺風》，並補充其中的資訊。他在自己的〈序〉中說了一個故事：

> 有燕市客，造廬而請焉。坐既定，客曰：「囊者慕貴都湖山之美，風俗之醇，欲遊而未果也。已而過海上，入琳琅館，得《杭俗遺風》一書讀之，益令人心嚮往不置。今乃挾書而遊，足跡所至，覺所見異辭，所聞異辭，所傳聞又異辭。豈耳目之未周歟？抑盡信書不如無書？」[21]

洪岳的回答是，我們必須理解城市的景觀與習俗隨著時代轉化，因此與其廢此書，不如以更新的資訊補足。在洪岳的補充中，最引人注意的是杭州繁華地區的移轉，更重要的是集中化。之前所有杭州的城市志中，城市並沒有中心，而是各個城區各有運作，商業與娛樂也在各個市場進行。然而，在洪岳所描繪的「新」杭州，一切都被一個叫作「新市場」的地方取代，這市場就建在原來的旗營，也就是滿州居民所在之地。不消說，這個地點飽含政

---

[21]　洪岳，〈序〉，見《杭俗遺風》，頁3。

治意涵。[22] 洪岳主張，應該把新市場開幕視為一種「革命」，而
且是一次力道足以推翻西湖對杭州的重要性的革命。洪岳如此評
論范祖述原文中「西湖探梅」一節：

> 自民國紀元，西子湖亦從而革命。西湖何能革命？革舊有
> 勢力地位之命也。新市場成立，即為西湖之一大遊覽地，
> 向之湧金門外，無勢力存在之餘地。所謂藕香居、三雅
> 園、西悅來等肆，已早銷聲匿跡，地亦為他人別墅矣。新
> 市場本旗營舊址，光復後逐滿人而收沒其土地，闢為市
> 場，遊人均麇集於此。[23]

　　而當討論城市娛樂時，洪岳更將敘述集中到「新市場」裡的
遊藝所「大世界」。「大世界」是新市場的娛樂中心，據洪岳的
說法，乃是仿造上海的「新世界」與「大世界」而建，其中聚集
了各種娛樂與表演，包括傳統戲曲與文明新戲，另外還展示虎豹
等動物，並且提供餐飲。洪岳認為，這是杭州遊藝圈破天荒的事
件，不難看出他的評論一直圍繞著「革命」的話語。筆者以為，
「大世界」之新，不只是新類型的表演，而是背後的集中化、整
體化的概念。城市商業與娛樂高度集中，這與以前城市志的表
現非常不同。例如，在《夢粱錄》中，列舉了一長串街巷的名

22　有關滿人與當地漢人的關係，參見賴惠敏，〈從杭州滿城看清代的滿漢關
　　係〉，《兩岸發展史研究》5（2008.06），頁37-89；汪利平，〈杭州旗人
　　和他們的漢人鄰居：一個清代城市中民族關係的個案〉，《中國社會科學》
　　（2007.06），頁188-200。
23　洪岳，見范祖述，《杭俗遺風》，頁5-6。

稱，如沙皮巷、清河坊、融和坊、新街、太平坊、巾子巷、獅子巷、後市街等等。在明代嘉靖年間出版的《西湖遊覽志》，啟發了後世諸多西湖志書，[24] 雖以西湖為題，其實涉及杭城，而編纂者田汝成也是分區域呈現西湖周邊景觀與杭州城內里巷。這許多分布在不同區域的里巷活動，會聚而成杭州豐富的聲色世界。舊杭州的里巷是隨著人與時間發展的，而不是新杭州大世界那般被設計、經營、控管。洪岳所呈現的「大世界」，正如其名所暗示的，乃是一個將有機生長的城市列舉不盡的無限感濃縮、集中到有限空間的嘗試。事實上，杭州並未因「新市場」與「大世界」的興建，就此失去里巷風情，洪岳所述，是一種現代化、都會化的想像，是他以為的「革命」。然而，這個未實現的城市革命，反而更引領我們回到街坊里巷的城市性格，以及對劫餘者的心理作用。下一節的討論便將由這個層面展開。

三、志於坊巷──劫餘城市志的「文本細節」

　　范祖述的《杭俗遺風》是一派懷思已逝的聲口。當他寫作時，一心以為杭州將永陷戰火餘燼，失者不可能復得，故而以文字保留杭州之美於記憶之中。他的書寫並無嚴密的結構，而是隨著意念所及而行，表現作者的品味與喜好，就如他在序言中強調的「四時行樂」。作於太平天國戰後的《武林坊巷志》則是另一

---

[24] 有關《西湖遊覽志》在西湖志書發展中的關鍵意義，參見馬孟晶，〈名勝志或旅遊書──明《西湖遊覽志》的出版歷程與杭州旅遊文化〉，《新史學》24.4（2013.12），頁93-138。

種私人城市志的模式，這部超大部頭的城市志，雖然也作於劫難之後，但編纂者展現的是系統性的思考與朝向未來的寫作動機。本節將把《武林坊巷志》放在以「坊巷」這種城市的小單元為記載重點的城市志脈絡中來閱讀。

（一）丁丙與《武林坊巷志》

里巷是城市的肌理，猶如文本的細節，而《武林坊巷志》便代表了對城市細節最大的認同。這部城市志考察、記錄了當時杭州所有街區，連小巷子也不忽略。編纂者丁丙（1832-1899）出身杭州富裕人家，祖父與父親都是熱心學術的儒商，一面四處經商，一面蒐集圖書。丁丙與丁申兄弟繼承家族的學術與文化傳統，他們壯年時期遭逢太平天國戰爭，痛心杭州在動亂中遭到巨大的破壞，因此一生投注於文化重建的工作。今人對丁丙的認識，主要是他在太平天國戰爭期間，因緣際會地保存了劫後殘餘的杭州文瀾閣四庫全書，但他的貢獻遠不止於此。他兼具學者、慈善家、藏書家、編輯家、出版家、作家等身分，且都有所成就。[25] 筆者以為，丁丙一生所有的工作，都植基於他對杭州的認同，其最大的貢獻在於杭州的公益事業，以及文化的保存與提升。

丁丙曾主導及參與的地方工作繁多，當時人留下的許多紀錄

---

[25] 丁丙生平可參見下列文獻。俞樾，〈丁松生家傳〉；顧浩，〈丁君松生行狀〉；丁立中，〈府君丁松生年譜〉；袁昶，〈丁徵君二十八善舉碑〉；陳訓慈，〈丁松生與浙江文獻〉，見《丁氏興復文瀾閣書記》；沈新民，《清丁丙及其善本書室藏書志研究》（臺北：漢美圖書，1991）。

都能證實他的貢獻。他所做的事情都在杭州完成，而且關於杭州、對杭州有利。許多工作是很實際的慈善事業，例如在太平天國戰後，收埋無主的屍體、收容難民、設立孤兒院、提供醫療、修橋鋪路等等。但他同樣致力於文化重建的工作，例如他重修公學，又另設私學。補《杭俗遺風》的洪岳曾在他的評論中提到，他自己就是在丁丙所設立的學堂讀書的。[26] 同時，丁丙也像許多文人前輩一樣，熱心於重修歷史名人的祠墓。不過，他對文學與歷史文獻所投注的心力更為重要。因為繼承於父祖的私人藏書大多毀於太平天國戰爭期間，丁丙在戰後反而更積極地蒐集圖書，最後成為當時江南地區藏書量最大的私人圖書館之一，即著名的「八千卷樓」。而以此為基礎，丁丙更開始出版事業，據統計他一生出版了兩百餘種圖書，[27] 所出版的又多半是與杭州相關的歷史與文學書籍。同時，他完成了好幾種大型編纂工作，包括《武林往哲遺著》與《杭郡詩輯》等，前者是前代杭州作家的合輯，後者則兼採當代，丁丙親友的作品也包括在內。這些書籍至今仍是重要的文學史料。

除了杭州文人作品，丁丙還喜歡纂輯有關杭州的史料，例如《武林掌故叢編》，便是一部有關杭州的軼事與資料的資料庫。這部書的重點包括人物、作品與歷史故事，可說以歷史／時間的方式表現了丁丙對杭州始末的熱情。另一方面，《武林坊巷志》

---

[26] 洪岳說：「在前清時，同時有正蒙義塾者，為杭紳丁松生先生所組織，……教法極嚴，人才亦輩出。即余亦當日學生一分子。」洪岳，「義學館條案語」，見范祖述，《杭俗遺風》，頁36-37。

[27] 翁福清，〈杭州鄉邦文化的功臣──丁丙〉，《東方博物》，頁14。

則表現他對杭州地理／空間的關懷。這個龐大計畫，丁丙無法在有生之年完成，最後在病榻上將之託付友人。《武林坊巷志》記錄了超過八百條杭州的街道巷弄，數量驚人。那麼，這種以坊巷考為城市志，而且「立志在坊巷」的編纂計畫，又有何脈絡呢？我們同樣必須回顧以坊巷為中心的城市志傳統。

（二）「夢中之夢」[28]——劫餘城市志中的坊巷與衚衕

誠然，以一座城市的街道為書寫的重點，有前例可循。目前所知最早的著作是明代張爵的《京師五城坊巷衚衕集》，[29] 這部書的序署於1560年。全書將北京分為五大區，列出了許多街巷的名字。作者在〈序〉中告訴讀者，他只要在史料中讀到一條街的資料，或者從北京耆老口中聽到有關一條巷子的訊息，一定馬上記下來，久而成篇。[30] 這樣的作法當然顯示作者對他所居住的城市具有高度興趣，不過，張爵所記僅止於街道的名字，並追溯街名的變遷，其他則不及，因此，只能將它視為坊巷志未成熟的階段。

同樣講北京街道，更值得注意的一部書應是晚清的《京師坊巷志》，序言署於1885年。描寫都城本是一個長遠的傳統，也被賦予很高的政治意義，如〈兩都〉、〈兩京〉、〈三都〉各自以賦體誇耀著帝國的威勢。然而，若是在家國陵夷之際寫都城，意義便大不相同。《京師坊巷志》原是光緒五年《順天府志》的「坊

28　取於常茂徠為《如夢錄》所作〈序〉。
29　《京師五城坊巷衚衕集‧京師坊巷志稿》（北京：北京，1962）。
30　張爵，〈序〉，《京師五城坊巷衚衕集》，頁3。

巷」部分，乃延聘著名學者繆荃孫（1844-1919）、朱一新（1846-1894）修成。因此，原來不是一部私人城市志。不過，此志後單獨收入《求恕齋叢書》，而嘉業堂主劉承幹（1881-1963）更賦予它新的意義，把它讀為表現私人體驗與劫後心理的文本。據劉承幹分析，修志者主要倚賴幾部關於北京的著作，如明代的《坊巷衚衕集》（即《京師五城坊巷衚衕集》）與《帝京景物略》、清代朱彝尊編的《日下舊聞》，以及各種清代文集。[31] 繆、朱二人對北京坊巷的關懷主要在古蹟與名人住宅，而非吃食娛樂等市井情事，這自然與他們的學者身分與視角有關。不過，在更晚期的劉承幹看來，《京師坊巷志》的意義並不是事實的記載，而是寄託情思、發人感懷之作。他在〈序〉中說：

> 雖相距止三十年，而兵燹滄桑，朝市非昔。[32]

所謂兵燹，指的是庚子八國聯軍。劉承幹認為，京師坊巷的大幅改變有許多因素。庚子時，西城衚衕均燒燬；新政的學堂與兵廠占用了民居；民政部改掉了坊巷的舊名；內務部為了開闢馬路，大拆房舍，折毀一空，就為了求得阡陌寬廣，車馬駢集。在晚清變局中，北京坊巷受到軍事、政治、社會因素的影響，在結構、作用乃至命名各方面急劇變化，改變了城市景觀。這雖然還不能與劉承幹在〈序〉的一開頭就提及的《東京夢華錄》、《夢粱錄》「從衰落追溯繁華」相比，但他認為「掌故所關，人文所繫」，

---

[31] 劉承幹，〈序〉，見《京師坊巷志》，收入《叢書集成續編》（臺北：新文豐，1988），第241冊，頁4。

[32] 同上註。

在這個意義上，他指出：

> 今則世家零落，喬木無多，從新闢之街衢，溯舊京之人
> 物，固與《夢華》、《夢粱》二錄，同為憑弔之資而已。[33]

在晚清特殊政治環境下促成的北京都市變遷，侵蝕了人物、古蹟與坊巷的連結。這裡列舉的學堂、兵廠、新開馬路等等，都是改革、新政、建設與現代化的一部分；然而，在認同「舊京」的劉承幹看來，這不啻另一種劫難。因此，在這個詮釋框架中，《京師坊巷志》也就成為一種劫餘的城市志了。

對一座城市產生高度興趣，乃至於深入里巷，背後的驅動力往往不只是作者個人對城市生活的熱愛，而與時代背景有關。戰亂、災難這些破壞城市的事件，便常是刺激個人深入城市肌理的原因。同樣記錄開封的《如夢錄》與《東京志略》二部書，便能說明這樣的心理。《如夢錄》作於清初，記錄晚明毀於大水之前的汴京；《東京志略》則作於太平天國戰後，與《武林坊巷志》有類似的背景。

其實，不論是晚明或清代中葉，開封的城市發展都無法跟杭州相比。雖然開封是聲名赫赫的北宋舊都，但北宋亡後風華不再，到了明代雖有所恢復，仍無法與江南地區的發達相提並論。[34] 但這只是客觀的比較，開封人主觀上對自己所居城

---

33 劉承幹，〈序〉，見《京師坊巷志》，頁5。

34 經濟史家指出，明末以後開封長期衰落，康熙初開始重建，雍正年間還在恢復期，乾隆年間工商業才略見發達，但仍落後於江南大城。程子良、李清銀主編，《開封城市史》（北京：社會科學文獻，1993），頁191-200。

市的繁華卻是很有自信的。開封最大的劫難發生在崇禎十五年（1642），當時李自成大軍三次攻打開封，勢不可擋，政府軍決定開黃河大堤，以阻擋闖軍攻勢，結果水淹開封，全城盡毀。[35] 作者不明的《如夢錄》就是在這樣的歷史背景下寫成，[36] 其作意是記錄浩劫之前的汴京榮景，包括藩宮之富麗、街市之熱鬧、節令之豐富等等。在作者心目中，決堤前的開封，城市繁盛已達巔峯。原序這麼說：

> 《如夢錄》所記者，汴梁鼎盛之時也。恐後人未見，不知有此光景，而失其傳，故紀之以便後人觀覽。閱之者瞭然在目，即見繁華之盛也。……俾知汴梁無邊光景，徒為一場夢境。[37]

《如夢錄》不太徵引文獻，以作者見聞經驗為主。在書中的「街市紀」，作者以一種地圖導覽的方式，模擬徒步穿過三街六巷，羅列一路所見的各種商鋪、貨物、飯店、酒店，以數量與種類的累積塑造繁華感，最後聲稱「滿城街市，不可計數，勢若兩

---

[35] 程子良、李清銀主編，《開封城市史》（北京：社會科學文獻，1993），頁180-184。

[36] 根據咸豐年間校訂出版《如夢錄》的常茂徠（1788-1873，開封著名文人）的說法，許多人懷疑作者是明末守城的將領李熙亮，但他認為書中有不少荒誕無稽之談，文人學士不為，且自序中所敘與李所著《守汴日記》的日期有出入，因此判斷此書作者不是李熙亮，而是另一個「身在官府，目所親睹，又有冊籍可憑」的人。常茂徠，〈《如夢錄》序〉，見《如夢錄》，收入《叢書集成續編》（臺北：新文豐，1988），第240冊，頁749。

[37] 〈如夢錄·原序〉，收入《叢書集成續編》（臺北：新文豐，1988），第240冊，頁750。

京」。[38] 這種深入坊巷的陳述方式，猶似欲以文字捕捉腦中的地圖、景觀、氣味，表現作者對所居城市的認同感與熟悉度，更重要的是，鉅細靡遺的紀錄堆疊著滿溢、無盡，也對應著書寫者對遺忘的恐懼。本來，從《東京夢華錄》以來，遺忘的焦慮便附骨於所有劫餘城市志，不過，焦慮的對象主要是怕「後人未見」，「後人不知」。但《如夢錄》對坊巷細節的執念，更指向作者自己的記憶。作為城市繁華與毀滅的親歷者，如果連自己的記憶都盡皆成灰，豈不悲哉？

　　「街市紀」固然猶似作者的徒步導覽，就連理應莊嚴宏大的「周藩紀」都瀰漫作者個人的情感與欣賞趣味。「周藩紀」記載周王王府的宮室建築，作者的描寫重心卻全在宮闕與庭園的景色。例如寫園中池景：

> 有蓮池，池內有採蓮龍舟，四面具是菡萏芰菱，水紅菖蒲，赤綠芬芳，金魚躍浪，錦鴛戲波，鷗鴨浮沈，水鳥飛鳴。池畔遍栽芙蓉等樹，入秋花開如錦。傳言龍窩園內，盡是木香、木樨、松柏、月季、寶相等花，編成牆垣，茨松結成樓宇，荼蘼、木香搭就亭棚，塔松森天，錦柏滿園，松獅柏鶴，遇風吹動，張口展翅，活潑如生。[39]

此段在宮室富麗之外，別寫植物花鳥，更把園林想像（因是「傳言」）為一個生機蓬勃的地方，連造形植物都能展現生意，這與

洪水後生靈塗炭的死意當然形成對比。同時，以這種透露個人審美精神的筆法來描寫周王王府，也說明《如夢錄》作為私人城市志，以傳達作者個人經驗與感受為主的特色。

《如夢錄》的序與其他劫餘城市志很不相同，雖然文采不見得高妙，但其間轉折值得分析。明末開封被李自成軍隊攻打，周王死守圍城，但最後的破壞卻是來自黃河決堤的大水，而掘開堤防又是明軍的戰略。《如夢錄》的〈序〉記錄了洪水破城的景象：

> 河伯震怒，於九月十七日，揚波鼓浪，洪水潑天，洶湧泛漲，傾陷城垣。居人溺死者，十有八九，救援不及一二，叫苦連天，呼救滿河，如魚之游於沸鼎之中。可憐數十萬無辜生靈，盡葬魚腹之內。[40]

原來軍民心理恐懼的是城陷於李自成軍隊之手，將遭屠戮之慘，結果卻是毫無抵抗地喪於洪水，何等反諷？更何況這洪水並非天災。這對倖存者的心理，必然造成巨大的疑問。《如夢錄》作者將開封「錦繡中原，一旦付於東流」的大禍，歸諸於人。黃河決堤究竟是天災，還是人為掘開的結果，若是人為，究竟是對戰哪一方的作為，或有不同說法，[41] 但《如夢錄》自有定見。在〈序〉中，作者以確切的日期概括李自成軍隊攻打開封的過程，例如

---

[40] 同上註。

[41] 相關討論可參見：方福仁，〈明末河決開封原因辨析〉，《史學月刊》1983.1，頁36-38轉頁39；孫月娥，〈明崇禎十五年河決開封的史實辯證〉，《中州學刊》1986.2，頁137-139；展鵬飛，〈關於明末河決開封原因的辨論〉，《史學月刊》1992.1，頁106-107。

「崇禎十四年二月十三日闖賊李自成攻汴西城」、「十二月二十三日闖賊復至」、「晝夜攻打至次年壬午正月十三日」等等。因為〈序〉中對攻城過程做了如此日期精確的報導，所以在清代才有《如夢錄》作者與《守汴日記》作者是同一人的說法。而就閱讀的效果來說，日期的進展傳達書寫者情緒的緊迫，也使得已成往事的圍城事件重現讀者目前。之後，作者敘述在圍城不解，河北援兵無法過河的情況下，有人提議掘河淹賊，作者認為這是奸讒陰謀，假為退敵，實為破城。雖然人多將此獻計歸罪於特定官員，例如巡按御史嚴雲京，但《如夢錄》作者則認為，雖然這是奸計無疑，但真正讓開封遭劫的不是奸計，而是共同的沉默。他指出，計出以後，

> 國主郡宗，箝口不言，諸王上臺，鄉紳隱默不語，致使河伯震怒。[42]

注意作者所提出的因果關係，不是陰謀者，而是有權者在公議中的不言、不語，直接「致使」洪水發生。而在如前引的洪災描述後，作者再次發出評斷與疑問：

> 當時王宗上臺，鄉紳士子肯吐一言諫阻，不至有此傾城大禍。嗟嗟！可勝歎哉！[43]

《如夢錄》應是作於開封毀於洪水後不久，其作者比起孟元老、

---

[42] 《如夢錄》，頁750。
[43] 同上註。

吳自牧等人，在心理上與他的城市以及所遭的劫難缺乏距離，因此他直接對事件提出批判，而非訴諸普遍的歷史滄桑；同時，這種即時的感情，也塑造了書中穿街走巷的導覽式敘事法。

　　雖然大水無情，繁華如夢，但入清以後，在開封市民——特別是熟悉地方歷史與文化的士人——心目中，「東京」是永恆的參照系，就連晚明的記憶也並未隨黃河之水而逝，而是與人們當下的感知雜揉在一起。[44] 開封再次面臨重大危機，亦是太平天國戰爭時期。而在戰後，又出現了一部以「東京」為名的城市志，即《東京志略》。[45] 這部書的編纂者是宋繼郊，生於嘉慶二十三年（1818），卒於光緒十九年（1893），祥符縣開封城人。道光二十四年（1844）中式舉人後，三次會試不第，於咸豐元年（1851）開始編《東京志略》。宋繼郊於咸豐三年（1853）協助官軍抵抗太平軍，亂後因有功而在河南地方任學官，供職三十年。他先後花了二十八年光陰才完成這部匯集開封資料的著作。[46]

　　嚴格說來，這部書並不全是劫後的作品，因為宋繼郊在1850年代便已開始纂輯工作，但是書的大部分仍是戰爭結束後才完成，整體看來也流露著劫餘的情緒。宋繼郊編纂此書之所以花費二十多年，是因他採用大量的史料，經過文獻考訂，且親身

[44] 胡曉真，〈戲說市聲／士聲——《岐路燈》的儒者敘事〉，《漢語言文學研究》3.2（2012），頁27-34。

[45] 宋繼郊編撰，王晟、李景文、劉璞玉點校，《東京志略》（開封：河南大學，1999）。

[46] 王晟，〈宋繼郊年譜〉，見《東京志略》，同上註，頁697-708。

實地調查。他選用的文獻包括《東京夢華錄》，而《如夢錄》也
未缺席。劫餘的心理是異代感應的，《東京志略》是一個對地方
有強烈認同感的士人融合各種材料所塑造的城市圖景，也可說是
歷代劫餘心理的匯合表現。雖然表現的城市不同，但《東京志
略》與《武林坊巷志》編纂者的時代背景與心理現象，實有高度
的重疊。兩項編纂工作之間不約而同的現象，顯示太平天國戰亂
對十九世紀後期中國社會的普遍影響，以及文人劫餘心理的趨同
表現。

（三）若街、若坊、若巷、若弄

在《武林坊巷志》的〈序〉中，丁丙解釋他少年時代如何開
始對杭州的掌故發生興趣。他說：

> 先父母迎陳舅祖母於家，丙嘗受撫抱之慈。陳固姚春漪丈
> 之姑也。下學之次，時為道里中故家遺事，謹識之不敢
> 忘。稍長，即好掌故諸書。偶訂小冊，錄其聞見，如《武
> 林舊事》、《夢粱錄》、《輟耕錄》、《西湖遊覽志》，皆
> 類而采之。[47]

丁丙敘述家中愛說故事的女性長者啟發了他對杭州掌故的興趣，
也將自己編輯的歷史拉到少年時代。那麼他如何「立志」為杭州
密密麻麻的坊巷「立志」呢？正如范祖述寫《杭俗遺風》，太平
天國戰爭仍是關鍵。不過，范祖述寫作時處於絕望狀態，而丁

---

[47] 丁丙，〈序〉，《武林坊巷志》（杭州：浙江人民，1997），第一冊，頁3。

丙卻是在杭州收復之後開始纂輯工作。他在〈序〉中說明此一
過程：

> 咸豐辛酉，再遭兵火，新舊圖籍，蕩為煙雲矣。同治甲
> 子，杭既收復，搜得胡君次瑤舊繪《省城坊巷圖》。其時
> 滿城榛莽，途路湮迷，訪胡君手輯《坊巷志稿》，不能
> 得。……於是歸尋胡繪舊圖，按圖排目，若街、若坊、
> 若巷、若弄，都八百餘條，稽之圖志，證之史傳，下至稗
> 官小說，古今文集，靡不羅載。[48]

丁丙的自述，呈現的是在大難之後一心一意、迫不及待拯救家鄉
完整圖像的地方文人形象，我們幾乎可以看見他為求取《省城坊
巷圖》而摩頂放踵於途的樣子。范祖述只對當代杭州的城市榮景
有興趣，而丁丙則將保存杭州的整體圖像視為志業。他不但要求
全面，而且要求精細。他不只是對太平天國戰爭破壞杭州發出一
時情緒性的哀歌，而是要以長期的工作，一方面恢復杭州的文化
遺產，一方面朝向未來的發展。

　　俞樾在杭時與丁丙相交，並為《武林坊巷志》作序。[49] 他
對丁丙的工作所知甚詳，在〈序〉說：

> 丁君松生，博學多聞，家中藏書為吾浙冠，尤留心杭郡
> 掌故。……久知其有《武林坊巷志》之作，每見必慫恿
> 其速成，而載籍極博，編劃為難，丁君謙抑，未敢遽出

---

[48] 丁丙，同上註，頁3-4。
[49] 俞樾在丁丙死後也為他寫了傳。

其書。……其書以太平坊建首，以南巡行宮在焉，尊之
義也。次之自西壁坊以下，鱗羅布列，若網在綱。博采
群書，參稽志乘，無一事不登，無一文、一詩不錄。城
郭、官府、宮室、寺觀、坊市曲折及士大夫宅第，無不備
載。[50]

俞樾用了恰當的比喻——鱗、網、綱——來形容《武林坊巷志》
的精細程度。這些比喻形象化地強調杭州坊巷分布之緊密，凸顯
丁丙一絲不漏之難得。同時，俞樾也指出丁丙編輯的原則，他的
目光不只放在當代，而是寄託於歷史、傳統與秩序，因此，全書
不似《杭俗遺風》之隨思所至，而是結構嚴謹的學問之作。俞樾
未曾提及丁丙不棄稗官小說，其實這點也是很重要的，且與明代
的《西湖遊覽志餘》精神相通。最後，丁丙的工作方式是廣蒐材
料，全書最後列出的參考書目數量高達一千多種，與他本是藏書
大家有關。

　　不同於《杭俗遺風》是作者個人聲音的表現，《武林坊巷
志》則是編纂型工作。縱觀全書，作為編者的丁丙似乎隱身幕
後，頗有讓材料說話的意思。不過這只是表面。事實上丁丙經常
在他所編纂的文本間現身。他的聲音出現時，往往意在突出他本
人其他重建杭州文化的工作成果，進一步將之植入杭州的集體記
憶。例如，他特別提到自己為太平天國戰爭期間死難者所建的祠
廟。這雖是為了自我彰顯，不過丁丙的作法相當微妙，通常通過

---

[50]　俞樾，〈序〉，見《武林坊巷志》，第一冊，頁1-2。

徵引他人著作的方式達成目的。在「豐上坊」的「管米山」項，他便徵引了《杭郡詩》（丁丙本人編輯）、《琴西文集》、《杭都雜詠》、《紫薇花館詩稿》，以及《當歸草堂詩稿》，藉此記載他建造的崇義祠。[51]

如此，雖然在此書相關紀錄中丁丙本人的名字從未出現，他的身影卻似籠罩上方。這正是丁丙的編纂與出版事業一以貫之的作法。例如，在太平天國戰事結束的三十年後，他曾編輯《庚辛泣杭錄》一書，蒐集或節錄有關杭州兩次陷落於太平軍的官方與私人記載為一帙。丁丙選擇的各種記載分別代表不同觀點與發言位置，如官員的剿敵方略、仕紳的救難與撫卹紀錄、幕僚對戰爭的近身觀察、殉難家屬的回憶、杭人或旅客的難中日記等等，其中往往出現彼此扞格矛盾的現象。然而丁丙不但未以編者的姿態提出統一的觀點，甚至未收錄自己的文字，而是刻意隱身，將《庚辛泣杭錄》呈現為一個「文本性的公議空間」。這正是丁丙面對劫餘創痛的方式。丁丙個人不發表言論，但他的編輯工作本身就是一個雖然沉默卻巨大的聲音，經由文本纂輯而保存歷史文化的記憶，從而為個人與集體提供療癒的空間以及進行歷史詮釋的距離。[52]《庚辛泣杭錄》只有十六卷，相較而言，超大尺度的《武林坊巷志》實可謂編纂者丁丙對城市文本進行精讀、對城市歷史進行詮釋的宏大實踐。

---

[51] 丁丙，《武林坊巷志》，第一冊，頁388-392。

[52] 筆者曾有專文探討丁丙的《庚辛泣杭錄》，論及編纂工作與歷史記憶的問題。詳參胡曉真，〈離亂杭州──戰爭記憶與杭州記事文學〉，《中國文哲研究集刊》36（2010.03），頁45-78。

四、結論：行樂之都與文化之子

　　本文探討了一系列可以歸類為劫餘城市志的作品，分析作者的心理與表現的方式。作為結論，筆者將再次比較同樣作於太平天國戰後，且以杭州為主體的城市志，即《杭俗遺風》與《武林坊巷志》，以呈現劫餘城市志的多重書寫可能。

　　《四庫全書》評論《夢粱錄》時提出了一個問題。《夢粱錄》雖以極精細的筆法全面描繪杭州，而且敘事有諸多優點，但可惜文字不夠雅馴，用字鄙俗，甚至還不如本來已不以文采見稱的《東京夢華錄》。問題是，既然由《夢粱錄》的序文看來，作者應不無能力駕馭典雅的文字，那麼何以在主體文本中，卻使用如此不正式的文字風格呢？《四庫》館臣假設的答案是，作者或許有意仿效《關東風俗傳》，[53] 不展示文人的文采，而是保存當地人民的「方言世語」。

　　事實上，不只是《夢粱錄》，許多私人城市志的文字都有類似情況。張岱的《陶庵夢憶》與《西湖夢尋》文字優美，或許因為這些作品其實真正要講的不是地方，而是作者個人。

　　從《東京夢華錄》以降，許多私人城市志都沒有精緻的語言，而這反而成為私人城市志的風格。范祖述的《杭俗遺風》即為一例。作者來自良好的背景，由林真的〈序〉可知，他的母親、姐妹、妻子都受過相當的教育，可是他卻以市井庶民的方式記憶杭州，放大城市生活的小小歡樂。他對歷史文化遭受戰爭破

---

[53]　《關東風俗傳》的作者是北齊的宋孝王，此書乃地理風俗志的先驅之作。

壞並未表達遺憾，但是市場、飯館與美麗婦人不復昔日，[54] 卻令他耿耿於懷。然而，他又對自己的態度感到有些不安。首先，一向存在著一種理論，認為杭州的劫難乃是生活奢靡與道德鬆散的報應。其次，范祖述的家人全在杭州城陷時遇難，而他自己卻僥倖逃過，他何忍在大劫後不久，便專寫四時行樂？在全書最後的〈跋〉中，范祖述試圖為自己以及整個杭州開脫。他說太平天國戰爭期間杭州的死難者都是天上神仙，思凡下降，在人間天堂的杭州享盡清福後，註定有殺身之劫，這是神位歸位或者羽化飛昇的過程。這樣的說法僅是將宗教觀念做了粗淺的簡化與扭曲，以自我安慰。他也告訴讀者，在大難來時，他全家都遵從母命，不肯苟活，集體自沉井中而死，這是乾坤正氣的表現。不過，整部書都在鋪陳張揚杭城的俗世歡樂，直寫到〈跋〉才突然想起自家的義烈，不亦太遲乎？當范祖述在全書結尾時提到，他自認為已介紹了杭州生活的各個層面，然後要求讀者在欣賞之餘，同時紀念那些犧牲者，這樣的修辭實在是不無尷尬，甚至自我矛盾的。在文末，他說：「因或問而為之跋」，此時，倖存者的心理不安達到了最高點。

　　在比較後不難發現，范祖述寫杭州是為了誇耀與記憶，而丁丙寫杭州是為了重建。丁丙一生熱愛書籍，也對文字與文獻的力

----

[54] 范祖述描寫杭州最著名的三山（天竺、小和、法華）香市的活動，特別提到「所有此等大家婦女，大轎闊管，隨帶僕婦丫鬟，其頭面之裝飾，衣裙之鮮豔，窮工極巧，闘麗爭華。不啻姮娥下降。……凡余所敘四時行樂之會場，莫不有此輩在焉。所以謂之繁華也。」范祖述，頁11。可見他認為公開場合的美麗婦人是城市繁華不可缺的元素。

量有特別的期待。太平天國戰後，他畢生致力於杭州的恢復。除
了社會救濟與實體建設外，蒐集、整理、編纂、出版都是他重建
杭州文化傳統的方式。在丁丙的諸多事業中，《武林坊巷志》是
最浩大的工作。他以資料纂輯的方式，帶領讀者穿過城市，沿著
每一條街道，轉過每一個角落；不但要以視覺化城市地圖，更要
帶出坊巷裡的歷史文獻、詩詞文賦、小說軼事。雖然，編纂於明
代嘉靖年間的《西湖遊覽志》與《西湖遊覽志志餘》同樣融合地
理與人文，但這兩部書仍以較大的地理區塊（如「西湖北路」）
為座標，而丁丙的眼光則更為精細，他閱讀的是城市文本更小的
元素。對丁丙來說，記憶杭州是一項重大工程，而不是懷舊的直
覺。因此，他所呈現的杭州圖景，大異於《杭俗遺風》。

　　若以私人城市志來了解人們如何回應劫難、記憶城市，那麼
這兩部作品可代表兩個極端的範式。或俗情，或文化，或行樂，
或重建，在討論城市、劫難、個人與記憶的交互關係時，兩者都
不可或缺。同時，若我們放眼十九世紀末以降乃至二十世紀的城
市書寫，亦不難發現《杭俗遺風》與《武林坊巷志》出現於太平
天國戰後，其「劫餘」意義特別不同。太平天國戰役不只是近代
中國最慘烈的戰爭，更具歷史門檻的地位，因為這是外國勢力首
次介入中國內戰，[55] 而戰爭造成江南全面殘破，更直接促成了近
代上海乘勢興起。[56]《武林坊巷志》繼承清代學者蒐集、輯佚文

---

[55] 美國學者 Stephen R. Platt 在專書中詳析了戰爭期間清廷、太平天國與英國的勢
力角力。見 Stephen R. Platt, *Autumn in the Heavenly Kingdom: China, the West,
and the Epic Story of the Taiping Civil War* (New York: Alfred A. Knopf, 2012).

[56] 此就城市史的角度而言。相關討論可參見朱弘，〈近代上海的興起1843-

獻的學術風格，而施之於對單一城市里巷的考證，歧出了傳統
「地方志」的思考方式；《杭俗遺風》因作者自覺地將眼光專門
投射於城市俗情，則可連結到後來大量的以上海為中心的文人冶
遊、漫遊書寫。

　　「城市志」應放在廣義的城市文學中思考，但宜作一分殊。
官方志書必須提供關於一個地方的知識系統（雖然未必客觀），
私人志書在知識之外更重於凸顯個人與地方的情感連結。官方志
書的傳統直至今日仍然延續，並且與越發高漲的地方意識結合；
私人志書在表面上似乎斷絕，但其實則是轉移、衍異，滲入不同
型態的城市書寫，成為現代都市文學的血肉。就此而言，不論是
韓邦慶以降諸多作者的上海、老舍的北京、白先勇的臺北、董啟
章的香港，何者不是一種排除了方志體例的私人城市志變體呢？
最近閻連科甚至故意用方志體寫了《炸裂志》。有趣的是，此一
定義下的現代文學私人城市志，仍舊與某種歷史或文化的劫難或
巨變糾結難分。歷史上的劫難多矣，私人城市志亦不絕如縷，本
文只能觸及其中少數作品而已。而由本文的爬梳又可發現，太平
天國戰爭是個極重要的歷史關鍵，因為在此「劫」之後，向來承
載記憶的私人城市志書寫，終將改換時樣新妝，融入現代的都市
文學。

　　1862〉，收入汪暉、余國良編，《上海：城市、社會與文化》（香港：中文大
學，1998），頁5-7。

「新文學大系」與文學史

黃子平

　　《中國新文學大系》（上海：良友，1935）十卷，由時年28歲的趙家璧主編，約請胡適、鄭振鐸（理論集）、茅盾、魯迅、鄭伯奇（小說集）、周作人、郁達夫（散文集）、朱自清（詩集）、洪深（戲劇集）、阿英（史料·索引集）編選並寫萬言以上導言，蔡元培作總序。這些在政治、私交等方面早已分道揚鑣的文化人，重新組合起來，聯手完成了將「五四」新文學「第一個十年」的作品經典化的宏大工程，從而奠定了現代文學史敘事的基本架構。「大系」初版布脊精裝本2000部，還未出書就已經全部預定出去，遂再版精裝本2000部；同時加印紙面精裝普及本2000部。知識菁英、國家（意識形態）機器、教育制度以及印刷資本主義的複雜互動，如何奠定了中國現代文學的宏觀敘事，正是研究者亟欲一再細探此一工程的學術衝動。[1]

---

[1] 「歷史對文獻進行組織、分割、分配、安排、劃分層次、建立體系、從不合理的因素中提煉出合理的因素、測定各種成分、確定各種單位、描述各種關係。因此，對歷史來說，文獻不再是這樣一種無生氣的材料，即：歷史試圖通過它重建前人的所作所言，重建過去所發生而如今僅留下印跡的事情；歷史力圖在文獻自身的構成中確定某些單位、某些整體、某些體系和某些關聯。」福柯著，謝強、馬月譯，《知識考古學》（北京：三聯，1998），頁6。

　　歷史的反諷在於，「大系」三版暢銷凡6000部之後，開始命乖運蹇。戰火毀版（三場之多），圖書公司復興而又解體，這些都還在其次。漫長的歲月中，兩岸不約而同地把這部大書打入冷宮，當然不僅是因為編選者名單中各自有其不樂意看見的名字（胡適或魯迅）。[2] 儘管如此，「大系」所確立的「文學史」敘事原則，卻深刻而久遠地延續下來：文學的進化史觀及以「十年」作為分期單元，文學史內容的「理論、運動、作品」三大「板塊」，小說、詩歌、散文和戲劇的「四大文類」，等等。

　　文革落幕後，「大系」鹹魚翻生。在趙家璧等人的努力下，1981年10月，上海文藝出版社根據原書影印了《中國新文學大系》（良友版）。該社並開始主持「大系」的續編工作，1984-1989年陸續出版了《中國新文學大系1927-1937》二十卷；1990年出版了《中國新文學大系1937-1949》二十卷，（以下簡稱「大系II」和「大系III」）。趙家璧擔任這後續兩輯的顧問，並且用了當年同樣質料的灰布作精裝本封皮，至少在形式上保證了總共五十卷大書「虛構的連續性」，宣稱《中國新文學大系》至此「始成完璧」：「至此，從五四到新中國成立三十餘年間的中國新文學優秀篇章，盡收在這五十冊、三千萬字的三輯《大系》之中

---

[2]　此書在香港反而有了倖存空間。1962年，香港的「香港文學研究社」影印出版了這套「大系」，全套定價三百港元。該社並在1968年再接再厲，出版了《中國新文學大系續編》，全套定價六百港元。據出版說明，是由一批「對新文藝有一定造詣」的「國內外知名人物」，化名神祕兮兮的「君實、藝莎、尚今、豫夫」等，憑藉東京、新加坡和香港三地的資源，依照良友版體例分集編選了1928-1938十年的新文學作品。這套「續編」由北京的常君實和香港的譚秀牧合力編成，在文革高潮的1968年出版，堪稱難能可貴。

了。」其實，「大系Ⅱ」和「大系Ⅲ」的編選，距良友版有半個世紀的時間空隔，其中引發的文學史難題非常豐富，當另文討論。本文重點討論的是「大系」的第四輯——1997年由上海文藝出版社接著出版的《中國新文學大系1949-1976》十一集凡二十卷（簡稱「大系Ⅳ」）。

本來，編完了「大系Ⅲ」，覆蓋「中國新文學三十年」的經典化工程，已經功德圓滿。但上海文藝出版社卻於1997年推出了上述的「大系Ⅳ」。整輯主編由江曾培擔任，各卷主編分別是馮牧（理論）、王蒙（小說）、袁鷹（散文）、羅竹風（雜文）、徐遲（報告文學）、鄒荻帆、謝冕（詩）、吳祖光（戲劇）、陳荒煤（電影）、丁景唐（史料・索引）。仍然由趙家璧（以及丁景唐）擔任顧問的這套書，已經溢出了「新文學」的範圍，依學術界的分期慣例來看，實際上是一套「當代文學前二十七年」大系。系者，統也、連續性也。這一輯的編選，時間上，在「外部」覆蓋了「當代文學」與「現代文學」的斷裂，「內部」焊接了「文革文學」與「十七年文學」的斷裂；空間上，則試圖整合兩岸三地的「文學經典」，彌合了內地社會主義文學或工農兵文學與臺灣文學、香港文學的區隔。這種焊接、覆蓋和彌合所建立的「連續性」並不穩定：文學史的分期依據、斷裂與連續、文學的地緣政治、文學知識生產的平衡與不平衡、文學史的文獻學與系譜學、經典作品的收納與排拒，乃至文化政策與作品價值之間的辯證等等，一系列值得探討的難題都於焉產生。

一、「大系Ⅳ」的斷裂與延續

　　中國現代性的發展邏輯以「斷裂」為基點，即認定並宣稱自己身處於一個與「前現代」截然不同的時段，而這一時段不證自明地比之前「先進」、「進化」和「高級」。被揚棄的「前現代」（「古代」、「傳統」），是由占據了「現代」位置的「現代人」回溯性地建構出來的。現代文學史的敘述或知識生產也不例外，嚴格遵循了這一模式。中國「新文學」需要一個「舊文學」為他者來確認自己的主體性，當年，陳獨秀的《文學革命論》，提出「三大主義」：

> 曰推倒雕琢的阿諛的貴族文學，建設平易的抒情的國民文學；曰推倒陳腐的鋪張的古典文學，建設新鮮的立誠的寫實文學；曰推倒迂晦的艱澀的山林文學，建設明了的通俗的社會文學。

　　「雕琢的阿諛的」、「陳腐的鋪張的」、「迂晦的艱澀的」，這個被建構出來的污名化了的「舊文學」，當然沒有人來認帳，逼得錢玄同和劉半農在《新青年》唱雙簧，虛擬了一個「王敬軒」，引誘像林紓這樣的「有力的敵人」來對號入座。[3] 所以說，沒有「新文學」，何來「舊文學」？同樣的邏輯，「沒有當代文學，何來現代文學？」[4] 大約在1956年開始（「社會主義改

---

[3]　鄭振鐸，〈五四以來文學上的論爭〉，收入蔡元培等著《中國新文學大系導論集》（上海：良友復興，1940），頁61。
[4]　洪子誠，〈「當代文學」的概念〉，《文學評論》6（1998），頁39-49；李楊，

造」基本完成之時），「當代文學」的名目從「新文學」中斷裂而出，相應地，從胡適以來延續了四十年的「新文學」概念也被「現代文學」所取代。將「新文學」改稱為「現代文學」，是為了給更「新」的文學即「當代文學」騰出敘述的空間。「新中國文學」是「中國文學史」發展的最高階段，純粹的（無產階級的）文學從龐雜的「新民主主義的統一戰線性質」的文學中脫穎而出。由此，又回溯性地建立起過濾了雜質的「文學革命—革命文學—延安文學」現代文學史敘述。相對於良友版「大系」所持守的「新文學」史觀，1950年代以來講述的「現代文學史」反而是「當代文學史」蒼白的拷貝。如今，當「大系IV」將「當代文學前二十七年」重新納入「新文學」的連續系統，是否意味著對良友版文學史觀的回歸呢？答曰：唯唯，否否。

　　唯唯者，一仍舊貫地當然是堅持以「舊文學」為「他者」，譬如說，「新詩」卷對「舊體詩詞」的絕對排拒。「大系IV」的「編纂計畫」說：

> 堅持二為方向和雙百方針，選拔代表這一時期新文學主流的優秀之作，同時顧及不同的風格流派。它要求兼有選家眼光和史家態度，使《大系》既反映這一時期新文學進程，又是精粹作品的總匯。……對某些在一定時期具有代表性或產生過很大社會影響而質量並非精粹的作品，也給予適當的考慮，以反映新文學發展的實際面貌。[5]

〈文學分期中的知識譜系學問題〉，《文學評論》5（2003），頁154-166。

[5] 「二為方向」：即文藝為人民服務、為社會主義服務。中國共產黨中央根據新

　　識者會問，「毛主席詩詞」顯然是「在一定時期具有代表性」並「產生過很大社會影響」的作品，為什麼卻沒有適當地考慮進去？因為「舊體詩詞」並不屬於「新文學」的範疇，一首不選，絕不會影響「新文學發展的實際面貌」。參考王富仁表達得最鮮明的觀點，現代文學史講不講「舊體詩」，這不是要不要收納某一文類的問題，而是關係到「堅持和保衛五四新文化革命的基本原則與傳統」，堅守中國現代文學學科的「質的規定性」以免決堤潰流的問題。[6]

　　否否者，這一時期的文學是比「新文學」更「新」的文學，這一基本判斷從未動搖，毋寧說是更為堅定了。王蒙的「小說卷導言」題為「感受昨天」，以其激昂到近乎揶揄的筆調寫道：

> 常常都是有病無病地呻吟不止的五四以來的新小說，似乎在一夜之間便變成了浩蕩的頌歌和國家春秋大典的伴奏銅管樂；常常是傳達著迷茫、彷徨、無奈、兩難的心緒的新小說與新小說家崇奉的洋經典，似乎在一夜之間，竟然變得篇篇心明眼亮，高瞻遠矚起來⋯⋯

　　五四以來的新小說和新小說家及其承受的歐西影響，當然是屬於「前天」而不是「昨天」的「他者」。就文學史內容的性

　　的歷史形勢和任務，提出的新的文藝工作總口號，用以取代沿用多年而過時了的「文藝為政治服務」口號。「雙百方針」：百花齊放、百家爭鳴的文化方針。見洪子誠，〈雙百方針〉，收入洪子誠、孟繁華主編，《當代文學關鍵詞》（桂林：廣西師範大學，2002），頁44-51。

6　王富仁，〈當前中國現代文學研究中的若干問題〉，《中國現代文學研究叢刊》2（1966），北京：中國現代文學館，頁5-8。

質而言，「大系IV」與「新文學」只有文獻出版方面的連續性，「斷裂」仍然是史家敘述的起點。

　　斷裂，是中國現代敘事的主流修辭，在文學史領域尤為鮮明卓著。「新文學」之所謂「新」，之所謂「生的文學」與「死的文學」的對立，以及源源不斷的「突破」、「變革」、「超越」，乃至「新生代」、「晚生代」、「八○後作家」等等之命名，皆是斷裂的同義詞。開天闢地君真健，橫空出世，從我說起，從現在說起。就文學史敘事而言，有頭有尾的故事總是比較好寫。斷代的《漢書》寫得相當完整，司馬遷要寫「三皇五帝到於今」，難免施展許多虛構和想像，班固就批評他「是非頗繆於聖人」。胡適的《逼上梁山》，敘寫新文化運動「歷史的先聲」，何其詳盡而脈絡分明。待到要來認祖歸宗重建《白話文學史》的連續性，就處處跳躍留空而且出了上冊永遠難有下文。周作人為五四散文上溯晚明作《中國新文學的源流》，出版才兩個月，就被22歲的清華學生錢鍾書指出其在基本概念和歷史事實運用方面的「混亂」和「錯誤」。你以為「抽刀斷水水更流」，其實連續性和斷裂一樣，都不是什麼自然而然的東西，都需要費大力氣不斷地重構和再生產。但在中國現代敘事中，斷裂比較容易被理解為理所當然，因為「反傳統」已經成為一種主流傳統。[7]「大系IV」在文獻出版

7　二十多年前，有「二十世紀中國文學」概念的提出，試圖消解文學史敘事中的兩大斷裂點，引起了很多憤怒。然而落實到具體的寫作，除了陳平原以晚清為「斷裂」的《二十世紀中國文學小說史》第一卷成功寫就付梓，後續幾卷的合作同仁如嚴家炎、吳福輝、錢理群、洪子誠和我，都難乎為繼。——連續性可不是那麼容易對付的玩意兒。

的連續性掩護下，仍然講的是斷裂出來的有頭有尾的故事。謝冕的「詩歌卷」導言開宗明義：「這本詩集的開頭是一個大事件的開頭，這本詩集的結束是另一個大事件的結束。」「事件」（政治的、歷史的、或者直接就是文學的）從來就是歷史敘事的敘述標記，但在「大系IV」中，兩個「大事件」（1949和1976）之間還有一個不容易遺忘的斷裂（1966），其標記卻有點含含糊糊。

「大系IV」引人注目地打破了以「十年」為分期單元的慣例，時間跨度擴展到二十七年（即將陸續出版的「大系V」，1977-2000，跨度是二十三年）。其中的技術性考慮，明顯是因為儘管有如此鮮明的「階段特徵」，「文革十年」乏善可陳，無法獨立作為一輯來編選並導讀。從現在編成的各卷來看，這「十年」所占的「篇幅」簡直不成比例。除了「史料卷」內容豐富，「理論卷」次之，其餘各卷所收的文革作品非常有限。「小說卷」只收了一篇蔣子龍的《機電局長的一天》。「散文卷」非常勉強，收入《天安門詩文集》中的幾篇。「戲劇卷」貌似收了京劇《紅燈記》和《蘆蕩火種》（《沙家濱》的前身），吳祖光卻說是恢復了江青插手之前的1964年版「原貌」。「電影文學卷」收了《創業》，是在「文革」後期被江青痛批以致驚動毛澤東出面說「此片無大錯」的一部電影。也就是說，各卷中即使收錄了那十年中聊勝於無的一些創作，基本上也可稱為文革中「非文革」或不那麼「文革」的作品。因此，除了各卷導言都有一節匆匆掠過的批判與控訴，倘若想從「大系IV」的「作品」來了解那十年的「文學」，幾乎可以說你會一無所獲。這種頭重腳輕，也許反映了當代文學發展前二十七年的「實際面貌」，但更反映了親

歷者劫後餘生的感同身受，由此帶出的選家標準。然而，以身歷者、發起者、主其事者的體驗為捨我其誰的圭臬，[8] 這卻正正是良友版「大系」諸選家的優良傳統，儘管已經被後續者們力求「科學而客觀」的努力所稀釋。

令人驚訝的反而是，作品分布的頭重腳輕，並不能推翻「大系IV」持守「二十七年」連續性的合法依據。這就需要仔細看一看理論卷。理論卷選文比較平衡，不那麼比例失調。因此主編馮牧和王又平準確地在導言裡說：

> 如果把一個文學時期視為由某種關於文學的規範、標準和慣例的體系所支配的時間的橫斷面，那麼，有充分的理由把一九四九——一九七六這長達二十七年的文學過程作為一個較為完整的文學時期標誌在中國新文學的歷史坐標系上。同豐富多彩的文學創作相比，這裡輯錄的文學理論和文學批評文字或許能更概括、更清晰地呈現出這一時期的文學內在地遵循著的規範、標準和慣例。

「規範、標準和慣例的體系」，即所謂「範式」二十七年「紅線」一以貫之，可以完全無視「文革」中「徹底否定十七年」

8　良友版「大系」裡的散文集由周作人、郁達夫各編一集，沈從文當年就批評道：「周作人選散文，大約因為與郁達夫互商結果，選遠遠的郭沫若而不選較近的朱自清（正與郁選冰心、朱自清相同），令人微覺美中不足。郁達夫選散文全書四百三十餘頁，周氏兄弟合占二百二十二頁，分量不大相稱。其實落華生不妨多選一點。」抱怨編選者太照顧「個人趣味」，不夠「十分嚴謹」。見沈從文，〈讀「中國新文學大系」〉，《沈從文文集》第16卷（太原：北嶽文藝，2002），頁236-239。

的「黑線論」。如果文學作品的比例失調無法支撐文學史分期的
合法性，理論卻是那「天塌下來有高個兒頂著」的擎天之柱。這
種情形和良友版「大系」所編選論述的新文學「第一個十年」，
非常相似。作品後發，理論先行；作品參差紛紜，理論卻具有
「態度的同一性」。[9] 從五〇年代到七〇年代，儘管有無數的論爭
和批判乃至殘酷的鬥爭，「規範、標準和慣例」卻呈現驚人的一
致性。譬如胡風，難道不是嚴守著「現實主義創作原則」來與周
揚們爭奪話語發言權？而秦兆陽們的「現實主義深化論」、「現
實主義廣闊的道路論」，更是一開始就擺明了在既定理論範圍內
作「修繕」的良好意願。倘若把「理論」比作構築文學大廈的腳
手架（鷹架），那大廈裡頭或許有不少豆腐渣，腳手架卻非常完
整堅固、風雨難摧。漫長的二十七年文學其實可以統稱為（延
安）「講話」時代的文學：這時代，亦可細分為相對溫和的「講
話」時代和比較嚴厲的「講話」時代；或套用魯迅的修辭，細分
為暫時達到了「講話」要求的時代，和想達到「講話」要求而不
得的時代。

二、港澳臺文學編選與線性敘事

「大系 IV」要處理的「斷裂」為前三輯所無者，乃是香港、
臺灣以及海外華語文學的納入。「出版說明」裡說，「這一時期

9　安敏成：「理論在現代文學中被賦予的那種明顯誇張的力量，只能在新文學
　　由以產生的文化危機的語境中，根據中國知識分子所進行的文學借鑑的特定
　　類型來加以理解。」《現實主義的限制》，姜濤譯（南京：江蘇人民，2001）。

發表的臺灣、香港、澳門作家的新文學作品，一併列選。但由於
資料條件的限制，難以收選得如大陸作品一樣詳盡。入選的作
品，分類統一編排於各分卷之中，不另立冊。」「大系」一開始
就不曾依省籍或行政區域立冊（近年有《貴州新文學大系》的編
選，不妨按下不表），文體的分類原則，作為超越或化解文學的
地緣政治的一種策略，當然有效。然而港澳臺文學的「規範、標
準和慣例」，顯然與「講話」時代有很大的異質性，納入時就不
免大費周章。這一任務，自然分散到各分卷導言去處理。

　　各卷的導言，不約而同，均在快結尾處專闢一節，討論港澳
臺作品。「理論卷」的說法是「同中有異，異中有同」。其「同」
的部分，譬如說，文藝理論批評同樣扮演了冷戰意識形態的立法
者和闡釋者的角色。又譬如說，拈出「鄉土文學」論爭，尤以陳
映真的「受到壓抑的具有左翼色彩的現實主義文學理論以異端
的形象介入了論戰」。「異」的部分，提到自由主義派、新儒家
派、官方派（三民主義），提到現代主義、新批評、結構主義、
現象學、解釋學、解構主義、女性主義等方法理論的影響。緊接
著馬上就說，這些「根在中國的理論批評家們，對於中國文學和
文化傳統仍有極強的親和性」，「在西方文化衝擊下，中國的文
學傳統和人文精神在臺、港、澳文學理論批評中仍然保有深固的
影響」。遂又節引余光中的話作結，曰兩岸四地的文學理論批評
縱有諸多差異，最後「必歸於中華民族」。[10]

---

[10] 余光中，《中華現代文學大系・臺灣一九七〇——九八九》總序（臺北：九
歌，1989）。

　　袁鷹的「散文卷」導言，是在此岸散文家「下筆如有繩」
（繩者，捆綁也）的文革背景反襯下，「欣慰地提到祖國大陸以
外的同胞文友，即六十年代和七十年代中一批臺灣和香港澳門作
家們在散文創作上的成就。」「不同的社會環境」在此時不免就
會被認定為積極和正面的差異，因而對「成就」多有溢美之詞：
「那二三十年中，老作家和中青年作家紛分拿出得意的作品，擴
大和豐富了散文領域，無論就內容題材之廣泛，形式風格之多
樣，都別開生面，自成格局」。並對香港被稱為「文化沙漠」大
不以為然，主張平反。因為曾任報刊編輯多年，袁鷹特別提到報
紙副刊對散文興盛的功用，兩岸四地皆然。

　　「小說卷」導言在結尾時的處理舉重若輕，根本不討論具體
作品，王蒙以詩意化的語言大而化之：「中華民族的命運、中國
文學的命運是一個整體，生活在不同的社會環境下的作家們的作
品放在一起，構成了中華民族文學畫廊的全貌。」「綜觀不同地
域不同環境下的中國當代文學，設想那種完全不同卻又相關相連
的處境與心境，設想整個人類在這一時期的經驗與試煉，回憶人
們付出了怎樣巨大的代價與為了獲得一點長進克服了怎樣巨大的
困難，人們的喟嘆人們的深思人們的心得將不限於此。」「整個
人類」的相關相連提供了如此深厚廣闊的普遍性，多少地域的、
政治的、意識形態的或文學的差異都不在話下了。

　　謝冕「詩歌卷」的導言與眾不同，一開始就說「擁有一部完
整的和綜合的而不是零散的和切割的中國當代詩史，一直是我們
的願望。」他採用「平行敘述」的方式來初步地落實這一願望，
譬如說「一方面是結束苦難充溢著歡樂感的早春情調，另一方面

卻是失去家園漂流海涯的悲秋心境」,「所以歡樂的頌歌並不是全部的事實,在加上離散的思鄉之曲的補充,這就接近了中國當代詩歌現實」。一邊是勝利者高歌猛進的歡呼,一邊是撤離者大江大海的悲哀,謝冕認為兩者相加方為周全的「中國當代詩歌現實」。又譬如論到臺灣從1956年起紀弦「現代派六大信條」引發的曠日持久的現代詩的論戰,就平行地提及1958年因「大躍進民歌」而引發的何其芳、卞之琳等人都參與的新詩發展道路大討論。冰炭雖不能同爐,詩評家卻「能於雪中取火,且鑄火為雪」。這種平行敘述法初看有點匪夷所思,卻因突破了賓主關係而令人耳目一新。

　　「電影文學卷」的情形最為有趣。「電影文學」是「大系II」起新增的文類,其合法性一向可疑。現代媒體「橫侵」文學體裁系統的情形亦見於「報告文學卷」從「散文卷」中獨立出來。「大系」編撰史中見到的現代文學體裁系統的演化是個複雜課題,當另文討論。這裡要說到的是「大系IV」沒有收錄港澳臺的「電影文學」作品,非不為也,是不能也。陳荒煤說:「我們曾經試圖搜集,了解到臺灣、香港在這一時期沒有公開發表的電影劇本」,也曾考慮像「大系II」、「大系III」的「電影卷」那樣,「根據優秀影片改寫成電影劇本,以充實這一卷」,也終於因困難重重而無法措手。兩岸三地電影生產,涉及制度機構等物質層面的差異之大,遠超紙本文字製作的相通相同,其收納收編的難度也就超出一般想像了。

　　然而,這裡最有意義的就是各卷導言的線性敘事,與它們的作品編排的空間分布之間呈現的差異。「詩歌卷」是以詩人的姓

氏筆劃排列的，從丁力、丁芒排到穆旦、魏鋼燄。中港臺詩人一
視同仁地編入了類乎「漢語詞典」索引一般不偏不依的次序。所
以你讀完胡風的〈小草對陽光這樣說〉，接著就讀洛夫的〈石室
之死亡〉，順溜得很。「長篇小說」的節選卷按發表時間排列，
於是金庸的《笑傲江湖》就緊挨著姚雪垠的《李自成》出現。
「短篇小說」卷亦然，蔣子龍的《機電局長的一天》就夾在劉以
鬯的《倒錯》和叢甦的《想飛》之間，一路讀下來，也還沒有什
麼突兀之感。「理論批評卷」相較之下更為有趣。前一篇是馮雪
峰的〈論《保衛延安》的成就及其重要性〉，後一篇是侯金鏡的
〈一部引人入勝的長篇小說——讀《林海雪原》〉，中間赫然挾著
夏志清的〈張愛玲的短篇小說〉。在詫笑之餘，你領悟到，或許
這才是一種文學史「正常」呈現的形式。「大系 IV」收錄的作品
如此毫無章法或別有章法地出現在閱讀者面前，顛覆了眾「導
言」精心設計引導的線性敘事。

三、文學經典與政治

　　「大系 IV」編選出版的年代，恰逢歐西學界「打開經典」
（Open up the Canon）的爭論如火如荼之際。解構主義者、女性
主義者、後殖民理論家聯手向「已故的歐洲男性白人作家」的經
典傳統發起挑戰。而中國內地，陸續開始的「重寫文學史」的討
論，百年中國文學經典的遴選問題，「二十世紀中國小說大師排
座次」的爭論，魯迅文學地位的非經典化問題，「紅色經典」的
再改編的爭論，在在都涉及文學經典的知識霸權及其質疑。正在

進行經典化工程的編選者，如謝冕，就直接捲入過上述的某一論爭中；其餘的人，尤其是實際參與全程選篇的各大學的博碩士研究生們，也都不能不在此一動盪不安的學術背景中思考他們的工程。可以說，如何確認文學作品的文化價值，並且納入合法的權威的系統之中，「大系IV」的參與者們面對比他們的前輩更嚴峻的挑戰。

就在此前不久，他們親睹了一套「欽點經典」的轟然坍塌。八部「革命樣板戲」，其選擇、其獨霸的地位，完全是由六〇年代末七〇年代初的政治權威所支撐樹立的，其標準亦來自那一年代激進的政治哲學，乃至對所有其他的藝術作品採取斷然排斥的「零容忍」態度。[11] 文革的結束意味著這一套作品經典地位的終止，然而，政治哲學並未得到任何有效的清算和反思，而「大系IV」所要選擇並導讀的絕大部分作品，幾乎都與在文革發展到巔峰的政治哲學，以及以此政治哲學為合法性依據的國家意識形態有著千絲萬縷的關係。

文學經典因當代政治權威的升沉而消長，在此之前其實已經有了一次規模並不小的「預演」。1959年由郭沫若、周揚編選的《紅旗歌謠》是「大躍進民歌運動」的權威選本，一誕生便是「經典」。[12] 當時的重要詩人賀敬之說：「前無古人的詩的黃金時

---

[11] 現代京戲《紅燈紀》、《沙家濱》、《智取威虎山》、《奇襲白虎團》、《龍江頌》、《海港》，現代舞劇《紅色娘子軍》、《白毛女》。江青說：「樣板戲開創了無產階級文藝的新紀元，無產階級文藝從《國際歌》到樣板戲中間是一片空白」。

[12] 《紅旗歌謠》，郭沫若、周楊編（北京：紅旗雜誌社，1959）。1958年，在發動經濟上的「大躍進」的同時，也提出了文藝的「大躍進」。這一年，毛澤

代揭幕了，這個詩的時代將會使風騷失色，建安低頭，使盛唐諸
公不能望其項背，五四光輝不能比美。」[13] 隨著「大躍進」的高
燒退去，國家意識形態的調整，《紅旗歌謠》的經典地位就發生
了動搖。連首倡者毛澤東都認為此書「水分太多，選得不精」，
比較起來，「還是舊的民歌好」。[14] 王光明認為，「在後人看來，
它（《紅旗歌謠》）不過是一份當代意識形態收編改造民間文學
的歷史檔案，一個現代性尋求中的文化悲劇，反映的是特定時
代的盲目性和當代意識形態的矛盾性。」[15] 這部經典已被今人遺

東發表的有關文藝的主張主要有兩項：一是提倡大力搜集民歌，一是提出了
革命現實主義和革命浪漫主義相結合的「創作方法」。3月22日在成都會議
上，毛澤東說：「中國詩的出路，第一條，民歌，第二條，古典，在這個基
礎上產生出新詩來，形式是民歌的，內容應是現實主義和浪漫主義的對立統
一。」毛還說：「現在的新詩不成形，沒有人讀，我反正不讀新詩。除非給
一百塊大洋。搜集民歌的工作，北京大學做了很多。我們來搞可能找到幾百
萬成千萬首的民歌，這不費很多的勞力，比看杜甫、李白的詩舒服一些。」
1958年4月初武漢會議、5月20日中共八大二次會議，提出要「各省搞民
歌」，民歌「各地要收集一批，新民歌要，老民歌要，革命的要，一般社會
上流行的也要」。《人民日報》於4月14日發表〈大規模地收集民歌〉的社
論，指出這一「極有價值的工作」，「對於我國文學藝術的發展（首先是詩歌
和歌曲的發展）有重大的意義」。郭沫若為此發表了〈關於大規模收集民歌
答《民間文學》編輯部問〉（《人民日報》4月21日）。4月26日，周揚主持中
國文聯、作協、民間文藝研究會的民歌座談會，發出「采風大軍總動員」。
在5月召開的中共八大二次會議上，周揚作了〈新民歌開拓了詩歌的新道路〉
的發言。在此前後，中共各省、市、自治區委員會，也發出相應的「收集民
歌」的通知。民歌收集與「新民歌」創作，在全國以政治運動的方式全面開
展。由此，全國出現了遍及城鄉的「新民歌運動」。

[13] 賀敬之，〈關於民歌和「開一代詩風」〉，《處女地》7（1958），頁7。
[14] 周揚，〈《紅旗歌謠》評價問題〉，《民間文學論壇》創刊號（1982）（北京：
中國民間文藝），頁4-7。
[15] 王光明，〈中國當代詩歌觀念的轉變與政治抒情詩的經典化〉，收入童慶炳、

忘，「大系IV」的編選者平靜地處理「前經典」的態度令人印象
深刻：詩歌卷的導言隻字不提《紅旗歌謠》，「大躍進民歌運動」
則僅僅作為「新詩格律」問題持續討論的背景而順帶提及。

　　文學經典與政治意識形態過分直接的勾連，其經典地位與政
治權威明顯地平行消長，充分暴露了經典典籍對文化價值肯定與
顛覆的「雙刃劍」功能。本雅明說：「沒有任何一份文明史的文
件不同時也是一份野蠻史的文件。……而且，正如它（文明史
文件）本身就充滿了野蠻一樣，它從一代人向下一代人傳播的過
程也擺脫不了野蠻行徑」。[16]《紅旗歌謠》及「革命樣板戲」對
五四新文學、對外來文學和傳統文學的野蠻否定，給「大系」的
編選者們提供了一個「再經典化」的鮮明標尺，其最便利的展現
就是將過去二十七年中被主流意識形態「批判」或打入冷宮的作
品選入各卷之中。胡風的名字赫然出現在詩歌卷（〈小草對陽光
這樣說〉）、報告文學卷（〈肉體殘廢了，心沒有殘廢〉）、雜文
卷（〈魯迅還活著〉等三篇），——當然了，文學理論卷（〈關
於幾個理論性問題的說明材料〉，即所謂「反黨三十萬言書」的
節選）。令作者們觸了霉頭從此命運坎坷的那些作品，如路翎的
〈窪地上的戰役〉、劉賓雁的〈本報內部消息〉及其續篇、何求
的〈新局長到來之前〉、流沙河的〈草木篇〉、張賢亮的〈大風
歌〉，以及鄧拓、吳晗、廖沫沙《三家村夜話》裡的許多篇目，

陶東風主編，《文學經典的建構、解構和重構》（北京：北京大學，2007），
頁373。

[16] John Guillory, "Canonical and Non-Canonical: A Critique of the Current Debate,"
E.L.H: English Literary History 54.3 (Autumn 1987), p. 494.

也都一一入選。

然而，這種「野蠻人歸來」的方式，或許還是「大系IV」編選作品時較為明快而輕省的作業。更複雜的處理在於如何小心「剝離」那些與激進政治哲學有「黏連」的作品，以保留或「打撈」其中的「文化價值」。此時，歐西學界有關經典化的「多元複雜性」的討論，給編選者提供了思考「紅色經典」的多重複雜元素的機會。在文學經典建構的問題上，人們質疑「意識形態和文化權力可以決定一切、操控一切」的觀點，提出諸如「文學作品的藝術價值」、「文學作品的可闡釋空間」、「文學理論和批評的價值取向」、「文學傳統的影響」、「文學教育體制的需求」、「文化市場關係」和「特定時期讀者的期待視野」等等多種因素來探討。

小說卷主編王蒙的導言以「感受昨天」為題，將「感受」作為保存經典作品文化價值的核心元素來闡明。首先，倘若認為作品為政治服務，主題是預設的政治主張，因而那一時期的作品便一無可取，這種看法本身「也是太政治太露骨了」，方法上同樣是以政治主題的分析決定取捨，簡單狹隘地以政治分析取代藝術分析，是一種非歷史非藝術的跛足的小說評論。其次，當年的政治熱情與作家對人生對藝術的感受是高度一致的，「政治激情、藝術激情、人生的激情完全融為一體」，小說更是一種審美的結晶與契機。以入選的楊沫的長篇小說《青春之歌》為例，「這部書甚至在日本也受到了熱烈的歡迎」，只因它「充滿了人生真味」，「是對於生存境遇、對於人生抉擇、對於一種活法，對於一個女青年的心靈史的生動展現。」再次，更重要的方面，客觀

環境與主觀選擇的限制，反而造就了那一年代的作品的特殊風格與藝術況味。以同樣入選的柳青的《創業史》為例，那個年代「恰恰成全了作者的深、重、苦、澀、嚴（嚴肅與嚴格乃至嚴厲）的不同凡響的風格」。很難設想如果柳青是「狂歡地撒歡地」寫出來一部「創業史」將會是何種面貌。[17] 從王蒙雄辯的語調中，你感受到，經典確然是在「緊張的對話」中生成的。與前代作家的對話，與海外漢學家的對話，與新一代作家的對話，其中最重要的是，與新時代以及後世一代又一代的讀者的對話。

　　散文卷主編袁鷹的導言中也有一段與當代批評家的對話，認為他們對五、六〇年代的一些散文名作的批評（「美麗詞藻粉飾太平」）不太公正。這些佳作至今「還年年在語文課本與大中學生為伴，成為他們的良師益友」。袁鷹以多年編輯工作跟作者的接觸為據，堅信前輩和同輩散文家的「憂患和欣喜、希冀和追求」是真誠的，「因而希望今天的讀者們對歷史的是非曲直能採取冷靜和寬容的態度」。[18]

　　電影劇本卷的導言探討了一個「令人困惑」的電影現象：當左傾思潮氾濫，勢頭日益強勁之際，1959年，中國電影竟然出現了「一座藝術的高峰，砥柱中流」：《林家舖子》、《聶耳》、《林則徐》、《風暴》、《青春之歌》、《老兵新傳》、《戰火中的青春》、《我們村裡的年輕人》、《回民支隊》、《五朵金花》、

---

[17] 王蒙，〈感受昨天〉，《中國新文學大系1949-1976‧長篇小說卷一》（上海：上海文藝，1997），頁1-12。

[18] 袁鷹，〈散文卷序〉，《中國新文學大系1949-1976‧散文卷一》（上海：上海文藝，1997），頁8-9。

《今天我休息》，「這批影片在劇作、導演、表演和造形上，都達到了新的高度。」導言問道：「何以在政治氣候凜冽的嚴冬季節，電影會出現繁花似錦的局面？」答案無非是「厚積薄發」、藝術準備充分，且堅持不受左傾思潮的干擾云云，有點語焉不詳。政治與藝術發展的不平衡現象，或者如魯迅所說的「政治與藝術的歧途」，譬如俄國十九世紀「開明專制」的「白銀時代」的繁榮，正是一個創作自由十分有限的體制中值得深究的課題。

四、結論

　　「大系IV」的編輯是在「後八九」年代的中國進行的，在「政治嚴控、經濟放鬆」的政策下，出版業呈現畸行的繁榮，有許多諸如「續四庫」、「補四庫」之類的超大型圖書工程在陸續進行。相形之下，「新文學大系」的繼續編選，仍是非常難能的嚴肅的學術作業。「大系IV」的印數只有區區5000部，比當年良友版的第一輯還少（當今全國的大學圖書館也豈只5000）。但出版社一鼓作氣，「大系V」（1977-2000）的各卷，已於2009年陸續推出。正因如此，它所帶出的一系列文學史難題：諸如文學史的斷裂與連續、文學的地緣政治、文學知識生產的平衡與不平衡、文學史的文獻學與系譜學、文化政策與作品價值之間的辯證等等，仍值得學界作進一步的探討。

戰後初期臺灣文學新秩序的生成與重構:「光復元年」

——以本省人士在臺出版數種雜誌為觀察對象[*]

黃美娥

　　戰後1945至1949年對臺灣人而言,是個歷史的關鍵轉折點。日本投降後,接踵而至的是1947年二二八事件與1949年國府遷臺,從「日化」到「中國化」,島內社會、政治、經濟,乃至語言、文化體制的驟變,使此時代滿布重層、壓縮的痕跡。在空間地政學的畛域裡,臺灣從日本帝國的版圖退位,再度進到中國政治/文化空間結構裡,大批文人來臺,展開省內外文學交流,促成島內文壇成員的流動、重組,也引發文學權力地位的競逐、消長。在時間性與空間性因素交相作用下,1945-1949臺灣文學史為時雖短,但其內在卻錯綜複雜,糾葛非常。

　　戰後初期臺灣文學史的研究,迄今已累積不少成果。除了多

---

[*] 本文撰寫過程,承蒙黃英哲、朱雙一、陳建忠、黃惠禎等教授慷慨致贈部分戰後初期報刊珍貴影本,以及學生王俐茹、溫席昕協助相關文獻之收集與影印,在此一併致謝。

種文學史料的彙編，[1] 相關論述也斐然可觀，包括：戰後官方文
化體制對臺灣文學場域的影響、[2] 後殖民史觀下臺灣文學「被詛
咒」邊緣地位論與作家受挫心理癥狀的刻畫、[3] 國共內戰官方派
系權力鬥爭與臺灣文學政治的牽連、[4] 新現實主義與魯迅熱潮的
意義、[5] 二二八事件及四六事件與臺灣文學的關係、[6] 報刊文學創
作與文藝評論，[7] 作家個案討論（如楊逵、龍瑛宗、葉石濤在戰
後文學活動的考察），[8] 以及學院語文教育與知識青年文藝活動

---

[1] 參見曾健民參與或主編之作，包括《1947-1949臺灣文學問題論議集》、《新
二二八史像——最新出土事件小說・詩・報導・評論》、《文學二二八》、
《1945：光復新聲——臺灣光復詩文集》等。

[2] 見黃英哲，《「去日本化」「再中國化」：戰後臺灣文化重建1945-1947》（臺
北：麥田，2007）對此有深入的爬梳，其剖析對象為臺灣省行政長官公署旗
下的國語推行委員會、宣傳委員會、編譯館，以及集結民間知識分子的臺灣
文化協進會。

[3] 見陳建忠，《被詛咒的文學：戰後初期（1945-1949）臺灣文學論集》（臺北：
五南，2007），書中描繪了戰後初期文藝思潮、作家思想轉折與時代歷史語
境的交涉。

[4] 見徐秀慧，《戰後初期（1945-1949）臺灣的文化場域與文學思潮》（臺北：稻
鄉，2007），徐氏取藉大量戰後初期報刊，還原了當時官民之間社會重組與
文化重編的複雜權力較勁過程。

[5] 此問題幾乎是歷來討論戰後初期臺灣文學的焦點，上述著作也多將此視為要
點。

[6] 藍博洲，《麥浪歌詠隊：追憶一九四九四六事件（臺大部分）》、《天未亮：
追憶一九四九四六事件（師院部分）》、《幌馬車之歌》等書，揭示了戰後初
期臺灣學院與文壇互動，校園歌詠與左翼傳統之間的關係性。

[7] 如許詩萱對本省與外省文人交流／交鋒的「橋」副刊論戰的討論，參見《戰
後初期（1945.8-1949.12）臺灣文學的重建——以《臺灣新生報》「橋」副刊
為主要探討對象》（臺中：中興大學中國文學研究所碩士論文，1999）。

[8] 探析這些作家時，研究者不只聚焦於戰後初期，還與日治時期相互比較，以
進行整體觀察，如黃惠禎，《左翼批判精神的鍛接：四〇年代楊逵文學與思
想的歷史研究》（臺北：秀威，2009）。

的分析等。[9] 關照視域豐富而多元，探討內容業已涵蓋官／民、本省／外省、前／後世代、學院內／外等複線文學歷史面貌，非唯促使吾人清晰體認官方政策對戰後初期臺灣文學場域的箝制與干擾，另一方面也披露了戰後初期臺灣文學場域的複雜性。

　　上列論著有兩種主要論述趨向：其一，強調官方「去日本化、再中國化」的文化政策，進而挪用成為描繪戰後初期臺灣文學重建歷程的詮釋框架；其二，特別關注臺灣本土作家的表現，且以大陸與臺灣左翼文人／文學互動作為戰後初期臺灣文學史的發展主軸。但筆者以為，除左翼文人／文學之外，臺灣文壇的其他情況（如傳統文人與黨政軍右翼的文學關係）亦應究明，否則難對臺灣文學場域通盤掌握；而臺灣文學「再中國化」的執行前提，是否必先「去日本化」？例如活躍於日治後期與戰後初期的漢文通俗小說家吳漫沙，始終以中文寫作，其文學表現當如何看待？而從本省／外省傳統文人的戰後漢詩「同文」交流經驗中，可發現臺灣古典詩歌命脈不需「去日本化」便能獲得延續的空間，顯示「去日本化、再中國化」這凸顯齊一性、集體性文化／文學改造的大敘述下，猶有罅隙存焉。

　　為突破過度集中臺灣左翼文人／文學的區分式或侷限式的論述視野，筆者將新／舊、雅／俗作家併觀，進以觀察臺灣文學界在戰後初期，其自身遭逢「光復」驟變的過程中，這些原在日治

9　如朱宜琪《戰後初期臺灣知識青年文藝活動研究——以省立師院及臺大為範圍》（臺南：成功大學臺灣文學研究所碩士論文，2003）；林姿君《臺灣大學的語文教育及其相關問題初探（1945-1960）》（臺北：臺灣大學中國文學研究所碩士論文，2007）。

時期占據不同文學位置與創作資本的作家群，有過怎樣的肆應情形？其間是否有相互合作的空間？而在目前慣見的有關國家／官方文化體制對戰後初期臺灣文學場域「影響論」的討論基礎上，筆者亦將進一步聚焦於「文學」自身，勾勒戰後初期1945-1949年間的臺灣文學本體的文學質性，及其在臺灣文學史中的特色，並探討在「去日本化」的風潮中，日治時期與戰後的臺灣文學間的文脈是否已失去延續的可能性？而其與中國文學之間，是否呈顯一種「復歸」的生長情況？二者的相逢與接觸有無扞格、違和發生？所謂的斷裂或延續又是何種光景？而在延續或斷裂的文學史之中，臺灣文學與日本帝國文學之剝裂、與中國祖國文學之接軌，在三者親疏關係的重整中，又出現怎樣的拉扯與迎拒？戰後初期的臺灣文學到底呈現怎樣的新秩序狀態與相關張力關係？

再者，關於「再中國化」的問題，何以當時最富盛名的「橋」副刊論戰焦點為日治時期臺灣文學究屬可資利用的資產，或實是應予摒棄的不堪遺產？卻忽略對清代臺灣文學的接收意義，而其之備受冷落，何嘗不暗指臺灣文學與中國文學之間的命脈可能不是線性一脈的延續，而有著隱性的潛在斷裂？換句話說，戰後臺灣文學與中國文學的再度相遇，已屬一種新生／新枝的「嫁接」狀態。那麼，二者的嫁接與合體基礎何在？何以真正有關中國文學傳統內容、內涵與特色的介紹，或完整中國文學史知識系統的強化，[10] 在當時會遠不及時人對五四文學、三民主義

---

[10] 有關中國文學史之介紹甚少，在《正氣月刊》、《臺灣文化》、《圖書月刊》可見些許論述。

文學、抗戰文學、新現實主義文學的急切關切與討論呢？而最終成為臺灣文學所該學習的中國現代文學範式為何？此一新範式的追求與確立，又將為臺灣文學本質或本體發展帶來怎樣的刺激與影響？是故，所謂的「再中國化」此一文學政治修辭背後，還含藏著諸多攸關於文體書寫、文學內涵、文學體用的問題。

綜上可知，現有的「去日本化，再中國化」戰後初期臺灣文學發展進程的詮釋框架中，其內在尚有若干問題未獲釐析，故本文擬再全面考察戰後初期臺灣文學新秩序的生成與重構過程，並以之作為重探的路徑與入徑；而為求進與「去日本化，再中國化」詮釋史觀所隱含的先斷裂、再接續之二元對立或悖論式思考模式有所對話，筆者將更加細膩去面對文學史內部臺、日、中三者文學關係的延續、斷裂，乃至新的嫁接關係，以及其中的制衡、斡旋、角力痕跡，以更深入而動態地顯現戰後初期臺灣文學的成長脈絡、歧出枝節和接枝樣貌。

一、「光復元年」文學階段論研究視角的提出

除了針對「去日本化，再中國化」詮釋框架進行省思，筆者留意到1945-1949年間的臺灣文學，有著歷時性的變化發展軌跡，四年間文學場域之演變，其前後、首尾並不一致，是故若要勾勒整個戰後初期臺灣文學發展輪廓，必須奠基於更精微的階段分段論之考察。但，何以如此強調「階段論」的研究意義與價值呢？本文提出1945年10月25日「光復日」（後稱光復節）起一年內之「光復元年」文學階段論的研究視角的用意何在？其與戰

後初期整體臺灣文學新秩序的生成與重構有何關聯性？以下便由
戰後「去日本化，再中國化」臺灣文學重建方針與政策的在臺推
動談起，次而進行其他相關情形的說明與闡釋。

　　「去日本化，再中國化」方案並非於臺灣光復之初便獲徹底
實踐。雖然國民政府早在1945年3月就擬出《臺灣接管計畫綱
要》，且對語文問題提出國語普及計畫與接管後禁用日文的建
議，但該年9月2日陳儀接受《大公報》記者訪問時，表示要在
四年內達成臺灣國語文的重建工作目標，[11] 並非一年內完成任
務。故當吾人瀏覽陳儀在臺一年來的治臺言論集時，會發現陳儀
蒞臺之初，雖已指出日本統治臺灣係一種「奴化政策」，然臺灣
在1945年歷經光復、接收與參與建國等進階過程時，陳儀最先
看重的是對三民主義精神的體踐，以及積極趨學科學之迫切性，
洎自1945年年底接收工作大致底定後，他才引據蔣中正核定的
《臺灣接管計畫綱要》中「心理建設」一項，致力發揚民族精神
與注重中華民國語言文字、歷史的普及教育，並提及「希望能於
一年內，全省教員學生，大概能說國語，通國文，懂國史。學校
既然是中國的學校，應該不要再說日本話，再用日文課本。」[12]
且強調推行國語國文須是「剛性」的。[13] 不過即使如此，陳儀在

---

[11] 許雪姬，〈臺灣光復初期的語文問題〉，《思與言》29.4（1991.12），頁159-
　　160。

[12] 以上參見陳儀民國三十四年11月3日在民政講習會演講〈勗公務人員〉、民
　　國三十四年11月27日第五次國父紀念週演講、民國三十四年除夕廣播〈民
　　國三十五年度工作要領〉，收入《陳長官治臺言論集》（第一輯），頁8、9、
　　27、45。

[13] 參見陳儀民國三十五年2月15日第十六次國父紀念週報告〈關於糧食與用人

1946年2月15日發表的〈關於糧食與用人問題〉中，雖在文官任用方面言及必須使用國文考試，唯因臺籍考生國文程度不好，故仍同意考生得在卷末再附上日文，以免閱卷者誤解其意。[14]而兩個月後，時任臺灣省行政長官公署教育處處長的范壽康，以「復興臺灣精神」為題進行演講，其講演大要仍是在鼓吹復興臺灣固有民族精神，次而才旁及學習中國語言文字之必要性；[15]真正比較強力砲轟日本殖民文化，並將日治臺灣文學視為日本附庸，應加糾正與重建的呼籲，更晚才出現，這可以林紫貴數月後發表的〈重建臺灣文化〉一文為代表。林氏的想法與指示如下：

> 臺灣經過了五十餘年的長期淪陷，日人曾以最大的努力來消滅臺胞的祖國文化，以遂其同化臺灣的陰謀，因此，幾十年來臺灣的文化，已脫離了中華民族文化的範疇，而淪為日本文化的附庸，祖國的語言、文字、文學、美術、風俗、習慣，已大部分被日本高壓手段與陰謀詭計所腐蝕，而逐漸地為臺灣青年所生疏。這是日本以文化來侵略臺灣的毒辣陰謀。現在，臺灣已重歸祖國。……那末，立即糾正現有的一切日化現象，和日人所遺留的一切日化思想，是刻不容緩的工作。這一個掃清日化氣氛，重組祖國自由氣息的事業，就是重建臺灣文化的工作。……臺灣

問題〉，報告文章收入《陳長官治臺言論集》（第一輯），頁69。

[14] 同上註。

[15] 范壽康，〈復興臺灣的精神〉，收入歐素瑛編《臺灣省參議會史料彙編》（臺北：國史館，2004），頁3、6。

> 文化的重建，實屬重要，然重建的責任，與重建的方式，
> 與技術，這些，我們曾經討論沒有？關於日方氣氛掃除的
> 最起碼工作，我們已經作過沒有？……因此我們特別提
> 出要求，臺灣的重建，需要臺灣的文化，首先能夠返回祖
> 國文化的範疇之內，特別一切言語、文字、美術、文學、
> 風俗、習慣，必須與祖國合流，必須全民族一致……。[16]

林紫貴對當下臺灣日化現象大加抨擊，要求大家立即訂出相關掃清的技術與方式，以便展開臺灣文化／文學重建工作。

　　藉由上述回顧，可知臺灣文學重建之極力轉向「去日本化」，並引發關於日治臺灣文學價值的疑慮，是「光復元年」後期才發生，亦即「去日本化，再中國化」政策並非在光復之初便要全面落實。光復第一年的臺灣文學／文化場域呈現前後期的差別，故論及 1945-1949 年間的臺灣文學，應更留意「時間性」。有關「時間性」這一變因，多數研究者都注意到 1947 年二二八事件與 1949 年四六事件的影響，但卻較少凝視「光復元年」在戰後初期臺灣文學史的意義，[17] 然臺灣文學場域，單單光復元年

---

[16] 林紫貴，〈重建臺灣文化〉，《臺灣文化》1.1（1946.09.15），頁17。

[17] 相對於文學界研究的忽略，歷史學界的研究者鄭梓很早就觀察到「光復元年」的特殊性，並發表多篇著述，包括1995年的三篇會議論文：〈〔光復元年〕臺灣社會圖像之一——以〈臺灣新生報〉為中心的探討〉，臺北：淡江大學歷史學系，「臺灣史國際學術研討會——社會、經濟與墾拓」；〈〔光復元年〕臺灣軍事圖像之一——戰後臺灣的軍事受降、遣返與復員〉，臺北：中國近代史學會主辦，「慶祝抗戰勝利五十週年兩岸學術研討會」；〈〔光復元年〕臺灣政治圖像之一——以抗戰勝利後「臺灣廣播電台」為中心的探討〉，香港：珠海書院亞洲研究中心主辦，「紀念抗日戰爭勝利五十週年學術討論會」；1997年的

早晚已有不同，則措意於「光復元年」的臺灣文學階段論，自有
其文學史之意義。曾健民在編《一九四五·光復新聲——臺灣光
復詩文集》一書時，已特別關注這一關鍵年分，只是其研究用
意，乃欲藉由此書文學史料之蒐羅與呈顯，進以與「終戰」此一
政治關鍵詞進行史實之按覈、復歸與對詰。[18] 而筆者之強調此
一年分之文學研究，則是有感於1945年10月25日至1946年10
月25日光復「第一年」的文學政治象徵意義。筆者發現光復之
初，臺人作家的欣喜在光復屆滿一週年時，即出現如楊逵〈為此
一年哭〉[19] 一類述說從期盼興奮到失望受挫心境的文章。是故，
「光復元年」所引發的文學創作情緒的游移與轉向，或文學場域
之變遷別具面目；「光復元年」的結束同時也標誌著臺灣報刊日
文欄被禁的命運，此後臺人的日文寫作空間遭箝制。正因「光復
元年」在戰後初期臺灣文學發展過程中占特殊地位，故本文將之
視為一重要之「文學階段」，並視此為理解戰後初期臺灣文學史
的開端。

　　在從事「光復元年」文學階段論的探索時，筆者將採用若干
在光復第一年內（1945年10月25日—1946年10月25日）於臺
灣所出版發行的雜誌為論述材料，之所以從雜誌與戰後文學關係

〈試探〔光復元年〕的漢官威儀——以二二八前後的人物圖像為例〉，臺中：
中興大學歷史學系主辦，「人物·傳記·影視史學研討會」論文，以及〈二二
八悲劇之序曲——戰後報告文學中的臺灣「光復記」〉，《二二八事件研究論
文集》（臺北：吳三連臺灣史料基金會，1998），頁119-150。

[18] 曾健民，〈編者導言——來到臺灣戰後出發的地方〉，收入曾健民編，《一九
四五·光復新聲——臺灣光復詩文集》（臺北：印刻，2005），頁3。

[19] 楊逵，〈為此一年哭〉，《新知識》創刊號（1946.08.15），頁11。

談起，是有鑑於戰後初期因應光復熱情而生的報紙雜誌創辦風潮，當時有不少臺籍文人、作家主動參與其中，故藉之既能明白文人作家群與光復盛事的緊密關係，同時也有利於近距離掌握作家群體從日治時期跨越戰後的文學處境與適應情形，以及臺灣文學命脈跨代延續、斷裂或嫁接的現象。而由於其中數種重要報紙（如《臺灣新生報》、《中華日報》等報）文藝活動之討論，過去所論匪鮮，故筆者此不贅述，在此遂特就雜誌範疇進行分析。又，因為在光復元年中發行出刊的雜誌不少，學界一般較熟稔者為《一陽週報》、《新新》、《臺灣文化》、《前鋒》、《臺灣評論》、《新知識》等，本文會補述其他，而在進行相關議題之探討時，則將優先關注雜誌內容中的「文學性」，此外也留心由本省籍文人、作家所出任為主事者與編輯的雜誌運作情況，以及因之引發的文學場域變遷狀態與文學史意義。

二、延續與斷裂的辯證
——「光復元年」臺灣文學新秩序

1945年10月25日臺灣脫離日本殖民統治，臺人因此展開對自我、國家、世界的一番新體認。林茂生有謂：「凡我同胞當此光復共慶之秋、嘗有三種大發見、其一則發見我是人。是自然之人。從來處於帝國主義之桎梏下、我不是人、不是自然之人。……其二、即發見社會、……第三、即發見國家……」，[20]

---

[20] 林茂生，〈祝詞〉，《前鋒》光復紀念號（第一期）（1945.10.25），頁12。

顯然「光復」的意義，不只是國族政治之復興，首先最重要的是臺民自我主體意識的重新發現與確立，次而則是以個人為本，進而體認社會與國家在本質、境遇上的新變化與新地位。

相似情形亦可見廖文毅〈光復的意義〉一文，他認為「光復」後臺人對周遭一切有了新感覺意向與新自覺姿態，包含「民族精神的振興」、「國土重圓」、「家人再集」、「統一的國家」「統一的政府」等發現。[21] 比諸林茂生的外界新認識論，廖文毅多了對凝聚力的強調，也更抬舉個人／家庭／民族／國家之間的情感互動與倫理關係。「光復」儼然成為臺人精神意識得以更新的重要關卡，不僅促使個人的生命意義與價值變得不同，社會國家的秩序性也得到崇高的維護與鞏固。也因此，歸回祖國、恢復自由的臺人，充滿鬥志、精神昂揚。曾是1930年代臺灣話文運動主將的郭秋生，在〈我們的三大努力〉一文中，便呼籲臺人應為祖國的復興至少付出三大努力：「第一是努力做得國民、……第二是努力鄉土的復興、……第三是努力做得四大強國之一的國民」。[22]

前述高亢的光復情感，同樣感染了戰後初期的臺灣文學界與臺灣本省文人群。鄭世璠在回憶《新新》創刊的前緣背景時，敘及協力創辦刊物的幾位年輕人在光復後的情景：「他們除拼命學習國語外，正和全體臺胞一樣，抱著臺灣回歸祖國的，一股難於形容的興奮和愛國熱情，談吐不離開：如何歡迎祖國同胞、如何

---

[21] 毅生，〈光復的意義〉，《前鋒》光復紀念號（第一期）（1945.10.25），頁25。
[22] 郭秋生，〈我們要三大努力〉，《前鋒》光復紀念號（第一期）（1945.10.25），頁8。

吸收祖國文化並與之交流、如何建設臺灣模範省等話題。」[23] 正
是為了傾洩光復後的熱血和抒發協助新來政府的理想，於是創辦
了這本大眾性的綜合性文化雜誌，並在創刊號的卷頭言，做出如
下表述：

> 娛樂是不是也有偽瞞？有的！在帝國主義支配下，確實有
> 過，不想笑也要強做笑狀。過去的娛樂雜誌，只有委屈的
> 笑與強迫讀者無謂感激。我們的雜誌，是要走與這相反的
> 路，提供豐富的內容，給讀者們由心喜悅和感動。……
> 我們的雜誌，……給讀者活潑地向世間，提出自己愛講
> 的話，諸士的心中一定有「絕無虛偽而真誠的思想」才
> 對。[24]

此段比較日治、戰後雜誌編輯狀態的回顧極具震撼性，指出了日
治時代的雜誌內容，即使是娛樂性的作品，都無法自由地顯露真
誠之思想，充斥加工過的偽瞞與勉強。反之，光復對於臺灣文學
的意義，便在於可卸下帝國主義的束縛，促使文學內在質性的真
誠性重新釋放與傳達，文學本身的美學主體性得到完整的確立，
進而給予讀者由衷喜悅與感動，達成讀者、作品、作者之間的真
正互動與交流。不過，「光復」為戰後臺灣文學帶來的變化，不
單只是在從事編輯、創作時，文學內在質性得以恢復其本有的真

---

[23] 鄭世璠，〈滄桑話「新新」──談光復後第一本雜誌的誕生與消失〉，收於
《新新》（覆刻版）（臺北：傳文文化，1995），未記頁次。
[24] 〈卷頭言〉，《新新》創刊號，頁1，中文翻譯轉引自鄭世璠〈滄桑話「新新」
──談光復後第一本雜誌的誕生與消失〉，同上註，未記頁次。

誠性，眾多臺灣民間文藝人士更期盼得以藉由報刊發表園地的戰
後延續、甚至是數量的增加，來為臺灣文學之發展引入外部刺激
成長的可能性契機。以下以戰後初期有關臺灣文學多種雜誌之創
辦情形為例加以闡述。

　　由於光復精神之感召，早在1945年9月至12月日本宣布
終戰到中國國民政府組織抵臺前後的政治真空期，便有多種
文藝性濃厚的雜誌出現，由楊逵主編的《一陽週報》於1945
年9月1日率先發行，是目前所知戰後臺灣最早出現的中日文
合併雜誌，[25] 創刊之初的徵稿類型包括「評論、隨筆、小說、
新詩」，[26] 同月分尚有朱點人與周青合編的《文學小刊》發
行；[27] 10月底，原日治時期《臺灣藝術》編輯郭啟賢，也在中壢

---

[25] 關於戰後最早出現的雜誌，莊惠惇〈戰後初期臺灣的雜誌文化（1945.8.15-
　　1947.2.28）〉詳考戰後初期若干雜誌之後，以為創刊於1946年9月22日的《一
　　陽週報》時間最早，文刊《臺灣風物》49.1（1999.03），頁56。不過關於
　　《一陽週報》的創刊時間，莊惠惇乃參考自林梵《楊逵畫像》，今查該創刊號
　　確切發行時間，應是9月1日。而有關《一陽週報》，最新研究可參黃惠禎
　　〈三民主義在臺灣——楊逵主編《一陽週報》的時代意義〉，文刊《文史臺灣
　　學報》3（2011.12），頁9-51。
[26] 此處內容係據楊逵自擬的一紙以「一陽週報社　楊逵」署名之相關徵稿說明
　　而得。
[27] 周青在〈含淚憶點人〉一文裡言及與朱點人、林自蹊共同成立「文學同志
　　社」，並於1945年9月發行《文學小刊》，而朱點人當時還說：「《文學小刊》
　　是臺灣光復後出版的第一份文學刊物」，周文參見陳映真主編《爪痕與文學》
　　（臺北：人間，2004），頁197。由於與《一陽週報》同年同月出版，而《一
　　陽週報》既是9月1日出版，則《文學小刊》可能發行在後，故本文將之列於
　　《一陽週報》之後予以介紹。另外，有關朱點人所述《文學小刊》是臺灣光復
　　後出版的第一份文學刊物一事，若就文學雜誌之性質而言，由於《一陽週報》
　　非純粹之文學雜誌，則朱氏之言有其道理，至於過去學界以為《新新》是戰
　　後第一本民間所辦雜誌自須加以辨明。

刊行《新青年》，唯創刊號迄今未見，暫無法得知編輯體例與刊
載旨趣，但由現存的二卷一號雜誌來看，其上刊有吳濁流小說、
楊逵散文與吳瀛濤新詩等，仍可稍知相關文學創作類型的發表狀
況；[28] 此外，11月12日，臺北大同股份有限公司的文化部出版
了《大同》雜誌，編輯人劉文碩，林茂生為顧問，中文的創刊號
上，除林茂生之文章外，還出現了黃得時、賴子清、林佛國等人
作品，及許多詩聯、燈謎，顯見這是一本新舊文學並存的雜誌；
接著11月15日，在臺北又有《新風》雜誌出版。[29] 從上述雜誌
在島內各地印行的情形看來，可知戰後初期，臺灣文學由地方區
域復興之氣勢。

陳鐵厚在〈創刊附記〉提到了《新風》雜誌成立背景與編輯
經過：

> 吾臺光復。匆匆已過四簡月。國文國語學院。到處林立。
> 或週旬刊報紙。如雨後春筍般創設。但月刊誌。尚未有
> 聞。吾友盛興書局東家王清焜幷其好友何蓮芳陳薰村二先
> 生。素有好學。豐于言論。關于文獻。莫不勇躍奮為。者
> 番欲振文風起見。設一月刊誌。名曰昌明誌社。誌題曰新
> 風。……專以文藝為宗旨。累次託余為本誌筆政。……
> 不得已。商於吾師林述三先生。吾師以師徒之關。應以不
> 棄幫援。後託于杜仰山、賴子清、林子惠、黃得時、龍瑛

---

[28] 《新青年》2卷1號筆者尚未獲見，此處所述係參見莊惠惇，〈戰後初期臺灣的
雜誌文化（1945.8.15-1947.2.28）〉，同註25，頁56。
[29] 《新風》創刊號（1945.11.15），頁39。

宗、吳漫沙諸先生并北部各吟社友援稿。[30]

從陳氏所言，可知光復後，臺灣民間瀰漫學習國語風潮，報刊林立，而《新風》乃選擇以當時仍未見的「月刊」型態，參與文風的鼓動與振興；其次，有關刊物的成立，除提議興辦者之名錄外，由答應援稿的對象看來，已涵蓋日治時期的新文學家（黃得時、龍瑛宗）、舊文人（杜仰山、林子惠、賴子清）以及通俗小說家吳漫沙，顯然「光復」也為日治時期新／舊、雅／俗文學疆界的泯除提供機會，有益於各類作家的合作與各類型作品的共同呈現。

《新風》第二號後改由吳漫沙擔任主編，原先創刊號上日文欄不復見（案：創刊號日文欄的首篇作品為龍瑛宗的〈青天白日旗〉），代之而起的是大量白話中文作品。但即使中文白話作品躍居主流，不過其第二號所附「本刊徵稿簡約」的徵稿方向仍明示該刊物雖注重白話文，但「唯文言文有新思想者、亦為本刊所歡迎。」[31] 可見《新風》仍試圖提供文言文發表空間。而在該卷號，仍存有「新風詞苑」漢詩一欄，可知戰後初期臺灣文學場域中新舊文學並存共容的互動情形。而在此等新舊作家跨界合作，與中／日、文言／白話語文載體選擇變化與相斥合作的趨向外，就雜誌內容的安排而言，也顯現了臺灣文學知識生產系統的更迭遞變，大抵過去日治時期常見的日本文學介紹，光復後一改而為上列徵稿簡約第一條所述狀態，即「本刊以發揚民族精神、宣傳

---

[30] 《新風》創刊號，頁26。
[31] 《新風》1.2（1945.12.15），頁32。

祖國文化、灌輸民族思想、介紹祖國事情為宗旨」，增進祖國認
識論作品的刊登，是戰後初期報刊日趨重要的編輯與刊登方向。

　　《新風》之後，11月20日《新新》在新竹出刊。其出刊開始
至1945年10月25日報紙雜誌日文版遭禁為止，即在其第二卷第
一期被迫通冊改以中文寫作之前的第一期至第七期的內容中，可
見不少的日文文藝創作，對日本文學之引介、翻譯，足見前曾述
及專心學習國語的《新新》同仁，對過往所習用的日文與熟悉的
日本文學，在戰後並非立即棄絕，而是自有一番評價。《新新》
第三號〈卷頭語〉（此雜誌首次以中文書寫之作）即對臺灣文化
問題發出不平之鳴：

> 由內地來的人士、……他們說臺灣省有世界性的文化。
> （這是物質文化的意思）。……一方面、由內地來的人
> 說、臺灣人多缺乏精神文化、這因是被日本教育的結
> 果。……所以我們恐怕他們這樣的言說是不是只論臺灣
> 人不會說國語而已嗎？如上看起來、臺灣人不敢受有世界
> 性物質文化的講詞、同時也不願受沒有社會性之精神文化
> 的譏刺。[32]

顯然當時內地與本地文化的差異與爭執，已趨白熱化，本文才會
出現如此針鋒相對的吶喊式書寫，而由不熟諳國語與否所引爆的
文化高低論，更為《新新》雜誌無法迴避的議題。

　　相較於《新新》對日文、日本文學的親近態度，在1945年

---

[32]〈卷頭語〉，《新新》3（1946.03.20），頁1。

12月10日發行,吳漫沙任主編的《時潮》,[33] 則在創刊號便全本以中文作品現身,雖然其中數篇文章是吳漫沙用不同筆名所撰,但仍邀來蔣培中參與編輯,以及林荊南、甚至向來被視為雅文學系統的新文學家楊雲萍之投稿。吳、蔣、林三人是日治後期重要漢文通俗雜誌《風月報》、《南方》之主幹,故《時潮》之起,頗有老幹重整的延續之意義。不過,《時潮》已不同於《風月報》、《南方》之側重通俗娛樂性或戰時的國策性,而是別具時代性體認。蔣培中在〈「時潮」所負的使命〉中引述吳漫沙之語,說明《時潮》的創辦目的:

> ……這回他〔漫沙君〕說《時潮》創刊的主旨絕對不歌功、不頌德、是要開拓園地。容納著社會批評、諷刺、並且推進文化向上、革新社會的思潮、社會才有進展的希望、現在臺灣文學莫說幼稚、因為灌輸了五十年日本教育精神、這個惡劣思想、根本要掃蕩打破這異族精神、必須改頭換面、嶄然一新、培養我們的民族精神的文學、目下依我政府方針、第一步著手革新教育。教育基礎、推進識字運動、以及國語普及運動、這是先決問題。《時潮》所負的使命、為順時勢之潮流、建設臺灣文藝復興文化跟著祖國最高水準文學、一直邁進。[34]

---

33 過去有關戰後初期臺灣文學作家個案研究,一般較留意楊逵、龍瑛宗與葉石濤,唯若就當時時勢所需的中文書寫而言,則吳漫沙在戰後初期之活躍度與影響力應予以正視。

34 蔣培中,〈「時潮」所負的使命〉,《時潮》創刊號(1945.12.10),頁18-19。

可見《時潮》旨於參照祖國政府方針，打破日本異族精神與惡劣
思想，邁向中國民族精神文學，相對神聖的使命。

　　能在戰後初期，接續戰前通俗趣味的雜誌，可見1944年從
《臺灣藝術》易名為《新大眾》，其後再改題的《藝華》，其在戰
後的發行人、編輯者，一如戰前仍是黃宗葵與江肖梅。這份日治
後期發行量最大的通俗文藝雜誌，在戰後初期同樣面臨賡續與更
新的挑戰。1946年正月號的〈卷頭詞〉中，有如下聲明：

> 本誌這次因為要宣揚三民主義、提高臺灣文化、涵養高尚
> 趣味、改題為「藝華」月刊。省民受著日本壓迫……所
> 以對於三民主義還未十分了解、此後須極力宣揚三民主
> 義……向來受著愚民政策奴化教育的人們、此後須研究
> 中華四千年的文化和世界各國的科學、取長、補短。以建
> 設三民主義的模範省纔好。又省民的趣味、有好有壞。也
> 有優雅的。也有卑鄙的。此後須要善導他們涵養高尚的趣
> 味、造成明朗高樂的美麗島、所以我們很盼望親愛的同胞
> 們鞭撻指導、使「藝華」能夠達到以上的目的、在臺灣的
> 藝苑開了美麗的花、結了豐滿的果罷！[35]

當「通俗」遇上政治，趣味性似乎難逃變為嚴肅之命運，《藝
華》在宣揚三民主義的重任下，只得設法改造省民的趣味，導
向好而優雅之高尚趣味，因此，原屬通俗性質的刊物，在偵探
小說、專欄笑話外，也出現了陳旺成〈三民主義的概要〉、菊

---

[35]〈卷頭詞〉，《藝華》正月號（1946.01.01），頁3。

仙〈國父孫中山先生〉、蔣中正〈三民主義之體系及其實行程
序〉等文。[36] 然同在正月號，亦可見該刊對外進行「短篇小說
懸賞募集」的公告，招募「有地方特色、而且很有趣味的大眾小
說」，[37] 顯示戰後初期的《藝華》，仍試圖維繫昔日的通俗特色。

　　如此嘗試延續日治臺灣文學發展命脈與編輯風格的情況，亦
可見於戰後初期傳統文學詩刊的創辦與實踐。以1946年7月31
日在新竹發行的《心聲》為例。郭茂松〈心聲報發刊詞〉將之
視為具接續日治詩學命脈，以及重振《詩報》、《風月報》園地
之傳承意義。他在文中回憶日治時期盛況，以及後來被迫停刊的
困境，慨嘆「自光復以來。諸報既乏鼓吹。詩報風月報。皆未發
刊」之際，卻聞謝森鴻、許炯軒、洪曉峰倡設《心聲》的訊息，
因此格外激動。[38] 其次，此雜誌雖係為求促進古典詩運再興而
起，但從許炯軒〈創刊辭〉中有關內容編輯刊載方向的說明，可
知刊登作品包括「語文詩體、時文歷史」，[39] 與《新風》相映其趣
的是，戰後初期文言、白話兼取，似屬十分自然之事。

　　以上，透過1945年底以前所出現過的《一陽週報》、《新青
年》、《大同》、《新風》、《新新》、《時潮》雜誌，與1946年
出刊的《藝華》、《心聲》等刊，相關編輯經過、內容旨趣的闡
述，可看出在戰後初期的「去日本化，再中國化」風潮中，仍有

---

[36] 另外刊物中也有字謎與古典詩選「詩壇」專欄之設，顯見在本刊之中，新舊
　　文學的對峙／分野問題也被擱置，甚至薈萃於一刊之中。
[37] 《藝華》正月號（1946.01.01），頁31。
[38] 郭茂松，〈心聲報創刊詞〉，《心聲》創刊號（1946.07.31），頁3。
[39] 許炯軒，〈創刊詞〉，《心聲》創刊號（1946.07.31），未計頁次。

許多臺灣本省文人、作家為接續戰前相關雜誌刊登傳統而努力，在戰後繼續設法發行，如此一來「光復」之於臺灣文學界，便有著文學秩序的「復歸」、「回復」之意義，但此又非純然「照舊」式之接續與延續，蓋其中多數雜誌已注入新時代的「更新」意義，在文學經驗的延續中展現新貌。

但，戰後雜誌之續編，其所透顯的文學場域的變化意義，不僅於如上所說，處於一種充滿辯證性的延續狀態而已，另一特殊意義在於新舊／雅俗之跨界，這不單是刊物中不乏文言／白話作品兼取的情形，部分雜誌更出現新／舊文學作家，或雅文學作家與通俗文學作家，共同為同一刊物努力合作的現象。此文學場域的變化，相較於1924-1942曾發生過的新舊文學長期論戰，或二、三〇年代新文學作家對通俗小說之批判或鄙視，已不可同日而語。「光復」可說提供了各類型臺灣文學家由對立、分裂，到復合、合作的機會與空間。

前列雜誌的出現雖顯示在「去日本化」風潮中，戰前、戰後臺灣文學雜誌經驗中仍有所延續而非全然斷裂的文學史事實，[40] 然更需正視的是臺灣文學本體仍遭強大的割裂，且此斷裂感自1946年起越見轉強，終至引爆省內作家之集體苦悶與憤懣。林荊南以親身觀察，在《臺灣文化》中分析了相關狀態：

---

[40] 戰後報紙如《臺灣新生報》、《中華日報》之經營資本，包括人力資源，乃接手《臺灣新報》而來，且在副刊編輯人力上，如龍瑛宗、黃得時在戰後依然繼續原先編務工作，如此亦得視之為文學秩序有所延續之面向之顯影；相同情形如《民報》、《人民導報》部分記者為過去《興南新聞》相關成員之續聘，或蘇新之於《臺灣大眾時報》、《政經報》等。

……七月二十八日,臺灣文化協進會在省會中山堂開文
學委員會,席間許多文學同志為檢討,光復後臺灣文學不
振的原因,各人都提談了意見,我曾這麼樣說:「臺灣文
學不振的原因有三:1.政治的2.經濟的3.技術的。幾多的
國文文學同志,自日本降伏後就緊握一把汗,打算在文壇
上為光復後的臺灣爭取一點光輝,誰也不料到臺灣光復,
給我們的恩澤,是失了寫作的對象!(政治的)臺灣光復
後,舞弊行私百出,惡性的經濟巨浪……像我們這樣稍
有衣食的還不能寫作,那些貧苦的文學兄弟能夠靠文筆來
維持生活麼?況且還要考慮出版業者和讀者的立場,因為
紙價是這樣地高!(經濟的)過去在日人時代從事文學工
作,稍有一些財力的可以說是日文的作家。可是光復後他
們都喪失了文字組織的技術,因為他們十中之八九總幹不
上國文,所以叫不夥的文學工作人員不得不停工,從新去
鍛練描摹國文的技術。(技術的)……」像這樣,中文作
家失了寫作的對象,更受了經濟上的壓迫,日文作家更加
技術上的為難,還有甚麼本領去寫作了?[41]

林氏從政治、經濟與技術三方面去概說戰後初期臺灣中文與日文
作家先後擱筆的原因,彰顯了戰後初期臺灣文學作家們的感傷。
至於當時面臨更大書寫斷裂危機的日文新文學作家群,據陳建忠
的研究,葉石濤是戰後初期小說創作量較多之作家。[42] 但即使

---

[41] 林荊南,〈賽珍珠女士的中國觀〉,《臺灣文化》1.1(1946.09.15),頁19。
[42] 參見註3陳建忠專書中附錄的〈戰後初期臺灣小說目錄初編〉,頁48-52。

如此，葉氏在其《文學回憶錄》卻大嘆彼時的現實壓力，以及從
「語言」到「三民主義」的學習恐慌，「光復」儼然成了日文作
家群噩夢的開始。[43]

> 臺灣光復對作家而言，第一、衝擊力太大了。要瞭解、要
> 學習的東西太多了。經過五十年的隔閡，祖國的歷史、文
> 化，他們完全陌生的，他們要從語言的學習開始，一直到
> 孫中山先生的三民主義都是他們吸取的對象，幾乎是狼吞
> 虎嚥，那有餘力寫作？第二、生活不安定。長久的戰亂，
> 民生問題相當嚴重，糧食缺乏、物價飛漲，經濟浮動太快
> 太大，現實生活的壓力逼得他們喘不過氣來。[44]

在回溯戰後初期與日治時期臺灣文學在「光復元年」的斷裂與延
續後，可發現關於「光復元年」的臺灣文學本體，處於重層性與
非均質性的文學秩序狀態中。這可由戰後初期中文與日文作家的
創作經驗得知，蓋臺灣文學環境在本年度，尤其是後期，已逐步
陷進「去日本化，再中國化」的文化／文學政策泥沼，若干原本
熟悉漢文的古典文人，或善寫中文通俗小說的作家，由於在面臨
中國語文與日文的書寫轉換方面，較具適應與應變能力，因此

---

[43] 但即便日文新文學家遭遇極大的語言挑戰，乃至1946年10月25日起廢止報
紙雜誌之日文欄，民間文學活動之進行，依舊可見日文之書寫與使用，例
如銀鈴會延續日治末期《緣草》雜誌而來的《潮流》，雖創於日文欄被禁的
1948年5月1日，但在目前所見最末一號的第二年第一集春季號（1949.04）
依然可見不少日文作品。

[44] 葉石濤，《文學回憶錄》（臺北：遠景，1983），頁102。

尚能在「光復元年」即推出以中文作品為雜誌載體基調的《大同》、《新風》、《時潮》、《藝華》、《心聲》等刊，但日文新文學作家的光復轉型、文學重建際遇卻有天壤之別。[45] 而這或許能回應曾健民所留意到的在臺灣光復巨變中，並沒有出現一定量的白話文新文學作品，反倒出現許多古典詩詞的原因。[46]

三、三民主義、文化運動籠罩下的臺灣文學本體論

1945年光復初期的欣喜，與建設祖國的激情，促使戰後初期的臺灣文學，不是單純抒懷的個人自我文學，屢屢勾連著參與新生活運動、新文化建設、新祖國改造的「文以載道」之作，政治力與日治後期一樣，再度浸蝕臺灣文學本體。「光復元年」所造就出的臺灣文學，其實是一種籠罩在國族主義、新文化運動下的本體身影。

回顧此時期的雜誌，許多原與文化運動、政治改革使命相關的雜誌，如《前鋒》、《新知識》、《政經報》、《臺灣評論》、

---

[45] 臺灣古典文人因熟悉漢文，故在中文學習、創作經驗上，較易適應光復後之文學重建工作，且漢文能力更能成為一種文化資本，俾利適應一新型態之文化與社會生活，詳見拙文〈戰後初期的臺灣古典詩壇（1945-1949）〉，收入許雪姬主編《二二八事件60週年紀念論文集》（臺北：中央研究院臺灣史研究所，2008），頁283-302。

[46] 曾健民，〈編者導言——來到臺灣戰後出發的地方〉，曾健民編，《1945光復新聲——臺灣光復詩文集》（臺北：印刻，2005），頁5。

《臺灣文化》等固不待言，然而在其他較具文藝性色彩，或與政治無涉的雜誌也出現相近情形時，則顯然已形成集體創作傾向了。此時不管是雜誌的創刊詞，或徵稿的說明書，均十分易見如斯的公告：

> 我們的《新風》為要達成著誕生的目的起見、準備很多的紙面、送給同胞諸位為文章報國的舞台、希望諸位先生、不要客氣、《新風》是用那最歡迎的表情、期待諸位先生的珠玉。請諸位惠稿吧！一、「我們的主張」這個是我們的論壇、若含有建設新臺灣的正論、含有貢獻祖國之論說者、諸位先生不要客氣、跳上來說一說罷！！二、「小說」、三「小品文」、四「新體詩」以上各條以外、無論國文、日文、若其內容充實者、皆可登壇活躍。(《新風》創刊號，「歡迎寄稿」，頁16)

> 建設新臺灣、首要工作莫過於文化運動、宣揚民族精神、根除敵人的奴隸教育、本刊同人因為感到這一個工作、是每一個臺胞都應該努力的、所以不自量地創刊這一個小刊物、希望多少對於國家社會有所貢獻、此點還希望各界人士多加指導。(《新風》第二號，「卷頭語」，頁1)

> 當此一陽來復佳期。我社呱呱墜地。此後關於文化一途。願效棉薄之力。……一、臺灣新建設之意見如教育、經濟、民生、衛生所關意見。(《大同》創刊號，「徵文徵聯啟事」，頁38)

受日人教育。文化水準低下。本誌乃負鼓吹文化而誕生。
應作學海之寶筏。讀者之南針。（《大同》創刊號，「編
後語」，頁38）

命名大同者。蓋本國歌「以建民國、以進大同」之意。夫
大同解釋。議論多岐。要不外實行三民主義。以建設大中
華民國。（《大同》創刊號，「創刊詞」，頁1）

新臺灣的建設、千事萬端、首要工作、莫過於文化復興、
促進三民主義之普及。因此、糾合同志、開始本刊的組
織、其目的、不外盡國民的義務、分擔一點復興工作。
（《時潮》創刊號，「創刊詞」，頁1）

本誌這次因為要宣揚三民主義、提高臺灣文化、涵養高尚
趣味、改題為「藝華月刊」。……向來受著愚民政策奴化
教育的人們、此後務須研究中華四千年的文化和世界各國
的科學、取長、補短。以建設三民主義的模範省纔好。
（《藝華》正月號，「卷頭詞」，頁3）

夫勝利之後、尤須於建設、郅治之先、必倡乎詩文、文以
載道、詩為輔政……謀諸同道、合刊語文詩體、暨時文
歷史、顏曰心聲、其目的固不待言……。（《心聲》創刊
號，「創刊辭」，不記頁次）

以上雜誌，包括現代中文的綜合性雜誌、大眾通俗文藝刊物，或
古典詩文雜誌，內容皆高度表露對時代政治的關心，建設臺灣新

文化運動的熱切，以及對三民主義的服膺與尊崇；因此「光復元年」的臺灣文學極具文學政治性。而在此一集體文學國族主義化下，可發現在當時臺灣作家群體中，不乏自我主動性的投射。

至於戰後初期臺灣文學的創作趨勢，何以如此緊繞著文化建設、國族改造問題，林萍心刊於《前鋒》上的〈我們新的任務開始了──給臺灣智識階級〉一文，有助於吾人之理解：

> 在這版圖光復、鄉土建設的大目標下、我們智識人應是媒婆、應是座橋樑、一方面大多數的臺灣同胞、受盡了五十年日本奴隸教育、他們中間大部分已成了「機械的」愚民、而小部分已成為了極危險性的「準日本人」、我們要用怎樣的手段和方法、在最短時間中去喚醒去感化這兩批的同胞……我們智識者群已是站在媒婆的地位、又要肩起了啟蒙民眾運動的大工作、因此要進一步研究技術的問題──那是要用甚麼話寫呢？……我們要用的話應當是我們祖國最通行、最普遍、最標準的話、我們要寫的文字、自然而然愈欲接近這種話的文字──那就是五四運動以來流傳下來的白話文啦！……跟著我們要用甚麼話寫的問題以後、就是要研究我們要寫什麼？這問題可分兩方面來說。第一是形式方面。……第二是內容方面。固然一方面可以大量移植我們祖國的名篇巨著、……我們應作初步系統的介紹、無論在政治、經濟、教育、文化、產業等等、……這種工作直接可以使我們臺灣同胞深一層的自我認識、間接可以幫助政府當局作種種施政的參考。

> 最後我們更應該協助政府當局去排除那些陳舊腐化的渣
> 滓的伸頭和復活、……現在是「夜」與「畫」交替的時
> 代，是需要我們智識人、不辭勞苦為我們的新國家、新鄉
> 土重新建設的年代。[47]

透過此段文字，可了解林萍心筆下之「智識階級」（編輯群或作家群），不只是介紹五四運動以來的白話文體，或移植祖國政經、教育、文化、產業知識系統的媒婆，其更想扮演協助政府當局排除陳腐渣滓文化的民眾啟蒙者。是故，「光復」不僅指涉了回歸祖國的國族意義、「脫殖民地化」的救贖慾望，更被智識分子視為「建設新鄉土」、「新國家」自我發揮與投入改造的重要時刻。

　　那麼，戰後初期臺灣文學如何回應百姓文化啟蒙問題以及建國大業，並為此做出貢獻？其與三民主義、民主教育、科學之關係如何？如何與官方、右派勢力周旋？又如何與大陸左翼文人互動？民眾與文藝之關係，包括文藝大眾化、新寫實主義、民間文學等，相關觀念討論情形如何？作為啟蒙工具的現代國語文，最佳範式為何？日文、臺語在聲音、文法方面與國語究係相生或是相剋關係？「文體」與「國體」之間要怎樣進行串連與呼應？[48] 作家典範除魯迅以外，可有他人？[49] 一連串問題的探討

47　林萍心，〈我們新的任務開始了──給臺灣智識階級〉，《前鋒》光復紀念號（1945.10.25），頁9-11。

48　相關問題可另外參考拙文〈聲音‧文體‧國體──戰後初期國語運動與臺灣文學（1945-1949）〉，《東亞觀念史集刊》3（2012.12），頁223-270。

49　參見拙文〈戰後臺灣文學典範的建構與挑戰：從魯迅到于右任──兼論新／

與摸索，在省內外文化人、作家們所辦的報端或雜誌中時見披露，時有群體交相探討，如1946年7月，臺灣文化協進會成員便在中山堂舉行文學委員會的懇談會，出席者包括郭水潭、楊逵、呂赫若、張冬芳、王昶雄、王詩琅、黃得時、林荊南、吳漫沙等人，討論臺灣文學現階段的工作、表現形式語言與問題、民謠蒐集與創作問題、文學作品發表機關、研究及出版等問題。[50] 之後新新月報社主催「談臺灣文化的前途」座談會，亦論及文學問題。[51] 然而，文藝創作的對象究竟在國或民？官方與民間、左翼與右翼、省外與省內，因論述位置不同，雖同在三民主義文學之大纛下，實則眾聲喧嘩。於是，在「光復元年」匍伏前進的臺灣文學，其所要面臨的正是日益嚴重的派系鬥爭與左右翼彼此頡頏的問題，處境之艱難險巇不難想見。

四、臺灣文學與中國文學的交流與嫁接

　　光復後的臺灣文學場域與日治時代最明顯的差異之一，當是文壇人口與組成分子的複雜化。因祖國人士的移入（包括一些原屬半山身分者），和部分滯臺的日本文藝人士，故在組成分子不一，派系立場或思想意識迥異的情形下，使此際的臺灣文壇熱鬧而複雜。臺灣本土作家一方面自謀發展（如龍瑛宗、黃得時、

舊文學地位的消長〉，《臺灣史研究》22.4（2015.12），頁123-166。
[50] 詳載《臺灣文化》1.1（1946.09.15），頁30。
[51] 《新新》7（1946.10），頁4-8。

楊熾昌、吳濁流等於官方報紙媒體工作，吳漫沙參與民間雜誌編輯，與臺灣廣播電台行列），另一方面或選擇與半山合作（如臺灣文化協進會成員），或與日人作家繼續往來（如江肖梅與宮田晴光），或與省外人士交流（如楊達之與王思翔、樓憲、周夢江，臺灣傳統文人群與曾今可，新文學家與黃榮燦等），而部分來臺省外人士私下更與日人作家有過互動（如黃榮燦與濱田隼雄、西川滿）。於是，各種交往關係逐漸成形，文藝交流活動也就此展開，為光復元年的臺灣文學帶來新的刺激。

其中本省左翼新文學家與大陸左翼文人往來頗密，非唯促成了現實主義思潮的復甦，更有魯迅風潮的形成；[52] 另一方面則是透過曾今可為橋樑，串連起省內外文人在古典詩歌創作活動上的密切聯繫。[53] 但就在省內外文人開始交流之際，卻也同時萌生一尖銳而直接的問題，究竟臺灣文學與祖國文學的關係該如何被看待與詮釋？過去由於殖民緣故，臺人對於中國內地文化所知有限，光復後，積極進行內地文化介紹者不乏其人，蓋欲求臺灣與內地文化之交流，例如《時潮》創刊號刊有〈五四運動〉一文，並指出「『五四運動』不僅是民眾的政治運動底開始、也是『新文化運動』底開始。在『五四』以後新刊物紛紛出版、大都是攻擊禮教、提倡白話文、介紹西洋文化、有許多人以為這是中國

---

[52] 相關過程參見陳建忠，《被詛咒的文學：戰後初期（1945-1949）臺灣文學論集》（臺北：五南，2007），頁180-193。

[53] 相關情形參見拙文〈戰後初期的臺灣古典詩壇（1945-1949）〉，收入許雪姬主編《二二八事件60週年紀念論文集》，頁291-293。

的『文藝復興時代』。」[54] 而《臺灣文化》創刊號也收錄有杜容之
〈抗戰期中我國文學〉與黃榮燦〈新興木刻藝術在中國〉二文；
古典文學雜誌《心聲》則有「近代詩拔」一欄，介紹孫中山、宋
教仁、黃興、于右任等人詩作。[55] 如此一來，藉由部分雜誌扮
演推手角色，中國文學知識系統漸次獲得移植與引介，促使戰後
臺灣文學邊界有所挪移。中國傳統文學與近現代文學雖均獲推
介，但白話文學系統才是主流。

　　在「去日本化，再中國化」的政策下，臺灣文學如何與中國
文學合流、臺灣文學是否具資格與中國文學進行嫁接等問題在當
時文壇成為省內外人士討論的焦點。1945 年 12 月楊雲萍在《民
報》上發表〈我們的「等路」──臺灣的文學與藝術〉，捍衛臺
灣文學的價值。他說：

> 從文字界說，我們的語言的大部分，是被日人掠奪，失去
> 我們的表現的手段，這是致命的。可是一面卻因為由「日
> 語」的媒介，得接觸世界的一流的文學，所以我們雖是其
> 數不多，卻對於文學的鑑賞、或是評價自信祖國的人們
> 的一部，正確些譬如舉例罷，祖國內地的所謂第一流的
> 作家，常舉茅盾，巴金諸氏等。可是老實說，他們的作
> 品，在我們看，也不過如此如此而已。再具體的說罷，譬
> 如巴金的創作〈滅亡〉是風行一時的，可是這篇作品不
> 過是一篇低級的「通俗小說」，手法亦不高明，略有所取

---

[54] 〈五四運動〉，《時潮》創刊號（1945.12.10），頁 10。
[55] 《心聲》創刊號（1946.07.31），頁 12-13。

處,就是作者的「熱情」。可是這「熱情」是未受理——
所終於第一義,像這樣程度的作品,就會風行一時,我
們可以推想當時的文學界的程度了。而這程度,現在我
們卻沒看見有什麼提高。……關於學術界,……以我們
的見解,祖國的所謂學者的大多數的「方法」是很陳舊
的,他們和世界的學界沒有接觸,他們大多數沒有「方
法」的訓練。……我們從事學術的人們,雖很少數又受
日人的壓迫、制限,可是至少我們時時努力和世界的學界
相接觸,訓練我們的「方法」。以上,我們率直地說了許
多話,自知說得過於自負、過於自誇,但是我們正想用此
「自負」處、「自誇」處,以為復歸祖國此時的「等路」。
換句話說,對於祖國的文學界,我們想用「批評」;對於
學術界,我們想用「方法」做「等路」,思得以貢獻祖國
的文學界、學術界,不知道它們喜欣接收我們的「等路」
否?[56]

此文不僅公開批判現代文學名家茅盾、巴金之作,對於時人高捧
的祖國文學給予不同評價,更提醒祖國學術界應正視臺灣之「方
法論」。在昭示臺灣文學、學術所涵蘊的「世界性」價值背後,
潛藏了對「中國性」、「祖國性」的質疑。為確立日治時期臺灣

---

[56] 楊雲萍一文原載《民報》(1945.12.2-3),此引自曾健民主編《一九四五‧光
復新聲——臺灣光復詩文集》(臺北:印刻,2005),故標點符號不同於《民
報》原文。又,因新定標點本,其中部分仍有誤,故筆者再予修正,特此說
明。

文學的地位與意義，楊雲萍在1946年9月出版的《臺灣文化》創
刊號，重刊《臺灣新文學運動的回顧》，並表示日治臺灣的新文
學運動雖受了中國的新文學運動所影響，但卻保持了臺灣的特
色。[57] 楊氏一方面強化日治時期臺灣新文學與中國白話文學的
源流關係，另一方面也不忘凸顯臺灣文學的特殊性，呈顯了其人
具辯證性的雙軌思維結構。

另一使臺灣文學與中國文學在嫁接時產生困境的，則是語文
問題。當時雖臺人已汲汲於學習國語文，但因語文隔閡，臺灣文
化被視為落後，並遭訾議有礙文化之交流，甚且出現臺人缺乏民
族文化之評論。而面對此因語文而引起的文化藐視，賴明弘在
〈光復有感〉中強調懂國語，懂國文，並非大事，不過是「枝葉
問題而已。」[58] 儘管如此，諸多臺人作家仍設法加強國語文的學
習，市上也充斥著種種有關國語文的標準化與實驗化的討論與著
述，包括從文字、聲音、語調、文法，到文學作品形式、內容的
探索。這段從光復元年伊始的戰後初期臺灣國語文學習之旅，為
臺灣文學與中國文學嫁接過程的一段真實顯影。在語文問題後，
接著上場的便是攸關文學創作實踐的問題，包括文學是什麼的本
質性思考，如此遂也涉及了前述的三民主義文學本體論的相關討
論。究竟，值得臺人效法的中國文學創作範式，是五四白話文
學？抗戰文學？或是具左翼色彩的人民文學、大眾文學？從光復
元年《新新》、《臺灣文化》、《新風》、《藝華》雜誌所刊文章

---

[57] 楊雲萍，〈臺灣新文學運動的回顧〉，《臺灣文化》1.1（1946.09.15），頁10。
[58] 賴明弘，〈光復雜感〉，《新知識》創刊號（1946.08.15），頁11。

看來，可知其中已有不同的思考進路，而之間的差異在往後數年更為鮮明。

五、結論

本文針對目前學界探索戰後初期臺灣文學史常用之「去日本化，再中國化」詮釋框架進行反省與補充，並以觀察戰後初期臺灣文學新秩序的生成與重構，作為重繪此階段文學史演變進程的新研究視角，繼而得出其間存有「延續、斷裂與嫁接」辯證張力的結果論，期盼在時間性與空間性上，更完足地解釋從日治到戰後初期，臺灣與日本、中國文學系譜間的關係。為能更細膩、動態地展現箇中變化，筆者對戰後初期臺灣文學史進行切割觀察，著眼於「光復元年」，並以數種過去較少討論之雜誌之「文學性」作為考察場域，以之展開本文相關戰後初期臺灣文學整體研究之發端。

筆者以為，「光復元年」文學階段論的意義在於：一、不只可從中找出在「去日本化，再中國化」文學改造過程中，臺籍文人、作家為克服政權轉移衍生的文脈斷裂危機所做的種種延續努力，並能發現因為迎接光復而來的跨界文學交流與移植嫁接的辯證糾葛狀態；二、臺人在進行上述相關文學活動時，其和諧與衝突，主動與脅迫的慾望與情緒，都已在此年內發生，故「光復元年」不單是戰後初期臺灣文學史的源頭，亦饒有「原型」之意味，儘管這一年前後期文學處境仍有所差異。儘管筆者在研究視域與方法論上試圖另闢蹊徑，然限於時間精力，本文僅就臺灣本

土文人、作家與數種雜誌予以剖析，難免有其侷限性，若能一併省視省外文人、滯臺日籍作家之相關表現，當有更為通盤之認識。而對光復元年作家作品論，或文學創作之書寫美學實踐，亦有待他文再詳述。

Part III

現代性的表述與再現

現代的聲音

——「聲音」與文學的現代轉型

梅家玲

　　1927年2月，魯迅在香港青年會發表演說，題為〈無聲的中國〉——中國為何「無聲」？魯迅說，那是因為中國過去所使用的「古文」已和現在的大家都不相干，「講的是陳舊的古意思，所有的聲音，都是過去的，都就是只等於零的」。因此，他鼓勵青年們要「將中國變成一個有聲的中國，大膽地說話，勇敢地進行」，「要說現代的，自己的話；用活著的話，將自己的思想，感情直白地說出來」。因此，「此後實在只有兩條路，一是抱著古文而死掉，一是捨掉古文而生存」。[1]

　　這場演講的重點，乃在於再次強調「文學革新」：「捨古文，取白話」。然而，深入思索，它卻是充滿了問題性：首先，此處的「有聲」與「無聲」，原只是作為文詞是否能適切表情達意的比喻。但是，所謂的「文學革新」，難道只是「文」（書寫形式）的革新？當一般文學史把文學革命的焦點集中在文言與白

---

[1] 魯迅，〈無聲的中國〉，《魯迅全集》第4卷（北京：人民文學，2005），頁12、15。

話之「文學」革新，倡議「有聲的中國」的同時，我們要問：「聲音」，特別是「語言」的聲音，是否也有現代化的需要？怎樣的「聲音」，才算「現代」？它是否、以及如何，介入了當時的文學革新方案？再者，當時香港的主要語言為粵語，魯迅是紹興人，他在香港演說有「聲」的中國，出自於口中的，是什麼語系的聲音？它是粵語？紹興話？還是，國民政府力圖推動的「國」語？文學革新運動與此一政策的對話情形如何？

　　不止於此，放置在中國文學之現代轉型的發展脈絡中，它更涉及了以下幾項值得深入探討的重要論題：

（一）「古文」與「白話」對立的迷思：古文與白話是否截然對立？現代白話文要如何與傳統古文相互定義？

（二）「國語」與「方言」競爭的迷思：「現代」文學，是否必然是「國語」的文學？「方言」能否「文學」？

（三）「言文一致」的迷思：「（言說的）語言」是否真能與「（書寫的）文字」完全一致？白話文是否必然等同於口語？

　　這些問題經緯萬端，但觀瀾索源，其實不乏可以循序討論的脈絡。要言之，它們至少包括以下幾個層面：

（一）就「文學」的生成而言，「聲音」所涵攝的面向有哪些？我們如何藉由這些面向去觀照並研探其間的古今之變？同屬於「語言」系統的構成要素之一，「聲音」與「文字」之間的相互關係為何？

（二）除卻「聲音」本身，是否還有其它的、非「聲音」，卻左右了「聲音」之改變的因素？若有，包括哪些？它們又如何對「聲音」（以及相應的文學發展）進行改變？

（三）落實在具體的文類生成發展之上，我們是否能經由對個別文類的觀照體察，去把握「聲音」在文學之現代性追求過程中的實際作用？

　　首先，作為人際之間表情達意的媒介，「語言文字」原本就兼括「形音義」三者。文學是內在情意的美學化外現，於「形」重文字意象之美感，於「音」重抑揚頓挫之情韻。因此，如何經由音聲之抑揚以體現文學的情韻之美，自當是「聲音」參與文學形構的重要面向。此外，如何由各地「方言」中，統合出一種可以行之於全國的「國語」，不僅是「現代」民族國家建構發展中的必然過程，它甚且貫徹到國家的教育體制當中，成為形構新一代文學的重要基礎。也因此，「聲音」之與「文學」的現代轉型，至少同時含括「美學」、「教育」與「政治」等不同的層面的彼此拉鋸，相互辯證。這些問題經緯萬端，以下的討論，將以三〇年代詩歌論述及其關涉的「美學」與「政治」問題，作為回應前述提問的切入點；繼而，將以當時號稱「新詩中的新詩」──「朗誦詩」的發展為例，具體闡析「聲音」與「文字」之間既競爭、又辯證的關係；最後，則以朱自清等人的「語文教育」理念為中心，闡析此一注重誦讀的「聲音論述」，如何在他們的大力推動下，與當代的國語文學和語文教育相生成成，共同形成

中國文學史上「現代的聲音」。

一、三〇年代詩歌論述的美學與政治：
「讀詩會」、「中國詩歌會」與「詩朗誦」

　　以「白話」取代「文言」，是為五四新文學運動中的核心訴求，也是中國文學現代化進程中的重大成果。然而，緣於文類性質差異，其發展進程也有所出入。不少論者都提到，文學革命中，革新最為艱困的就屬新詩。原因無它，「舊形式破壞了，新形式還未成立」。[2]「白話詩的傳統太貧乏，舊詩的傳統太頑固，自由詩派的語言大抵熟套多而創作少」，[3] 這都使得新詩從開始發展之初，就在不斷的摸索嘗試之中依違進退，歧路徘徊。[4] 而如何藉由「誦讀」──也就是根據其中的「聲音」特質來尋找新形式，建構新的批評論述，遂成為中國現代詩歌運動發展過程中，詩人們有心突圍之處。

　　然則，儘管同樣著眼於經由「誦讀」而為發展中的新詩尋找出路，不同背景的文人與學者，其所提出的實踐方式與詩學理念，卻是大相逕庭。其中，由朱光潛、朱自清等學者文人所組織

---

[2]　朱光潛，〈現代中國文學〉，《朱光潛全集》第9卷（合肥：安徽教育，1993），頁328。

[3]　朱自清，〈新詩的進步〉，《朱自清全集》第2卷（江蘇：江蘇教育，1988），頁319。

[4]　胡適的第一本新詩集名為《嘗試集》，其中寫於1916年的〈蝴蝶〉一詩，應是最早的作品，通篇採五言體，明顯受舊詩傳統形式的制約。見《胡適作品集27：嘗試集》（臺北：遠流，1986），頁58。

的「讀詩會」，與後期創造社和太陽社若干作家所主導的「中國詩歌會」，便代表了兩種最典型的不同路向：「讀詩會」的「誦讀」實驗，對於新詩之「美學」追求方面，具有重大意義；「中國詩歌會」著眼於「大眾」的詩歌創作路向，則可視為抗戰時期風行一時的、具有濃厚「政治」與「教育」意味的「朗誦詩」及相關詩論的先聲。

　　先看「讀詩會」。1932至1933年間，朱自清、朱光潛先後自歐洲學成歸國，隨即邀集同好，組織「讀詩會」，在北京朱光潛家中定期聚會讀詩。關於「讀詩會」的活動情形，當時重要成員之一的沈從文，曾有〈談朗誦詩〉一文，對此言之甚詳：

> 北方《詩刊》結束十餘年……北平地方又有了一群新詩人和幾個好事者，產生了一個讀詩會。這個集會在北平後門朱光潛先生家按時舉行，參加的人實在不少。計有北大梁宗岱、馮至、孫大雨、羅念生、周作人、葉公超、廢名、卞之琳、何其芳、徐芳……諸先生，清華有朱自清、俞平伯、王了一、李健吾、林庚、曹葆華諸先生，此外尚有林徽因女士，周煦良先生等等。這些人或曾在讀詩會上作過有關於詩的談話，或者曾把新詩、舊詩、外國詩，當眾誦過、讀過、說過、哼過。大家興致所集中的一件事，就是新詩在誦讀上，有多少成功可能？新詩在誦讀上已經得到多少成功？新詩究竟能否誦讀？差不多集所有北方系新詩作者和關心者於一處，這個集會可以說是極難得的。……

　　當時長於填詞唱曲的俞平伯先生，最明中國語體文字性能
的朱自清先生，善法文詩的梁宗岱、李健吾先生，習德文
詩的馮至先生，對英文詩富有研究的葉公超、孫大雨、羅
念生、周煦良、朱光潛、林徽因諸先生，此外還有個喉嚨
大、聲音響，能旁若無人高聲朗誦的徐芳女士，都輪流讀
過些詩。朱、周二先生且用安徽土腔吟誦過幾回新詩舊
詩，俞先生還用浙江土腔，林徽因女士還用福建土腔同樣
讀過一些詩。[5]

在現代文學史上，這批「讀詩會」的成員往往被名為「京派」，
學界對他們的關注點，原不外乎：學者的身分特質、抒情性的文
學審美觀與創作實踐，以及所從事的出版文化事業（如《大公
報》、《文學雜誌》）及其影響等。至於「讀詩會」，則多被視為
二、三十年代文人雅集的一種，關於它的進行方式及所發揮的作
用，並未多論。但經由沈從文的敘述，可見的是：琢磨「新詩」
與「誦讀」之間的關係，實為與會者的興趣焦點。這批以學院教
師為主的文人們，以「讀」詩之名聚談，所致力的，正是藉由各
種聲音形式的實驗，進行新詩的現代化。

　　所以如此，實非偶然，它與主事者朱光潛、朱自清等人的學
院背景，以及在英倫時參與當地「讀詩會」的經驗，具有重大
關係。三〇年代前後，英國詩人哈羅德・蒙羅（Harold Monroe）
在倫敦組織誦詩團體，每週四晚間專請現代英國詩人來到他所經

營的書店中，誦讀各人自己的作品或是從前詩人的作品，是當時十分受到注意的一項文化活動。中國學人來到倫敦，大都不會錯過，並且深受影響。朱自清的日記、朱光潛的不少論詩篇什之中，都曾多次提及。[6] 讀詩會成員據此進行種種現代詩歌的音聲實驗，並據此在「音節」、「節奏」的琢磨斟酌方面，多所用心。以朱光潛所言為例，即可見一斑：

> 詩和音樂一樣，生命全在節奏（rhythm），節奏就是起伏輕重相交替現象，……聲調順情思的變化而異其輕重長短，某處應說重些，某處應說輕些，都不能隨意苟且，這種輕重長短的起就是語言的節奏。……

> 西方詩和中國詩都已到了在文字本身求音樂的時期，但是有一大異點，是值得我們特別喚起注意的，這就是誦詩的藝術。詩從不可歌之後，西方有誦詩的藝術的起來，而中國則對此太缺乏研究。沒有誦詩的藝術，詩只是啞文字。有誦詩的藝術，詩才是活語言。[7]

---

[6] 如吳宓在自己的日記中，即曾記載他手持 T. S. Eliot 的介紹片，來書店拜訪蒙羅，並花費一先令聽他本人朗誦 William Blake 的詩。朱自清《倫敦游記·記三家書店》，其中之一，寫的就是蒙羅所經營的這家詩籍鋪（The Poetry Bookshop）。旅英時期（1931-32）的日記中，更不時提到他來此買書、聽詩歌朗誦，思索中西詩歌的比較問題。朱光潛的〈文學作為語言藝術的特殊地位〉、〈為詩的音律辯護〉等文章中，也都每每以倫敦讀詩會為例說明。

[7] 〈替詩的音律辯護〉，原載《東方雜誌》30卷1期，後收錄為《詩論》第十二章〈中國詩何以走上律的路〉（下）之附錄，見《朱光潛全集》第3冊，頁237、245。

　　與此同時，另有一個以「中國詩歌會」為名的組織，其成員同樣重詩歌的「朗誦」實踐，但理念上，卻完全不同於「讀詩會」諸子的菁英取向與追求「純詩」。「中國詩歌會」於詩歌朗誦身體力行，乃是意圖藉此創造「大眾化」的詩歌，一方面讓新文學中的詩歌走入大眾，另一方面，也意圖借重大眾的語言以活化當時已有僵化趨向的詩歌。該組織於1932年成立於上海，發起人有楊騷、穆木天、任鈞、蒲風等。他們以《新詩歌》為其機關刊物，創立之後，廣州、北平、青島、廈門等地，紛紛成立分會，頗具聲勢。其意識及作風，實際上繼承了後期創造社及太陽社作家們的革命人生觀和現實主義創作方法。該會特別強調「詩歌是社會現實的反映，社會進化的推進機，應該具備時代意義」；抨擊新月派與現代派逃避現實、粉飾現實，「非加以糾正和廓清不可」。同時，還提出「新詩歌謠化」的口號，主張採俗言俚語入詩，以「完成新詩歌運動」為總目標。其機關刊物《新詩歌》旬刊第一期，由穆木天撰寫「發刊詩」，以詩歌形式，明確揭櫫發刊要旨：

> 我們要捉住現實，／歌唱新世紀的意識；
> 工人農人是越法地受剝削，／但是他們反帝熱情也越法高漲。
> 我們要歌唱這種矛盾和他的意義，／從這種矛盾中去創造偉大的世紀；
> 我們要用俗言俚語，／把這種矛盾寫成民謠小調鼓詞兒歌，／我們要使我們的詩歌成為大眾歌調，／我們自己也

　　　　成為大眾的一個。[8]

其所主張的「詩朗誦」，因此是走出書齋，面對大眾的朗誦。
「一方面要將自己的作品直接送到大眾當中去以期獲得特定的效
果；另一方面，也為要使在當時差不多已經完全變成了視覺藝的
新詩歌，慢慢地還原為聽覺的藝術」。[9]

　　基本上，「中國詩歌會」強調要將詩歌交付大眾，使詩由
「視覺藝術」轉向「聽覺藝術」的理念，原本出於強烈的社會現
實關懷，重點尤其落在為工農階級代言之上。它與「讀詩會」成
員們的菁英取向與美學關懷涇渭分明。然而，中國對日抗戰爆發
之後，其著眼於「大眾」的特質，卻不僅因為具有普及宣傳和教
育大眾之效，益增其合理性，並且因勢利導，催生出風行一時
的「朗誦詩」及相關詩論；甚至使得朱自清等人，也開始從宣傳
教育的面向去關注「朗誦詩」的問題。而仔細玩味「詩朗誦」到
「朗誦詩」的發展過程，更可看出「聲音」在現代文學發展過程
中的「問題性」。

二、戰鬥文藝與聲音政治：——抗戰時期的 「詩朗誦」、「朗誦詩」及其內在張力

　　1937年7月7日，蘆溝橋槍聲響起，中日戰爭全面開打。這

---

[8]　任鈞，〈關於中國詩歌會〉，收入氏著《新詩話：兩間文藝》（上海：新中
　　國，1946），頁122-124。
[9]　任鈞，〈關於中國詩歌會〉。

是中國的危急存亡之秋，也是全民動員，投入救亡大業的關鍵時刻。不同於過往，此一「現代化」的民族戰爭模式所帶來的，不僅是前所未有的分裂動盪與破壞傷亡，更在啟蒙意識與民族主義交相為用之下，催生出許多新興的文藝形式。[10]　其目的，即在於凝聚全民情感，召喚抗敵決心。戰時兵馬倥傯，物資匱乏，為了讓廣大民眾即時獲得戰爭訊息並且同仇敵愾，此類「新型文藝」，多以通俗易懂、便於流傳播散為其共通特色。而其中，面向大眾的「詩朗誦」，以及「朗誦詩」與「新詩朗誦運動」等，隨即應運而生。

簡言之，「詩朗誦」指的是將詩歌誦讀出來的一種行為活動；「朗誦詩」是重在朗誦的詩歌，屬詩歌類型之一種；「新詩朗誦運動」，則是將個別的詩朗誦「活動」，普及為一種大眾參與的「運動」。而以面對大眾為訴求的新型詩體──「朗誦詩」的出現，正是詩歌朗誦之所以由「個人活動」轉向為「大眾運動」的重要關鍵。而「中國詩歌會」的詩歌理念，適所以在這一層面上與之桴鼓相應。抗戰爆發之初，任鈞〈略論詩歌工作者當前的工作和任務〉一文即指出：

> 詩朗誦這一工作為什麼會被提出而加以實踐呢？這主要地顯然是由於兩種理由：第一，從詩的本質上說來，詩並不是為了眼睛，而是為了耳朵而創作的，也就是，正如英國詩人Bottomley所說：「詩歌必需能夠被人們朗誦，人們

---

[10]　這些新型文藝包括報告文學、活報劇、街頭劇、街頭詩、朗誦詩等等。參見藍海，《中國抗戰文藝史》（濟南：山東文藝，1984），頁73-166。

聽得見，才算得是健全的詩歌。」但是，我們的新詩怎樣
呢？無可諱言地，幾乎大部分都變成了一種「視覺藝術」
「啞吧藝術」，而失掉了詩的特質，所以我們要提倡詩的
朗誦，使得詩仍舊回到「聽覺藝術」的本位上來；第二，
從詩的效用上說來，我們也一定要使詩重新成為「聽覺
藝術」，至少是可以不全靠眼睛的藝術，而出現在群眾之
前，才能使詩更普遍地，更有效地發揮其武器性而服務於
抗戰。因此，詩朗誦這一工作的提出與展開，在中國新詩
運動史上，實在具有劃時代的意義。[11]

此一發軔於「中國詩歌會」之「新詩大眾化」的朗誦理念與實踐
方式，與前述「讀詩會」迥然不同，兩者之間原無交集。然而，
對日抗戰召喚出全民的民族意識，在抗日救亡的總體目標之下，
無論是沙龍中的文化界菁英、學院中的教授學生，都在烽火流亡
途中，步出書齋，走向群眾，並且體認到戰時宣傳教育工作的重
要性。原本聚焦於詩歌美學層面的讀詩會成員們，於是也開始關
注並正視詩歌的現實意義，並以此與「中國詩歌會」的詩歌論述
產生連結。朱自清的〈論朗誦詩〉一文，即緣此而發，他不僅明
確指出：「詩朗誦」之所以會由個別的「活動」而成其為群體的
「運動」，乃是起於抗戰以來迫切的實際需要──「需要宣傳，
需要教育廣大的群眾」；更從詩歌寫作之出發點由「個人」轉向
「群眾」著眼，為「獨立的朗誦詩」之產生，說明緣由：

---

[11] 任鈞，《新詩話：兩間文藝》，頁101-102。

過去的新詩有一點還跟舊詩一樣，就是出發點主要的是個人，所以只可以「娛獨坐」，不能夠「悅眾耳」，就是只能訴諸自己或一些朋友，不能訴諸群眾。戰前詩歌朗誦運動不能展開，我想根由就在這裡。而抗戰以來的朗誦運動，不但廣大的展開，並且產生了獨立的朗誦詩，轉捩點也在這裡。

朗誦詩是群眾的詩，是集體的詩。寫作者雖然是個人，可是他的出發點是群眾，他只是群眾的代言人。他的作品得在群眾當中朗誦出來，得在群眾的緊張的集中的氛圍裡成長。[12]

誠然，戰時的「朗誦運動」與「朗誦詩」相生相成，很快地，不少詩人們便開始寫作獨立的「朗誦詩」，藉此激厲士氣，鼓吹抗戰；詩作中的「群眾性」，無疑成為核心要素。如當時戮力從事於朗誦詩寫作的詩人高蘭，甚至特別以朗誦詩的形式撰寫〈展開我們的朗誦詩歌〉，號召詩人投入朗誦詩寫作，無論是用語抑是整體的形式特色，恰恰都可與任鈞及朱自清之說相參互證：

新時代點起了新的烽火，／這烽火照耀著祖國的山河！／來吧！詩人們！／展開咱們朗誦的詩歌，／全民的抗戰裡有你也有我。

---

[12] 朱自清，〈論朗誦詩〉。

> 惟有朗誦的詩歌，／才是我們的詩歌，／惟有朗誦的詩
> 歌，／它才不再僅是嘆息花飛和葉落，／惟有朗誦的詩
> 歌，／它才能不再是剖白自我的吟哦，／它是／奴隸們怒
> 吼的喉舌，／它是／爭取民族解放，／抗戰的隊伍中，／
> 文化的鐵甲列車！[13]

「全民的抗戰裡有你也有我」、「惟有朗誦的詩歌，／才是我們的
詩歌」，體現出的，正是「朗誦詩是群眾的詩，是集體的詩」。
而「我們」，也因此成為朗誦詩的發言主體，面對群眾，義正辭
嚴地宣誓著集體的意志與情感。

　　綜上，可以看出：在新詩的現代化過程中，「聲音」始終是
貫串其現代性追求的最重要關鍵。「朗誦詩」以面對群眾「朗
誦」為創作目的，此一新興詩體的性質及作用皆迥異於前代，論
者因此名之為「新詩中的新詩」。[14] 它的成形及蔚然成風，標識
著「現代」文學發展過程中，「詩歌」在「聲音」層面上的極致
發展。但另一方面，此一詩體既是應全民抗戰的需要而產生，其
強烈的政治性格與實用目的，自是不容忽視。而此一政治性（及
教育性），將如何與詩歌的美學性對話？其間「聲音」與「文
字」的互動關係為何？

---

[13] 高蘭，《高蘭朗誦詩》（新輯）（重慶：建中書局，1942），頁36-41。按：全
　　詩凡九節，這裡引錄全詩開始與結尾各兩節。

[14] 朱自清，〈論朗誦詩〉，《朱自清全集》第3卷，頁253-262；李廣田，〈詩
　　與朗誦詩〉，收入簡鐵浩編，《朗誦研究論文集》（香港：嵩華，1978），頁
　　281-292。

　　事實上，「朗誦詩」既是抗戰「文藝」的重要一環，也是「聲音」的「政治」操演。新詩朗誦蔚然成風，形成一種「運動」，更凸顯出其間的高度政治性。「朗誦詩」蔚興於抗戰烽火之中，藉由音聲傳播之便，被賦予了宣傳教育的任務。這使它從一開始，便以「戰鬥」的姿態出現；它的書寫，也因為不斷強調「聲音」的重要性，而內蘊著「（朗誦的）聲音」與「文字的（詩）」之間的相互頡頏——在此，它所引發的問題是：究竟是聲音左右文字？還是文字規範聲音？而它又是如何在文字與聲音的交相為用之下，進行抗戰救亡的政治任務？

　　如何根據感官（聽覺）需要，尋繹出適於朗誦的詩歌寫作原理，無疑是抗戰時期詩論的重點。錫金、李廣田、朱自清、徐遲、林庚等，都曾就此多所討論。其中，李廣田〈詩與朗誦詩〉列舉戴望舒〈秋天的夢〉、臧克家〈老馬〉與何其芳〈我為少男少女們歌唱〉三首詩予以比較，以論證文字內容對於聲音的限制，最是具體明確。他指出：〈秋天的夢〉的情調寒冷憂鬱，「叫人沉下去」、「簡直讀不出」；〈老馬〉表現普遍的人道主義思想，讀詩效果優於〈秋天的夢〉，但也未必適合朗誦。何其芳的詩作歌唱早晨、希望、未來，是「快樂興奮的調子」，「這樣的詩當然可以讀，而且可以高聲讀」，但是否適合在群眾面前朗讀，他卻多所保留。理由是，詩人只為「少男少女」歌唱，不夠波瀾壯濶。倒是最後，他舉出了一首十四歲無名少女的詩作〈他們在控訴我〉，認為那才是最好的朗誦詩——原因無它，她不只是為了某些人而歌唱，卻是為了工人農人，為了人民，「它不歌唱未來，歌唱快樂，卻是歌唱血淋淋的現實，歌唱不顧死活的

行動」。[15]

　　顯然，在李廣田看來，詩的內容與文字決定了形式，也限制了誦讀時的聲音表現。詩作是否具有「政治性」與「公眾性」，將是能否施之朗誦的關鍵。以「聲音」來達致「政治」的效果，則是其最終目的。

　　另一方面，朱自清由詩歌的語彙使用和語言形式著眼，強調「文字」與「聲音」之間的交相作用，尤為精要。他說：

> 朗誦詩的聽眾沒有那份耐性，也沒有那樣工夫，他們要求沉著痛快，要求動力——形象化當然也好，可是要動的形象，如「炸藥桶」、「導火線」；靜的形象如「軸心」、「堡壘」、「巨繩」，似乎不夠勁兒。

> 對話得乾脆，句逗不能長，並且得相當勻整，太參差了就成演講，太整齊了卻也不自然。話得選擇，像戲劇的對話一樣的嚴加剪裁。……劇本在演出裡才完成，朗誦詩也在朗誦裡才完成。這種詩往往看來嫌長可是朗誦起來並不長；因為看是在空間裡，聽是在時間裡。[16]

朱的論述，凸顯了「聲音」和「文字」之間的辯證關係：（時間裡的）語言聲音要求，規範了（空間裡的）詩作文字琢磨；「詩」必得要經由「朗誦」，才得以完成。然而，「炸藥桶」、「導火線」較諸「軸心」、「堡壘」、「巨繩」更適於朗誦的事

---

[15] 李廣田，〈詩與朗誦詩〉，收錄於簡鐵浩編，《朗誦研究論文集》。
[16] 朱自清，〈論朗誦詩〉。

實，卻又提醒我們：文字意象或意義，是如何左右了「聲音」的
演出效果。

檢視實際詩作，此說堪稱的論。抗戰之初，高蘭〈是時候
了，我的同胞〉召喚全民抗日，正是以充滿力動的形象，乾脆匀
整的句式，為李、朱之說作出最佳印證：

> 是時候了，我的同胞！／敵人的飛機大炮，／又大舉屠殺
> 我們來了！／我們早已是炸裂的火藥，／還禁得住這樣的
> 燃燒？／爆炸！／爆炸！／爆炸了吧！／一切不願做亡國
> 奴的人喲！／假如你還不曾把恥辱忘掉，／假如你還不再
> 想作苟且偷生的膿包，／是時候了，我的同胞！[17]

整體看來，彼時朗誦詩以「抗日」為主要訴求，其內容取材，或
號召全民奮起，宣誓抗戰決心；或懷想故土家園，弔祭罹難親
朋；或頌揚戰士英勇、詠讚領袖英明；或動之以人性人情，號召
敵軍來歸，看似不一而足，然而作為以「文字」書寫的「朗誦」
詩，除了用語大眾化、口語化，並注意節奏用韻之配合外，其書
寫模式，至少包括以下幾項特色：多以「群眾」（我們）為發言
主體；訴諸情感的戰鬥意識；兼具對話性、戲劇性與表演性。

戰時以朗誦詩著名的詩人，包括田間、艾青、錫金、高蘭、
柯仲平等。其中柯仲平與高蘭並稱「北柯南高」，兩人分別為大
後方與延安地區最具代表性的朗誦詩人。高蘭來自東北，九一八
開始，即深受流亡漂泊之苦，當年〈我的家在黑龍江〉一詩，經

---

[17]　高蘭，《高蘭朗誦詩》（新輯）。

電台一再朗誦廣播，感動千萬人心。該詩綜合多種手法，堪稱朗
誦詩的典型之作：

> 你的家呢，老鄉？／在吉林？／在瀋陽？／在萬泉河邊？
> ／在鴨綠江旁？／在松花江上？／或者是赤峰口圍場？／
> 還是熱河的朝陽？
>
> 我的家呀！／我的家在興安嶺之陽，／在黑龍江的岸上；
> ／江北是那遼闊而自由的西伯利亞，／江南便是我生長的
> 家鄉。
>
> 天哪！九一八！／九一八！／日本帝國主義的大炮，刀
> 槍，／擊碎了這老實的夢想，／搗毀了多少年的希望！／
> 這個日子永生也不能忘；／日本鬼子打進了瀋陽，／攻下
> 了吉林，／更占據了黑龍江！／從此！／完了！／完了！
> ／我的兄弟爹娘，／我生長的家鄉，／雖然／依舊是冰天
> 雪地，／依舊是山高水長，／可是，／三千萬人民成了牛
> 馬一樣，／雪原成了地獄，再沒有天堂！／被奸淫！／被
> 擄搶！／被屠殺！／被滅亡！／然而，荒莽的人，／有著
> 荒莽的力量，／那力量因了熬煎，／因了苦難，／更為加
> 速度的成長！[18]

此詩長達數百行，所引的前兩段，是全詩開篇，藉鄉親問答方
式，引出對自己家鄉的懷念，「在吉林？／在瀋陽？／在萬泉

---

[18]　高蘭，〈我的家在黑龍江〉，《大公報・戰線》（1939.01.17）。

河邊？／在鴨綠江旁？／在松花江上？」，即是兼具協韻效果的「排比」；之後——細數家鄉山川物產，多方鋪敘人情風物，以見其豐美和樂，近似漢代賦作。「天哪！九一八！」，則是全詩轉折的關鍵點，以「呼告」式的語氣，強化敵軍凌虐家鄉的悲憤，因此繼而凸顯者，便是人民前仆後繼，流血奮戰的慷慨壯懷。這類手法，特別著重情感的渲染，施之於朗誦，更能夠經由聲音的抑揚頓挫，造成感盪人心的效果。高蘭朗誦詩之所以在抗戰時期風靡大眾，並經由電台廣播一再播送，自是良有以也。

　　基本上，前述的修辭策略是戰時朗誦詩書寫的主流。至於以柯仲平為首的延安朗誦，則更近乎早先中國詩歌會的作法：採俚言俗語，用類似民歌謠詞的方式，貼近地方人民。就其備受毛澤東讚賞的的名作〈邊區自衛軍〉為例，該詩以長篇敘事詩方式，演示邊區軍人韓娃如何智勇雙全，英勇抗日。它是這樣開始的：

> 左邊一條山，／右邊一條山，／一條川在兩條山間轉；／
> 川水喊著要到黃河去，／這裡碰壁轉一轉，／那裡碰壁彎
> 一彎；／它的方向永不改，／不到黃河心不甘。[19]

正因此類作法深具歌謠趣味，施諸朗誦，偶或逕藉由民歌曲調來進行。換言之，它已不純然是言語的誦讀，而近乎於歌謠的演唱了。[20]

---

[19]　柯仲平，《柯仲平文集・詩歌卷》（昆明：雲南人民，2002），頁304。
[20]　參柯仲平之說，《柯仲平文集・詩歌卷》，頁135。

　　「朗誦」與「歌唱」雜揉的情形，早在光未然譜寫《黃河大合唱》時，就已出現；朱自清談及戰時朗誦運動進行實況時，也曾提到：「這朗誦運動雖然以詩歌為主，卻不限於詩歌……。假如戰前的詩歌朗誦運動可以說是藝術教育，這卻是政治教育。政治教育的對象不用說比藝術教育的廣大得多，所以教材也得雜樣兒的；這時期的朗誦會有時還帶歌唱」。[21]

　　不止於此，由於「朗誦詩」必得經朗誦者誦讀，這又使它與「戲劇表演」之間多所交集。戲劇家洪深撰有《戲的唸詞與詩的朗誦》一書，將兩者相提並論，即是一證。徐遲撰有《詩歌朗誦手冊》，著重的也是朗誦技巧與戲劇效果。1938年1月延安曾舉行盛大的詩歌朗誦會，未盡成功，與會者自我檢討，認為「太強調了朗誦中的動作與姿態」，是為失敗原因之一。[22] 此一現象所意味的，事實上是「詩朗誦」與「朗誦詩」在刻意追求政治效果的同時，自我內部所蘊含的張力及不穩定性格。它促使我們思考：「朗誦詩」著重的，應該是「朗誦」，還是「詩」？「詩朗誦」所欲凸顯的，究竟是詩歌文字的「聲音」，還是伴隨聲音而衍生出的「戲劇表演」？

　　這些問題，在抗戰勝利後，柯仲平的〈創造工業國，工人敢保險──為中國工人慶祝中國共產黨二十八周歲作〉一詩中，更為極致化。該詩一開始即頌揚共產黨領導工農翻身，繼而強調工業發展，最後則以齊聲高喊毛主席萬歲、中國共產黨萬歲作結，

---

[21]　朱自清，〈論朗誦詩〉。
[22]　見柯仲平，〈關於詩歌民歌演唱晚會・自我批判〉，收入高蘭編《詩的朗誦與朗誦的詩》（山東：山東大學，1987），頁66-67。

文字通俗平順，易於上口。但值得注意的是，就在全詩結尾處，
作者添加了以下這段文字：

> 這詩，可以用很自由的快板調子來朗誦，還可以用大鼓、
> 墜子這類調子唱。用工人中流行的某些調子來唱，可能更
> 合適。不合適的地方可以改。這首詩，願工人同志們當作
> 一份小小的禮物收下。[23]

為了獻給工人同志，詩人的詩作不但可以「用工人中流行的某些
調子來唱」，而且「不合適的地方可以改」，這已經不只是「詩」
的徹底「大眾化」，甚至還在大眾化的同時，把「詩」的「文
字」主體也給「去化」掉了。「聲音」與「文字」之間的內在張
力，遂由此可見。

三、「國語的文學」、「文學的國語」與現代中國的「國語文教育」

　　放在文學史的脈絡中，「語」（聲音）「文」（文字）的辯證
發展，不僅其來有自，而且不絕如縷。即使是著眼於「朗誦」一
事，清代主張「因聲求氣」，講求「神氣音節」的桐城文派，同
樣著重以「誦讀」作為學文之助。因此，接下來進一步必須追問
的是，放在「文學／教育」的脈絡中，我們又將如何辨析「聲
音」在其中的作用？

---

[23] 《柯仲平文集‧詩歌卷》，頁135。

在此，朱自清與陸志韋的兩段話，或可視為對此最簡單的回應。朱自清說：

> 五四以來，人們喜歡用「搖頭擺尾的」去形容那些迷戀古文的人，搖頭擺尾正是吟文的醜態，雖然吟文並不必需搖頭擺尾。[24]

陸志韋則說：

> 我生在浙江省吳興縣的南潯鎮。家鄉話只能在三四十方公里之內通用。……三十年來自己不知道說的是那一種的白話，直到最近，才很刻苦的學國語，離開做白話詩的資格還遠著吶！可是我不斷的學習，多多的嘗試。……我開始用藍青官話做白話詩。……我早就應當明白我先得學學國語。

> 民國九年到十一二年之間，我頭一回做節奏的嘗試，結果是《渡河集》裡的那些東西。那一番工夫算是白費了。朱佩弦先生說因為時候太早，我自己歸咎於我的南腔北調。[25]

朱自清之說，在強調古今誦讀的「聲腔」有別；陸志韋則以為「標準國語」是為創造現代白話文學的必要條件。兩人的著眼點不同，但卻指出了現代文學有別於古典的殊異之處，至少有兩

---

[24]　朱自清，〈論朗讀〉，《朱自清全集》第2冊，頁56。
[25]　陸志韋，〈論節奏〉，《文學雜誌》1.3（1937.07），頁14-15、18。

方面：其一，必須是（相對於「方言」的）「國語」文學，它關乎於「語系」的選擇；二，此一（白話國語）文學的「聲腔」與「古文」迥然不同，涉及的則是「文體」，以及隨之而來的、誦讀時的聲調抑揚及「語言節奏」的問題。而這兩項因素，使它必然要與民初以來的「國語運動」及「文學革命」同時發生對話關係。

　　「國語運動」起源於晚清，戮力推動於民國；然而兩個時期所著力的重點，其實不盡相同。簡言之，早期學者所關注的面向有二，其一是如何經由特定的「切音（拼音）」或「簡字」，讓讀書識字簡單化；其二是主張使用「白話」，讓（應用性的）書寫語言通俗化。前者意在使民眾獲得汲取新知的工具；後者側重於讓民眾獲得具體新知；目的原在普及知識，啟迪民智，讓一般民眾具有閱讀書報、獲取知識的能力，故而起初並未冠以「國語」之目，也不涉及「語音」是否需要統一的問題。而無論是讀書識字抑是獲得新知，奧澀的「文言」，都將形成障礙，因此，追求口語和書面語合一的「言文一致」，遂成二者的共同旨歸。然而，隨著民族國家觀念在中國成為強烈的意識形態，以及日本維新過程中，「國語運動」對於中國的啟發和衝擊，意圖藉由「統一語言」來「養成國民愛國心」的思維開始醞釀發展，重要性甚至凌駕於「言文一致」。儘管如此，該運動自始至終並未有政府執行機關之主導推動，文學語言之改良與否的論題，也還不曾出現。[26]

---

[26] 1902年，時任京師大學堂總教習的吳汝倫赴日本考察學政，曾與日本教育名

　　民國以後，「國語運動」與晚清最大不同處，一則在於政府介入主導統一語言；二則開始和「文學革命」發生關聯，「國語」作為「國文」的對立面出現，並成為既對立、又辯證統一的兩組觀念。作為中華民國新政建設的一部分，它開始於1913年，政府召開「讀音統一會」，構擬民族共同語的框架，會中製訂統一的「注音字母」和漢字標準讀音；1920年，教育部訓令各國民學校，將一二年級「國文」課程改為「國語」，[27]「統一語言」與「普及教育」，遂共同成為國家之既定政策。

　　至於「文學革命」，主要由北大《新青年》、《新潮》諸子所倡議。陳獨秀、錢玄同、劉半農、胡適、傅斯年等，皆先後就文學語言的改良熱烈討論。其所措意者，原不在口說語言，而在於書寫的文字。全國的語言統一與否，並不是他們所關切的重點。因此，開始討論時，所提到的「國語」，其實指的都是（與文言相對的）「白話『文』」，而非（與方言相對的）「標準『語』」（Mandarin）。其中如錢玄同率先主張應用文宜「以國

家伊澤修二晤談，談話中伊澤強調：「欲養成國民愛國心……統一語言尤其亟亟者。」甚至建議中國學堂「寧棄他科而增國語」。吳深受感發，返國後上書管學大臣張百熙，建議統一語言。不久，京師大學堂學生王鳳華等人也上書北洋大臣袁世凱，「請奏明頒行官話字母，設普通國語學科，以開民智而救大局」。雖然當時未及施行，但「國語」的觀念，已儼然成形。詳參王爾敏，〈中國近代知識普及化之自覺及國語運動〉，《近代史研究集刊》11（1982.07），頁13-45；王風，〈晚清拼音化與白話文催發的國語思潮〉，收入夏曉虹、王風等著，《文學語言與文章體式》（合肥：安徽教育，2006），頁20-45。

27　有關國語運動的發展，參見黎錦熙，《國語運動史綱》（上海：商務，1935）；倪海曙，《中國拼音文字運動史簡編》（上海：時代，1950）。

語為之」，即是指將先前通俗性的、多用於社會中下階層的、易
與俚言俗語混為一談的「白話文」，提升為知識分子之間的正式
「書面語言」；胡適〈建設的文學革命論〉，重點亦是主張讓「白
話文」正名為「國語文學」，提高白話文地位。副標題「國語的
文學，文學的國語」，意思是說：一定要先以「國語」（白話文）
作為文學的書寫語言，之後的國語（白話文），才會是具有文學
性的文學語言。所強調的「文學革命」，「只是要替中國創造一
種國語的文學。有了國語的文學，方才可有文學的國語」。所重
者，其實是文字而非語音。

　　不久之後，隨著胡適等人先後加入「國語研究會」與「國語
統一籌備會」，也開始從事「國語統一運動」，傅斯年提出另外
引入「口語」及「歐化中國語」兩條思路，以充實並活化「白話
文學」；[28]「國語運動」與「文學革命」，才正式合流；[29] 而以北
京附近之「京音」為基準的「標準語」（口語白話），也就成為
五四以來「新文學」所使用的主要語言系統。即或如此，新文學
發展之初，其實並不廢方言。沈從文的〈談朗誦詩〉中提到俞平
伯、林徽因還分別用浙江土腔與福建土腔讀詩，都見證了這一
點。

　　然而，回到陸志韋。陸不滿於少作，並歸咎於自己的「南腔
北調」，最大原因是他以為：在「語言節奏」方面，國語與方言
其實是有所出入的。語系不同，誦讀時的語音語氣、聲調節律亦

---

[28] 見傅斯年，〈怎樣做白話文〉，《新潮》1.2（1919.02），頁171-184。

[29] 參見王風，〈文學革命與國語運動之關係〉，收入夏曉虹，王風等著，《文學
語言與文章體式》，頁46-70。

隨之變化，進而影響了文學書寫。此說固然未必完全可信，但在「國語」成為國家語言，且經由官方教育政策大力推行於全國之後，「國語（Mandarin）的文學」，自然凌駕於其它方言文學，成為新文學的主流；而白話的國語文學，也因為進入到國家的教育體制之中，才能夠真正開枝散葉，可大可久。

　　但問題是，古文與白話是否能夠截然二分？「白話文」又是否完全等同於口語的「白話」？關於這些問題，儘管新文學發展之初，胡適、陳獨秀等人曾大力抨擊「文言」，視之為白話文學的截然對立面，但事實上，長期關注國語文教育的學者們早已意識到，「白話」（口語），與所謂的「白話文」其實並不相同，這是因為從一開始，「白話文」就不乏「文言」成分。如曾任國語推行委員會主委的魏建功即表示：

> 「白話文學」是文學史上一個時期的主張的標語；在這種標語下的作品，未必是真的「語言文學」。我們打開許多文學的新著來讀，無論詩歌、小說、戲劇，多半是一些新的目治的非漢字非漢語的東西。[30]

朱自清更是一語道破：「口語和文字究竟不能一致」，「寫的白話不等於說話，寫的白話文更不等於說話，寫和說倒底是兩回事」。[31] 尤其，「早期白話詩文大概免不了文言調，並滲入歐化

30　魏建功，〈中國純文學的形態與中國語言文學〉，原載《文學》（生活書店）1934年2卷6期，後收入《魏建功文集》第5冊（江蘇：江蘇教育，2001），頁299。
31　朱自清，〈論誦讀〉，《朱自清全集》第3冊，頁189。

調，純粹口語成分極少。後來口語調漸漸趕掉了文言調，但歐化調也隨著發展，近年（按：三、四〇年代）運用純粹口語——國語，北平話的——才多些」。[32] 即或如此，「歐化和文言的成分，在白話文裡恐無法避免」。[33] 而也正是在這樣的語文現實上，聲音朗讀適所以體現它的特殊意義——那就是，經由有意的訓練，它可以將文言或歐化語言融入白話，成為一種「新自然」。以新詩為例：

> 新詩的語言不是民間的語言，而是歐化的或現代化的語言。因此朗讀起來不容易順口順耳。固然白話文也有同樣情形，但是文的篇幅大，不順的地方容易掩藏，詩的篇幅小，和諧的朗讀更是困難。這些和諧的朗讀本非二三十年可以達成。……我們的新詩是由舊的人工走向新自然，……有意的朗讀訓練該可以將期間縮短些，縮得怎樣短，很看怎樣努力。[34]

為什麼呢？因為，「誦讀可以幫助造成口語」。而值得注意的是，不少當年曾經參與讀詩會的重要成員，日後都參與了各級學校的國語文教材編選，並且將「現代」的「誦讀」訓練，引入國語文教育當中，以為如此乃可形成現代的「文學的國語」。如朱自清即曾發表多篇關於國語文教育的重要論述，將「誦讀教學」

---

[32] 朱自清，〈論朗讀〉，《朱自清全集》第2冊，頁59-60。
[33] 見陳士林、周定一記錄，〈中國語文誦讀方法座談會記錄〉中朱自清的發言，載於《國文月刊》53（1947.03），頁5。
[34] 朱自清，〈朗讀與詩〉，《朱自清全集》第2冊，頁392。

與「文學的國語」相提並論,發揮了相當的影響力:

> 誦讀可以幫助造成口語。……學習新的語言,得從「說」
> 入手;但是要同時學習「說」和「寫」,就非得注重誦讀
> 教學不可。

> 胡適之先生當年寫的〈建設的革命文學論〉提出「國語的
> 文學,文學的國語」兩個語。他說「文學的國語」要由
> 「國語的文學」產生,這是不錯的。

> 要配合著這種實際情形,加速「文學的國語」的成長,就
> 得注重誦讀教學,建立誦讀的標準。如果從小學到初高中
> 一直注重誦讀,教師時常範讀,學生時常練習,習慣成自
> 然,就會覺得白話文并不難上口。這班青年學生到了那時
> 候就不但會接受新的白話文在筆下,并將接受新的白話到
> 口頭了。他們更將散布影響到一般社會裡,這樣會加速國
> 語的成長,也會加速「文學的國語」的造成。[35]

不僅於此,1946年底,一批關注語文教學的學者在魏建功邀集
下齊集北京大學,就「中國語文誦讀方法」舉行座談會,朱自
清、朱光潛、沈從文、馮至等當年「讀詩會」成員皆在座,與會
者分就個人心得經驗,一致強調「誦讀」之於語文學習的重要
性。其中,朱光潛繼續自己對於「節奏」的觀點,再次強調「誦

---

[35] 朱自清,〈誦讀教學與「文學的國語」〉,《朱自清全集》第3冊,頁181、
182、184。

讀」之於語文學習的重要性：

> 我對於誦讀問題發生興趣，是偏重在詩的方面。詩文的諧
> 和與否，大半寄託在他的節奏上面。所謂節奏，就是音
> 長、音高、音勢三方的起伏變化。節奏大致可分為兩種：
> 一種是語言的、自然的、原型的節奏；另一種是音樂的、
> 形式化的、原型的節奏。
>
> 每個作者和每個時代又各有一種原型的節奏，這種節奏我
> 們是可以從誦讀中去學習模仿的。[36]

朱自清則再次由「文學的國語」著眼，申言書寫的白話「文」，
與口說之國「語」的關係：

> 教育上的誦讀方法應當在小學和初中時期養成。
>
> 歐化的和文言的成分，在白話文裡恐無法避免，青年人接
> 觸白話文最多，最久。白話文夾雜文言成分，還不妨礙誦
> 讀；只要經過涵泳融化，也就漸能上口。而歐化成分，青
> 年在筆下多方接受，在口語裡卻不能接受似的。我以為，
> 歐化成分應當有意的勉力使它上口，經過相當時期以後，
> 習慣就成自然了。
>
> 如果自小學即開始注重白話誦讀，即使是歐化句式，亦可
> 漸漸上口。那麼，將來國語的內容必能日漸豐富，所謂

---

[36] 同上註，頁3。

　　「文學的國語」也就有了。[37]

綜觀這批學者的發言，可見的是，「聲音」之於中國現代文學的意義，已不只是作為作者書寫時自我琢磨的參照指標，也不只是召喚群眾情感的憑藉，它更成為讀者，以及下一代的青年學子研習語文，進而開展新一代文學創作的重要途徑。它不但關乎新詩與朗誦詩的生成發展，更是形構「國語的文學」與「文學的國語」的要素。新文學運動所強調的「言文一致」，是要讓「說」與「寫」的文字能趨於一致，並且在文／白、說／寫的相互辯證中，提升白話語文的文學性。而經由聲音誦讀，正是最好的練習途徑。誠如朱自清的發言：「注重白話誦讀，即使是歐化句式，亦可漸漸上口」；「經過相當時期以後，習慣就成自然了」。

四、結論

　　最後，讓我們再回到魯迅的說法：有聲的中國，需要有「現代的」、「自己的」聲音。這個聲音，不只是作為修辭上的比喻用法，也是現實中的生理與物理現象。它是文人作家自我琢磨鍛鍊的量尺，亦將隨著國家教育政策與學校課程訓練，扎根於現在，展望於未來。文學的現代轉型過程中，除了文字，還有聲音；正是由於它的介入，或直接、或間接地改變了既有的文學風景，一路召喚著中國由古代而現代，由無聲而有聲。

---

[37] 同上註，頁5。

附記

本論文係根據本人已發表的〈有聲的文學史──「聲音」與中國 文學的現代性追求〉(《漢學研究》第29卷2期，頁189-233，2011.06。NSC 96-2411-H-002-057-MY3）與〈文藝與戰鬥，聲音與政治：大分裂時代 中的「詩朗誦」與「朗詩誦」〉（「大分裂時代的敘事──中國大陸‧臺灣‧香港‧馬來半島」國際學術研討會論文，2013.08。NSC 102-2410-H-002-199）兩篇論文中的部分要點彙整而成，旨在就「現代的聲音」此一論題進行更為聚焦的論析。

「文明」的磋商：
1930年代臺灣長篇通俗小説

——以徐坤泉，林煇焜作品為例 *

林姵吟

　　日治時期的臺灣文學隨著臺灣社會的變遷，自1970年代末以來陸續受到關注。1980年代持續發展的本土化論述，以及1987年的解嚴，更使得日治下的臺灣文學漸成顯學。而1997年後，因著臺灣文學在高教體系建制化的確立，揭開了臺灣文學系統化的研究序幕。然而，在重審日治時期的文學生產時，國族、道德和啟蒙意識，不論在選集編纂或文本分析上，仍難免成為評論和詮釋的基準。[1]　缺少鮮明抗日色彩之作，因而較少或較遲受

---

*　本文根據刊於《臺灣文學研究彙刊》8（2010.08），頁1-32的同名文章稍作修改而成。

[1]　關於日本殖民時期的臺灣文學，在1979年3月曾有明潭出版社印行的《日據下臺灣新文學》共五卷選集，同年7月又有遠景出版社印行的《光復前臺灣文學全集》，兩者皆聚焦於特定反殖民色彩較為濃厚的本省籍作家，而1991年前衛出版社的《臺灣作家全集》雖在總序中強調即便是「皇民文學」也是當時時代的產物，儘管語帶同情，但多少帶有道德標準，是故過去被視為「負面」的皇民文學作家（例如周金波）之專輯《周金波集》遲至2002年才出版。而葉石濤在九〇年代評論「皇民文學」時，作出沒有「皇民文

到注視，更遑論通俗作品。[2] 不過，在談論現代性的課題時，除了泛左翼和現代派作家的作品外，長篇通俗小說中所呈現的對文明與現代的受容與折衝經驗亦不容忽視。

先前學者關於通俗小說（特別是民國初期鴛鴦蝴蝶派）的研究頗值得借鏡，切入點主要有三：一為側重文學性的研究，例如夏志清對《玉梨魂》言情傳統（sentimental-erotic tradition）的解讀。[3] 二為採取文學社會學的角度，探討作品何以在當時受歡迎，及其中反映出的社會風貌。吳茂生（Ng Mao-sang）對《秋海棠》的討論以及林培瑞（Perry Link）探討1910和1920年代上海小市民的想法與心態之專書可為代表。[4] 三為周蕾提出的以女

學」，全是抗議文學的呼籲，亦顯示道德驅力的魅影憧憧。見葉石濤，〈「抗議文學」乎？「皇民文學」乎？〉，《臺灣文學的悲情》（高雄：派色文化，1990），頁112。

[2] 除《暗礁》使用1988年文帥出版社版本外，本文所徵引版本全以前衛出版社1998年印行的10卷「臺灣大眾文學系列」為主。緒論中，下村作次郎與黃英哲援用日本近代文學用語「大眾文學」來指涉這一系列作品，提出「大眾文學」與純文學對立，是因應讀者興趣而作的大眾文藝之定義，也明言以日本1920年代末期円本文學出版熱潮之觀點來編輯此套書。但筆者以為「大眾文學」之用語容易與以階級論述為主的文藝大眾化（如1927年文化協會左傾後的《臺灣大眾時報》，及1930年代黃石輝提倡的以勞苦群眾為主要文學對象的鄉土文學）混淆。再者，這些小說未必與「純文學」對立，也不盡然純為娛樂讀者而作，與日本當時大量出版的大眾文學全集之印刷文化間之關係尚待進一步考察，故本文以通俗文學稱之。

[3] C. T. Hsia. "Hsu Chen-ya's Yu li hun: An Essay in Literary History and Criticism," in Liu Ts'un-yan, ed. *Chinese Middlebrow Fiction: From the Ch'ing and Early Republican Eras* (Hong Kong: Chinese University Press, 1984), pp. 199-240.

[4] 參 見Ng Mao-sang. "Popular Fiction and the Culture of Everyday Life," *Modern China* 20.2 (April 1994): 131-156; Perry Link. *Mandarin Ducks and Butterflies: Popular Fiction in Early Twentieth-Century Chinese Cities* (Berkeley: University of

性角色為出發點的閱讀方式。[5] 筆者以為，作品的文學性和社會性難以全然區分，此三面向之間亦彼此關聯。如本文欲探討的小說，作者對「文明」的想像，即與他們對女性角色的描述和文學類型的再創造相關。故以下將採整合式的多面分析，以期作一全面性的細讀。

自1990年代末以來，關於日治臺灣的通俗文學，不論在資料的彙編和研究上，均已積累了若干成果。相關選集除了本文徵引的前衛出版社1998年出版的10冊叢書之外，亦有黃美娥與黃英哲合編，2007年出版、隸屬「日本統治期臺灣文學集成」的《臺灣漢文通俗小說集》兩冊。[6] 而吳福助、林登昱合編，於2008年推出共計46冊的《日治時期臺灣小說彙編》，則是日治臺灣漢文通俗小說的整彙工程中，迄今收錄最豐的一套大叢書。[7] 這幾套叢書大幅地改善了先前一手資料散逸不同報章雜誌之不便，極富參考價值。

研究方面亦有可觀的進展。從稍早綜論式的介紹、[8] 進而到聚焦單一期刊（或通俗文類）的論述、[9] 或是較為精緻的個別小

California Press, 1981).

[5]　Rey Chow, *Woman and Chinese Modernity: The Politics of Reading between West and East* (Minneapolis: University of Minnesota Press, 1997).

[6]　黃美娥、黃英哲編，《臺灣漢文通俗小說集一》、《臺灣漢文通俗小說集二》（東京：綠蔭書房，2007）。

[7]　吳福助、林登昱編，《日治時期臺灣小說彙編》（臺中：文聽閣，2008）。

[8]　下村作次郎與黃英哲合撰的〈戰前臺灣大眾文學初探（1927-1947年）〉，收於彭小妍編《文藝理論與通俗文化（上）》（臺北：中研院文哲所籌備處，1999），可說是較早的對此類文學作概論式評介的文章。

[9]　例如毛文芳，〈情慾、瑣屑與詼諧：《三六九小報》的書寫視界〉，《中研

說或小說家之專論。[10] 本文並不偏好漢文或日文作品的其中一方，而是各擇一代表作家，藉由徐坤泉（筆名阿Q之弟，1907-1954）與林煇焜（1902-?）在1930年代分別以漢文、日文發表的通俗長篇小說為個案，以「文明」為出發點，深究其中此概念如何經作家們新舊兼容、中西交揉的文學想像被呈現。即世變中身為文化斡旋者的作家們，如何磋商、再現、再生產「文明」的意義？而徐、林兩位作家視域中的文明所指為何？在社會轉型中他們如何自處與回應？兩人對女性的角色塑造又與其作品中的文明觀具有何種關係？

在探討上述課題前，有必要先將「文明」這一概念問題化（problematize），因為文明並非一個普世性的、被直接賦予的經

院近代史研究所集刊》46（2004.12），頁159-222；柳書琴，〈通俗作為一種位置：《三六九小報》與1930年代臺灣的讀書市場〉，《中外文學》33.7（2004.12），頁19-55；呂淳鈺，《日治時期臺灣偵探故事的發生與形成：一個通俗文學新文類的考察》（臺北：政治大學中國文學研究所碩士論文，2004）；林以衡，《日治時期臺灣漢文俠敘事的階段性發展及其文化意涵：以報刊作品為考察對象》（臺北：國立編譯館，2009）。

10 例如陳建忠，〈大東亞黎明前的羅曼史——吳漫沙小說中的愛情與戰爭修辭〉，《臺灣文學學報》3（2002.12），頁109-141；黃美娥，〈舊文學新女人——《漢文臺灣日日新報》中李逸濤通俗小說的女性形象〉，《重層現代性鏡像：日治時代臺灣傳統文人的文化視域與文學想像》（臺北：麥田，2004），頁237-283；林翠鳳，《鄭坤五及其文學研究》（臺北：文津，2005）；蕭玉貞，《鄭坤五小說研究》（臺北：文津，2007）；羅詩雲，〈精英啟蒙？大眾消費？——論林煇焜《命運難違》中的戀愛命題及其發表場域〉，《文化研究月報》73（2007.10.25），瀏覽日期2016年9月20日http://www.csat.org.tw/journal/73/journal_park736.htm；溫若含，〈「現代啟蒙論」與「傳統命運觀」的交鋒與交混——試析林煇焜《爭へぬ運命》〉，2008年靜宜大學承辦之第五屆全國臺灣文學研究生學術論文研討會論文。

驗，而是在不同語境、社會歷史脈絡下不斷折衝與協商的過程。
十九世紀中葉以來，「文明」兩字的運用與日本明治維新翻譯西
方知識與概念攸關。「文明」兩字其實不算新詞，在中國古代
經典如《易經》、《書經》等均出現過，如《易經》的賁卦即有
「剛柔交錯，天文也；文明以止，人文也。」，將文明視作與天
道自然相對的人類社會的倫常及文教上的發展。在十九世紀中葉
以來的世變與改革呼聲中，「文明」兩字被「舊瓶新裝」，賦予
新的意義。英語中「civilization」概念的介紹與傳播可見清朝駐
英法大使郭嵩燾（1818-1891）1878年〈倫敦與巴黎日記〉中對
此字的闡釋。他寫道：「蓋西洋言政教修明之國曰色維來意斯德
（civilized），歐洲諸國皆名之。其餘中國及土耳其及波斯，約哈
甫色維來意斯德（half-civilized）……其名阿非利加諸回國曰巴
爾比裡安（barbarian）……自漢以來，中國教化日益微滅，而政
教風俗，歐洲各國乃獨擅其勝。」[11]

　　從以上日記，我們可知「civilization」廣義上指一個國家
的政教發達，與傳統指涉社會道德倫常的用法不同。此文雖音
譯了英語的「civilized」，但未以中文字「文明」來對譯。至於
以「文明」來詮釋近似西方「civilization」概念在嚴復《天演
論》的翻譯與評述中有如下字眼：「大抵未有文字之先，草昧敦
龐，是為游獵之世……文字既興，斯為文明之世」。[12] 對嚴復
而言，「文明」與「無化」的游獵時期的分野在於文字的發明，

---

[11] 《郭嵩燾日記》第3卷（長沙：湖南人民，1982），頁439。
[12] 王慶成、葉文心、林載爵編，《嚴復合集》第7冊（臺北：辜公亮文教基金
　　會，1998），頁124。

即文字是人類得以從「草昧敦龐」進化到「文明之世」的關鍵。上述兩例雖無直接將「文明」與「civilization」對譯，但筆者以為用法上相去不大。[13] 類似用法也可見於日本思想家福澤諭吉（Fukuzawa Yikichi，1835-1901）1875年的《文明論概略》。[14] 在此書中，福澤諭吉將「文明」理解成人類的物質與精神發展的整合，比郭嵩燾更早提出比較的文明觀（如中國比非洲殖民地文明，而歐洲諸國則是最文明的）。對他而言，「文明」意味著知識及教育的進步，這兩者也是人類生活得以改善的基石。足見在日治時期臺人「文明」初體驗之前，「文明」兩字已歷經不同路徑，作為一個觀念已有了多義的轉化和展演。

此被劉禾稱作「重返的書寫形式的外來詞」（return graphic loans）的過程中，「文明」兩字在不同社會歷史脈絡與多方向的跨文化書寫中持續衍生新義。在日治臺灣，此詞彙也有了新的演繹。二十世紀初期，臺灣新文學尚未正式發跡，但已有不少文化人士對新的社會情境提出反思，例如1905年，黃植亭在《臺灣日日新報》上即以「文明腦」和「異舊時」作對照，來誇讚文

---

[13] 學者對何謂「文明」也有不同判別標準，故對此概念在晚清中國何時最早被提出莫衷一是。方維規在〈近現代中國「文明」、「文化」觀的嬗變〉，《史林》（1999年第4期）曾提出傳教士郭士立（Karl Friedrich August Gützlaff, 1803-51）1833年在廣州創辦的《東西洋考每月統計傳》中，「文明」一詞的使用為英語civilization的對譯。黃興濤則認為現代「文明」概念完整出現較早可見黃遵憲1879年出版的《日本雜事詩・新聞紙》，見黃興濤〈晚清民初現代「文明」和「文化」概念的形成及其歷史實踐〉，《近代史研究》6（北京：中國社科院，2006），頁9。

[14] 此文參照David A. Dilworth, G. Cameron Hurst 1973年的英譯本 *Civilization: An Outline of a Theory of Civilization* (Tokyo: Sophia University, 1973).

友謝介石的文采。1920年，彰化的崇文社也因應時局，針對此概念來徵文，讓各家學者對他們認知中的文明各自表述。[15] 而在中國，除了報章雜誌上的文章，亦可見經由長篇小說實踐來審視「文明」，如李伯元在1903年開始連載的《文明小史》不但以文明為題，更反映了中國維新運動期間的社會百態。面對變動中的社會局勢，新與舊、東（或中）與西不斷角力競逐。在知識分子的啟蒙維新論述中，如晚清的（中）體（西）用論與日本明治維新時期的「和魂洋才」論，或是臺灣1920年代的新／舊文學論爭，新與舊、東（或中）與西常以對立的型態進行。然而，在通俗文化範疇中，「文明」的經驗卻可以是新／舊、東／西交混的，衡量標準也非得是一國的政經實力，而可以是都會男女的社交公開。如臺語歌曲《跳舞時代》便以「文明女」和「文明時代」等字眼，唱出當時部分都會年輕男女對戀愛自由的渴望。無獨有偶，對婚戀自由以及其所帶來的衝擊之權衡辯證，亦是1930年代長篇通俗小說中的重要題旨。

一、新舊交混的婚戀態度

有情人未必能終成眷屬的婚戀故事，是徐坤泉等小說家在思維何謂「文明」時偏好的文學形式，其《可愛的仇人》即為一例。故事以男主角志中和女主角秋琴各自嫁娶，終未能結合的遺

15　參見黃美娥，《重層現代性鏡像：日治時代臺灣傳統文人的文化視域與文學想像》（臺北：麥田，2004），頁34以及序論頁8-9。

憾為主軸，進而發展兩人下一代的情感糾結。全篇人物刻畫善惡分明，道德教化意味濃厚，男女人物多次呈現賢妻良母型女性與用情不專男性的對比（如秋琴的含辛茹苦對比其風流的亡夫建華、第二代麗茹的專情對照萍兒的出軌）。其中柏拉圖式愛情和肉慾式的愛情成為對比。從頭到尾，志中與秋琴沒有實際接觸，只在夢中相會。即使兩人在夢境中靈肉合一，美夢卻被淑華（志中的亡妻）的幽靈所打破（頁32-37），以奸夫淫婦的說教收場。而當秋琴偶爾感嘆她與志中的無法結合，她的美夢同樣被驚醒（頁188-189）。此壓抑情慾的書寫也見於年輕一代麗茹和萍兒身上。〈深夜煩悶〉與〈肉體之道〉分別觸及麗茹和萍兒的蠢蠢「慾」動。在前者，麗茹甜蜜的想像被她思念亡母的情緒和為人姐的責任感湮滅。最後她只有抱著萍兒的照片入夢（頁432）。同樣地，當萍兒垂涎君子的肉體之際，君子的影像突然消失，他只能到夢中鑑賞（頁438）。

　　《靈肉之道》中所流露的婚戀態度相對保守。此書雖提倡自由戀愛，但對婚前的縱情色慾則不以為然。〈親友的信〉一章即指出「自由戀愛」立意雖佳，但實際不過是青年男女逐肉慾之歡的藉口，和墮落的金錢社會的一部分。《靈肉之道》是部道德感強、善惡兩極的小說。在自序中，徐坤泉即表示想描寫「金錢」與「肉慾」兩股驅力下所發生的罪惡，和人不由自主地陷溺其中的苦悶。一開始的婚外情故事，即借潘生地妻子的情夫黃田的「食色乃人之天性」論調，點出無知的婦女終究難逃色慾之害。牧師之子約翰，原本品學兼優，但在青梅竹馬的情人阿蘭另嫁他人後，沉迷於咖啡館女給梅子的溫柔鄉，自此放浪形骸，重

申肉慾使人墮落。而堅貞刻苦的女性角色阿蘭，在丈夫國魂因經商失敗逃離後，受到洗心革面、經商有成的昔日情人約翰的多方關照，但兩人的關係發乎情、止乎禮，同樣教化意味十足。書中對禮教道德的強調則不時以輿論、抑或大眾傳媒的方式展開。例如《可愛的仇人》中，秋琴的貞烈經當地巡查的調查，藉由「輿論」的力量而美名遠播；《靈肉之道》中，生地嫂的自殺則是因其奸情上報，羞愧而死，而小說結尾處，國魂和約翰之間的兄弟情義也同樣被各報記者們大書特書。

　　林煇焜的日文小說《命運難違》同以婚戀題材為主軸，但行文上較輕鬆，道德訓育較淡，側重探討中上流知識分子的愛情觀。世家子弟金池留學京都，深具理想但不諳世事。他嚮往自由戀愛，認為應先交往才結婚，拒從父命和不相識的女孩成親，因此和女主角鳳鶯擦肩而過。但金池的愛情觀是自相矛盾的。他對富家女秀惠一見鍾情，礙於彼此家世，不得不踏上先訂婚後交往之途。書中有不少揶揄知識分子（如金池）過於理論的情愛觀念之字句。如媒人王宗仁和金池的父親都曾表示，不懂金池的大道理和空想。金池的父親更直言，在功利社會中，財力和能力遠比學歷和理想重要（頁142）。而對金池的自由戀愛說諷刺最力的，是其好友張玉生。兩人學歷相當，但玉生卻認為自由戀愛不過是知識分子理論層面的追求，難以落實在臺灣，除非是在下層社會（頁113）。小說表面充斥戀愛至上論，但實際卻證明（知識分子／中上階級）的婚戀自由未必能帶來幸福。秀惠的淺薄和嬌縱讓金池深感後悔，體會媒妁之言並非全無道理。但媒妁之言仍要與緣分結合。如鳳鶯雖聽從父命成婚，婚姻卻不美滿。而在

金池與鳳鶯同時尋死之際，兩人才「有緣千里來相逢」，故事以喜劇收場。

《命運難違》帶有保守姿態。此書的保守與其說是表現在其對婦德的歌頌，倒不如說是其書名透露出的宿命觀。對鳳鶯來說，婚姻是「人一生中最至關重大的事，它影響著人的**命運**。」（頁62，粗體為筆者所加）。鳳鶯的觀念，點出女性在社會上的附屬地位，如鳳鶯認為女人在某方面可說是「時代的寄生蟲」（頁63）。而如此不平等地位則因「社會基礎」（即家族制度，63）所致，似乎為女性無法自主提供了消極且近乎宿命的藉口。命運難測的想法在書中多處可見。如：陳太山在得知昔日朋友如今在中國的風光後，感嘆「世事難料……人總離不開時、運、命，三者缺一不可」（頁301），而其女兒鳳鶯則附和：「一切都是冥冥中自有安排……這全是運氣……但是，命運難測。」（頁301-302）

鳳鶯其實十分清楚沒有愛情基礎的婚姻無法長久，但她卻沒有反抗，原因即是她相信宿命。雖她嚮往自由戀愛，對婚嫁卻無任何憧憬，只是將此不合理現象怪罪集體的臺灣社會，而非個人。對於婚後的悲苦，鳳鶯默默忍受自己的「宿命」。同樣地，男主角金池也認為即使他不反對家人安排的婚事，他與鳳鶯之間「肯定也會被『緣』這個柵欄擋了下來」（頁123）。兩人的「無緣」早有伏筆。在〈緣破前兆〉一章中，當媒人王宗仁到鳳鶯家拜訪，鳳鶯的母親即因丈夫被邀去當離婚的見證人，且自己摔破盤子而有不祥預感。相同的壞預兆，也可見於金池迎娶時的車隊被平交道的柵欄擋住一段。

　　整部小說的情節以命運的不可抗逆為基線而循序推進，其中穿插了諸多巧合。例如男女主角的各自嫁娶的日期、婚宴地點完全一致，不但加強了命運弄人的荒爾，也預設了男女主角的「緣分未到」。而金池之所以能與他偶然在城隍爺大拜拜中邂逅的秀惠得以進一步發展，同樣是拜「宿命」所賜。〈宿命〉一章中，正當金池苦惱於如何探聽秀惠的名字身分時，他「因緣機會」地搭救了秀惠父親，並發現秀惠的哥哥竟也留學京都，也是玉生的好友，而深感「命運主宰著人生」（頁215）。一場兩家人的汽車對撞，使得男女主角婚後的命運大為改變。之後金池繼承家業，後來因替父親友人還債而被迫開始自力更生地生活，從此和妻子秀惠漸行漸遠，鍾情咖啡館女侍靜子。而鳳鶯則飽受婆婆冷言相待與變調的婚姻。金池和鳳鶯皆產生厭世心理，在求死之際兩人邂逅，決心振作，理由即是「命運難違」。兩人將彼此不幸的婚姻歸咎於命運，而重生的契機皆在於認命，說明了婚戀自由的理想，終被（張玉生的）對婚姻和生活死心的現實哲學所收編，再次呼籲了書名：命運（社會現實）難違。

　　林煇焜在書末後記中直言，他的創作動機是為了激發讀者對臺灣文化與社會的自覺與反省。他感嘆：

> 「……連載小說期間，竟沒接獲一封批判性的投書，真是遺憾。我**特意**在小說中**吹捧**城隍爺和藝妓，**大罵**臺灣人缺乏自覺，但卻沒有人為此憤慨，詰問我的淺陋，照這樣下去，臺灣的文化永遠也無法發展。」（頁594，粗體筆者所加）。

可惜的是，讀者沒能理解林氏的箇中巧思。有論者指出，這是因小說的背景和情節發展所導致，[16] 但筆者以為，林氏自言的「吹捧」或「大罵」關於城隍爺慶典和臺灣花柳文化部分篇幅並不長，再者，其對婚戀自由和家族主義式婚姻的反覆辯證也分散了其作品的批判力道。即使透過敘述者和小說人物對話來反思臺灣的保守文化，也僅是點到為止。若要批判臺灣風俗的落後（主要由玉生口中道出，因為金池反對的不過是買辦式的婚姻，而玉生則是將婚姻與自由及平等、家族主義及個人主義一併思考），玉生的言論也隨金池的一意孤行而沒有多作發揮。金池如此接受現實和聽從命運的結局，容易讓讀者以為問題的癥結在於男主角的太過理想化，因此咎由自取，而非當時臺灣保守的婚姻觀念所致。這與林氏的社會反思初衷頗有差距，未能得到預期的讀者迴響應不純屬意外。耐人尋味的是，在林煇焜的後記中，他僅特別列舉城隍爺信仰和藝妓文化為臺灣人缺乏自覺之表現，並沒有提及婚姻制度和命運觀，也讓先前研究者所謂的以婚戀論述為主的「菁英啟蒙」顯得模稜兩可。

徐坤泉的婚戀小說與林煇焜的《命運難違》，皆流露對新社會／文明既迎還拒的曖昧態度和對自由戀愛的憧憬，此主題又以對女性命運的描寫最為顯著。[17] 在《暗礁》中，秋琴和志中無法

---

16 關於此故事未能引起迴響，李進益認為是因故事「設定在臺北都會，與中南部讀者有點隔閡，且內容情節的安排也欠缺一般通俗小說常見的俗腔濫套」。見李進益，〈日據時期長篇通俗小說的創作及主題探究——以徐坤泉，吳漫沙作品為主〉，中興大學中國文學系，《第三屆通俗與雅正學術研討會論文集》。

17 筆者曾分析徐坤泉等如何透過女性角色的形塑，呈現自身對現代性的游移態

結合即因秋琴父親的封建思想所致（兩家的姓氏是冤家）。《靈肉之道》中，婢女阿春以肉體交換，色誘男主人，擺脫原先身為奴婢的從屬地位，但始終依附於男性之下。《可愛的仇人》則藉秋琴的一生，道出對臺灣重男輕女的不滿和對女子的同情。〈蠻窟嘶聲〉與〈瘋人的話〉則對臺灣婦女悲運多所著墨，點出女性的不幸主因男子和金錢所致。

誠然，徐氏的小說中亦不乏努力追求自己幸福、主動示愛的女性角色，例如《可愛的仇人》中的富家女慧英，無奈她心儀的對象卻自認高攀不上，躊躇不前。在慧英表明自己是私生女的身世後，故事情節有了轉圜的餘地，似乎生母下落不明的身分「降格」（慧英之後聽說日本人生母淪落風塵）才讓慧英得以成功地掙脫封建婚姻的束縛。因此，僅管小說敘事上對女性命運抱以同情，對舊社會的婚姻制度也表示不滿，整部作品對婦女貞操仍流露保守態度，推崇秋琴的恪守婦道。例如蔡巡查對秋琴的欣賞即因她不盲從新社會的風潮，是「新時代的超越女性」（頁102）。換言之，「新女性」並非完全擁抱新價值觀，而是折衷糅合新舊價值觀間（即一改良版的禮教觀）的有所為、也有所不為的女性。在此禮教觀中，婚姻的自主雖被肯定，然而，戀愛的限度仍「止乎禮」。因此，與其說這些小說宣揚了個人反抗，倒不如說它們是在舊禮教規範下尋求通融的空間。作品中對戀愛欲迎還拒的矛盾，以及整體而言趨於保守的基調，或可被視作當時臺灣社

度。見林姵吟，〈性別化的現代性：徐坤泉與吳漫沙作品中的女性角色〉，《臺灣文學學報》25（2014.12），頁1-32。

會的特色。

《靈肉之道》中同樣有積極爭取自己幸福的女性人物——女給梅子。她被賦予了「時代叛逆女性」和「舊社會的女勇士」（頁228）的形象。她出身不錯，原是位「有識階級浪漫的女性」（頁197），能說流利日語，並略懂漢文和英語。她曾勇於追求愛情，但因對方變心而流落至此。有趣的是，徐氏將梅子的叛逆與社會運動者的改革運動併為一談，對兩者的執意孤行不以為然。如梅子在潦倒之際，開始懷疑她的叛逆選擇。而她的自我懷疑則和她對社會的質疑合一。她感嘆：「幾年前雖有許多的社會運動者，入獄的入獄，思想轉向的轉向，時到如今，可說是『西線無戰事』的了」（頁229）。臺灣社會運動的式微和如她的身陷生活之苦恰成正比。

藉由梅子的思考，徐坤泉引導讀者思索究竟是舊社會的不合時宜，還是梅子的本性不良。依故事情節判斷，梅子終沒有完全脫離舊社會的思考。她的叛逆是有些別無選擇的無奈，她祈求的仍不外乎結婚成家。約翰不告而別後，她到醫院當看護可說是她自認自己「敗壞家風」的悔恨，以至當她在擔任看護婦期間巧遇自己早已失聯的生母也無臉相認。僅管最終母女相認，前嫌盡釋，但父親仍不諒解她，以致她遠走東京習醫。可以說，她的叛逆終不敵父系社會的道德輿論壓力。而她最後的摩登成功女子形象只在臺灣以外之地才得以實現。

林煇焜《命運難違》中也形塑了一位獨立女性靜子。相較於鳳鶯對自由戀愛的死心，靜子無疑是個自信、有事業心的時代女性。她面對感情也同樣有主見，表明願委身當金池的情婦或小

妾，不問名分，只求金池不變心。反而金池躊躇不前，硬把對靜子的愛「昇華」成兄妹之情。這說明了他的軟弱，也和他先前揚言談戀愛不一定要結婚、尋求理想愛情的論調自相矛盾。表面上，他不願靜子屈就，但另方面，他擔心社會輿論的壓力和可能導致的經濟問題。反觀靜子，雖然她對女性貞節觀提出反駁，指出金池的矛盾（金池「發乎情止乎禮」的主因乃靜子尚是處女之身，言下之意，若是其他女侍之流便另當別論），也不拘泥於婚姻的形式；但另方面來說，她不要求金池「違背社會規範」而離婚，卻侷限了她這個角色可能有的顛覆力道，她的愛情至上論也終被淹沒於現有體制下和社會現實考量中。

二、宗教視界

徐坤泉《可愛的仇人》除了宣揚不新不舊的道德觀，亦呈現了既中且西的宗教視界。當志中想斬斷他對秋琴的情絲，他想借助「關帝爺的青龍刀」和「張天師的法術」，可惜關帝爺的法力無效（頁30）。當秋琴走投無路之際，基督教的力量如deux ex machina出現。因這位儼然是「上帝使者」的無名善心人士的金錢援助，才使她度過難關。從故事後來的推演得知，志中即是「上帝使者」，使基督教信仰和顏回的「願天伐善，無施勞」的為善不欲人知相結合。

基督教的力量在故事中占重要角色，為女主角秋琴的精神支柱。但秋琴從〈創世紀〉所獲得的領悟，和她遵行的臺灣人祭祖拜佛等儀式卻不互相抵觸。她雖信基督，但並不強迫兒子阿國也

奉行耶教信仰。當秋琴的弟弟春生在酒樓教訓了曾調戲秋琴的
莊醫師而被捕之後，莊醫師本想利用自己的勢力，加倍警戒春
生；此時，夜行人再度挺身相助，導致莊醫師自己被拘留，體現
了「善有善報，惡有惡報」。當秋琴將此則好消息與教會的姑娘
分享之際，她感到「好似上帝為他們報仇的樣子，那知是『夜行
人』的努力呢？」（頁231）。於此，基督教的信仰和傳統的因果
報應觀念結合。

　　全書關於宗教最富想像力之段落，則出現在秋琴的一次夢境
中。在夢裡，志中告知她，天國正在鬧革命，孫中山和耶穌不滿
玉皇大帝一人大權在握的制度，形成「聯合戰線」，「不久或者
能與關雲長拼個生死」（頁187）……「孫中山和耶穌均舉上『博
愛』的旗號，孫中山在東方運動一切的鬼神參加革命，耶穌亦在
西方運動天國的革命」……不久若能實現大總統制……大家都
有投票權……入基督教……入天堂地獄均由天國的議會表決」
（頁188）。在這異想天開中，中國社會的革命和基督教信仰合而
為一，共同對抗象徵舊社會秩序或制度的關公信仰。而對「有情
人終成眷屬」的期待，也在此想像中，與民主、民權等思想和基
督教的天堂地獄觀結合。基督教雖在《可愛的仇人》情節推展上
十分重要，但行文的字裡行間卻也蘊含孔孟思維。如阿國的「家
貧親老，不擇祿而仕」的思考模式即近似儒家的父母在不遠遊。
因家貧而選擇不繼續升學的他，自勉的座右銘「成則兼愛天下」
（頁296）也與《孟子》盡心篇的「達則兼濟天下」雷同。

　　宗教和文明論述（特別是原有的民間信仰）間常存有矛盾關
係。在《可愛的仇人》中，不論基督教或原有民間信仰，均在徐

氏的文明臆想中扮演助力角色，與文明的外緣條件如民主和投票權等並行不悖。徐氏對基督教的描繪也糅合了臺語（如基督教「免食菜」（不需吃素）和帶押韻的俗諺（如「信番仔教，死後無人哭」[18]），生動地呈現當時民眾對基督教信仰的粗略印象。徐氏看來對闡述宗教或民間信仰並無多大興趣，而是想藉這些元素來凸顯其對舊制度中不合理成分（如城隍廟會的鋪張）的批判。也因此，看似狂人說夢、天馬行空的章節背後，實蘊含了社會評論之苦心。

三、文化互文與物質生活

《可愛的仇人》雜糅中西的想像，也反映在作品中多次出現的中西文學典故的引用，或外國（含日本）文化的受容上。小說中出現的有：「易卜生傀儡家庭中的主婦」（頁36）；女主角秋琴自比娜拉，而建華為郝爾茂或是《群鬼》中的阿爾文（頁88）。而秋琴兒子阿國看的則是托爾斯泰的《復活》，女兒麗茹則是個菊池寬的小說迷（頁271）。麗茹和萍兒外出約會時看的影片則是尾崎紅葉的家庭小說改編的《金色夜叉》（頁204），而阿國與慧英則是共同去電影院看阮玲玉踏入影壇之作，「痴情男女，均皆爭先恐後」爭看的《掛名夫妻》（頁367）。[19] 同樣地，

---

[18]《靈肉之道》中也出現類似字句，如「耶穌教，死了無人哭」。

[19] 徐坤泉本人與電影工業淵源匪淺，之後也曾在《風月報》撰文〈中國藝人阮玲玉哀史〉。李政亮曾以此論述電影作為一個新興藝術媒介，對臺灣通俗文化空間的影響。見其〈「大眾」爭奪下的電影想像與實踐〉，《文化研究月報》

古典漢詩文的引用也數度出現。[20] 秋琴原是個女詩人，學過不
少漢詩，但她在詩社從老師那裡所學的多是鼓吹傳統男尊女卑概
念的詩詞，如牧子和顧況的〈棄婦詞〉等，而回憶自己年輕歲月
所吟的詩歌則難免傷感自憐。書中除作者創作的詩文外，也出現
汪洙〈神童詩〉、《論語》、曹植〈七步詩〉等。

　　《靈肉之道》中古典詩文使用較少，也較少直接提及外國
（含日本）的電影或文學（但將國魂比作被流放大西洋的拿破
崙；近結尾處也出現了英文字broker的使用），但徐坤泉對文明
交混雜糅的想像，可見於小說中不同的故事元素。特別是在下冊
男主角國魂漂流他鄉的描寫，在某程度上，與魯賓遜漂流記類
似。[21] 魯賓遜漂流記原作內容豐富，觸及文化相對主義和帝國
主義。但徐氏筆下的國魂凸顯魯賓遜的流浪（如〈一線之光〉一
章）和社會邊緣人的形象（如〈伶仃孤苦〉一章），而非他冒險
犯難的英雄主義。僅管國魂的流浪者形象和魯賓遜的落魄相似，
但透過心理描繪（free indirect speech），孤島也象徵了「避免世
間的罪惡苦痛」的、反文明的（頁443）世外桃源。國魂的流浪
最終仍被包裝在父慈子孝的價值理想中。

90（2009.03.25），頁35-48。

[20] 中國古典文學也出現在其他作家如吳漫沙的作品中。以他的《韮菜花》為
例，男主人翁和他的情人間的關系以《紅樓夢》中賈寶玉和迎春相比。在
《大地之春》中，《西廂記》是男女主角談情說愛的點綴，纖細的女主角則以
現代版林黛玉被形塑，而在另一章中，對中國古典文學的引用更成了青年男
女互訴情衷的方式。

[21] 黃美娥曾指出魯賓遜成了當時英雄冒險犯難的代稱。見《重層現代性鏡像
——日治時代臺灣傳統文人的文化視域與文學想像》（臺北：麥田，2004），
頁329-332。

　　重回「文明」社會後，國魂變得多疑善妒，沾染了書中反覆出現的「以金錢和肉慾為先決條件」的當今社會惡習。再者，國魂之所以流落荒島，也非如魯賓遜出於個人的反抗（父母）的海洋夢想的召喚，而是為躲避債務。他臨死之際，醫院看護婦的欺貧行為，更是對唯利是圖的社會的撻伐。縱使他拋妻棄子，選擇選擇，但他念茲在茲的仍是妻子的婦德和父子之愛。因此，徐氏筆下的英雄冒險／荒島漂流成了不具顛覆效果的暫時逃避，可說是寓西方文學於中式的人倫婦德中。

　　《靈肉之道》中，其他中西摻雜的書寫亦可見於基督教教化敘事與中國傳統敘事元素：如常見的大團聚場面（《可愛的仇人》亦是有情人終成眷屬的結局）和俠義精神的鋪陳。例如國魂在將死之際，與他的妻兒大團圓，約翰則是在南洋發跡後，重返臺灣在亡母墓前懺悔，與家人重聚。俠義部分則可見於阿蘭的化身女俠，在上海靠專替人打抱不平的野狐大哥的幫助，順利為父報仇，或約翰對阿蘭發自「友誼義俠的心腸」（頁557）的協助。

　　林煇焜《命運難違》中，外國／外來文化也出現多次。咖啡館女服務生這一新興職業，本身即是自日本傳入的咖啡文化之體現。其他例子如金池在咖啡店調侃女侍時，女侍口出英語回應、鳳鶯與鳳嬌姐妹對牧逸馬的小說《七之海》的著迷、鳳嬌嗜讀日文雜誌如《國王》、《富士》和女性雜誌《主婦之友》、金池和朋友去看新劇、和靜子幽會時哼唱朝鮮民謠《放浪之歌》、金池與秀慧約會時討論日本小說改編的電影《海燕》，[22] 金池勸鳳鶯

---

[22] 應是據活躍於昭和年間的作家小島政二郎（Kojima Masajirō, 1894-1994）1932

不該有厭世輕生想法時，引的是盧梭名言。

然而，這些外來的文化元素在臺灣人的現代生活想像中並非都是易親近的，有時亦會讓人感到格格不入。如充斥報紙的「菁英」、「modern girl」（被略稱為「摩卡」）、「modern boy」（被略稱為「摩伯」）等新詞（頁83、86），便讓陳太山夫婦難以理解。陳太山乍看似乎不大歡迎外來語，但他進一步解釋：「如果外國語因某種意義，被沿化成日語……我沒有異議」。因此，他排斥的僅是這些詞彙的過度使用與濫用。而上述提及的徐坤泉作品中的俠義元素，也可見於林煇焜的《命運難違》。如〈宿命〉一章，金池見義勇為幫楊文聰脫困，也因此認識了讓他朝思暮想的女孩——楊的女兒。故事最終，金池意外地救起正要尋死的鳳鶯。兩次的俠義行為都在故事推進中起著極大作用，前者開啟了金池戀愛至上論的契機，後者讓本該成婚的男女主人翁邂逅，兩次巧合皆證實了命運難違。

四、大都會／世界 v.s. 臺灣的文明書寫

這些小說中對文明的磋商，也展現在對世界不同都會的描寫上。雖然這些敘述大致僅停留在表層物質面的鋪陳，或類似遊記式的主觀印象，但仍隱約透露出作者對於臺灣在時局與世界體系下所處位置的思考。在徐坤泉的作品中，日本和上海均為文明的

年的小說《海燕》改編而成。故事中的三千代為婚姻犧牲奉獻，與備受寵溺的秀慧的大小姐心態背道而馳。

指涉，但在徐氏的敘事中，與文明的交匯經驗並非全是愉悅的。《暗礁》描寫了東京令人迷亂、手足無措；上海不僅景觀美麗，亦是「社交開放」之地，和臺灣有著天壤之別；但福州人卻是大聲說話、不衛生且奇怪的。

《可愛的仇人》對東京的描寫頗多。對隻身前往留學的萍兒來說，東京的繁華引發他的思鄉之情，和對在臺灣的戀人麗茹的想念，而倍覺故鄉的可愛。對麗茹來說，東京「繁華絕頂」、「車馬紛紛」，不愧為「東方文明國之一大都會」（頁429）。萍兒則對麗茹擔保，在日本即使犯罪，也「絕無先打而後定罪之憂」，他們已「跳出恐怖的範圍了」（頁429）。類似的日、臺警察對比也出現在《暗礁》中，透過被強行帶到派出所的小販，道出臺灣警察不但不如內地警察「溫柔親切」，還隨意欺壓自己同胞。如此評斷，暗指唯有使每人都能受合理的律法保護之地，才算得上文明的都會或社會。

在描寫不同城市之際，也提到日華及內臺親善的時政。如秋琴的弟弟天春原以為廈門是理想之都，誰知當地竟是個嫖賭當道的罪惡之地，且多由臺灣人包辦。他嚴批在廈門的臺灣人若不覺悟，將有礙日華親善之路（頁199）。臺灣籍民在廈門從事各種惡行時有所聞，早在1923年，翁澤生即發表〈誰誤汝〉，[23]描述與上述類似的情形——即在廈門（具日本國籍）的臺灣人仗勢欺壓中國人。在翁的故事中，主人公最終投海自殺，以表懺悔。而《可愛的仇人》中，天春同樣決定痛改前非，但他的策略卻是倡

---

[23]《臺灣民報》（1923.08.15）。

導「良心親善」（頁418），因為一旦戰爭，將是「東方黃種人之一大不幸」（頁417）。

　　小說中不止一次觸及親善課題。如阿國初入社會，在日本人處上班，不久即發現破壞親善的是「自稱為大和民族」、罵他為「清國奴」（頁297）的日本旅臺商人。阿國雖不與他們一般見識，但自認絕非「清國奴」，而是「亞細亞民族的一分子」，要為「整個的亞細亞洲而努力」（頁297）。此帶有種族言說的「亞細亞民族大同盟」論調也見於《暗礁》，點出即使日本勢力可比東方的德國，但若太平洋的黃人種不團結起來，將不敵白種人之聯合。

　　此兩部小說勾勒出的亞細亞民族的想像及和平親善，與當時的殖民國策不謀而合，一方面疑是徐坤泉自言在「下筆如有鬼」（頁21）的臺灣，以「泛亞細亞」的視域作曲筆之計，但另一方面卻也流露反戰傾向。如〈遊覽東京〉一章即感嘆東京、日本、甚至全世界都籠罩在戰爭前夕的陰霾中，自問：「聰明的人類，為什麼要互相殘殺呢？」（頁427）。不論徐坤泉本人對日華親善的態度為何，[24] 其文本透露了以黃種人為中心的亞洲／東洋本位

---

[24]　吳舜鈞和高啟進引徐坤泉1942年〈滄海桑田〉一文，對比徐氏的小說，論證其「日華親善」立場前後一致。徐意裁則指出徐坤泉的此一想法是因日華不平等而衍生的一廂情願思維。但筆者以為，作者在戰爭期文藝動員下的說辭未必全然可信，且徐坤泉在1945年終戰前後的政界涉足資料有限，故其政治立場應仍有討論的空間。見吳舜鈞，《徐坤泉研究》（臺中：東海大學歷史研究所碩士論文，1994）；高啟進，〈澎湖望安小說家「阿Q之弟」——徐坤泉〉，《澎湖研究：第一屆學術研討會論文集》（澎湖：澎湖文化局，2002），頁186-207；徐意裁，《現代文明的交混性格——徐坤泉及其小說》（臺南：成功大學臺灣文學研究所碩士論文，2005）。

以及黃／白種人（或東洋／西洋人）二分法的思考模式，就連
《靈肉之道》的國魂設想未來出路時，也期待以亞洲（香港）為
中心，店員全用東洋人，使全世界「認識東洋人真實的本領，或
者可以與西洋人並駕齊驅」（頁334）。

　　《靈肉之道》中則不乏臺、日、中之描述。東京不僅繁華，
人們相對可親外，生活也「不比如在臺灣那樣的提心吊膽」（頁
329-330）。上海則是集合天堂與地獄之地，天堂是因各國女
性所造就的美景，而地獄則指繁華背後資本主義宰制的金錢社
會。但上海「女性的活潑，非我臺灣女性之望塵所能及者」（頁
214）。此外，《靈肉之道》還展現了南洋、甚至歐洲書寫。新加
坡對約翰來說提供運氣翻轉的契機。憑他在萬金油公司的努力，
生活逐漸好轉，[25] 而與當地女子絲耶的結婚更讓約翰晉身士紳階
層，後來還周遊歐洲。在前往法國的途中，碧眼紅毛與華人的
階級文化差別十分明顯，如和約翰同搭一等艙的黃種人是新加
坡當地的錫礦大王，儘管他極為擅長賺錢，但對國際禮儀卻一
概不知。不但「英語不大流暢」（英語似乎是文化水平的指標之
一），且在公共場合公然捲褲抓癢，儼然是土財主形象。約翰巧
遇梅子後，邀她到新加坡一遊。而相對於「野蠻」的臺灣的「假
文明」，新加坡相對開放、文明。

　　若說徐坤泉的都會／文明想像具某程度的階級性，那麼歐洲
可說是此中之最。由絲耶所展現的大家風範和年輕一代選擇英國

---

[25] 當時也正是徐氏擔任《新民報》學藝欄編輯期間，高啟進指出郭秋生曾質疑
　　徐坤泉藉機在報紙或小說（如《靈肉之道》）中為萬金油打廣告之嫌，見上註
　　高啟進的論文，頁197。

／歐洲為留學地即可見一斑。但其中對英倫的憧憬卻略帶矛盾。
例如絲耶囑咐她即將負笈英國的兒子保羅：倫敦「交通是很複雜
的，比不得新加坡，運動雖好，卻**不可過頭**冒險，如賽馬、賽車
的運動，是英國人的特趣，這樣的危險是很大的，你要注意才
好。金錢又**不可過頭**浪費，你要記著，我們的家庭是宗教的家
庭，所以聖經不可離開你的身軀的。」（頁510，粗體字為筆者
所加）。

　　這段臨行前的耳提面命頗能點出徐氏對文明的愛懼參半，對
（歐洲）文明的接受／收也該以「不可過頭」和不可忘「本」（此
處指基督教信仰）為原則。小說也提及丹麥（丹墨國）的辯護士
會組織，並藉此傳達了對臺灣落實法制之期許。上述文明想像的
階級性也見於林煇焜的《命運難違》，只是徐坤泉「英國／歐洲
—新加坡—東京—臺灣」的思考在林氏作品中少了南洋書寫，
呈現「西洋—日本—臺灣」的模式。如鳳鶯感嘆：「最大的不幸
是，自己生為臺灣的女性。她不敢奢望像西洋女子那樣，但至少
能像日本婦女，有點自由。」（頁35）。言下之意，就女性地位
而言，日本比臺灣開放，西洋又比日本開放，故臺灣是相對落後
的。

五、結論

　　本文所探討的日治時期長篇通俗小說，提供了以國族或文化
認同為主導的臺灣新文學之外的，另一種以中文語境進行、並具
讀者意識的對文明的磋商與反思。徐坤泉和林煇焜兩人的小說，

對文明（有時與現代及摩登相通）的思考呈現一欲迎還拒的曖昧態度，其中流露的價值觀相對趨於保守。但此保守心態並非固步自封的一成不變，而是在對文明的接受／收過程中有所選取，也因此呈現了以改革而非顛覆為主的半新不舊的視域。一方面，這些作品大談戀愛至上、婚嫁自由，但另一方面又訴諸傳統儒家禮教（如重申婦德的重要及精神戀愛的美好）來權衡文明，強調女子隱忍、貞烈等美德，駁斥過頭的戀愛觀。

　　這些言情之正的小說，儘管背景所設定的時空十分現代，但在崇尚倫理道德和壓抑性色情慾上的鋪陳卻新意有限。[26] 即便書寫淫盜之情，目的似乎也著意與書中不受肉慾誘惑的正面人物相互對照。此保守的婚戀態度難免削弱了小說中少數叛逆前衛形象女子的自主性（她們大都有似日本女性的名字如：梅子、靜子）。梅子的叛逆以懷疑和悔恨作結，就連約翰也因經濟拮据而「浪子回家」；靜子的大膽議論也因金池的臨陣退縮而被壓抑為兄妹之情；日本女性（如君子）雖積極主動，但她這位致命女人（femme fatale）一開始即由男性（萍兒）的凝視（gaze）被介紹出場，貪戀終不敵麗茹的忠貞。在這些作品中，柏拉圖精神之戀一再與耽溺肉體之樂形成對比，這些女性也因此成了「不完全」

---

[26] 這類婚戀敘事與鴛鴦蝴蝶派有不少重合之處。葉石濤曾稱徐坤泉為「臺灣的張恨水」，見氏著，〈臺灣鄉土文學〉，《臺灣鄉土作家論集》（臺北：遠景，1981），頁32。林衡道、邱秀堂著的《臺灣風情》中，曾提出徐坤泉作品取法張資平的愛情小說。見註24高啟進的前揭文，頁188。除了擅寫愛情外，徐坤泉和張資平作品均有懺悔、救贖等基督教思想，且都觸及教會學校黑暗面或教徒偽善之描寫，是其相似之處。但張資平小說擅長經營多角關係，也多女追男現象，徐坤泉的作品則道德意味更為濃厚。

的叛逆者，未能「革命成功」。且大多數是咖啡店的女給才被賦予擔任叛逆女性的「特權」，所謂良家婦女則因禮教的桎梏而選擇有限。《可愛的仇人》中慧英雖叛逆成功，但她的果敢堅持與她的私生女身世關係密切。

　　這些作品折射出的「文明」，除表現於對婚戀課題的態度、宗教觀，也表現在中西合璧的文學想像，及對不同的都會文明的比照中。作者們在思索「文明」時的參照點多元，本土與國際視界兼備。在徐坤泉小說中，基督教信仰和儒家思想並行，孫中山和耶穌成了同夥。他對金錢肉慾橫行的社會提出批判，重塑臺灣版的魯賓遜漂流記。而林煇焜的《命運難違》則是日、英語言文化糅合中國傳統敘事的俠義元素，盧梭與中國傳統宿命論對照。經由世界上不同都市或地域的描寫，兩位作家流露他們對臺灣局勢及社會的觀察，也從不同面向來反思文明的意義。

　　徐氏的文明視域在地域上豐富龐雜，這與其本人多元的教育背景和工作經驗不謀而合。[27] 其依開明進步程度流露出的階級式世界觀亦見於林煇焜的《命運難違》。這些駁雜交混的元素，加上時而半言半文語句的穿插（徐坤泉在《可愛的仇人》自序中曾言其創作是「不文、不語、不白的鄉土文學」），寓社會教化於高潮起伏的家庭倫理與愛情悲喜劇中。

　　從社會學觀點來談，這類通俗文本游移於新舊之間的特質，提供了讀者因應現代物質生活的契機，當讀者得以從中借鑑、反

---

[27] 徐坤泉曾在私塾學習漢詩文，之後也曾於上海聖約翰大學和香港求學和經商，也於湖南長沙擔任過虎標永安堂萬金油的代理商。

思自身的價值觀（如對婚戀或命運之看法），頗具社會功能（甚至療效）。[28] 這些小說一方面重新包裝了新文學作家們的教化意圖，一方面也在不同程度上顛覆其對現代社會的樂觀遠景。Harry Harootunian 曾指出日本上世紀前半經歷的現代性和歐美的現代性是共存的（co-existing）或同時期（co-eval）的。[29] 日治時期臺灣作家在思索「文明」為何之際，也將臺灣置入當時的世界文明譜系中，試圖尋求一個定位，同時也與其他共存的現代性經驗對話，其中包含了反戰與種族思想。以上探討的小說為「文明」這一歧義的「重返的書寫形式的外來詞」，轉化成帶有臺灣特色的文明觀之過程提供範本。其中折射出的文明是種有別於當時左翼和現代派作家的「日常／通俗現代性」，而此視域亦正是當時讀者的審美旨趣所在。

　　就文學價值而言，這些小說相應當時的物質文化而有所創新，並非全然乏善可陳。林煇焜的以日文從事臺灣書寫也為1930年代的鄉土文學論爭和臺灣話文論爭開啟另一種可能。臺灣鄉土文學可以是臺灣都會的描寫，也非只能以白話文和臺灣話作書寫語言。就啟蒙與文化批判而言，這類小說呈現出的教化意味和臺灣新文學作家們的短篇小說可說是殊途同歸，均不脫文以載道，只是反殖民之道被置換成傳統貞節婦道。這些小說另闢蹊

---

[28] Sari Kawana 探討日本二十世紀上半偵探小說的專書 *Murder Most Modern: Detective Fiction and Japanese Culture* (Minneapolis: University of Minnesota Press, 2008)，於緒論中即提出偵探小說作為（社會文化）治療的看法（detective fiction as treatment）。

[29] Harry Harootunian, *Overcome by Modernity: History, Cultural, and Community in Interwar Japan* (Princeton: Princeton University Press, 2000), preface, xvi.

徑之處在於，圍繞著婚戀自由或金錢社會所帶來的道德敗壞等主題來進行文明與文化的反思，也較具讀者意識。

　　從女性的閱讀方式來說，這些作品與新文學作品類似，均呈現「性別化」敘述傾向，即作者們常將其禮教觀、文明觀等鑲嵌於女性角色的形塑中。若把左翼作家們的國族論述視作男性敘事，那麼這些通俗小說中的煽情、商業、瑣碎、感傷等倒頗符合周蕾眼中具「女性特質」或「女性細節」小說，與（通常男性化）的國族書寫互補對應。但若單就女性角色而言，她們到故事最後常不免被男性角色收編（如《命運難違》結尾，金池的英雄救美），在男作家的教化敘事下成為被挪用的對象，鮮少有自己的聲音。也因此，其顛覆性僅限於與國族敘事並置之下的角力，而非文本層次的女性角色塑造。綜而觀之，這些小說不但豐富了1930年代的臺灣文壇，也為嚴肅與通俗文學的分野提供了重新思考的起點。

氣候變遷與殖民統治：
溼熱與現代性

廖炳惠

> 每一個人都在談天氣，但是卻沒有一個人要為天氣做任何
> 事。
>
> ——馬克吐溫

> 顯然，走動的深思者並非來自此地；如果他在家園之時，
> 於戶外有感，神思湧現，那總是在晚上。他驚奇回想起：
> 所有的國家——猶太、印度、穆爾族——都是在太陽之下
> 建立穿梭，對他們而言那似乎是讓思考無法有其門路。太
> 陽焚燒入他的背部之內。
>
> ——〈太陽下〉，班雅明（Benjamin）[1]

　　有關東亞殖民的比較研究，目前已經逐漸在許多學科展開，但主要方向基本上是放在大東亞地區的文學，或者是殖民與科技、經濟與宗教活動，及上層階級如何被吸收。在整個殖民地的工業化，以及底層經濟結構的轉變上面，殖民母國怎樣透過語言

---

[1]　Walter Benjamin, *Selected Writings*, vol. 2 (Cambridge: Harvard UP, 1999), p. 662.

政策以及文化支配的方式行使霸權，乃至於在種種體制之下，印刷文化以及公共文化透過報刊雜誌形成反殖民的文化，在後殖民論述底下所針對拒抗、文化翻譯或是日常生活裡面的挪用，道德或是精神上的機制來形成反殖民種種的歸屬，或是利用性別或較親密的社群活動，來改變士文化、傳統、性別認同、生活習尚、從服裝到地區認同上的轉變，這些都在各種論述上面透過物質以及論述的實踐，來討論支配以及抗爭的對話和彼此協商的空間。但學者一般較少觸及日常生活中的殖民統治環境中的天候問題。

一、南國想像與天候地理

目前已有若干關於氣候與環境變遷的種種論述。如何將這些放入研究日本在臺灣的殖民統治政策以及南方想像，地理風水、甚至於在藝術上的表達，臺灣殖民地在日本的殖民想像中有不少論述觸及到氣候變遷，臺灣有關於濕與熱、疾病叢生的種種物質條件底下，探討日本帝國需如何挪用現代化技術，以及如何對治臺灣、管理臺灣這個較複雜甚至有點困難的殖民地。在這樣一個重要統治策略上的轉變，臺灣作為南進政策的根據地，在日本及大東亞的殖民政策上具特殊地位。相較於滿洲國或韓國極力爭取正統位置的殖民政策，臺灣是南方想像或者是針對惡劣的風水、土壤、環境以及各種傳染疾病上，臺灣對於日本想像亞太地區，實際上反而具有特別的歷史地位，也在世界的殖民與現代化論述形成中，與其他法語（Francophone）、英語（Anglophone）系文

化圈、以單一西方語文為主的統治方式的殖民政策，有相當多差異，且有值得進一步比較的空間。

　　因地處南方，臺灣更接近亞太地區，而早期日本對琉球及南國的統治及野心的發展上，都有顯著跟中央政權對治法統中元、以中國及韓國等大陸作為思考起點的論述相對，在此情況下，臺灣可說十分特別，也因此與琉球產生一種奇妙的、對治於日本東京想像下的兄弟情誼。也就是跟中央面對邊緣、北方面對南方的想像，從族群到文化，乃至於進步與落後的想像上，相對日本帝國進步的科技論述之生成，有其重要的辯證地位。1874 年牡丹社事件即是日本在馬關條約之前，便想假借屏東之「蠻人」屠殺日人，作為日後殖民臺灣之起火點，所涉及之人事從縣到中央，伊藤博文、西鄉隆盛、大久保等政治家均深入其中，足見其重要性。

　　在這些主要的殖民和現代化論述裡，塔席克（Michael Taussig）頗為特殊。在其晚近出版的一本書裡，他討論北跟南的文化論述之中，帝國對黃金及毒品的種種想像，並指出在人類學論述裡，這些現代背後的動力，往往被納入括弧、存而不論。[2] 以原住民的環境為例，即亞太地區中濕又熱的區域，常是人類學論述中的重要場景。許多人類學家在出發到原住民的村落之前，往往透過種種藥物（如麻醉劑或興奮劑）去或是避免跟當地的氣候產生直接接觸，並在服裝上透過種種的保護：大頂的

---

[2]　　Michael Taussig, *My Cocaine Museum* (Chicago: University of Chicago Press, 2004).

遮陽帽，非常密閉又極為通風的外套，以隔離身體，避免接觸到濕熱、蚊蠅叢生衛生條件不良的環境，而這都是人類學家在發展科學的、客觀的研究論述時，每天在原住民村落所面臨的物質環境。但在馬林洛斯基（Bronislaw Malinowski）、李維史陀（Claude Lévi-Strauss）等人的學術著作裡，都沒有討論到他們如何面對惡劣的環境，特別是在濕熱的氣候裡，如何安身立命、面對艱難的環境和地理位置，以進行他們的田野調查，之後又發展出怎樣的信仰系統與較客觀的田野民族誌。據塔席克的分析，只有在民族誌之外比較私密、不正式的札記、日記甚至紀錄片的片斷裡，才可看見他們怎樣把自己保護、武裝起來，與當地的物質地理環境搏鬥。

在這樣一個非常日常、親密又和自己身體產生種種有意思的接觸的情況之下，人類學家的論述實際上是把身體「完全無意識化」，把它完全遺忘、擺脫，將它變成不願意面對的客體，將它壓抑。在一般生活之中，天氣也是一種毫不涉及政治的寒暄客套話，表面上談天氣之好，但實則是避免接觸或面對真正的人際關係，以虛情假意的修辭問話「天氣不錯」或「又下雨了」，乃至「颱風會來嗎？」去規避生活現實。然而，一如塔席克指出，「天氣成了電梯間的空洞聊天話語，只是個流動的符碼，不再與雷電交加之後的『上帝如是說』有絲毫瓜葛」。對疾病、公共衛生、濕熱天候的莫名恐懼，實際上較常透過文學、電影等無意識的再現方式，特別是在夢魘或非科學論述中，在一個被壓抑的重要返回中被重現。遭到壓抑的身體意識儘管一時重新顯現出來，

在正式而又科學的論述裡往往又被壓抑下去。本文擬以這樣一個思考架構，重新檢視日本殖民者來到臺灣所面對的氣候變遷，對臺灣的濕跟熱產生種種想像，而濕跟熱的物質環境也是統治的政治經濟上非常重要的考量；也是在這樣的方式裡，殖民與被殖民在這樣惡劣的環境裡，往往透過氣候的濕和熱來再現他們的地位，以及在這樣一個殖民地裡的種種文本策略及抗爭論述。下文將以這樣的方式對氣候變遷與殖民統治進行分析。

　　用英文來說，Weathering the colony，「Weather」一字實際上來自古英文的「weder」及德文的「wedram」，意指「風」、「暴雨」、「吹打」，之後延伸為「天氣」、「受乾燥、氣候及色彩的影響」或「安全度過、倖存」及「經營」。[3]「經營」與「氣候」兩種意義都同時存在，氣候和殖民統治對身體意識產生一種揮之不去的夢魘，也是極重要的南國想像的地理論述，以及殖民論述的野心鋪陳關鍵的物質條件。而殖民者在如此環境裡，對自己的生老病死則產生困頓、惶惑或者是對殖民地的種種思考（像佐藤春夫、西川滿都對臺灣的殖民地的氣候變遷以及風土人情有深入的反省），並透過這樣的論述來對帝國中央產生糾正、反省。這樣的論述在目前殖民與現代化的主論述裡比較少見，大抵重點仍放在土地、政治、統治菁英、教育及語言政策上，而少看到這些每天圍繞殖民者被殖民周邊的環境、氛圍、氣候。也就是班雅明（Walter Benjamin）所說的，模仿的感官所接觸到的身體

---

[3]　*American Heritage Dictionary*, 5th edition, 2011, p. 1962.

上的意識：「天氣與倦怠有深入的關聯……口渴來自胃部而不是味蕾，從胃之深處，渴遍布全身，教它竭盡所能，去吸收、掇取空氣之極其些微成分，儼然肌膚整個要掙裂開來」（頁663）。這些身體上的意識，實際上是最直接而又是認知環境裡面具有隱喻和物質條件的，不理會這種條件，實無法深入很多目前在殖民統治策略的研究上所勢必面對之再現問題。

二、溼熱與現代性

按照塔席克的說法，主要是將班雅明〈擬仿的感官〉這篇文章，配合有關「太陽之下」的論文，特別是〈太陽下〉這篇論文去延伸三個階段的天氣態度。[4] 最早期，天氣是透過隱喻與天地呼應的方式來產生一種對應的關係，天氣和政治乃至於君王的身體所形成的政治，有一種互相呼應的關係。所以天災人禍往往跟領導者的道德、統治倫理所形成的秩序有種種對應的關係，這種互相呼應而又類比的關係，在早期許多文獻上，從天氣的異象到種種變化對政治倫理的意涵，到了現代社會中，往往透過水災、旱災和政治的治理效率以及人心的政治經濟，整個秩序的關係形成一種互相參照的倫理關係。

而到第二個階段，也就是逐漸邁向現代的統治科學，將天氣變成可以分析、處理的對象。對於天氣，人類透過符碼的方式，在電視螢幕上藉由雲氣、洋流、鋒面種種的訊息來加以掌控，透

---

[4]　同註2。

過這樣的方式來加以預測，Nicholas Cage 的《氣象報告員》(*The Weather Man*)(導演 Gore Verbinski，2005)可說是這個現代主義的顛峰之作，也就是氣象報告者透過掌握資訊，在媒體上能夠凸顯他的科技成就，預告未來天氣的變化，利用這個方式來改進人類的生活。但反諷的是，在這個電影中的氣象報告員，實際上不只是無法掌握氣象動態，個人生活也一片混亂，不只是兒女不聽他的使喚，妻子也與他處於離異的關係，而和另一個男人同居；而且在這個家庭的悲劇變化中，氣象報告員的父親也因為罹患癌症，在短暫的幾個月內將要告別人世。從內而外，氣象報告員的生活世界一片混亂，無法加以掌握。在現代化的科技成就之中，有相當多無法預期的情況。這部電影較反諷地呈現出天氣預報的主播，產生了一些他無法面對的問題。但在日常生活之中，大眾還是對氣象報告以及背後的現代科技有相當大的信心，對我們平時所看到的種種有關颱風、天氣變化、當日雨量、紫外線值都大概有充分的掌握。這是現代科技相當重要的面向。也就是在這樣的現代科技之下，人類對天氣產生種種應變策略，從建築的防水防風，到避暑的種種設備，到冷氣之前的電扇或更早的扇子，種種能夠將自己隔離、防暑、避免天氣干擾的設施，小到個人的隨身包、皮件、防水夾克，以至雨帽、雨傘，到家裡的設備從建材到房屋建築的風格，利用天候的變化收集雨水，重新循環，或把風雨擋在門外，透過不會被天氣干擾的種種新的設備，把人和惡劣的環境隔絕開來，這樣一種人定勝天的論述，是現代化以及現代主義非常重要的文化圖像。

　　日本殖民時代對臺灣的統治也是在現代化的論述方式裡運作，塔席克和班雅明都討論到第三階段，即所謂後現代的天氣，人跟外面的世界呈現一種環保互相對應的關係。從早期遠古時代所謂的呼應──人跟天氣的呼應（correspondence）；到人怎麼樣去操縱天氣的資訊，將之模擬及重新使用──也是複製（copy）。從correspondence到copy；以及到了後現代的copy和correspondence兩者結合，也就是人透過和天氣的接觸，可以藉由3D的實驗環境，理解天氣的種種變化中可能產生的科技動態，讓人的環境和外面的天氣形成一種直接接觸的關係。後現代透過種種的新興科技、電腦模擬及3D技術，讓人可以活在種種天氣變化之內，最明顯的就是電腦科技以及從螢幕上顯現出來的電影的效果。人對未來的世界，甚至於遠古世界的天氣，怎麼透過科技的模擬重新去追溯，重新再複製，這些都是後現代天氣的再現方式。在這三個時代裡，實際上有非常多的人的慾望，想要透過更新的科技去掌握、控制，甚讓人在各種惡劣的天氣之中能夠倖存，也就是本文所講的Weathering the colony，如何從殖民的環境之中倖存，怎樣去管理他人，對天氣的因應和對峙之道，怎樣轉變成對其他地區、其他世界的了解和掌握；甚至在這樣的過程裡，產生一種對科技的幻想，掌握一些以前不能理解、蠻荒和不適合人類的惡劣的環境。在這樣一個心態之下，人類會從南進亞太進而探索或征服月球、火星，實際上是非常一致的邏輯發展。在這樣一個過程裡，臺灣的天氣，特別是臺灣的濕熱，所引發出來的種種風水及政治倫理的變化，在日治時代有許多有趣的面向，值得我們進一步在本文加以剖析。

三、從池上秀畝⁵、佐藤春夫到龍瑛宗

　　日本殖民對臺灣溼熱的天氣，特別是引發的疾病十分重視，最顯著的例子就是後藤新平。後藤新平以外科醫生的身分來臺灣治理，從民政到公共衛生，在日治時代的臺灣社會有相當重要的現代化的象徵意義，特別是他所推動有關於臺灣的瘧疾、腳氣病以及纏足的研究，對於纏足在溼熱的環境下，對婦女相當不人道且影響公共衛生條件，有許多嚴厲的批評。許多學者已進行關於日治時期身體與醫療史、腳氣病、纏足的研究，如傅大為教授⁶等。後藤新平在臺灣用漢文寫了不少詩歌，並用行草、各種書法體，對臺灣的建設譜寫各種觀感，例如他到嘉南地區就有以下這首詩為證：玉山高聳白雲低，濁水溪頭望氣生，千里西南青不斷，峰巒畫出幾層梯。⁷ 底下我們由兩位旅遊文學家（池上秀畝和佐藤春夫）對臺灣這個殖民地的觀察，以及他們對地方風土人情及天候變化之描述，去深入思索其殖民或後殖民的場景。⁸

　　池上秀畝（1874-1904）是日本長野縣人，明治十年生於上伊那郡的高遠町，家中三代都是畫家，於二十歲時得到最高獎，

5　見池上秀畝著，張良澤譯，《臺灣紀行》。（臺北：前衛，2001）。
6　相關論文可見傅大為，〈四個片斷：清末日初臺灣的殖民醫療、身體與性別〉，臺灣2000「性別與醫療」工作坊，清大歷史所科技史組，2000；〈日治時代「近代化的醫療政治」──以性別化的醫學教育、規訓化的醫療身體兩過程為例〉，殖民現代性與身體建構小型研討會，東海大學社會系，2003；傅大為，《亞細亞的新身體──性別、醫療與近代臺灣》（臺北：群學，2005）。
7　原作現由楊儒賓教授蒐藏。
8　廖炳惠，〈打開帝國藏書：文化記憶、殖民現代、感性知識〉，《中外文學》33.7（2004.12），頁57-75。

他致力於傳統日本畫的現代化，將西洋自然主義的寫實畫風融入
日本畫裡，因此在同時代的畫家裡地位相當突出，曾在三十六歲
時與老師於明治天皇尊前揮毫，大正天皇到日本美術協會時，他
也曾於他的尊前作畫。1931 年 10 月，池上應臺灣總督府之邀來
臺，擔任第一回臺灣總督府「府展」之評審，著有旅行札記《臺
灣紀行》。他在遊覽庫頁島後訪臺，在《臺灣紀行》短篇裡，第
一句話就表示，在荒涼、景色寂寥的庫頁島之後來到臺灣，非常
地愉悅。他常以不可思議的方式仔細素描各地所見，比如 10 月
的日本已進入紅葉的季節，且已開始下雪，但還未到臺灣前，就
已感到悶熱，看到基隆一片青翠，沒有任何一根枯草，一登岸就
下雨，換句話說，溼熱與他對臺灣的最初印象具深不可解的關
聯，而且也藉此天候之比喻，與日本的「現代」（相較於臺灣的
「原始」）、正常典範（四季分明）彼此分隔。在許多風景畫裡，
他一直在描述這種常夏的狀態，對許多樹木、山景也都有仔細的
描寫刻畫，比如在庭院樹木之中，臺灣到處可見的芙蓉花，可以
高達幾丈，而且長青苔，他常拿這些來與日本的景色作對照，但
是他也常描述臺灣氣候不分四季，一年到頭都一樣，所以人也變
得懶散。這些景觀及人物的描寫，和自然主義的概念有些類似的
關聯，而且和石川欽一郎描寫臺灣風土民情的《風景論》也有雷
同的部分。

　　池上對臺灣原住民的描寫在幾個段落之中相當生動，如過山
月橋（太魯閣的第一長橋），他看到原住民走慣山道，十分地敏
捷、輕巧，他們先用腳搖動橋面，再順著起伏的波狀度過去。在
這個過程中，池上第一次感到害怕，而且對鋼索用幾百根的鐵線

結合在一起，從山頭掛到另一頭再舖上木板，對此這麼簡單而又堅固的建築感到極為佩服，也對山月橋所發展出的危險景觀，印象深刻。他以內地人和臺灣人在生活、適應能力、競爭力等方面的差別作對照，這種對照是相當有趣的比較。例如他說臺灣的街上有賣蜜柑和香菸的攤子，要是內地人的話，即使吃不多也會買整個，可是臺灣人是把皮剝掉後買裡面的一瓣而已，這些蜜柑還分為大瓣和小瓣，總之臺灣人是一瓣一瓣地買來吃，所以一個蜜柑可以分給十個以上的人來吃，香菸也是一根一根地買，而不是整包地買，生活是如此地勤儉、簡單，容易滿足。反之，日本人愛面子，為了抽根菸不得不買一整包，賣菸的人也會占他們的便宜。臺灣本地賣菸的人為了零賣常會把菸盒拆開，看到這種光景，外面的人會以為他們是窮人，但事實上有錢的人倒不少。

　　池上的感覺是從內地來的人生活很奢侈，要有客廳，吃飯要有碟子、筷子、膳盤，相較之下，臺灣人簡單樸素，打著赤腳就可以過同樣生活。因此，他認為作同樣的生意日本人敵不過臺灣人，一樣的東西在臺北街上有賣，可是日本人就要到臺灣人街向臺灣人買，因為價錢不同，就連日本進口的牛奶糖，也要到臺灣人的店裡去買，因為經濟成本不同，這些事情都讓他擔心。表面上看來，內地人相當成功，其實握有實力的多半是臺灣人，他提到有人說內地人不努力的話，最後連好地方也會被臺灣人占去，其實他走到看到的都有這種感覺。從他所欣賞、片面觀察到的這些面向，透過走到看到所產生的感覺，利用這樣的方式形成對臺灣的一種態度。他認為臺灣人如果在整個條件上變得較為活潑的話，一定能夠勝過日本人，因為日本方式講究排場，所以到最後

總是會有人落得一身債務而困苦不堪，經濟力敵不過人家，以後
就會變成一個大問題。

　　在《臺灣紀行》的收藏、觀察、記憶之旅中，池上秀畝看出
兩種文化、性格、生活方式的差異，他把許多觀察、蒐集所繪製
出的圖畫與外面的社會史呈現出一種託喻的關係，在比擬兩個民
族於勤儉、經濟、體力、競爭力的差異上，形成諸多對照景觀。
利用這個方式，他表現出日治時代一個日本大畫家在臺灣行腳的
感性知識，以此對臺灣遲早要脫離日治的未來提出個人的觀感，
雖不是非常系統性的歷史知識，但他以收藏者、繪畫者、史學和
人類學家的原始姿態，提出相當有見地的比較文化觀察。柳田國
男也將類似經驗加以記載，變成虛構小說及民族誌兩種文類混合
的新創作文體，在東京帝大人類學門裡形成另類的跨國民族田野
工作誌，以個人記憶與學術社群產生的對話，展開比較文化、民
謠的通俗文化研究。

　　我們也不妨看一下佐藤春夫（1892-1964）。這位大正時期
的活躍作家，曾以森鷗外之再傳弟子自居，於1920年夏天到臺
灣旅行三個月，返日後寫了相當多與臺灣有關的論述，其中很重
要的託喻作品就是〈魔鳥〉。他說道：

> 我在此次旅行中，也看了某個國家的殖民地，在那裡，這
> 個文明國的人把殖民地的土著居民──擁有相當文明的
> 人，因其風俗習慣相異，對待他們雖沒有到殺害的地步，
> 卻把他們當牛馬一樣。這也是文明人要把表情異於他們的
> 別的文明人壓倒、使役的一個常例。還有，我也看過某一

個文明國的政府，對一種和當時的一般國民的常識稍異其
趣的思想——依其思想，一般人類可能將有更幸福的思想
者抓起來，認定其為危險的思想，屢屢把這種思想家關進
牢裡，有時甚至不留餘地處以死刑。文明人也和野蠻人一
樣，把自己所無法理解的事物全都當作是惡，而努力把那
不可解的表情——有靈魂的表情，根除斷絕。（《殖民地
之旅》，頁92-93）[9]

另外，在《殖民地之旅》這篇中篇田野誌小說裡，他從集集
經日月潭到埔里原住民村落，透過對談的方式，提出對原住民及
殖民文化的一些觀察。一位本地朋友在和他的對話中說道：

在本島，有貴國人——也就是內地人，還有如我們所謂的
本地人——就是臺灣籍民，更且還有在山地居住的原住
民，也就是所謂的蕃人。像這樣子地，各種不同的人一起
居住在這塊土地上，居住民不是單一這一點，乃是本島與
內地重大的相異點。這不管是那個旅行者，有兩個月，
不，只要兩三天，我想就會察覺到，閣下不會只著眼於天
然或自然而對居住民的問題毫無所感吧！（頁330）

這篇討論讓文化觀光者隨手拿出筆記本將談話作備忘錄，以
成為報告的材料。與本文主題密切相關的是敘述者在A君的《寄
鶴齋詩矕》詩集裡，找到許多幻想的線索，他說：

---

[9]　見佐藤春夫著，邱若山譯，《殖民地之旅》（臺北：草根，2002）。

　　據其序文，乃是丁巳孟春的初版，是南投活版所印行的。
據說詩人認為自己字不好，不喜執筆親書，乃令其外甥還
是誰書寫，按其筆跡以石版印刷的。其印刷既非唐本也非
和本，樸素的製本，也是具備臺灣獨特的樸素感覺，呈現
出帶著野趣的地方版的風味。再加上其內容之珍奇，這四
本書其後一直成為小齋的珍藏，放之於座右。打從最初Ａ
君拿給我時，這詩集就非常讓我著迷了。不過，或許反映
這個作者生活的奇犖之極的詩境，或許緣由內容要求以及
作者的詩癖，在才疏學淺的我輩看來，真是佶屈聱牙，並
不是那麼容易理解的。而且其內容有歌詠蕃人生活的打鹿
行，有詠留聲機的，有取材於嘉義地方大震災的地震行，
還有吸鴉片者的詩──吸煙戲詠，以及似乎也和鴉片有關
的夢遊玉京、圓明園失寶歎等等。其題目，一見之下就感
到嶄新非凡而且充滿地方的特殊題材。如此地，時而跳拾
我能讀得懂的詩句來看，都感其各自奇趣橫溢，使我倍感
興趣。可是想通讀下去，則馬上碰到難關，令人氣結。但
這卻反而很奇妙地使這詩集讓我更覺得魅惑。（頁292-93）

　　這種魅惑、七言古詩、無法了解內容的片語支句及奇怪的表
達方式，讓佐藤感到如同讀到用漢字寫成的波特萊爾詩集。這項
收藏品在他後來百般無聊的旅遊生活裡，替代了他所說的索然無
味的旅館午餐，使他飽嘗了《奇鶴齋詩璺》中無盡的詩味，而且
伴隨著無法消化的極端痛苦。

　　利用這樣的方式，他展現出在臺灣殖民地之旅的收藏，豐富

他對於這些歷史探討的感覺面向。他常常說在日本地理書裡，從來不曾聽過如此有趣的地名和心情。因此在描述之中，他特別著墨各地地名的典故，特殊的狐仙、竹林、板橋等。在陪伴殖民者同事到臺灣各地從事田野調查的過程中，他以一種既親密而又有疏離感的角度，顯現出在觀賞和記憶之中的某種模糊印象，如他最後在山中的媽祖廟裡所看到的紅色的布幕、頭冠以及祭壇裡的大木板。佐藤在回想與一夕之夢之間，提供蒐藏記憶與歷史了解的感知，如同以上的其他三種論述實踐及其蒐藏作為，佐藤的魅惑及其感官知識，可能也可算是我們在穿透殖民、後殖民時代，重新思索現代性的線索。這些論述是虛構或歷史？可能難分難辨。在上架時，它們被歸類為「臺灣關係作品」，也可能被稱為「臺灣文學讀本」，是內地或本地？還是座落在其中的失所？要重新體認殖民與現代性，也許我們不能忘記蒐藏者的角色及其感知學術。

　　相較於日本殖民地之作家所做的臺灣風土觀察，臺灣文學中有許多重要作品對殖民社會冷暖（如溼熱與現代性）有相當細膩的討論。其中龍瑛宗《植有木瓜樹的小鎮》在殖民環節上，從身體的意識反應看出本身對外的信心動搖，以及殖民性格如何深入民心，頗具代表性。

> 午后，陳有三來到這小鎮。雖說是九月底，但還是很熱。被製糖會社經營的五分仔車搖晃了將近兩個小時，步出小車站，便被赫赫的陽光刺得眼睛都要發痛似的暈眩。街道靜悄悄地，不見人影。走在乾裂的馬路上，汗水熱熱地爬

在臉上。……走進巷裡……小路似乎因為曬不到太陽，濕濕地，孩子們隨地大小便的臭氣，與蒸發地熱氣，混合而昇起。

這個小鎮的怠惰性格漸漸地滲入陳有三的肉體。正如南國威猛的太陽與豐富的大自然，侵蝕了土人的文明一樣，這寂寞而懶惰的小鎮的空氣，開始對陳有三的意志發生風化作用。在如同煮熟的盛夏裡，陳有三在一種沉浸於「法悅境」的情緒裡猛然用功；但一到氣候冷澈的時候，便稍看一點書就覺得疲倦不堪，說不出一種無精打采的感覺。[10]

透過陳有三來到小鎮擔任一個製糖會社的官僚，龍瑛宗寫出了殖民政權下扮演小螺絲釘角色的被殖民知識分子，對內對外的迷惘。對上面的這些人輕謔的稱呼陳有三感到不以為然，卻以高姿態來看待小鎮裡的老百姓，夾在統治者與被統治者之間，既缺乏信心又有種擔任走狗的自憐，這種既鄙視自己又感到高人一等的對自我的內在仇讎，一如南弟（Ashis Nandy）所言的「近敵」（內在的仇讎），即從內在對自我感到敵視的態度。在《植有木瓜樹的小鎮》中，陳有三把天氣、汗水、馬路上所蒸發出的熱氣，與對自己的無奈和鄙意，種種心態合在一起，細緻地鋪陳出殖民者的肉體、與肉體所產生的意識和南國想像，在怠惰而又充滿生命力的這種南國肉體的朦朧之美，具相當有趣的反諷，並隱

---

[10] 見《龍瑛宗全集》（臺南：國家臺灣文學館，2006），進一步之分析，請參考，"Interlingual Discovery", *Comparatizing Taiwan,* ed. Shu-mei Shih and Ping-hui Liao (New York: Routledge, 2015)。

含一種細膩的描寫。

四、風旅水土與南國印象

　　最後，我們試以石川欽一郎（1871-1945）的東京 ——
臺北行為切入點，再從殖民史的旅行脈絡，去看大環境的變
化。在此，我們不想以抽象的「概念」、「概念隱喻」（concept
metaphors，如民主、資本、現代性等）為焦點，去談後殖民情
境的殖民應變、挪用、翻譯或協商，而是以具體大、小人物在隨
緣的歷史時空中，進行跨國的錯綜且無以預期的活動，受制於同
時也開發了種種道德、政治、文化動媒機制（agencies），我們
也許可掌握到某些被後殖民學者忽視的「小符號事件」，例如石
川欽一郎的兩次來臺。

　　石川是臺灣現代美術史最重要的日籍老師之一。他早期學習
英國自然田園風格的水彩畫，1907 年 10 月到臺北，擔任臺灣總
督府陸軍翻譯官，任臺北中學與國語學校美術老師，至 1916 年
辭職返日。第一次來臺期間，正值殖民初期，軍人主政，石川是
官方的通譯，並負責文化政治宣傳，作品的題材常是「日軍大舉
殲滅臺灣民兵」或表揚日軍治臺功績。他雖然足跡遍及全島，留
下許多記錄臺灣自然風光的作品，但是基本上不失其殖民者的
田野蒐集立場。1914 年 2 月，他協同好友三宅克己（1874-1954）
在臺北舉行個展，倒是為臺灣的洋畫展覽開了先例，不但吸引了
日本政要（如佐久間總督）到場參觀，也種下了在地美展因緣。

　　1923 年 9 月，東京發生大地震，石川的家園受損嚴重，繼母

喪生。臺北師範學校校長志保田得知此噩耗，便特別禮聘石川，於1924年春重返臺北專任美術教師。當時，石川從歐洲（尤其法國）返日不久，旅行改變了他對畫室（studio）的看法，他開始重視戶外的互動，尤其是人面對自然的千變萬化所起的色彩、光線、感觸。到了臺北，他盡其全力培養美術人才，課餘更領導學生到戶外寫生，組織同好及學生，創立臺灣水彩畫會（1927）、洋畫研究所（1929）及臺灣繪畫研究會等。受他指導的學生如藍蔭鼎（1903-1979）、洪瑞麟（1912-1997）後來均成了在臺灣美術界的傑出畫家，而且風氣所及，感召了不少學子以美術、文化為其生命目標。在第二次來臺的期間，石川經常在《臺灣教育》撰文簡介西洋美術史及美學欣賞，更到處參加美術教育講習及評審州級美術展，出版其《課外習畫帖》（1932），供臺灣的公小學及中等學校低年級生課外用，可說與臺灣美術界十分親和，而且具啟發性和領導力，為臺灣美術別開生面。

這種跨國的美術教育，正好風雲際會，遇上日本內閣的大轉變，明治二十八年（1895），原敬和田健次郎分別代表外務省和遞信省，參加臺灣事務局，到了1918年，原敬當上總理，開始實行當年自己所主張但被伊藤博文壓下來的內地延長主義。1919年發生三一運動，原敬趁勢大刀闊斧改變殖民統治政策，聘請田健次郎出任臺灣總督，為臺灣文官總督之肇始。這個政策變化影響了日本對臺的殖民方式，間接地也促進了石川欽一郎這種日本籍教師的文化教育及在地化作用。實際上，正因這些細微而不能預期的變化，殖民者及被殖民者往往不是以固定權力關係或飄忽無以決定的概念隱喻去締建其主體。以紐澳、西印度群島的帝國

主義者愛爾（Edward Eyre）為例，霍爾（Catherine Hall）指出愛爾於十九世紀中葉在英國與紐澳、加勒比海之間，不斷因為內、外因素而改變其殖民政策，時而溫和，時而嚴苛，並因結識殖民地總督，發表民族誌異的言論，而形成當地新的殖民政策。在幾年內，愛爾的想法、影響力及其跨國的航海經歷彼此牽扯，這乃是具體人物在族群、膚色、性別、文化認同問題上的種種演變，並非「含混」或「交織」等概念隱喻所能含糊帶過。

　　而石川欽一郎則在其兩次分別為九年的旅臺過程中，從殖民官員轉化成美術教育家的身分，他的藝術創作及風景論呈現出矛盾而又錯綜的心理認同結構，他以跨國旅行兼殖民者身處異地的方式，一方面大規模進行收藏、調查、修訂或啟蒙他者的計畫，另一方面則將臺灣山水與日本的風景加以類比，但往往卻又以排斥異地景觀，採用懷舊的觀點，顯出文化優越感，如在1908年1月23-4日，他在《臺日報》上發表的〈水彩畫與臺灣風光〉這篇文章裡說道：

> 領臺十餘年後的今天，日本還有很多人一直不知道臺灣，我希望至少讓這些不幸福的人們知道日本第一的臺灣風景。或許也有人覺得我說臺灣是日本第一風景太過分了些，可是我卻深信不疑，並且相信東京的畫家友人看了也一定會這麼想。僅拿臺北與日本相比較，首先讓人覺得有些與京都彷彿相似。淡水河可比鴨川（又稱加茂川）。媲美比叡愛宕的大屯、觀音等群山圍繞著城市。吉田白河就以圓山一帶來比擬，和尚洲（河上洲，蘆洲）附近好比

嵯峨野，臺北南區的古亭庄相當於京都南端的伏見。也不
必要勉強在此一一類比，兩地大體的山容水色相當近似，
臺北的色彩看起來還更加地美。紅簷黃壁搭配綠竹林效果
十分強烈，相思樹的綠呈現日本內地所未曾見的沉著莊嚴
感，在湛藍青空搭配下更為美妙。[11]

但十幾年後，他卻在《臺灣時報》上表示不同看法：「臺灣
的自然多半都是一眼望盡，餘韻不足……美麗的臺灣風光變化
不夠細膩」（1926年3月，頁34），因此他雖被「雄偉的景觀所感
動」。「然而不知為什麼我總是有些不滿足的感覺。仔細推敲，
原來是缺少了神祕感」（頁34）。又如在〈麗島餘錄〉裡說：

> 臺灣的山岳卻無論如何也沒有日本的淒涼壯烈感，我想這
> 是因為臺灣島亮麗的光線以及色彩鮮豔的緣故，日本阿爾
> 卑斯山一帶鼠灰的顏色總令人覺得可怕，但這裡（臺灣）
> 連山都是可愛嬌美的。因此，和日本山脈那種崇高的感覺
> 或神靈之氣相較，感覺相當不一樣。然而這麼熱鬧的話，
> 天狗也不會喜歡住在那裡罷，即使六根清淨也無法達到本
> 心的境地，你以為如何？[12]

也就是他在臺灣旅居日久，反而對玉山、淡水、臺灣廟寺、山水
加以貶低、排斥，刻意摒棄臺灣認同，重新追求其本我的性淨、

---

[11] 石川欽一郎，〈水彩畫與臺灣風光〉，收入顏娟英譯著，《風景心境：臺灣近
代美術文獻導讀》上冊（臺北：雄獅，2001），頁30。
[12] 石川欽一郎，〈麗島餘錄〉，同上，頁41。

超越。

　　我們可延伸印度學者南弟（Ashis Nandy）的「近敵」觀點，認為石川的類比及其愈比愈本位的作法是以「內在仇讎」的自我否定方式，將第二個定居的九年視為「歧出」，因距離拉近而想力圖恢復其文化失調的補償作用，將失掉疏離、墮落的「本」我加以贖回，以至於得排斥、壓抑他者。跨國旅行兼殖民者身處異地，一方面大肆進行收藏、調查、修訂或啟蒙他者的計畫，另一方面卻逐漸發展懷鄉與異國記憶，針對自己的文明任務及其引發的身心症狀，感到無明的焦慮與迷惘。南第曾演繹吉普林（Rudyard Kipling）心中的「盲目暴力與執著報復」（頁68）。吉氏出生、成長於印度，深受印度文化洗禮，貌似印度小孩，六歲時父母送他回英國上學、與姑媽同住，從此吉普林便在英、印兩個世界中擺盪，無法在英國找到親情，又不能認同「落後」的印度生活。他雖不斷撰述有關印度的故事，但大致以東方論的角度去看待印度。同時，吉普林與歐洲文明格格不入，往往被看成是陰弱、叛逆的人格。因此，在南弟的分析下，有二種吉普林在內心交戰：一個是西方文明的代言人，一個則是印度化的西方人，憎恨體內的西方成分，以至於在小說中展示出兩種人物，一種是出入各種文化的英雄，另一種則是討厭文化交混，無法接受本身的不純淨因素，雙方爭鬥的結果是自我的墮落與毀滅性的暴力。

　　以南弟所持的「近敵」一說來看殖民者的自我毀滅心理學，在駐日的藝術家如石川欽一郎身上，是可找到一些線索，如他刻意摒棄另一個臺灣自我，透過對玉山、淡水、臺南風景的貶低與排斥，重新追求其本我的純淨。誠如顏娟英在晚近一篇論文指

出，石川一方面受日本風景畫論的影響，另一方面則因他的兩段
駐臺不同際遇，從殖民者身分變成臺灣藝術界的良師益友，反而
不斷以文章去抬高日本山水的地位，把臺灣給比下去。在他第一
次來臺的九年內，常以類此的方式，將臺灣海岸、山水與日本的
風景參照；第二次來臺定居九年，則因距離拉近，而逐漸恢復其
文化本位的補償心理，企圖將失掉、疏離、墮落的日本自我加以
贖回，以至於有分歧斷裂的藝術論述，與生活中的親臺作風產生
不一致的批評實踐。類似的狀況也見於柳田國男在臺灣的比較民
間風俗研究及其旅行田野誌：在異地的風土人情中，看到日本民
族文化的優越地位及其國族想像的必要性。

五、結論

　　在殖民統治中，殖民者往往經由類比、疏離與贖回的過程，
從驚「異」的自我失落之中驚醒，發現自我反而更能欣賞異文化
之美，甚至與之較為親切，因此不得不改以嫌惡的眼光看待他
人，重拾失落的自我，透過越界的接觸或對本身都會文化的反
省，形塑懷舊記憶，將創傷及心理挫敗加以昇華，建構超真實的
統合自我，表面上是挽回、恢復文化認同，其實是不斷被自我分
裂、水土不服所引發的憂鬱及無感症所侵襲。以石川為例，他二
度來臺之方式、友人、社群及其形象都起了概念上的質變，雖
是因地震失恃，他卻是被吸引來臺，而且接受社群及友人之協
助，讓他由「客」、「外」人轉化為局內人，「旅行」觀念開始
停滯，只得透過「回返」祖國的形式，繼續發展其流動與批評位

置，也就是說他不斷穿梭於「寄居」與「留住」之間，有其矛盾，因此在畫作及其美術教育上逐漸傾向臺灣本土的同時，也不斷嚮往故國的風光，開始以情感、書寫等心理機制去顯出其複雜的認同結構。

　　先就科技與旅行概念來說。石川初次來臺，是以殖民帝國主義者的從屬身分，乃日本政權對東亞地區進行其「現代化」計畫的一員官僚，其旅行大致是在統轄、管理、分類的科學方法之下展開，往往假定日本之外的「東方」比較落後並亟待啟蒙。他到臺灣各地的旅遊、考察與實地寫生，主要是要建立田野資訊，與當時的地政、戶口普查、人文地圖等統治伎倆，可說彼此搭配，殖民體制的知識及權力也是他旅行所倚重的社群、網絡。他還透過畫會及展覽活動拉攏本地藝術家，他一方面提升其公關，另一方面則採「以文會友」的方式，化解殖民者與被殖民者之間的緊張對立。這種拉攏的手段，在他所倡導的「蘭亭會」（書畫會）最為明顯，既凸顯日本人看重中國書法（王羲之為此畫會的圖像），同時也表示文化交匯（transculturations）的用心，藉「同文同種」的觀念，引導臺灣本地藝術教育邁向現代化（或日本化）。

　　在這種現代科技與統治的前提下，石川不斷歸納、比較、企圖將臺灣的風土人情與日本的好山好水相互參證，因此時常流露出他對臺北、淡水、臺南景觀的「驚異」與「共鳴」，發現臺、日「兩地大體的山容水色相當近似」，甚至於還發展出懷舊與反征服的情緒，認為「臺北的色彩看起來還更加地美」，有其不容抹滅的「沉著莊嚴」。在這種「比較都會文化觀」下，他的殖民身分認同起了微妙的變化，不斷在「再現」臺灣景觀的過程中，

重新調整其見解，提出「臺灣是日本第一」的看法，對日本流行的風景論作批評。

不過，他的第二度來臺，則是在東京大地震家破人亡後。相較之下，在臺友朋的協助安頓及熱心提供工作機會，反而凸顯了臺灣的進步與安定，特別是在1924-33這九年內，臺灣文官總督政績卓越，在日本政局變動之時，竟取得主導地位。許多在日本無法執行、實施的新都市計畫、建築風格（如日本巴洛克）均在臺灣有了發展。在這種資訊、資本皆發生質變的年代，石川抵臺，發現臺灣一片向上提升的新氣象，又因他的身分由殖民官員轉為美術教育工作者，從統治者變成教師、朋友、局內人，不再是旅遊者、過客。在此錯綜的因緣交會下，東京、日本反而再度被確立為他懷念的「家」、「故鄉」，所以他在這階段重新調整其風景理論，不斷透過歌頌日本山水的神祕及宏偉，來贖救他心中所感到的失落（dis-placement），乃至文化心理上的遠離中心或遭到放逐感。準此，他開始以「反驚異」的方式，逐漸排斥臺灣風光所留下的感受震撼，一味假想日本景觀的純淨、靈秀，藉心理機制的再現方式，去掌握「本我」，從破碎玻璃中重整、找回原初鏡映期的理想情境，一再美化、重返故鄉。

有趣的是，石川的地位大致是以臺灣深具地方色彩的南國風光所奠定，他在對臺灣態度上的轉變，由喜歡、親近到疲倦、乏味，可能與臺灣的溼熱氣候及其「盛夏」之氛圍息息相關。若以班雅明、塔席克的身體意識重新檢討他的「百無聊賴」（boredom），則石川與龍瑛宗筆下的陳有三其實有深入的關聯，此一環節或是我們理解殖民統治時應以「肌膚」之渴去加以回味的吧！

Part IV

戰後臺灣的族群，
文化傳播與家國想像

跨界者的跨界與虛構

——陶晶孫小說〈淡水河心中〉顯現的戰後臺灣社會像＊

黃英哲

　　十九世紀末到二十世紀中期，東亞在傳統帝國的瓦解與新興民族國家的興起並存的過程中產生劇變。傳統秩序的邊界瓦解的同時，新興秩序的邊界逐漸形成，從政體、社會、經濟、文化各層面，幾乎都朝國民國家化的方向發展。在以國民國家為邊界的新興秩序固著的過程中，隨之產生各種跨界者，他們親身體證

＊　本文據載於中央研究院臺灣史研究所發行的《臺灣史研究》18.1（2011.03）的論文濃縮而成。初稿曾以〈「跨界者」陶晶孫：論〈淡水河心中〉〉為題，在臺大臺灣文學研究所與哈佛燕京學社主辦的「交界與游移——近現代東亞的文化傳譯與知識生產國際學術研討會」上宣讀（臺大，2009年9月10-11日）。後經大幅修改，以〈跨界者的跨界虛構：陶晶孫小說〈淡水河心中〉顯現的戰後臺灣社會像〉為題，在中央研究院臺灣史研究所主辦「戰後臺灣社會與經濟變遷國際學術研討會」上宣讀（中研院臺史所，2009年12月23-24日）。筆者感謝兩次研討會的評論人柯慶明教授與蕭阿勤教授，以及與會學者的指正。拙文投稿後，感謝三位匿名審查人的意見與修改建議。此外，拙文書寫、修改與資料蒐集過程中，特別感謝以下幾位師友的指正和協助：故同志社大學名譽教授太田進、埼玉大學教授小谷一郎、紐約大學博士候選人陳偉智。

（embody）了邊界的存在，但也弔詭地說明封閉邊界的不可能性。本文所討論的陶晶孫（1897-1952），即是這樣的跨界者，在其生命歷程中見證了戰後初期游移在日本、臺灣及中國之間的種種跨界現象，不但跨越了政治、語言邊界，也跨越了醫者與文學家的邊界，在本文分析的〈淡水河心中〉，則跨越了真實與虛構的文本邊界。

〈淡水河心中〉是陶晶孫根據戰後臺灣發生的一件殉情新聞改寫而成的小說，以日文發表於日本的文學雜誌。關於陶晶孫的討論文章多未對此小說多所著墨，然而，小說生動地記錄了戰後初期臺灣社會的矛盾、磨合與對立，筆者認為，此篇在陶氏的創作中有其特殊性。在戰後臺灣被施予「再中國化」的再次國民國家教化施作的過程中，陶晶孫以其跨越語言、社會位置、文本文類的介入，以〈淡水河心中〉逆寫新聞事件。本文將探討陶晶孫如何在新聞事件之教化虛構中，以小說再度顛覆了殉情事件的新聞真實，並揭示戰後初期臺灣社會的複雜圖像。

一、從一件殉情事件談起

1950年1月14日《中央日報》第四版有一則社會新聞，標題是「淡水河邊水門下一少女殉情自勒遺落兩封書信表明自殺原因因為不能與愛人結婚」，內文如下：

> 【本報訊】昨天，上午六點多鐘，正是好時光，好天氣，
> 在淡水河邊，十三號水門下，發現一個艷麗女屍年齡不到

二十歲，燙髮，穿白衣貼身背心，燈心布襯衣，黑黃細花旗袍，外罩紅毛線外套，（略）。頸緊纏有已斷的童軍用的麻繩半條，（略）。在屍體的堤顛，仍繫有已斷的麻繩半根。此豔屍係於上午六時許，經附近居民發現後，即報告迪化街派出所，呈報市警第一分局，立報地檢處，派檢察官率同法醫及書記官蒞場檢驗，係屬勒斃。同時在她身上，檢出三本書；《中國語言教授法》、《中國語言語文學》（以上均係日文）和王西彥寫的《春野戀人》，兩封遺書，一封白信封，普通信紙寫的是給父母的，另一封是用粉紅色信封洋信箋，寫給她的愛人臺灣廣播電台張白帆的。另外一個小皮包，內有九十元新臺幣和身分證，她名陳素卿，十九歲，臺北縣人，住樹林鎮西園新德里三十二號，桃園女高畢業。（略）警局根據遺書到廣播台找到張白帆。他聽到這一消息，當時雙淚直流，趕到現場，（略）。

據張白帆說：他是廈門人，今年二十四歲，三十七年入閩臺日報任副刊編輯，此時陳即在該報任會計。兩人相識，張愛好文學，陳也受其影響，兩人遂漸相愛。12月間，張到臺灣廣播電台兼任廣播員，到三十八年1月，張轉到電台專任編輯工作，而陳也因報社結束回家，但情感並不因分離而減低，兩人相愛甚熱，曾數次同居一室，仍非常純潔，而情感也因之更堅。但陳的父母，絕對反對女兒和張結婚，屢經請求及託媒，都不得許可。

在此情形下，張的朋友以女方父母既反對結婚，長此下去徒

增痛苦，乃勸張設法結婚，以斷女念，並為介紹廣播電台女同事北平人徐冰軒認識，相認只兩個多月，便發生了關係，因此在三十八年6月間結了婚，現在且已有孕。林（筆者按：張）徐結婚後，陳仍盼與張保持純潔友誼，時相往來，但遭張妻徐冰軒的冷眼和痛罵，陳無可奈何，常到張的辦公室偷偷看張，以慰一片戀情。一月前並要張同她去照了一個相，此時即已決心自殺。12日的下午，張又接到陳自樹林來的一個電話，堅請他一定於7點半的北上車到達時去臺北車站接她，張屆時到站將她接下，她說有事到中正東路外祖母家去，張陪她走到中山路口她又說還沒有吃飯，兩人又去出了飯，她又說不想去看外祖母了，要張送她上車回樹林。兩人在候車室中，陳又重提往事，伏在張的肩上，微微輕泣。張婉加勸慰，陳要將手上的一隻錶送張，張以留下徒增痛苦，也予婉拒，但陳說機器略壞，請他代送去修，他才收下，然後她送他上七路公共汽車上班，即成永別。到13日上午9點鐘，便忽接她已死的惡耗。[1]

　　同一天的《中央日報》第二版又全文刊出死者陳素卿寫給張白帆和父母的兩封遺書，標題是「家庭阻擾難締鴛盟悲憤自殺永保純潔陳素卿致張白帆絕命書」。在留給張白帆的遺書中，陳素卿寫下：

　　我心愛的張：這是我最後給你的一封信，但是你不要傷

---

[1]　詳細報導請參照1950年（民國三十九年）1月14日《中央日報》（第四版），報導標題「淡水河邊水門下一少女殉情自勒遺落兩封書信表明自殺原因因為不能與愛人結婚」。

心，我要在這封信裡對你說很多的話，我從前都不敢對你說我痛苦，我現在都要告訴你了。（略）

張！我不怨恨你，我只怨恨自己的命運，恨自己的家庭，如果我父母當初答允我和你結婚，現在你也不會給那人占去，我也不會走上自殺這條路，我怨恨我的家庭為什麼要那樣仇恨外省人，我不知道他們的前生前世是不是受了外省人怎樣的欺侮。（略）你教我說國語，學國文，教我怎樣做人，怎樣做朋友，怎樣孝順父母，怎樣愛祖國，怎樣努力讀書，你告訴我許多我從來沒有知道的事情，使我覺得人生是怎樣有意義，使我覺得你是一個偉大的人，很值得我來敬愛你。（略）

我不怨恨你，我只恨我的父母為什麼不答允我嫁你，我真恨死了，我也恨我為甚麼要有良心，為什麼不忍把你搶回來，但是我恨那個狐狸精，為甚麼把你搶去了，又不讓我和你做朋友，還要迫我去自殺呀！（略）張！我是永遠愛你的，如果人死了真會變鬼，等我們都做鬼的時候，你再愛我嗎？但是，張！我要你很幸福的活下去呀！

　　　　　　　　　　　　　　　　愛你的人素卿書[2]

另一封寫給父母的遺書寫下：

---

[2]　遺書詳見1950年（民國三十九年）1月14日《中央日報》第二版標題「家庭阻擾難締鴛盟悲憤自殺永保純潔陳素卿致張白帆絕命書」。

爸爸！媽媽！

我現在要和您們永遠告別了：但是請您們不要傷心。您們把我養得這樣大了，我不能永遠在您們身邊服侍您們，這是我很大的不孝，所以我現在要走這條路心裡也是十分的傷心。（略）

我的心很痛，我沒有話說了，我只要求您們不要傷心，也不要去害張先生，張先生是很好的人，我到死的時候也是愛他，請您們千萬不要去害他，他不是亂來的人，他說有對不起我，我們的愛情到現在都十分清白，這一點我可以對得起您們，請您們千萬不要害他吧！我也要求您們以後不要再仇恨外省人，外省人有壞的，也有很多比本省人更好的，如果素娟妹妹將來也愛了像張□生這樣的外省人請您們不要再阻止吧！最後敬祝您們健康。你們不孝的女兒素卿上。[3]

此則新聞與遺書登出後，市井頓時議論紛紛，民眾爭相為文、投書表示己見。[4] 由此事件引發的騷動中可窺見戰後初期牽

---

[3] 同上。

[4] 1950年（民國三十九年）1月15日《中央日報》第四版報導，標題「殉情女化癡情灰陳素卿遺體昨已火葬張白帆今日為她開弔」；16日《中央日報》（第四版）報導，標題「殉情女灰置法藏寺致祭靈堂雖無弔唁幛聯但有更多的眼淚與嘆息」；讀者景白和王白之投書，標題「陳素卿死得有價值嗎？」；17日《新生報》〈新生副刊〉，達妮「愛情，你怎樣處理？——從陳素卿之死想起一個故事」；18日《新生報》〈新生副刊〉，（作者沒有署名）「人性的控訴——哀陳素卿之死」；19日《中央日報》（第四版）報導，標題「傅斯

動臺灣社會的族群意識，對於新來統治階層的好感、疑懼乃至嫌
惡等複雜心理，此事件因而瞬間爆發並持續發酵，甚至由私人事
件轉成公眾話題。陸續的報導中提到「在家屬們初到的時候，都
悲憤交集，他們疑心她不是自殺，而是被殺。他們覺得遺書寫得
那麼長，那麼好，不會是她自己寫的。警局當叫他們去找她所寫
的其他文件來與遺書對筆跡，並介紹他們去見法醫，由法醫從學
理上分析驗斷她是自殺的理由。」[5] 但旋又報導「死者親屬消釋
誤解，囑張繼續保持情誼。」[6] 從為文與投書的內容可發現當時
社會上不同角度的評斷。從社會現實角度切入認為：陳素卿是封
建社會、地域觀念、及三角悲劇的犧牲品。而造成陳氏自殺的
主因，則是本省和外省人之間的隔膜。[7] 也有從兩性關係進行討
論，認為：「……張先生不能否認自己沒有罪過（略），單為了
她父母稍有歧見即拋棄了她。」[8]

年等昨發起補葬陳素卿女士願同此心者集其薄貲」；20日《中央日報》〈中
央副刊〉，音「陳素卿之死」，天嘯叟鄭烈「弔陳素卿女士」；23日《新生
報》〈新生副刊〉，言采薇「陳素卿死有遺憾乎」；24日《中央日報》〈中央副
刊〉，齊如山「兩個理由──關於改葬陳素卿女士──」。

[5] 1950年（民國三十九年）1月15日《中央日報》第四版標題「殉情女化癡情
灰陳素卿遺體昨已火葬張白帆今日為她開弔」之報導，並同時刊登出兩人熱
戀時合影。

[6] 1950年（民國三十九年）1月16日《中央日報》第四版標題「殉情女灰置法
藏寺致祭靈堂雖無弔唁幛聯但有更多的眼淚與嘆息」之報導。

[7] 1950年（民國三十九年）1月18日《新生報》〈新生副刊〉，（作者沒有署名）
「人性的控訴──哀陳素卿之死」。

[8] 1950年（民國三十九年）1月16日《中央日報》第四版，王白之「看陳素卿
遺書感想」。

　　此事不只引起一般市民關心，連時任臺大校長傅斯年也寄予
關心，同情陳的遭遇，與臺大文學院長沈剛伯、臺灣出身的心理
系系主任蘇薌雨、中文系教授毛子水聯名，發起募款補葬陳素卿
並投書《中央日報》：

編輯先生：連日

　　大報載陳素卿女士死事，及其遺書，同人相逢皆談此
事，不勝傷懷，何感人之深也。陳女士之死，或論其值得
一死否，或歸咎於社會制度，此皆淺乎言之，而不達性命
之道也。陳女士之才，見乎其文，粗學二年，有此天成之
作，此豈為遺名於後人乎？而精靈之誠，遂成此文，老師
不逮。老師非不能文，無此情之真也。（略）世之以身殉
道者，或自外礪，人曰可貴猶若同懷者之情也，陳女士則
殉赤子之靈心耳，猶若有勝焉。漢末焦仲卿夫妻之事，事
本尋常，舊來婚姻多有，然二千年流傳不已。今陳女士之
遭逢，極世間之矛盾，則舍命不渝矣。昔冤禽銜石以填
海，遂成巨洲，望帝思歸而羽化，乃託杜鵑，詩人詠之，
不達其義；好古者錄之，未著其解。今見此事，昧昧思
之，則遠古神話，頓識其義矣。我等棲遲島上，以書代
耕，愧無巨筆以傳奇，深憾無力於補天，頗願同此心者集
其薄貲，葬陳女士於山水清幽之所，塵囂不染之間，題其
碣曰：「同情者共葬陳女士於此」，庶幾陵谷變遷，文字
隨劫而遺盡，宇宙不滅，精靈緣意而不亡。

　　大報如以為然，敬祈登出此信，以來應者，感幸何似。

敬頌　撰祺

傅斯年沈剛伯蘇薌雨毛子水

一月十八日[9]

　　此投書立即得到其他學者的呼應，著名來臺戲劇學家齊如山在此投書刊出後即主張不但應改葬，且應將其事跡編入教科書，至少也要編入民眾讀物。[10] 五○年代，國府剛播遷來臺，剛脫離殖民體制的臺灣對「祖國」懷抱著極大幻想，然而，前來接收臺灣的軍隊及統治階層與臺灣社會卻存在著鴻溝，除「族群意識」外，更有語言問題。因此，光復初期的興奮後，臺灣民眾與新來的祖國「同胞」間緊張感日漸高升，雙方屢有齟齬，加上國語運動的推行也正方興未艾，陳素卿的遺書事件所展現的為自由戀愛而殉情、努力學習「國語」、閱讀中國新文學作品、流暢的中文遺書及其傳達的「外省人」正面形象和以死呼籲不要再仇恨外省人的作法，極易得到學者們的共鳴，此件儼然成為馴化臺灣民眾的社會教化之最佳正面教材，特別是本省籍女子之殉情，浪漫色彩外，也滿足了這群統治階層的自大心理，學者們也樂於藉此解消日漸對立的省籍情結。此事日後也成了陶晶孫〈淡水河心

---

[9]　1950年（民國三十九年）1月19日《中央日報》第四版標題「傅斯年等昨發起補葬陳素卿女士願同此心者集其薄貲」之報導。此文收於《傅斯年選集》第九冊（臺北：文星書店，1967），頁1595-1596。

[10]　1950年（民國三十九年）年1月24日《中央日報》〈中央副刊〉，齊如山「兩個理由──關於改葬陳素卿女士──」。

中〉的題材。

二、臺灣時代的陶晶孫（1946-1950）

　　陶晶孫，本名陶熾，又名熾孫，筆名晶孫、陶藏、烹齋、冷孤原等，1897年生於江蘇無錫，1906年隨父移居日本東京。1919年入學九州帝國大學醫學部，低郭沫若一級。1921年春和郭沫若、郁達夫、何畏等人共創同仁誌《グリーン》（綠），陶晶孫在第二期發表其日文短篇小說處女作〈木犀〉，郭沫若大為折服，勸陶晶孫譯為中文發表，郭沫若讀了中文版後，讚嘆陶晶孫的日文表達比中文更具韻味。同年7月，與郭沫若、郁達夫等人共同成立「創造社」。1923年九州帝大畢業後，轉入東北帝國大學理學部物理學教室就讀，同時也在醫學部從事電氣生理學實驗，課餘並組織交響樂團，擔任指揮。翌年和郭沫若日籍夫人佐藤をとみ之胞妹佐藤操結婚，並屢在《創造季刊》、《洪水》等刊物發表短篇小說。1926年取得醫師證書，任東京帝大醫學部助手，又兼東京帝大附屬泉橋慈善醫院醫師，1927年短篇小說集《音樂會小曲》出版，被稱為是中國最初受日本新感覺派文學影響的作品。

　　1929年，陶晶孫從日本返國，再次面臨國境與語境之跨界。日本的西歐式高度教養主義教育及專業訓練，培養了其音樂、文藝等藝術素養，使其兼具科學家與文學家的身分。[11] 返國

---

[11] 戰前日本舊制高等學校的「大正教養主義」教育與陶晶孫人格、學養的形成，詳見嚴安生《陶晶孫―もう一つの中国人留学精神史》第一章（東京：岩波書店，2009），頁3-73。

後，他任上海東南醫學院教授，同時繼續創作，並關心左翼文藝和戲劇運動，1930年出版文集《傻子的治療》。同年3月，「左聯」成立，陶氏為盟員之一，8月，返回無錫開設厚生醫院。1932年，厚生醫院停辦，回任上海東南醫學院任公共衛生學教授，並兼任日人創辦之上海自然科學研究所研究員，從事寄生蟲學等調查研究。1937年抗日戰爭爆發，東南醫學院遷移重慶，「八一三事變」後，夫人攜三子暫離滬赴日，陶氏獨居上海，任上海自然科學研究所衛生研究室主任。1941年夫人攜子返滬，1944年出版散文集《牛骨集》、日文《陶晶孫日本文集》，同年底以上海市代表身分出席在南京舉行的第三次大東亞文學者大會。1945年抗戰勝利後，他與東南醫學院院長郭琦元等人奉派為接收專員，前往南京接收日軍陸軍醫院。隔年赴臺，任臺大醫學院熱帶醫學研究所教授兼衛生學研究室教授。

　　1949年中華人民共和國成立，國府撤退臺灣，陶晶孫的連襟郭沫若擔任了新中國人民政治協商會議全國委員會副主席。1950年代初期，國府積極追捕所謂的「共黨分子」，曾為「左聯」一分子的陶晶孫得知三男因參與學運名列黑名單，遂決意逃離臺灣。1950年4月以參加學術會議之名抵日，居住東京郊外的千葉縣市川市。1951年4月受邀擔任東京大學文學部兼任講師，講授中國文學史，並取得千葉大學醫學博士學位。此時也應《文藝》、《展望》、《歷程》等雜誌邀稿，恢復日文創作，漸受日本文壇注目，也與數位日本藝文人士如：佐藤春夫、內山完造，及詩誌《歷程》同仁往來。1952年因病急逝。同年10月，日本友

人整理其晚年文章，結集成《日本への遺書》出版。[12]

　　關於陶晶孫赴臺原因，迄今沿用其三男的說法：陶晶孫因當時任國民黨政府衛生部長的羅宗洛之推薦，參加了接收臺灣的舊臺北帝國大學的工作，也被聘為醫學院教授兼熱帶醫學研究所所長。[13] 據筆者調查，1945年10月，國民政府委派羅宗洛以教育部臺灣區教育復員輔導委員會主任委員兼特派員身分，赴臺接收臺北帝大，羅宗洛於10月17日抵臺，11月15日正式接收臺北帝大，並代理臺灣大學校長（1945年10月-1946年7月）。[14] 此後直到陶晶孫離臺，臺大的校長依次是陸志鴻（1946年8月-1948年5月）、莊長恭（1948年6月-1948年12月）、傅斯年（1949年1月-1950年12月）。關於陶氏赴臺之因，其三男的說法恐怕有誤，因當時陶晶孫並非教育部臺灣區教育復員輔導委員會的一員，羅宗洛也非國民政府衛生部長，且其遺留的〈羅宗洛回憶錄〉、〈接收臺北帝國大學報告書〉、〈接收臺灣大學日記〉（1945年10月17日-1946年6月3日）[15] 三份書誌也無出現有關陶晶孫的記載。

---

[12] 陶晶孫的生平參考以下諸文撰成。鄭仁佳，〈陶晶孫（1897-1952）〉，《傳記文學》70.5（1997.05）。伊藤虎丸〈解題　戰後五十年と《日本への遺書》〉，收於陶晶孫《日本への遺書》（東京：東方書店，1995）。陶易王，〈父親在臺灣〉、陶坊資〈陶晶孫年譜〉，收於張小紅編《陶晶孫百歲誕辰紀年集》（上海：百家，1998）。

[13] 前揭陶易王〈父親在臺灣〉，頁16。

[14] 李東華、楊宗霖編校，《羅宗洛校長與臺大相關史料集》（臺北：臺大出版中心，2007），頁114-118。杜聰明，《回憶錄——臺灣首位醫學博士杜聰明》（下）（臺北：龍文，2001），頁179-180。

[15] 均收於前揭《羅宗洛校長與臺大相關史料集》。

　　三男的回憶中提及「保存下來的國立臺灣大學的聘書上則留有陸志鴻校長的署名和公章」，[16] 據此可推測陶晶孫是在1946年8月，陸志鴻到任臺大校長後才任臺大教職，至於為何任職臺大則待進一步考證。此外，其三男指稱其「被聘為醫學院教授兼熱帶醫學研究所所長」也是疑點很多。1946年的「熟（筆者按：熱之筆誤）帶醫學研究所」職員錄上寫著「所長代理杜聰明」，[17] 並無陶晶孫。1947年1月的「國立臺灣大學熱帶醫學研究所教職員錄」上寫著「教授兼所長洪式閭浙江到校35.8」，此份職員錄上已出現陶晶孫的名字，職員錄上寫著「陶熾上海施高塔路施高塔里2號」，沒有註明籍貫和到校時期。[18] 同年8月的臺大教職員名單上，醫學院熱帶醫學研究所也有陶晶孫，寫其本名陶熾，所長是洪式閭，此外陶晶孫還是醫學院衛生學研究室教授。[19] 1947年和陶晶孫同在熱帶醫學研究所任職的副教授鄭翼宗曾回憶傅斯年到任後，洪式閭所長即離任返回大陸，1949年新年開始，熱帶醫學研究所所長由邱賢添擔任。[20] 因此陶氏任熱帶醫學研究所所長的說法值得商榷。

　　陶晶孫在臺的活動，目前能確定的部分如下：

---

[16] 前揭陶易王，〈晶孫在臺灣〉，頁168。

[17] 三十五年（1946年）《臺灣省行政長官公署各單位及臺北市各公共機關職員錄》，頁217。

[18] 〈國立臺灣大學熱帶醫學研究所教職員錄〉（第一張），收於《國立臺灣大學教職員錄》中華民國三十六年1月。

[19] 《臺大同學會會員名簿》民國三十六年（1947）8月，頁36、34。

[20] 鄭翼宗，《歷劫歸來話半生——一個臺灣人醫學教授的自傳》（臺北：前衛，1992），頁226-227。

時間	活動內容
1946.8	抵臺，任臺大醫學院衛生學研究室教授兼熱帶醫學研究所教授
1947.11.15-16	出席臺灣醫學會第四十屆總會
11.16	在總會單獨報告〈「Metorchis 屬兩種吸蟲研究補遺」〉（熱帶醫學研究所陶熾），共同報告〈鄉村社會衛生研究（一）鄉村飲用水調查（臺北附近）〉（熱帶醫學研究所劉萬福、王長流、陳拱北、陶熾）
1949.10.28	中英文調查報告提要〈臺灣鄉村之社會衛生學的研究（三）臺北附近鄉村常食調查〉 （國立臺灣大學熱帶醫學研究所衛生學科陶熾孫）發表於《臺灣醫學會雜誌》第48卷，第9-10號。
12.18	出席臺灣大學38年度第一次校務會議
1950.02.18	中英文共同調查報告提要〈臺灣鄉村之衛生學的研究（一）臺北近郊鄉村飲料水水質調查〉（國立臺灣大學熱帶醫學研究所衛生學科陶熾孫、陳拱北、王長流、劉萬福），〈（三）臺北近郊鄉村常食調查〉（陶熾孫、陳淑瓊、葉根在），發表於《臺灣醫學會雜誌》第49卷，第2號。
1950.04	與夫人、三男抵日本。

此表根據國立臺灣大學37、38、39學年度校務會議記錄作成。參見《臺灣醫學會雜誌》47.1 (1948.02.28)、48.9-10 (1949.10.28)、49.2 (1950.02.18)

　　陶氏在臺時多致力於臺灣公衛學方面的研究，沒有留下文學活動的軌跡，同時和他在臺大共事的大陸來臺學者如：錢歌川、許壽裳、魏建功、台靜農、黎烈文、李霽野、雷石榆（曾參與「左聯」東京支部的活動），[21] 都未留下與陶晶孫的交遊記錄。陶氏與臺灣本地人士的互動也非常有限，和他在熱帶醫學研究所共

---

[21] 同註19，頁27、36。

事過的臺灣本地人士杜聰明和鄭翼宗的回憶錄中，也不見與他相
關的隻字片語，反而是同時期在醫學院隸屬解剖學研究室的著名
體質人類學家金關丈夫，留下如此回憶：

> 昭和二十一年（筆者按：1946年）在臺灣第一次和陶熾
> 博士見面，（略）直到我離開臺灣為止，共交往了三年
> 多。當時陶博士是臺大醫學部的衛生學教授，沒有自己的
> 講座（筆者按：金關的記憶有誤，陶晶孫隸屬衛生學研究
> 室），並兼附屬熱帶醫學研究所研究人員。當時大學的研
> 究條件不差，但是薪水很低，來臺的教授們和從大陸撤退
> 來臺的人一樣，理應生活很辛苦。但是很多來臺教授過沒
> 多久從外表上即可看出其生活非常充裕，陶熾博士是少數
> 生活一直很清貧的其中一位。有一天，醫學部前面的大馬
> 路上，有一位個子很高的男子披著一件黑色綿袈裟，稍微
> 彎著身子，飄然走過。走近一看，原來是陶熾先生。我看
> 到了他的清貧身影。[22]

而臺灣本地人士唯一有關他的記述是在他逝世近半世紀後，臺大
教授柯慶明的個人回憶：

> 畢業於日本東京帝大醫部的先父柯源卿先生，在光復後攜
> 眷（我當時未滿週歲）返臺。在臺北偶遇，早期為創造社

---

[22] 金關丈夫，〈陶熾博士のことども〉《福岡医学雑誌》（1952年12月號），
收於氏著《南方文化誌》（東京：法政大學，1977）。本文引自《南方文化
誌》，頁34，筆者譯。

成員，作品入選《新文學大系》的陶晶孫先生，陶先生與
郭沫若是連襟，因為自身是九州帝大醫學部畢業，後來又
在東北帝大研習，受業同屬日本帝大系統，對先父不免惺
惺相惜。（略）

小時候父母以日語稱呼的「陶先生」，在家裡似乎是一個
莊嚴神聖的存在。跟我有關的是「陶先生」送了一雙灰褐
色造型摩登典雅的小孩皮鞋給我，在戰後那百物匱乏的年
代，顯然是彌足珍貴的「寶貝」。[23]

臺灣時代的陶晶孫為何在文壇上噤聲呢？剛脫日本殖民統治
的臺灣，日語使用率保守估計達百分之七十，基本仍屬日語文化
圈。[24]〈淡水河心中〉的主角智芙和陶晶孫背景相當，即因具日
文能力而能融入臺灣，因此應非「國境」與「語境」的隔閡。筆
者僅能從當時的氛圍進行推測，當時國府剛收復臺灣，社會氣氛
緊張，文化出版方面限制頗多，除禁止報刊使用日語外，發表中
文的園地也有限。此外，陶晶孫曾於戰爭期間在上海參加日偽組
織「中日文化協會」並出席第三次大東亞文學者大會。戰後初期
對「漢奸」相當敏感，曾為「偽政府」工作或加入「偽組織」的
人很容易被認為是漢奸或協力者而遭不測，都可能是他抵臺後選
擇作為科學家「陶熾」，而非文學家「陶晶孫」來活躍的主因。

---

[23] 柯慶明，〈五四：印象與體驗〉，《文訊》總號283（2009.05），頁85。
[24] 拙著《「去日本化」「再中國化」：戰後臺灣文化重建（1945-1947）》（臺北：
麥田，2007），頁38。

然而，抵日本後，陶晶孫卻用文字記錄了臺灣，在其文學中留下了臺灣的「跨界」印記。

三、致命的吸引力：當臺灣女子邂逅大陸男子

1945年8月日本戰敗，龍瑛宗寫下「八月十五日是世界人類史最可紀念的劃時代的一天，殘虐和破壞的鐵鎖既告解斷，自由和平瀰漫世界，普照全民。我臺灣亦受歷史餘波，從被壓迫和黑暗中解放」，[25] 這種解放不只意味著全體臺灣人從異民族的壓迫中解放，同時也代表著新社會中的臺灣女性之解放，隨著就職機會的增加，臺灣女性的社交圈也隨之擴大，在時代氛圍下，人人都有追求自由與解放的可能，臺灣女子也得以透過機會，認識大陸男性，進而相戀、結婚。當時記者將此現象戲稱為：「隨著臺灣光復，女人們的桃花運處處展開」。[26] 但這些邂逅潛藏著爛桃花的可能。吳濁流即目睹了此怪現象：

> 這些接收人員不但向日產，甚至向女性也進軍了。從菊元的姑娘起，歌手濱田小姐，我知道的作家室的女孩子也被接收了。其他不限於日本人，就是本省相當有地位的姑

---

[25] 龍瑛宗，〈最近文學界一瞥〉《東寧新報》（旬刊），1946年1月21日，收於《龍瑛宗全集（中文卷）》第六冊（臺北：南天，2006）。本文引自《龍瑛宗全集（中文卷）》第六冊，頁258。

[26] 游鑑明，〈當外省人遇見臺灣女性：戰後臺灣報刊中的女性論述（1945-1949）〉，《中央研究院近代史研究所集刊》47（2005.03），頁209。

> 娘，有不少落入「欺騙的結婚」的陷阱。他們威風堂堂地
> 立個媒妁人，正式結婚，但是底牌一揭開，大部分都是當
> 姨太太。[27]

類似的欺騙、玩弄事件在戰後初期臺灣十分常見，這種現象的發
生除了本省女性受外省青年的風度吸引外，也與當時臺灣社會
的「戰爭姑娘」問題有關。由於戰事所需，許多臺灣女性在戰爭
時期被動員加入「桔梗俱樂部」、「大日本婦人會」等皇民奉公
活動而耽誤婚期，其中也不乏因未婚夫或男友被強徵入伍戰死
的「未亡人」。這群婦女在戰後初期臺灣被視為包袱，飽受歧視
與嘲笑，婚姻成為她們再度「正常化」的最佳途徑。吳濁流在
1948年出版的日文小說《ポッタム科長》（波茨坦科長）中對這
類婦女的社會觀感有此描述：

> 戰爭姑娘真是麻煩啊，就像賣不掉的蘿蔔，深怕爛掉，所
> 以最近拼命的向阿三阿四強行推銷起來了。……那並不
> 是我們青年的錯，而是因為她們太過於便宜，聽說最近某
> 銀行或某公司，我記不大清楚了，那裡就滯留了很多的戰
> 爭姑娘，年紀也都二十七八了，全是落花有意之輩。[28]

這群錯過正常婚配年齡的戰爭姑娘，不少是在日治時期受過高等
女學校教育的菁英女子，在戰後初期，一方面因青春不在而焦

---

27 吳濁流，《無花果》（臺北：前衛，1988），頁188。
28 日文版見《ポッタム科長》（臺北：學友，1948），中文版見《波茨坦科長》，張良澤譯（臺北：遠行，1977），此處採用張良澤譯文，頁32。

急，一面對於理想對象的要求也高於一般女性，當這類臺灣女性在職場中遇見外省青年，往往投射了自己對理想對象的幻想，容易陷入愛河，然而釀成的悲劇也頗常見。

1946年，一位臺灣女性投書《民報》專欄「自由談論」，致函「外省來的領導者們」，指出受過「日本封建主義教育的臺灣女性，就如同剛從籠中釋放出的鳥涉世不深」，質問「外省來的領導者們」，為何「不想誠懇的啟發女性，反要利用女性的弱點？」[29] 就在這一年，陶晶孫抵臺。

為何大陸男子對臺灣女子具有如此吸引力呢？吳濁流的《ポッタム科長》對此現象有深刻的描繪：

> 在這個時候，突然在喫茶店遇見那個男人突然來訪。她自然不會知道他就是由大陸逃過來的范漢智。他現在已改名，把過去隱藏起來，以范新生的名字居然官拜某某局會計科長，這是誰也不會想到的事。

> 玉蘭很高興地歡迎他，因對祖國憧憬的情緒無意識中搖撼著她，由心中產生好感，這就是她心底深處發生的無聲息的思慕情愫凝結的一個形態，是一種使她不能了解的……而且茫然的一種情愫。

> 「前幾天很失禮，剛到此地人地生疏，星期天沒有地方去，所以今天很冒昧來拜訪妳。」

---

[29] 同註26。

> 用流暢的國語，范新生說明來訪的動機，那種老於社交的
> 風度，梳得光亮的頭髮，畢挺的西裝，今天更顯得瀟灑出
> 群，而那慎重謙讓的談吐，尤其對女性親切的口吻，粗線
> 條的臺灣青年那裡比得上，所以使她有可親可靠的感覺。
> 不但如此，豐富的話題對她而言都是珍異的，尤其是說起
> 新時代上海女性活躍的狀況，特別使她羨慕。（略）

> 范漢智辭出玉蘭的家後心裡想：臺灣女性沒有技巧，率直
> 得可愛，可能對情感很脆弱，可是純真，純真所以單純，
> 單純所以能隨心所欲。[30]

　　透過主角玉蘭的視角所呈現的「范新生」為一位理想的祖國
青年，不僅具紳士作為，親切的態度及清晰流利的「國語」，其
言談舉止中所散發的魅力，都讓初次接觸的臺灣女性怦然心動。

　　臺灣光復後，臺灣女性和臺灣男性一樣，對中國充滿好奇與
好感，她們認為中國男子溫文有禮，能講純正中國語的中國男人
都是中國的社會菁英，值得敬愛信賴。陳素卿留給張白帆的遺書
中也強調「你是一個純潔的青年，我們兩年的日子，來往那樣
親密，你從來也沒有對我要求要做的那樣事情，我也從來沒有
看出你有要求的意思，（略）我常常不相信你們外省人會這樣老
實。」、「你是那樣的誠實，那樣的用功，對人是那樣的和氣，
這一切都是我從來沒有看見一個人是這樣的，（略）你告訴我許
多我從來沒有知道的事情，使我覺得人生是怎樣有意義，使我覺

---

[30]　前揭吳濁流《波茨坦科長》，頁12-13。

得你是一個偉大的人，很值得我來敬愛你。」[31] 臨死前對張白帆留言「你實在太偉大了，你把我教育，又離開了，使我覺得世界上再也找不到像你這樣理想的人，所以我只有自殺了。」[32] 除了如陳素卿這類菁英女性與外省男子的戀愛外，出身平凡的臺灣女性在遭遇外省青年時，也必須面對社會位階迥異的現實而不得不屈服於現狀。呂赫若在戰後撰寫的小說〈冬夜〉中便體現了這點，主角彩鳳在戰時經歷了一段僅維持了五個月的婚姻，丈夫便因被徵召為「志願兵」而戰死。彩鳳被夫家拋棄，返回娘家，以陪酒為生，在酒館中邂逅了從中國來臺的外省男子郭欽明：

> 碰到郭欽明就是在那個酒館裡的。……只是聽了同事說他是個**公司的大財（才）子，浙江人，年紀差不多二十七六歲。他來館的時候，都穿著一脫很漂亮的西裝，帶著一個笑臉，很愛嬌地講著一口似乎來臺以後才學習的本地話，使女招待們圍繞著他笑嘻嘻地呈出一場熱鬧。[33]

這位英俊多金的男子一面對彩鳳獻殷勤，一面伴隨著這種殷勤而來的強硬的占有欲，也迫使彩鳳不得不委身，他說道：

> 假使你不肯接受我的愛，那麼，我們現在一起在這裡打死好不好。彩鳳睜開眼睛看了那支手槍，便耳管裡轟轟地響起來，又有些黑星在眼前跳來跳去。她想起自己娘家的情

---

[31] 同註2。

[32] 同註2。

[33] 呂赫若，〈冬夜〉，《臺灣文化》2.2（1947.02.05），頁26。

形，就無聲低首無可奈何地嘆了一口氣。[34]

戰後初期的臺灣，在這種軟硬兼施的態度下與外省男子婚配的臺灣女性不在少數，從中呈顯出當時本省人與外省人在社會位階上的不平等。然而隨著層出不窮的大陸男性之欺騙、玩弄事件，願嫁大陸郎的臺灣女性逐年遞減。此現象原本無關省籍，純是個人因素，但二二八事件後，個人因素問題被上綱到與省籍問題產生連結，[35] 陳素卿的殉情事件便是一例。1950年是二二八事件過後的第三年，臺灣本地人士對這場悲劇記憶猶新，對「外省人」的憧憬也轉換為複雜的憎畏，事件中引爆的省籍情結，成為張白帆與陳素卿的戀愛中無法跨越的鴻溝，可以說，戰後初期臺灣社會的緊繃省籍情結早就昭告了兩人的悲劇。陳的殉情讓省籍問題浮上檯面，在臺灣社會引起迴盪，陶晶孫肯定也留下深刻印象。故東渡日本後，以此事件為藍本，混和了他的臺灣生活所感，寫下〈淡水河心中〉。

四、戰後臺灣社會像書寫：〈淡水河心中〉

日文小說〈淡水河心中〉發表於1951年7月號的《展望》。[36] 其中不僅記錄了作者的臺灣觀察，同時也揭露當時赴臺

---

[34] 同註33。

[35] 同註26，頁209-210。

[36] 〈淡水河心中〉，《展望》（1951年7月號），筑摩書房，頁95-99，後收入《日本への遺書》（東京：創元社，1952），拙文根據發表在《展望》的版本。近年出版的丁景唐編選，《陶晶孫選集》（北京：人民文學，1995）與中國現代

文人學者的心境。佐藤春夫讀後大為讚賞，認為「應該尊重其新鮮的文體和兼具自然科學家與文學家之獨特構想，期待今後陸續有新作發表。」[37] 就小說文體而言，〈淡水河心中〉呈現出與同時期的日文小說不同的書寫模式，以臺灣作為書寫場域進一步重新爬梳一殉情事件，正如佐藤春夫的評論，兼具文學者陶晶孫細膩的小說敘事與科學家陶熾追根究柢的心理。對陶晶孫這位精通日文的小說家而言，篇名「心中」兩字隱含了作者深刻的含義。日文的「心中」即中文的「殉情」，也就是相愛的男女為了見證其真愛而一起尋死之意。小說雖以「心中」開頭，全篇卻透過戰後初期臺灣女性與外省男性的交往，而逐一暴露當時社會的省籍議題，此被浪漫化的「心中」事件被重新改寫並以刑事事件結尾，可看出作者在此使用「心中」一詞所含的反諷。小說的敘述者智芙，為外省籍但具日本經驗的臺灣「過客」，作者透過這位心理學研究室助教的觀看者視野，將張白帆與陳素卿的殉情事件小說化，同時並藉此事件反思當時客居臺灣外省人的心理。智芙與心理學教授的對話所呈現的虛實交織則增添此小說的趣味性。〈淡水河心中〉雖是一則社會事件的改編之作，然而作者透過此事件所書寫的戰後臺灣圖像，卻清楚地指涉當時的社會矛盾，特別是省籍的隔閡，以及深埋於臺灣的日本記憶。

文學館編《陶晶孫代表作》（北京：華夏出版社，1999），曹亞輝、王華偉譯《給日本的遺書》（上海：上海文藝，2008）皆沒有收入〈淡水河心中〉，這篇作品迄今仍無中文翻譯。

[37] 佐藤春夫，〈陶晶孫先生が遺著のために〉，收於創元社版《日本への遺書》，頁3。

　　小說開頭以臺灣的山林、河流、建築交織出整體樣貌，主角智芙記憶了從上海飛抵臺北的臺灣印象：左邊的大屯山，右邊的觀音山為臺灣的入口之地標，遠遠的淡水河像是一條飛機跑道是臺灣的玄關，地面上散置著荷蘭人建造的童話故事般的城堡，上面飄揚著英國的國旗，在這之下的地面遺留著日本炮兵陣地。[38] 從這段地理圖記的敘述中可窺見主角智芙的觀看視域。對這位上海來臺的青年而言，臺灣雖是重歸「祖國」之地，然而卻是充滿異國情調的「異域」。平坦的台地、終年煙霧迷濛就像蠻荒地區一般的高聳山脈、椰子樹、淡水河的傳說，一一點綴了臺灣的異國氛圍，對於智芙這位外省青年而言，臺灣的混雜性吸引了他的注目。作者透過這些臺灣印象記的展示，記錄了臺灣屢遭奴役的象徵，從而暗示「復歸祖國」的臺灣社會中所隱含的複雜殖民記憶，以及與新來的統治者之間的隔閡。小說中也提及了大陸與臺灣認知思考上的迥異：

> （前略）在日治時代，他們不喜歡被稱為「臺灣人」，反而喜歡「本島人」的稱呼，所以現在也不想被稱為「臺灣人」。其實，「本島人」的說法才是指當地人吧！就這點來看，中國內地人說：「我是山東人，你是臺灣人」的心理就無法被理解了。[39]

　　此處提及的思考差異，點出了戰後初期臺灣民眾與大陸來臺

38　同註36，頁95，筆者譯。
39　同註36，頁95-96，筆者譯。

人士爭執的核心。由於彼此歷經了五十年的斷裂，加上皇民化運
動對臺灣人的影響甚深，整體而言，戰後初期的臺灣社會語言與
習慣都還延續日治時期，其思維邏輯尚未脫殖民化，二二八事
件更激化了省籍問題。小說中心理學教授曾語重心長地歎道：
「一個民族會害怕另一個民族。」一語道出戰後初期臺灣與大陸
雖在政治上得以統一，然而對外省統治者而言，臺灣人終究是
「異族」。〈淡水河心中〉的青年學士智芙可視為作者陶晶孫的化
身，因具日語能力與日本經驗使他得以深入臺灣社會，這位貧窮
的外省青年最常活動的地方除了命案的發生地：十三號水門之
外，還有一般臺灣民眾活動的地域：「圓公園」，[40] 他雖不懂臺
灣話，但由於臺灣民眾都夾雜著日語對話，因此他也能理解對話
的內容。「圓公園」可視為智芙進入臺灣社會的玄關處，就在市
井熙攘的街談巷語中，這位跨界的「考察者」拼湊了臺灣圖像。
透過智芙作為一位「中介」的角色，此社會事件得以多元的角度
被呈現。小說塑造出一種有別於新聞報導等官方公共輿論的世
界，亦即「圓公園」中流傳的關於此事件的臺灣民間輿論中反轉
了官方報導的真相，形成一種臺灣民眾間流傳的「真實」。透過
「傳說」、「流言」，〈淡水河心中〉同時承載了兩種「真相」，
有效地解構了官方的一言堂。

---

[40] 圓公園即現今的「建成圓環」，位於臺北重慶北路與南京路的交叉口。1908
年由日本規畫為公園，稱為「圓公園」。1943年美軍轟炸臺灣之際，日本人
將圓環挖成大蓄水池以作消防設施，光復後，圓環被填平，由攤販進駐成為
商圈，2006年被拆除改建，繁華不再。

　　戰後初期的臺灣社會無論語言或思維仍承襲日治時期的模式，特別是出身良好且受過高等教育的臺灣女性，其所受到的日本式馴化更為完整，除了作為一位良好女性該有的教化之外，這些女性同時也注重生活趣味的培養。在過往的臺灣社會中，這些受過高等教育的千金小姐們通常在家族的「緣談」（說媒）下會有一段門當戶對的婚姻。隨著戰爭結束，這些受過高等教育的臺灣女性開始參與社會，與隨著國府來臺的外省男子有所接觸，與其戀愛也時有所聞。這群新來的外省統治者取代了日本人的地位，在臺灣占有優勢的社會位階，光鮮的外表、彬彬的談吐、標準的國語（對臺灣人而言）以及對女性的殷勤都能輕易地擄獲臺灣女性。國語的使用成為這群新來的統治階層的權力象徵。然而，戰後來臺的外省籍人士中，玩弄臺灣女性者也多不勝數。現實事件中的張白帆對陳素卿而言不僅是位理想的伴侶，同時也是人生的導師，他象徵了陳素卿自身想像的美好未來，失去張白帆意味著她未來的崩解，因此她選擇死亡。此件在當時社會被浪漫化並加以傳誦的現代版「烈女傳」，在陶氏的小說中轉為犯罪事件，同時也指出：「她（吳少貞）的愛意其實是內地人對她的吸引力。」道出本省女性對外省男子的憧憬，實際上都是自己的幻想。與其說是愛上這位男性，不如說是這位男性身上的特質滿足了本省女性的想像。同樣的幻想在〈波茨坦科長〉中也多有描述：

　　　　她忽然想起光復當時的心情，祖國！唉。那是較自己父母
　　　　還親的話。她想出了是那個感情凝結起來成為對丈夫的憧

憬的。唉！自己到底也是⋯⋯。[41]

　　小說主角玉蘭為本省女性，她對臺灣的重歸祖國感到幸福，因戰爭而耽誤的青春年華以及對愛情的幻想，使她在遇到外省人范漢智後便將自身的期待投射其中，過度美化了這些來臺的外省青年，忽略了包裹在幻想背後的現實。

　　〈淡水河心中〉透過揭穿陳不凡的假學士面貌，戳破戰後初期部分外省來臺人士經過包裝的外在，同時諷刺了當時欲替此事件立碑作銘的外省名士，並點出其背後隱含的政治思考。在這篇小說中，這群寓居臺北的外省高級知識群以文言體讚譽陳素卿宛如焦仲卿夫妻，又有如杜鵑銜石填海，此種為烈女明志的悼文在通篇日文的文章中，猶如戰後初期包裝華麗的外省男子一般，諷刺地顯現整個殉情事件猶如層疊的語言包裝，是仿造現實的虛構表現。張白帆與陳素卿的戀愛後雖以殉情結案，然而其中潛藏的疑點以及部分在臺外省人士的心態卻在小說中一一揭露。

　　小說透過智芙與教授的對談開啟了情節，以多重視角、多層敘事拼湊出事件的輪廓，同時當案情由殉情案轉為刑事案之際，這位「跨界者」也犀利地記錄了各方反應，表述戰後初期的各層心理。首先是這起戀愛事件引發了暫居臺灣的心理學教授之浪漫情調，特別是殉情案女主角吳少貞的望族出身，以及男主角陳不凡的外省身分皆符合了其異國情調的想像，同時吳少貞留下的遺書中所使用的「臺灣女孩寫不出來的國語白話文」也滿足了這群

---

[41]　前揭吳濁流，《波茨坦科長》，頁54。

暫居臺灣的「過客」們教化臺灣之幻想，對戰後初期來臺執教的
年輕教授而言，此事件的浪漫性點綴了其無聊的客居生活。其次
是大學校長的反應，[42] 此事件見報當天，校長立刻提筆，草就一
文：「世間雖多貞女，吾等邊陲之地，猶見如少貞者。見其遺書
曰，少女純情，不怪郎無情，僅將其妻比之狐狸精。相戀不成則
盡節，淡水河畔殉我身，云云。吾等於此承日人統治之後，而為
邊民之先導之時，如何稱頌少女之純情？余提議吾等有志之士，
於北投山麓，俯瞰淡水之地立碑，以誌貞少女殉節之紀念。」[43]
這起原本單純的戀愛事件經校長之文後，成為臺灣版的烈女傳，
是一種具政治意圖的作法，試圖透過此事件安撫蠢動的臺灣社
會，同時也隱含了告誡意涵。此外，此事件也提供了一般來臺的
普通外省民眾茶餘飯後的消遣，小說中寫道：

> 兩、三天之間，謳歌少女的折頁在街上氾濫，有的印上吳
> 少貞的照片，用美女來說故事；有的用獵奇的手法，畫出
> 自殺現場的寫生圖。歌本也作出來了，那是等著回大陸
> 時，無聊的人們寫給一樣無聊的人們閱讀的解悶作品。但
> 是，這些是和臺灣人無關。[44]

從中可知，戰後初期臺灣社會的輿論基本上是採複線式的傳播，
外省來臺人士依靠著中文報章取得訊息，另一方面，臺灣本地人

---

[42] 《展望》版〈淡水河心中〉把校長和院長的稱謂混用，而「創元社版」全部統
　　一為校長，今照「創元社版」。
[43] 同註36，頁96，筆者譯。
[44] 同註36，頁97，筆者譯。

士，除了少數有過大陸經驗的臺灣人外，依靠的資訊來源主要是日文，此外，就是靠著像「圓公園」這類大眾輿論場地的流傳，跟統治階層可說是以一種既交集又平行的方式汲取社會資訊。因此當事件牽涉到兩方之際，故事便在兩方間透過不同的線索、立場被加以重構，〈淡水河心中〉透過跨語言的青年學者智芙，勾勒了兩方的視野，同時也暗喻了這則愛情故事中的虛構意識。

　　上述從教授到大學校長乃至一般外省民眾對於此事件的認知主要有兩種層面，一是大眾化的異國情調的浪漫傳說，一是從教育、政治目的出發，可以說這位出身良好的臺灣女性為外省男子的殉情事件，滿足了作為新統治者的外省族群們的征服慾望。然而就在事件由自殺轉為他殺，由浪漫傳說成為犯罪案件之際，這位教授與校長不約而同地改變態度，教授說道：「唉，事情沒有鬧大就好了吧。從前生蕃會為了這種事獵取許多人頭。」校長也一改「很浪漫」之稱呼，大呼自己被愚弄，至於街頭的折頁、歌本、小報等都在一天內消逝無蹤。針對此事件，作為統治階層的陶晶孫在小說中也指出：當內地人完全沒責任時，如果只有內在的恐懼，就可以讚美少女的浪漫；然而，如果要擔負起實際的責任時，就不能說出那樣的話了。[45]

　　智芙從臺灣社會的玄關「圓公園」中得知了事件的真相：少貞不是自殺的，而是他殺，屍體被人用手拉車拉到淡水河棄屍，那個車伕已經落網。日本人訓練出來的警察很厲害，陸續抓到嫌犯。「好像被鬼纏身」，其中一個人夜夜作惡夢。因為替外省人

---

[45] 同註36，頁98，筆者譯。

丟棄屍體，而覺得很害怕，每個晚上都夢見亡靈。[46]

透過「圓公園」的耳語相傳，作者向讀者展示了事件的另一面，意即此「心中」事件的真相竟是詐欺式的情殺，在外省族群圈中盛傳的浪漫愛情原來僅是這群人的想像與傳誦，作者藉臺灣市井之言解構了此列女傳的形塑敘事，並諷刺了一群以道德為名的外省級知識分子。針對此事的破案，民眾評論：「因為是日本人訓練出來的警察所以很厲害。」顯示了過去深刻的殖民記憶，作者巧妙地展現了臺灣重層社會的迥異，一是操著新統治者「國語」的族群，在自己的族群圈中想像著臺灣，恐懼著臺灣，另一則是操著舊統治者的「國語」，自成系統。陶晶孫的〈淡水河心中〉所書寫的臺灣，不僅是臺灣風土的描摹，同時也刻畫了戰後初期臺灣社會的不協調面貌，正如文中智芙面對民族與民族間的紛爭說道：「每個民族都覺得只有自己最偉大。事情就這麼簡單，卻沒有人明白。」[47] 就戰後初期的外省族群而言，臺灣人與其之差別恐怕不僅是地域出身的差異而已，而是為異族統治過的「異民族」之存在。

五、結論

陶晶孫的這篇臺灣書寫可說是此位「跨界者」的四年臺灣觀察記，見證了戰後初期混亂且重層的社會樣貌與意識形態。〈淡

---

[46] 同註36，頁97，筆者譯。
[47] 同註36，頁99，筆者譯。

水河心中〉不只是陳素卿殉情事件的再現改寫，而是融合了陶晶孫對臺灣的理解，及對戰後初期來臺外省人士心理的揣摩而成。他的另一篇同時期完成的日文散文〈蘭花の変わり咲き―ある婦長の話―〉（蘭花的驟變——一位護理長的故事）中也記錄了戰後初期臺灣社會之怪現狀，[48] 尤其是部分臺灣人如何與外省統治階層結合而名利雙收。文中記述了其任職醫院中一位臺灣出身的護理長，在戰後馬上迅速換回臺灣名字，同時因上任局長不懂日文，權充局長翻譯的她一躍進入權力核心，以旅美歸國的菁英身分與外省族群合流，掌握權力的過程。陶晶孫感嘆：「為了效忠統治者，不顧反對，一意孤行，結果成功的只有她。明明是本省人，但卻不能為本省同胞做事，實在很可惜。」[49]

　　吳濁流在《波茨坦科長》以及小說〈狡猿〉中，對於臺灣本地人如何迅速與統治階層結合的樣貌有生動描寫，《波茨坦科長》中玉蘭的好友蕙英便是其中一例：

> 蕙英和玉蘭同是「鷗會」（二戰時，日人組織臺人高女畢業生當特種護士之會）會員，在特別看護婦時代一同被派遣到香港過，回臺後蕙英升為「鷗會」的幹事，勇敢的活躍著。出征軍人的歡送，遺族或傷病兵的慰問，獻金運動等，成為皇民奉公會的別動隊，常在台上大聲疾呼地向民

[48] 〈蘭花の変り咲き―ある婦長の話〉原登於《看護學》1951年2月號，後收入《日本への遺書》（東京：創元社，1952），拙文根據收於《日本への遺書》的文本。
[49] 同註48，頁86-87，筆者譯。

　　眾演說。那時的蕙英真是黃金時代。被目為臺灣女性的代
　　表，芳名常出現於報章。可是時代使她的心境一變。以前
　　她每天早晨在日本神壇前祈禱，如今神壇撤去，換上孫中
　　山先生的遺像。而且不知在甚麼時候把日本的服裝也丟
　　棄，換上華美的旗袍，這就是所謂光復姿態。同時陪伴她
　　走路的人不是日本兵而是我國的軍官。[50]

戰後初期的臺灣社會不乏這類具時代敏感度的人士，陶晶孫在
〈蘭花の変わり咲き─ある婦長の話─〉一文中也指出：「大體
而言，她們這些精明的人理論上不會發現什麼，但多少都會察言
觀色。」[51] 除了這些快速轉換身分的臺灣女性外，吳濁流的〈狡
猿〉中以戲謔的口吻諷刺了臺灣光復後社會中出現的「光復鄉
紳」，小說中的江大頭在日治時期是位不學無術成天被日警取締
的地方流氓，光復後搖身一變為鄉民代表，同時因接收大量日
產，累積大筆財富，後又用錢買得中醫執照。小說中說道：「是
的，是的。本省是錢做人，不擇手段搶來的也好，只要有錢就有
人尊敬。」[52] 因光復初期接收日產的混亂，除了來臺接收的外省
統治層外，也給一些本省人大發「光復財」的機會。這些人在戰
後初期成為統治的外省階級與本省人之間的橋樑，然而，由於素
行不良而不被本省民眾尊敬，反助長了統治階層與民眾間的隔閡
與誤解。這群本省人正如陶晶孫所言，不過是一群謀求個人成

---

[50]　前揭吳濁流〈波茨坦科長〉，頁19。
[51]　同註48，頁80，筆者譯。
[52]　吳濁流〈狡猿〉，收於前揭《波茨坦科長》，頁79。

功，等著榨取戰後初期資源的投機分子。

　　從陶晶孫的臺灣書寫中，可看出臺灣特有的南國風情與生活於這塊土地的人們，在他心中留下了深刻印記。對此，陶晶孫說道：「日本統治時代下的南海寶島上，日本人只知道教導種砂糖，卻忘了讚賞這塊土地的美麗，這是錯的。……我想藉此傳達生長在那塊島上的智慧、美麗與熱情。」[53] 臺灣雖僅是陶晶孫游移與跨界人生的一站，然而他卻透過作品記錄了戰後初期臺灣社會的浮動與變化。

　　吳濁流的《波茨坦科長》與陶晶孫的〈淡水河心中〉都點出了戰後初期部分外省男子對臺灣女性的玩弄心理，以及部分臺灣女性對外省男子的自我理想投射之想像。從〈淡水河心中〉可看出陶晶孫企圖透過陳素卿的殉情事件，揭開當時部分來臺外省青年與權貴的心態，透過對現實事件的逆寫，諷刺當時輿論刻意形塑出陳素卿殉情案的浪漫色彩所淡化的省籍衝突，並揭開這些浪漫敘事背後的政治操弄。另外，〈淡水河心中〉與殉情的社會新聞及其變成新聞事件的後續發展，有文本上的結構對稱關係：新聞的陳素卿與張白帆←→小說的吳少貞與陳不凡；新聞的評論與投書←→小說中的對談；公共輿論←→圓公園；臺大校長與教授←→臺大教授與助教等。甚至，殉情事件最後發展成臺大校長教授們投書中的「今見此事，昧昧思之，則遠古神話，頓識其義矣」，新聞事件在媒體形成的公共論壇與文教指導者們的推波助瀾下，成了以今釋古，由俗歸雅的愛情神話。就文類的跨界而

---

[53] 同註48，頁87，筆者譯。

言，何為真實、何為新聞、何為虛構、何為小說，似已難辨。

　　陶晶孫的小說，逆寫了比小說更像小說的殉情社會新聞。而作為民間輿論的「圓公園」，變成了逆轉由新聞媒體的報導、評論、投書，乃至編入教科書、民眾讀物等一系列的浪漫教化敘事，「圓公園」成為以教化為目的公共輿論塑造的重重堆疊文字包裹中，對抗性的真實民間輿論的場所。〈淡水河心中〉的「圓公園」，讓陶晶孫敏銳地察覺了戰後隨著國府的再中國化政策而在臺灣社會中形成的一條結合了省籍、語言與公共（官）／民的分界線。他似乎也同時暗示，這條界線並非只是如殉情者一般單方面地學習新統治者的語言與文字即可跨越。畢竟，即便善語能文，卻終也淪為波臣，難逃一死，更遑論存在於官方輿論與市井街談巷議之間的鴻溝了。

戰後初期（1945-1968）臺灣小學
地理知識傳授中的家國想像[*]

張必瑜

　　近幾十年來，社會科學界已普遍體認到「知識」是社會建
構的產物，而學校也不是中立自主的機構。正如阿圖塞（Louis
Pierre Althusser）所言，學校教育是所有「意識形態國家機器」
（ideological state apparatuses, ISA）之首，[1] 是個有效率的「文化
傳輸機制」、提供「價值觀再製」的利器，[2] 因其所傳遞的「知
識」與價值觀，是經過教育當局以及其他國家文化機構所挑選出
來的「事實」，雖然不見得絕對正確真實，但透過學校教育過程
的保存傳遞、予以正常化，並大量複製，建構出一套有系統、

---

[*] 本研究承蒙蔣經國基金會與中華民國教育部之獎助得以執行，不勝感謝。本
文所附之教科書圖片是取材自包括1968年課程標準以前的教科書。由於年
代久遠，國家教育研究院教科書發展中心雖同意使用，但未能確認著作權歸
屬，無法授權。如有侵權，請與作者聯繫。

[1] Louis Althusser, *Lenin and Philosophy and Other Essays*. Trans. Ben Brewster
(London: New Left Books, 1971), pp. 153-54.

[2] Pierre Bourdieu and Jean-Claude Passeron, *Reproduction in Education, Society and
Culture*. Trans. Richard Nice (London: Sage, 1977); Michael Apple, *Ideology and
Curriculum* (London, Boston and Henley: Routledge & Kegan Paul, 1979).

符合當權者觀點的知識體系與「現實」。因此，學校教育是一個各方爭霸、尋求取得意識形態霸權的重要場域。唯有分析知識生產過程的權力關係，才能解讀這最重要的意識形態國家機器所試圖形塑的價值觀與既得利益者所複製的意識形態。正如艾波（Michael Apple）所說，控制了知識（傳輸）便得以鞏固統治階級之主導性，而學校教育正是價值觀再製的主要傳播機制。[3] 因此，教育愈是普及，國家意識形態的複製功效愈形顯著。本文藉由爬梳整理教科書中的相關地理內容，檢驗臺灣戰後初期二十多年（1945-68）間的小學地理教育，分析小學課本中所形塑的地方感與家國想像，並解析這段以民族精神教育為大纛、黨國利益為指導原則的時代裡，初等教育中所傳遞的地理知識與家國想像。

一、戰後的小學教育與認同建構

　　二戰後，為因應「去日本化」、「再中國化」政策，[4] 國民黨政府接收臺灣的重點工作之一便是教育。在1949年遷臺後，教育的首要目的更在培養反共愛國的思想、用以鞏固民心，因此課程的設計致力於強化新領地、新國民的忠誠度，其中以語言

---

[3]　參見上註Apple的專書，頁26-27。

[4]　戰後初期國民黨的「再中國化」臺灣一系列文化舉措，參見黃英哲，《「去日本化」「再中國化」：戰後臺灣文化重建（1945-1947）》（臺北：麥田，2007）。

文字、中國史地為首要。[5] 正如人文地理學大師段義孚（Yi-Fu Tuan）所說：「對家鄉的忠誠是從小時候培養的。」[6] 要評斷一個人的認同基礎，最直截的途徑，便是由其在哪裡出生、成長、受教育來解讀。本文之所以聚焦於小學教育，正因為小學教育開始得早（七歲）、學習時程長，六年國民義務教育自1949年以後便開始實施、普及全民，其影響層面既深又廣。戰後僅僅十年間，臺灣學齡兒童強制入學率已達九成以上，[7] 同時，國民黨政府自1948年起即推行教科書免費配發政策，[8] 在戰後初期物資極度缺乏、資訊取得艱難的年代裡，免費教科書是大多數孩童擁有的主要讀物（對窮苦或是偏遠地區學童，很可能也是他們唯一的讀物）。這些有系統編排設計的課本內容，其社會化影響力不容小覷，而小學教育在塑造戰後新一代臺灣國民的影響力上，其深度與廣度更非其它政策或龐大社會工程所能及。

臺灣在戰後經歷多次的課程標準修編，這種十年一大改、五年一小改的狀態表現了國民黨對教育之重視，及其對意識形態養

---

[5]　教育部教育研究委員會編，《教育行政與會議：歷屆全國教育會議史料編纂與研究》（臺北：教育部教育研究委員會 1991），頁393。

[6]　Tuan Yi-Fu, *Space and Place: The Perspective of Experience* (Minnepolis: University of Minnesota Press, 1977), p. 160.

[7]　日治後期（1943年）正式實施六年強制義務教育，臺灣小學戰後入學率已達71%。戰後學齡兒童的就學率雖然曾短暫下跌，但自1949年開始實施六年義務教育，數年間學童就學率快速增長，入學率於1951年增加到81.49%，1955年漲至92.33%，到了1968年九年國教實施之前更達到了97.67%。見《民國七十年教育統計》（臺北：教育部，1982）。

[8]　教科書免費配發政策直到1968年才廢止。參見何力友，〈教科書供應模式對戰後初期臺灣文教事業之影響（1945-1949）〉，《臺灣學研究》6（2008.12），頁89-108。

成之殷切期盼。一般而言，國小教育中有關地理知識與概念的內容，通常涵蓋於社會學科的三個相關科目中：「常識」（低年級）、[9]「社會」（中年級）、[10]「地理」（高年級）。本文所檢驗的內容便專注於1968年以前由國立編譯館編輯出版的這三科、共計三十二本教科書，針對這幾個學科中所教授的地理知識與概念作分析，同時，也參考此時期教育部所頒布修編的三版《小學課程標準》（1948、1952、1962年）以及相關的教學指引，作為分析臺灣戰後教育中，建構地方認同與家國想像的文本依據。本文之所以以1968年為分水嶺，主要是因為在該年為配合九年國民義務教育推出所編訂的新課程標準中，取消了小學課程史地分科的作法，將常識、史地等各科都納入「社會」科，再加上該年同時推出中華文化復興運動與教育改革等大型的文化運動，[11] 自此，戰後臺灣小學地理教育內容與方向也因而大變。

　　戰後初期臺灣教科書使用的情況很混亂，[12] 再加上多次課程

9　戰後最早期的課本中「常識」與「國語」兩科是合併教學，合稱「國語常識」。依《初級小學國語常識課本》指出，其內容是「以常識教材為經，以國語教材聯絡之」。直至1948年課程標準推行後，「國語」、「常識」才分開教學，同時，低年（一、二）級「常識」不再使用課本，老師依《教學指引》教授。教育部，《小學課程標準》（臺北：教育部），1948，頁195。為避免混淆，以下統稱「常識」。

10　「社會」成為獨立的科目是在1962年版課程標準，才以兩年的中年級科目出現；在1968年課程標準中，合併史地成為中高年級「社會」科；1975年課程標準中，更將所有史地常識等相關課程合併為六年長的「社會科」，不再細分。

11　1968年的教育改革大幅改變了教育生態，除了修訂中小學課程標準外，還包括了實施九年國民義務教育，並推行教科書統一編審制。

12　戰後初期臺灣小學所使用的課本兼用「編定本」與「審定本」。原則上，先

標準的改革與修訂，其內容結構經常變動，故筆者以歷屆課程標準修訂版為經緯，將戰後這二十多年間的地理知識傳授分為三個階段，分別是：

（一）戰後初期版：[13]《常識》（八冊課本）、[14]《地理》
　　　（1950、1957年兩次修訂、各四冊）；

（二）1952版：[15]《常識》（無課本，僅附教學指引）、《常
　　　識》（四冊）、《地理》（四冊）；

是根據1942年國民政府在大陸上所修訂的《小學社會科課程標準》為準，再根據當時臺灣特殊需要，由臺灣省教育廳編審委員會負責修訂。戰後初期的課本版本多，印製品質與用紙質均極粗糙、圖像簡陋。初期臺灣使用的課本包括了多種教材與選編方式：有沿用日本舊教材、翻譯為中文版，再作適度的增刪（多為自然科學類）的，也有使用中國大陸教材（或直接翻印、或選用、或予以編輯改寫、或直接使用原版課本等）。歐用生，《我國國民小學社會潛在課程分析》，師範大學教育學博士論文，1990，頁173-74。這段時期因資源匱乏，常出現課本編排印製不及，同時新的課程標準公布後，新版教科書必須經過數年才得以印行上市，因此新舊課本也常有同時使用的混亂現象。

[13] 戰後最早期的課本是根據1942年版的小學課程標準修編，國民政府1948年9月在大陸正式通令公布了《小學課程標準》與《小學課準實施辦法》，但是因內戰已起，這項標準最後只有在臺灣一地實施，內容與前版類似，改動幅度極少，主要是更新二次大戰後的世界新局勢，整體結構並未作太多更動，因此我將戰後幾年間的教科書總稱為「戰後初期版」以便討論。

[14] 1948年《小學課程標準》公布後，低年級「常識」科不再使用課本，因此只有八冊課本。

[15] 教育部1952年頒訂的《國民學校課程標準》是遷臺後第一次推出新課程標準，修編內容僅為局部的更新修正。但由於編輯新版教科書需要人力、物力、財力與時間，按此標準編寫印製的新（1952年）版《地理》課本也一直要到1958年以後才得以出版，在此過渡時期，前一版的地理課本又作過兩次（1950、1957年）的內容更新修編。

（三） 1962版：[16]《常識》（無課本）、《社會》（四冊）、
《地理》（四冊）。

針對臺海局勢最危急、經濟物資最吃緊、對外資訊最為封閉
的年代，本文藉著分析小學地理教育內容，試圖為戰後初期官方
所建構的「地方感」尋其來時路。觀察黨國嚴密控制下的地理教
育，並解讀在黨國主導的教育體制下，形塑出了什麼樣的認同與
地方感？在「獨尊中國」的指導原則下，戰後地理教育又企圖建
構出什麼樣的家國想像？這個時期的「地方感」又有何特殊性？

二、官方版本的家國想像

相較於中學時期的地理教育強調的是「知識」傳授（例如：
數據、理論、資訊、世界局勢等）呈現，小學的地理知識傳授則
經常以地理的象徵性、情感、與想像為內容，其目的很直截，為
了使兒童有：「愛鄉、愛國、了解世界的基本觀念」；[17]「激發兒

---

[16] 1962年頒布的《國民學校課程標準》中最顯著的修訂便是地理科的結構改
變。一改過去的遊記風格，原本三冊「本國地理」、一冊「世界地理」的結
構則改為：第一冊「地理通論」，作為地理學習的基礎。「本國地理」縮減至
第二、三冊，第四冊推升為「世界地理」。主要的改革目的是在改善過去地
理課本類似中國傳統方志的形式，「多是取之傳聞，既不科學，又不正確」，
因此刻意改進，以免「永為外國地理學家批評我們的地理是『有地無理』。」
見孫宕越編，《國民學校地理教學指引》（臺北：開明書局，1968），頁5。

[17] 教育部，《小學課程標準》（臺北：教育部，1948），頁150；教育部，《國
民學校課程標準——附各科教學要點》（臺北：商務，1952），頁146；教育
部，《國民學校課程標準》（臺北：正中，1962），頁245。

童愛護國家，復興民族的情緒」；[18] 並「灌輸利用厚生常識，培養保護國土的精神」。[19] 也就是說，小學教育的目的不在累積知識，而在形塑意識形態、培養官方版本的愛國情懷與理想公民。因此，課本內容強調「國家」的重要性，學校生活裡也不斷重複國家符碼，使學童習慣抽象的「國家」概念，例如：每日的升降國旗典禮；校園內無所不在的國家領袖相片、中華民國秋海棠葉形狀的地圖、反攻大陸口號標語；日常作息與課業主題所充斥的「反共抗俄」概念主題。

可以發現，這個時期小學課本中所呈現出的「地理想像」，強調的是一種中央與邊陲、內部與外部、源頭與延伸之區隔與對立。透過教科書的灌輸，國民黨教育企圖建構的地方感包括了三種重要的地理想像：（一）愛國與愛鄉；（二）敵人與失土；（三）邊陲的臺灣。也就是說，一方面透過強調內憂外患的威脅與民族屈辱，強化對「國家」的親密性與向心力；另一方面，則透過對「祖國」、「故鄉」的浪漫化，遮掩了本土地理在正式教育中的「隱而不見」。在強調「大中華」（我族）為中心的原則下，凸顯了敵人的威脅與他者的異類；相對於祖國河山的浪漫、溫暖、與文明的淵遠流長，「本土」被排擠於故鄉的想像之外，成為粗鄙與低下，次人一等的粗劣。這種失根的家國地理想像，將臺灣戰後出生的一代形塑為一個「格格不入」、永遠身為「局外人」的身分，凸顯戰後臺灣無以家為的無根感，也強化了人與土地間

---

[18] 教育部，1948，頁137。
[19] 教育部，1952，頁123。

的斷裂、疏離、無法落地生根的「無地方性」（placelessness）。

　　戰後國民黨政府主導的地理教育就是一種教導學童「在家作異鄉人」的社會化工程。這種對臺灣「視而不見」的地理想像，不但壓抑了學童發展真正落實於本土的地方感，更間接地指涉了臺灣的邊陲性。以下對戰後教育中這三種「國民黨化的地理想像」逐一討論：

（一）愛國與愛鄉

　　對於甫遷臺的國民黨政府而言，如何鞏固臺灣這塊最後僅存的「淨土」，就要從教育做起，而每個學童必須接受的六年義務教育正是遷臺後進行思想改造的第一要務。因此，各版課程標準都一再標示國民教育的目的在：「培養愛國意識」，[20] 並「發展忠愛國家……精神」，[21] 同時，小學教育必須著重「國民道德培養」，藉以培育「健全國民」，其中又以培養愛國、愛鄉的情懷為第一要務。值得注意的是，頒布的多次課程標準中，更再再強調教材的編排原則必須從「鄉土」著手，強調地理教學必「從本地出發，推到國家、世界，以本國為中心」；[22]「注意鄉土教材的教學，異方的地理教學，要從本地出發」。[23] 也就是說，所謂「愛國」、「愛鄉」的情懷包括了兩個層次，一個層面是學童與國家的關係，另一個層面則是學童與其周遭環境間的關係。前者較

---

[20] 教育部，1948，頁1；1952，頁1。

[21] 教育部，1962，頁1。

[22] 教育部，1948，頁137。

[23] 教育部，1948，頁138；1952，頁133。

抽象、後者則落實於生活中。依各版的課程標準可以看出，主事者很早就了解到落實鄉土的重要性，[24] 也強調史地都應「注意鄉土教材的教學，以鄉土問題做中心⋯⋯地理教學，要從本地出發」。[25] 由此可見，各版課程標準委員會都體認到鄉土的重要性，也具有現代「同心圓」的理念原則，但課本的實際編排上，我們只看到了對「國」的強調。除了低年級課程中有引導學生對學校環境與所在地的認識外，課程的內容本身很少依課程綱要的理想、從學生切身環境為出發，使得原有理想未能確切落實，徒有口號而已。

　　如何引導在日治時期出生成長的學童有效且快速地認識「祖國」、進而培養忠誠與愛國心，的確是戰後最初期教育最急迫的使命。要讓學童了解「中華民國」的歷史，才能引發其對祖國河山的仰慕與依戀。從認識到親近，都必須靠著教育來完成。因此，「中華民國」的主題一再出現在戰後初期課本裡，其中作為國家主權象徵的地圖、國旗、以及政治領袖圖像更充斥於課文裡，也是校園布置中的重要元素，其主要目的便是在讓學童能夠明白辨認基本的中華民國國家符碼，也融入了學生的社會化過程，並鼓勵其在校園中學習並操演「正確」的禮儀行為，[26] 更透過視覺效果與生活常規，將國家崇拜予以「自然化」，使這些生

---

[24] 民國初年，江浙等省立師範附屬小學中便設有「鄉土」科，教授以當地為主的史地內容。

[25] 教育部，1962，頁291。

[26] 例如，在教室與禮堂內開會時應向國旗、領袖（圖片）鞠躬敬禮；在升旗典禮中應立正、行注目禮；在演講提及領袖時應立正；在書寫作業時，領袖的名字前應空一格等等。

活中充斥的政治符碼顯得理所當然，甚至成為生活裡不可或缺的一環，藉此建立國家與領袖的必要性與崇高地位。

　　戰後初期版的《常識》中的〈國旗〉[27]一課（圖一）便是極佳例證，課文雖僅31個字，簡單介紹中華民國國旗，同時也介紹學校升旗時應立正行禮的行為規範。在遷臺初期政府財務困難的狀況下，一般教科書的印刷品質十分粗糙，但奇特的是，這課卻以彩色印刷，是該版十二冊教科書中唯一的彩色圖片。凸顯了

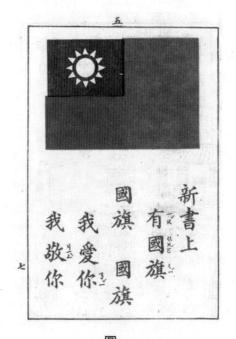

圖一

〈國旗〉，《國語常識》（戰後初期版）一，頁7-8。

新政府急於教導臺灣子民認識中華民國國旗的緊迫性。

　　在中低年級課本中，有關國家的介紹十分簡單，主要是利用以上三種圖像符碼來加深印象，也利用詩歌方式歌頌中華的偉大壯麗，藉以培養學生的愛國心與榮譽感。例如，各版《社會》、《常識》中都有介紹「中華／中華民國」的課程。又例如，在戰後初期版的〈中華民國〉一課中，[28] 列舉中華民國的行政區域，並複誦一套「民族榮光」的論述，強調：「物產豐富、人多地廣、河山壯麗、泱泱大邦」，不但自誇為「東亞領袖」，更自封為「世界四強」之一，透過歌頌中華祖國的偉大，來培養臺灣年輕人對於二戰中的「戰勝國（中國）」產生敬仰與濡沐之情。

　　這類沾沾自喜的民族自豪，在《社會》、《常識》課文中尤其常見。以《常識》科中的〈我愛中華〉一課（圖二）為例，[29] 課文歌頌著中國的偉大：「人口眾多，物博地大……歷史悠久，文化發達。」這課課文配合雙十節，規畫在10月的第二週教學，因此，課文上方搭配了一張武昌起義的黑白印刷圖片，介紹雙十國慶的由來。這樣的訴求是針對二次戰後剛剛「回歸」祖國的新國民所設計的，為的是要讓學童了解中華民國建國的歷史，全文以「中華！中華！我們同胞的老家」作為各段落的起始，反覆穿插吟唱，最後以：「我愛老家，我愛中華」為結尾，暗示著：學生們的「老家」是在大陸上的中華，至於學生所身處的臺灣，則完全不提。

---

[28] 《社會》（戰後初期版）七，頁27。
[29] 《常識》（戰後初期版）五，頁17。

圖二

〈我愛中華〉，《國語常識》（戰後初期版）五，頁17。

　　同樣的課題到了1962年版本時便有了極大的轉變，在1962年版〈偉大的中華〉一課中（圖三），[30]「中華民國」的歷史已不需要詳細介紹。全課充滿了政治象徵符碼——國旗、國號、國歌，以及政治領袖（孫中山與蔣中正）。課文正中央是手持國旗、高舉領袖相片的國慶遊行學生隊伍，課文並以此作結：「我

---

[30] 《社會》（1962年版）一，頁52-3。

圖三

〈偉大的中華〉，《社會》（1962年版）一，頁52-53。

們舉起國旗，唱著國歌，肩靠著肩，手牽著手，踏上反共復國的道路！建立富強康樂的國家。」這批「追隨領袖」的遊行學生似乎被用來代表戰後新生一代的三民主義年輕楷模，亦是反共復國新國民的理想形象。本課的重要性可從其跨雙頁、彩色印刷的版面呈現看出來，同時因為其內容貼近學生生活，課文更從過去「歌頌中華」、了解祖國偉大的重點，移轉到反共使命的時代傳承上。再加上，這課課文的教授多在10月上旬，校外國慶遊行以及校內慶祝活動更是教學一環，從課堂學習延伸到課外活動之參與，讓學生有實際參與「愛國」行動的經驗，更在國家慶典中親身體驗「學習」建國的驕傲與身為接棒者的重任。

　　相對於抽象的國家層次地理想像，小學教育也鼓勵一種「思大陸」的鄉愁。從三年級的課本開始就已經可以找到許多這類懷鄉內容，教導學童如何去懷想一個未曾去過的「家鄉」。這個「家鄉」（或「老家」）並不一定是學童所生長的地方、不僅限於他們父執輩來自的地方，也不見得指的是先民渡海而來的閩南（或廣東），而是一個含混籠統的國家地理想像、一個浪漫化的「故鄉」，所涵蓋的是那塊被形容為土地豐饒、民族優秀、物產豐容、具五千年悠久歷史、一個理想化「神州」。

　　以〈可愛的家鄉〉（圖四）[31] 一課為例，它開宗明義地就教導學童要思鄉：「家鄉！家鄉！……它是我們生長的地方……不論是鄉村、都市，海邊、山旁，它是我們永遠懷念的地方。」這兩段簡單的課文闡述了一種「思鄉」情愁，並且引導學童去學習、想像這種近似強說愁式的懷鄉情感。然而，用這種觀點來開啟第一冊社會科之教授令人困惑，為何會用「我們永遠懷念的地方」這樣的語句來召喚年僅九、十歲大的學童呢？這本1962年版課本剛出版時，當時的三年級學童正好都是戰後在臺灣出生的一代，其中歷經遷徙離鄉、來自中國大陸的學童比例已不高，這一代學童的成長過程比起生於戰亂的前一世代，算是比較安定的，除了他們所土生土長的臺灣這塊土地外，如何能理解什麼是思鄉情愁？又有什麼可供他們「懷念」的地方呢？

　　接下來的一課〈山林與河流〉為此提出了解答。[32] 課文中，

---

[31] 同上註，頁1。
[32] 同上註，頁2-5。

圖四

〈可愛的家鄉〉，《社會》（1962年版）一，頁1。

小英與小華是從都市搬到鄉下的孩子，當地的學童新民與建國領著他們在附近玩耍。在爬山途中、俯視山下的村鎮景觀時，新搬來的小英說：「我愛這美麗的村莊，我也想念都市，那裡是我生長的地方」；本地學童新民則說：「我父親告訴我，我們的家鄉是南京，在海的那一邊，那裡有山有水，是個地勢雄偉的地方。」這兩種觀點均同樣反映了「老家在大陸」的暗示。類似的訊息俯拾皆是，另一課〈我國的首都〉[33]（圖五）課文中，新民的父親在過春節時感嘆：「我們的故鄉在南京市，這座美麗的都

---

[33] 《社會》（1962年版）四，頁2-5。

圖五

〈我國的首都〉，《社會》（1962 年版）四，頁 2-3。

市，可惜被萬惡的共匪占據了。」並告誡兒子說：「我們到臺灣來已經十多年了，我們在這裡過著舒適的日子，但是不要忘記我們的錦繡河山啊！」這種「不忘老家」的說法不但由師長不斷告誡，也由書中的兒童重覆申述與呼應。例如，新民在父親談完了南京、上海後，他興奮地說：「我們要早日光復大陸，回到南京、上海去。」[34]

　　由此看來，這時期所倡導的愛鄉心情，是由政府所定義的「故鄉」，而非學童所生長的地方。課文中企圖創造一個懷鄉的迷思，培養一批「心懷祖國」的臺灣年輕人，也就是說：此地雖

---

[34]　同上註，頁 9。

好，但我們仍然思慕懷想海峽對岸的「老家」，身邊的環境並不
重要，只是寄居之「異鄉」。[35] 這種教育中所教導的「思鄉」之
情有兩種，一種是懷念其所出生成長、但不在此處的地方（像
小英的懷鄉），另一種則是懷想父母或祖先來自的源頭老家（如
新民的思慕）。這兩者都鼓勵著一種身心不一、無法著根的漂流
感。然而，這種想像出來、無根的「鄉愁」情懷，不僅靠著師長
的引導、課文的反覆吟誦，更靠著一種浪漫化的想像來達成，把
新一代子民塑造成「孤臣孽子」，在臺灣孤島上所共享的一種民
族義憤與使命感。因此，唯有靠著「敵人」的存在以及強化其欺
凌壓迫，才得以達成內部的團結，培養出患難與共的愛國情懷。

（二）敵人與失土

　　現代民族國家與其子民間最直接的關係便是以「領土」為基
礎，而國家主權與其領土的關係密不可分。因此，國族主義是個
以疆土為基礎的意識形態，也是一種不能沒有「故鄉」（不論是
實質的也好、是想像的也罷）的主張。[36] 任何人造成國家領土
侵奪、主權受損的便是「人民公敵」。因此，戰後小學教育中就
以極高的比例強調兩種造成國家失土喪權的「敵人」，一個是具
帝國野心、侵略中國領土的「外侮」，另一個則是乘國家虛弱而
奪權的「內患」（中國共產黨）。前者聚焦於歷史失土，後者則

---

[35] 這種以中國大陸為「思鄉」對象的意識形態，直到1975年課程標準修正公布
　　後，才稍有改善。
[36] Colin Flint and Peter Taylor, *Political Geography: World-economy, Nation-state and Locality* (Harlow: Pearson Education Limited, 2007, 5th edition), p. 191.

關係中華民國存亡與其國際地位。因此，戰後地理教育中最重要
的任務之一便是讓學童學習中華民國的地理，這包括了：疆界、
國都、行政區劃，以及一連串被認定為「應該是中國的地方」。
至於內患，國民黨政府的首要敵人自然是共產黨，因此將其政權
之建立形容為「竊奪」。

因此，課本中刻意塑造了內外兩種敵人，一來用以呈現具
「政治正統」者（國民黨政府）腹背受敵的無奈，二來，則強化
敵我間的對立矛盾，用以鞏固臺灣島內的團結與認同。我們隨便
看幾段課文就可以看出這種「受害人」心態與義憤。課文大多強
調民族尊嚴被踐踏、國家被欺侮，並提醒學童們必須謹記「恢復
失土」的責任，並且要牢記那一些失土是「我們的」。

在政治地理學中，最有效的領土權當然是實際的領土控制，
但是另外兩個因素——土地完整性、以及政權與此土地的歷史淵
源——也極為關鍵。[37] 1949 年後國民黨政府失去了對中國大陸
的控制，亦即失去其政治主權，也就難怪中華民國領土宣示所強
調的便是中華民國的政治正統性，以及其繼承中華「道統」與孫
中山思想的政治傳承。[38] 因此，在臺灣小學地理知識教授上特
別強調國民黨遷臺前的「中華民國」疆域，以及 1949 年以前國
民政府所規畫的行政區劃：三十五行省、十二個院轄市、海南行

---

[37] Andrew F. Burghardt, "The Bases of Territorial Claims," *Geographical Review* 63.2 (1973): 225-45.

[38] 孫中山曾說：「中國有一個道統，堯、舜、禹、湯、文、武、周公、孔子相繼不絕。我的思想基礎，就是這個道統，我的革命就是繼承這個正統思想，來發揚光大。」這套「道統」論述，成為國民黨在解釋其政治與文化正統地位時經常拿來使用的理由。

政區，二地方（西藏、蒙古）。例如，1962年版以前的《地理》課本都是以兩課〈我國的疆域〉（一）與（二）為開端，開宗明義地界定了中國的疆域範圍，並配合一張全頁大的「中華民國全圖」，課文中的華老師不斷強調中華民國的優越與強大：「世界上有幾個國家能比得上我國這樣大呢……人民優秀，物產豐富，真是說不盡的可愛。」在敘述完國家偉大後，更堅持領土完整的理念：「我們國土以內南、北、東、西都是中華民族生存發展所必需的區域，中華民國國土不可割裂，不可隔離，而必須是完整無缺的。」[39]

　　相對於領土完整之重要性，失地主題在每一版的《地理》課本中都會出現，例如：〈廣東沿海的割讓地和租借地〉、〈西南的失地和邊防要地〉（第一冊）；〈西北的失地和邊防要地〉（第二冊）；〈東北的失地和邊防要地〉（第三冊）。《地理》課本把失地視為國恥，是國家主權被侵害的首要表徵。因此，戰後初期版課本經常將清代以來的失地詳列清單，並詳列失地原因包括：被迫訂定不平等條約、強迫割讓；外國的強力介入、「侵略」或「強租」；或是因為「邊境空虛」，鄰國趁虛而入、「強占不還」等。[40] 換言之，課本中的失地包括了「歷史性失地」與「爭議性邊界」兩種。相較之下，地圖最能具體呈現失土，以圖像引發義憤、激發愛國心，例如這張「蘇俄對我國的侵略」一圖（圖六），以簡單的淡紅色塊呈現出那些地區被蘇俄「巧取豪

---

[39] 《高小地理》（戰後初期版，1950與1957修訂本）一，頁1-2。
[40] 《地理》（戰後初期版，1957修訂本）三，頁25。

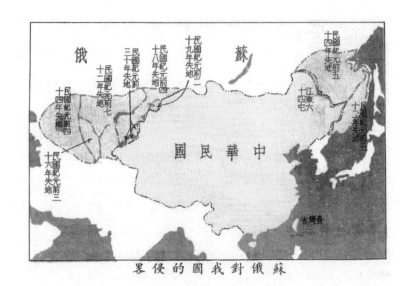

圖六

「蘇俄對我國的侵略」圖，《常識》（1952年版）三，頁31。

奪」，[41] 一目瞭然，勝過條列式的指控，效果更加顯著，同時這似乎也指涉著：凡是掠奪中華民國領土的國家，便是侵害主權、羞辱國民尊嚴的「敵國」。因此，有關失地的內容不只是強調這些地區是如何被侵占的，更要求學童不可忘記被侵略的羞恥與收復失土的任務，強調其擁有權應屬中國，也就是屬於具政治正統、繼承道統的國民黨政府。

　　失土議題中以蒙古最為敏感，在國民黨政府尚未廢除《中蘇友好同盟條約》之前，最早期的《高小地理》課本中便承

---

[41]　在戰後的各版《地理》課本中，早期稱其為「蘇聯」，但自戰後初期版的1957修訂本中開始，已改稱「蘇俄」，本文統一稱之「蘇俄」。

認：「蒙古……本來也是我國的領土，現在獨立為蒙古人民共和
國」。[42] 但在1952年中華民國先是向聯合國提出控蘇案，次年
更由立法院宣布廢除該條約，自此各版課本中，直指蒙古「是
我國的領土」，因為俄國唆使，「一手製造偽『蒙古人民共和
國』，成立傀儡政權」，並要求學童謹記，「反攻大陸時，一定
要把蒙古和唐努烏梁海兩處失地收回。」[43] 此後，不論是1952年
版、或是1962年版的課本都重覆著：「原是我國領土」、「煽動
獨立」、「傀儡政府」等，強調蘇俄的介入與唆使。[44]

　　有趣的是，〈蒙古〉一課從未納入失地的範圍來討論，這種
仍把蒙古當作中華民國國土的作法固然自欺欺人，倒不見得全然
只基於國民黨政府的鴕鳥心態，這種強調「是我國領土」的說
辭，其實也是為國民黨政權合法化、形塑「中華民國」地理想
像、不得不然的必要措施。唯有堅持這種國家想像，中華民國才
得以勉強在臺灣存在。而蒙古獨立或是中華人民共和國的建國，
不過是「中華民國地理想像」建構過程中的雜音而已。

　　在外侮方面，戰後初期的世界地理課本中第一課便是〈日
本〉。[45] 課文中經常利用負面敘述作間接批判或直接指控，用以
提醒前日本殖民地的臺灣學童有關日本的侵略性與其性格「缺
點」，例如在提到《馬關條約》時說：「馬關是我國在日本的國
恥紀念地」，強調其物產貧乏、常有地震，糧食不夠自給，同

---

[42] 《高小地理》（戰後初期版，1950修訂本）三，頁41。
[43] 《地理》（戰後初期版，1957修訂本）三，頁43-4。
[44] 《地理》（1952年版）三，頁28、30；《地理》（1962年版）三，頁76-7。
[45] 《高小地理》（戰後初期版，1950修訂本）四，頁13-5。

時也撻伐其民族性，稱其為：「善模仿，度量褊狹……妄想侵略，實行獨裁，結果，一敗塗地，全國崩潰。」[46] 這種仇視與輕蔑很快地在下一個修訂版中消失，雖然仍保留大部分原文，但用詞遣字變得比較正面。首先將下關、馬關新舊地名作對照，[47] 並修改原句為：「馬關是我國**過去**在日本的國恥紀念地」，[48] 這「過去」兩字一加，似乎暗示著中日敵對關係不再，因為那是「過去的」國恥。在1962年版課本中就連下關地名也刪除了，並譽其為「亞洲第一工業國」。[49] 戰後短短十幾年間，兩國情誼在迅速改善，原本譴責其「侵略中國」的內容逐漸消音，而以正面敘述收尾。

可以看出，戰後數年間，國民黨政府所認定的「敵國」已迅速改變，相較於日本這個二十世紀初的「侵略野心家」，蘇俄卻在臺灣地理課本中被形容為二十世紀「自由世界」的主要敵人。一來是因為蘇俄為中國共產黨撐腰，二來更因為它在全球冷戰局勢中是共產世界龍頭老大，這使得蘇俄成為國民黨政府的頭號「外敵」。從地理課本的用語變化便可以看出國民黨政府對蘇俄在戰後迅速高漲的敵意。最早期的《地理》課本中，對其唯一的負面敘述是：「缺乏良好的出海口，所以常想染指別國的港口」。[50] 但隨著蘇俄與中共的結盟日深、世界冷戰對峙的緊張情

---

[46] 同上註，頁14-5。

[47] 下関（Shimonoseki）一地原名「赤間関」或「赤馬関」，或略稱「馬関」。

[48] 《地理》（戰後初期版，1957修訂本）四，頁13。

[49] 《地理》（1962年版）四，頁8。

[50] 《高小地理》（戰後初期版，1950修訂本）四，頁24-5。

勢升高，後來版本中對蘇俄的敵意迅速加溫，該課的標題改為〈我們的敵國——蘇俄〉，[51] 除依然強調「掠奪……海參崴」，指其「北部終年結冰，不能耕種……東部糧食不足」，指責其侵略中國：「西伯利亞鐵路……經過的地方，有許多原是我國的領土，被它侵占……形成我國國防上重大的威脅」，[52] 並斥責克里姆林宮是：「發動侵略世界的中樞。」[53] 這種敵意即使到了中共與蘇俄的關係開始惡化後亦未減緩，雖然課文標題在1962年版恢復為較中立的〈蘇俄〉，但課文仍強調其野心與危險性，指其：「侵略成性，無時不企圖侵略鄰國……擴張領土的野心……控制共黨國家和侵略世界的司令臺……反人性的殘暴統治。」[54] 其實這種強調帝國侵略的狼子野心，[55] 或是指責其唆使叛亂獨立、對國力的削弱，都是為中國自身積弱找藉口。

相對於蘇俄對「自由世界」的威脅，中國共產政權才是小學社會科中最急切、最真實的「頭號敵人」。於是，國民黨在內戰中的潰敗被類比為另一次的「歷史性失地」，歸咎於外國勢力（蘇俄）的教唆所致，教科書中強調「失地」的另一層目的，更

---

51 這個深具敵意的課名首次出現在戰後初期版（1957修訂本）的《地理》課本中，到了1952年版《地理》中仍沿用同名，但在1962年版《地理》中，課名又改為較中立的〈蘇俄〉。

52 《地理》（戰後初期版，1957修訂本）四，頁27。

53 同上註，頁30。

54 《常識》（1962年版）三，頁30-1。

55 類似的敘述除了用於蘇俄在華近百年來的「巧取豪奪」外，也用於形容英國、法國、日本等列強在華之侵略。例如：《高小地理》（戰後初期版，1950修訂本）一，頁33、44；二，頁42-3；《地理》（戰後初期版，1957修訂本）一，頁47；二，頁48；（1952年版）二，頁20；三，頁18-9、42-3。

是把外侮侵略、帝國介入的「國恥」與國民黨政府失去大陸劃上等號，把中國內戰的結果歸因於蘇俄的介入與共產主義入侵。因此，「反共復國」可說是戰後教育首要主旨，其內容通常與「愛國」的主題並陳呼應，戰後教育中所強調的這種敵我對峙、漢賊不兩立的理念，就是先從「內賊」（中國共產黨）出發、延伸至「外侮」（蘇俄共黨老大哥），將二者呈現為具侵略性的「他者」，透過內憂外患所挑起的焦慮來凝聚團結向心力。因此，早年課本中強調「愛中華」的重點，逐漸為「反共」主題所取代，似乎要愛國愛鄉，就必先反共。

　　早期課本中的反共意識多以簡單的「指控」為訴求，指陳共產政權的暴虐。如1952年〈共匪的暴行〉一課，[56] 譴責中共奪取大陸之不公義，以及其暴力苛政，再配合一張「集體農場」的插圖強化大陸同胞被壓迫的意象；後來的版本則循此途徑，以對照類比方式呈現，以臺灣榮景對照大陸的饑荒苦難，使得學生對於反共的想像得以落實到實際生活中。像〈臺灣今日的生活〉（圖七）[57] 一課，不但指陳臺灣人民豐衣足食、經濟繁榮，人人平等，享有宗教、居住、與言論自由，這種美好的圖象用來對照大陸的困境：「共匪奴役之下，家破人亡」，尤其是推出大躍進、集體農場、人民公社等政策後，生活的苦狀更變本加厲、「牛馬不如」。

　　兩岸的對比也由插圖來凸顯，在這個彩色跨頁的課文裡，右

---

[56] 《常識》（1952年版）三，頁32。
[57] 《社會》（1962年版）四，頁58-9。

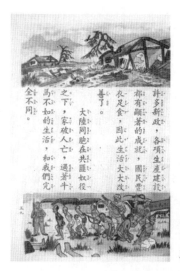

圖七

〈臺灣今日的生活〉，《社會》（1962年版）四，頁58-59。

頁描畫臺灣的繁榮建設，市街上車水馬龍，對應著一個三代同堂的家庭圖像，代表臺灣社會成功地融合了傳統生活與現代化建設；相較之下，左頁的中國大陸景象描畫的是家園殘破、土地棄耕，以及在「人民公社」推動後的饑荒貧窮。不論是圖像、還是課文都暗示著海峽兩岸的「天堂」與「地獄」般的對比，一來指控著共產統治的凶殘，二來支持國民黨政權的合法性，也凸顯了反共訴求的正當性。

（三）邊陲化的臺灣

在對共產敵人的疑懼與母國故鄉召喚的夾縫中，臺灣不見了！舉凡臺灣在各科教科書出現時，其主要功能都是用來作為

對應中國的參考點（reference point）。在地理課程中，有關臺灣的內容少得可憐；在社會、常識課程中有關臺灣的內容較多，但即使如此，不論是課文內容還是圖像，重點仍放在大陸「故鄉」。臺灣的邊陲地位，從其極少的篇幅已可見一斑。從1945到1967年間，雖然課程標準多次更動，但歷年的本國地理課程中，以臺灣為題的課文都只有一課，平均不到本國地理課程教授的6%。[58] 同樣地，臺灣在社會科課本中出現的頻率也不高，每被提及，也通常是與中國史地內容相關。例如，戰後初期版本的課文中有關臺灣的內容極為罕見，只有在〈鄭成功〉[59] 這課中提及，以鄭氏開臺故事為課文主軸，似乎臺灣的重要性純粹建立在鄭成功以此為「反清復明」基地的基礎上。

各版本國地理中只有一課〈臺灣〉，課文內容都在介紹其豐富物產、便捷交通、以及戰後國民黨政府建設。課文之始通常以一整段文字強調臺灣、大陸間血濃於水的關係，例如：「臺灣和福建，僅一水之隔，所以很早就由國人開墾經營，至今臺灣人中，百分之九十以上都是從大陸各省遷徙過來」，[60] 且多來自福

---

[58] 在戰後初期版（1950及1957修訂本）中，本國地理內容共計三冊，以及第四冊的前面四課共計58課，其中只有一課有關臺灣，所以僅占本國地理課本內容的1.724%。在1952年版課程標準修訂後，臺灣的內容比例變化不大，在三冊本國地理共計54課課文中，臺灣仍只有一課，占總內容的1.85%的分量。直到1962年版，因為本國地理被縮減為兩冊，包括了第二冊的本國地理總論、第三冊的本國地理分論，如果只看第三冊中單獨討論的中國各地區，共計18課，因此，雖然仍然只有一課〈臺灣〉課文，但其比例因而提升為5.56%。有趣的是，〈我國的失地和邊防重鎮〉仍單獨成一課。

[59] 《常識》（戰後初期版）七，頁7。

[60] 《高小地理》（戰後初期版，1950修訂本）一，頁5；《地理》（戰後初期版，

建、廣東，[61] 並將漢人來臺拓荒歷史推前至一千年前，[62] 暗示臺灣在漢人到達前是個「無人荒島」，全憑漢人墾殖才得以開發；另方面更強調兩岸血脈相連、淵遠流長。課文中其他與臺灣相關的正面陳述，除了以國民黨政府建設為重心外，大多與自然有關，[63] 強調其物產豐饒、風光美妙，似乎在漢人到達以前，臺灣沒有歷史「過去」，只有自然資源。可見早期《地理》課本中所呈現的臺灣是一個漢人為中心的地理觀點、一個大中國視角下的邊陲小島，除了自然資源外，課文中所呈現的臺灣只是中華民國治下一個行省、戰後國民黨政權下的經濟建設成果，以及其在反攻復國使命中的角色。

在本國地理課程中，〈南京市〉、〈上海市〉、〈廣州市〉、〈重慶市〉等中國各大都市都有專課介紹，並附有地圖，相較之下，作為全島首善之區的臺北市，出現頻率不成比例，僅在〈臺灣〉一課最後一兩段被提及，描述臺北的內容不超過九個句子。除了陳述其人口、交通，強調的是其在反共復國任務中最重要的特徵：身為中華民國「臨時首都」[64] 以及「反共復國中央政府所在地」。[65]

1957修訂本）一，頁5-6。

[61] 《地理》（1952年版）一，頁7、10。

[62] 《地理》（1962年版）三，頁7。

[63] 例如：「美麗之島……山林幽美，物富民豐……整個臺灣就好像一個天然的大公園。」（《地理》，1962年版三，頁7、10）；「草木全年皆綠，好花四時常開……土地肥美物產豐富。稻米一年兩熟，水果種類繁多。」（《國語常識》戰後初期版七，頁7）。

[64] 《地理》（1952年版）一，頁7、10。

[65] 《地理》（1962年版）三，頁7-11。

　　雖然有關臺灣的內容在1962年版社會科目中大幅增加，但增加的仍是以中國為中心的視角。這種「提臺灣、想中國」的邏輯反映在以下三種典型內容裡：強調兩岸在種族、歷史上的淵源（亦即，「我們都是一家人」）；物產豐富（因此，是休養生息的反攻復國跳板）；戰後國民黨政府在臺建設（得以比照「邪惡共匪」，襯托出道德公義的國民黨政權）。這種以臺灣為引子、大陸為主體的課文俯拾即是，例如：「亞洲最長的公路大橋……在我們中國的臺灣省，那就是西螺大橋」、「臺灣是民族復興的基地，三軍壯大，鬥志堅強，經濟繁榮……是我們反攻、復國的真力量」。[66]

　　這三種訴求有時是以個人故事呈現家與國的關聯，在〈祭祖〉（圖八）[67] 一課裡，建國的父親對兒子耳提面命：「我們的老家在福建省，大約在一百五十年前……祖先遷到臺灣來，他千辛萬苦，開墾荒地，才在這裡居住下來……國家是全國人民的家……我們都是黃帝的子孫，我們都是大家庭的一分子，要相親相愛，努力建設這個大家庭。」[68] 可以看出，課文裡一再強調這種「臺灣人就是中國人」、「我們都是一家人」的邏輯，很顯然地其目的便在培養學生「努力作中國人」。

---

[66] 《社會》（1962年版）四，頁47、69、74。
[67] 同上註，頁46-8。
[68] 同上註。

圖八

〈祭祖〉，《社會》（1962年版）四，頁46-47。

三、架空的地方感

這段時期裡，小學地理教育中所呈現的臺灣，是外省執政者眼中的臺灣，也就是一種如何利用本地資源、藉以回老家的「外來者」觀點，而非臺灣人的本地觀點。國民黨政府對「老家」的嚮往在課程中呈現無疑，正如巴契拉（Bachelard）所說，人們對「老家」的依戀如同一種「帶著守護神」走天涯的情懷，追尋的是一種如同時間停格的依戀與溫馨，像是走進了時光隧道，回到一個靜止不變、永恒安全的「童年之地」。[69] 國民黨政權以其

---

[69] Gaston Bachelard, *The Poetics of Space: The Classic Look at How We Experience Intimate Places.* Trans. John Stilgoe (Boston: Beacon, 1964).

在中國大陸的經驗與想像，透過教育來建構戰後臺灣，這種按著老家建構新居的作法，有如巴契拉所說，是一種由「想像、記憶、夢想」三者互動滙流的產物。也因此，臺灣早期地理課本中既沒有本地人觀點、沒有本土認識與關懷，也沒有奠基於土地的地方感。就因對這塊土地尚未產生情感與了解，課程標準制定者雖有「從鄉土出發」的認知，卻無法落實運用，不自覺地呈現出「寄居暫住」的心態，缺少落地生根的愛鄉角度或扎根企圖，因此，地理教育中的臺灣僅被視為提供反攻復國任務的地理資源、一個返鄉旅程中的中繼站。

　　戰後臺灣小學地理教育中所塑造的「地方感」，顯然是一個大中國的地理想像，不但奠基於國民黨政府的黨國需求、依其政治意義而建構，更反映出大陸外省統治者自己的家國想像。至於學校裡所傳遞的地理知識，與生活中所體驗、身處、與實踐的環境完全脫節，戰後初期的臺灣教育為使學童與想像中的「母國」建立空間上的認同，其結果反而把臺灣形塑成了有隔閡的「異鄉」，至於在「家」應有的安全感與歸屬感，反而由一種「過客」心態所取代。這種官方建構的地理想像與價值觀鼓勵著一種不知所云的懷鄉情愁，形成一種「架空」無根的地方感。於是，戰後國民黨政府的地理教育把臺灣塑造成了一片「平景」（flatscape），一如瑞爾夫（Relph）所定義，是「一個無地方感的地理，不但缺乏多元的地景，也是不具意義的地方。」[70] 在「中國優先」的原則下，臺灣戰後的地理教育成了無法著根的地

---

[70]　Edward Relph, *Place and placelessness* (London: Pion, 1976), p. 79.

理知識傳授，在學生的生命地圖裡，他們所成長、居住的臺灣是個面目模糊、意義不清，一個不是家鄉的異鄉。相對地，學童學習著書本中所教導的鄉愁，背頌著不知名的地名與山川物產，目光持續地被導向彼岸，學校裡所教導的「家鄉」其實是一種浪漫化了的「故國」想像，亦即一種加工後的「虛構地方感」，培養的是一群戰後新世代對周遭環境的疏離與冷漠。

弔詭的是，在地理知識傳授中，臺灣常被放置於中國的家園想像之外。就地理課程的內容與結構來看，有關臺灣的討論一向與中國地理分開。雖然國民黨政府遷臺後在文化教育上一再強調「中國化」，但有趣的是，〈臺灣〉一課被放置在整體「中國地理」架構之外、單獨處理。在1962年的課程標準修訂之前，三冊的本國地理課本都是以〈我國的疆域〉為總論，以〈臺灣〉為起點，之後分別介紹中國的各大區域。到了1962年課程標準修訂後，〈臺灣〉一課才被納入中國的「南部地方」。換言之，戰後二十年間的地理教育其實還是把臺灣處理為「中國以外區域」，不論是課文內容、還是地圖呈現，臺灣經常被處理得比西藏、新疆、蒙古等地區還要遙遠邊疆。亦即，臺灣被指派了個「外部」（outside）位置，把這個國民黨政府政權所安身立命的島嶼視為一個「正統中國」（China proper）之外、多出來的附加領土，把臺灣與臺灣人都放置在中國範疇與認同之外。

四、結論

綜觀臺灣戰後初期的地理知識生產，與其說戰後教育是個

「中國化」的意識形態養成，不如說是個「他者化」的過程——將戰後一代的年輕臺灣人教育成自認是低人一等、永遠懷想對岸的「次等中國人」，身處極為邊陲的「局外人」位置，在自己的土地上常覺得無以家為，甚至被鼓勵學習外省統治者的身分，作個格格不入的流民（diaspora）。這種以大中華為重點的家國想像雖然形成了一種與本土疏離的地理想像，以及一種心心念念、嚮往祖國的海外流民之心態與身分；然而，這種強加於身、無根無憑的地方感難以長期維繫。從解嚴後的認同變遷即可看出，在強制的政治力消失後，一個著根於土地的地方感與本土認同終將浮現，這也解釋了何以戰後國民政府雖長期、有系統地塑造以中國為主體的認同，最後這種刻意被架空的認同不得不隨著臺灣社會的民主化進程而淡化，而最終被一股從本土生根茁壯的土地認同所置換。至於昔日「失根蘭花」式的家國想像也已逐漸凋零，為身邊的山川風物所取代，生根發芽、落實於生活。

流行歌曲上電視

——《群星會》的視聽形塑

沈　冬

群星在天空閃亮，百花在地上開放。

我們有美麗幻想，為什麼不來齊歡唱。

——〈群星頌〉，《群星會》主題曲

慎芝作詞、作曲，1964

　　民國五十一年（1962）10月10日，臺灣首家電視公司——臺灣電視公司正式開播，臺灣的媒體事業從此跨入新紀元。當晚8點30分至9點，「臺視」播出了第一個歌唱節目——《國語歌曲——歌星演唱》，[1] 這就是日後對臺灣流行音樂影響深遠的《群星會》。

　　《群星會》是臺灣電視史上第一個歌唱節目，同時也是收視率最高，最受歡迎的節目之一，更是臺灣電視史上最長壽的歌

---

[1]　根據《電視周刊》第1期〈本週節目〉（臺北：臺灣電視公司，1962.10.10），頁28。

唱節目。自 1962 年 10 月閃亮登場，至 1977 年 3 月黯然謝幕，[2] 持
續了十五年半，播出集數高達 1283 集，[3] 其靈魂人物慎芝（1928-
1988）身兼節目製作、主持、作詞、作曲，她的先生關華石
（1912-1983）擔任音樂指導，二人同心協力之下，「群星會」一
詞幾乎成為臺灣流行音樂、娛樂事業的代名詞。[4] 2007 年，經汪
其楣教授熱心奔走，慎芝之弟邱正人將家藏慎芝、關華石資料捐
給臺大圖書館，[5] 汪其楣並首開先河，完成《歌未央──千首詞
人慎芝的故事》、整理出版《歌壇春秋》廣播稿，為《群星會》
後續研究奠立了基礎。[6]

　　《群星會》是流行歌曲躍上電視螢光幕的先鋒；流行歌曲本
來追求聽覺之美，上了電視則由聽覺轉而為視聽兼具，本文即由

---

[2] 《聯合報》1977 年 3 月 4 日第 9 版以「慎芝告別了群星會」為標題：「群星會
自農曆年後，已由臺視節目部負責製作，風格與內容與前大不相同。」事實
上，《群星會》農曆年後 2 月已停播。

[3] 據臺大收藏慎芝資料，《群星會》腳本封面均有「第○○○次播出」，1283 之
集數根據《民生報》1980 年 12 月 22 日第 10 版。

[4] 1969 年李行執導，甄珍、王戎主演的中影歌唱文藝大片《群星會》，描述女
歌手在歌壇奮鬥，周旋於歌場與情場，即取義於《群星會》節目。再如王贊
元《再現群星會》（臺北：商周，2007），介紹臺北五○年代以來的流行音樂
文化，由書名可知全書環繞於「群星會」這個概念。

[5] 這批資料包括慎芝歌詞創作手稿、節目製播稿、廣播節目主持稿、文件、書
信、歌本、唱片等大批珍貴資料，2007 年 4 月臺大圖書館為此主辦了《牽手
與推手：慎芝、關華石手稿資料暨藏書展》。

[6] 《歌未央──千首詞人慎芝的故事》（臺北：遠流，2007）。本書包括劇本、
介紹關華石的專文、〈慎芝年表與「群星會」記事〉，及〈慎芝歌目一覽〉。
《歌壇春秋》（臺北：臺大圖書館，2010）則根據慎芝與關華石於民國四十七
年 4 月至四十八年 1 月間，在正聲廣播電台主持《歌壇春秋》的廣播手稿整理
編輯而成。

此切入，研探《群星會》這個以聽覺為本的節目如何結合視覺導向的電視，《群星會》的歌唱內容如何？音樂源頭如何？它的音樂顯現了何種意義？也是本文關注的焦點。本文以《群星會》前三年（1962-64）的資料為主，參考臺大收藏的手稿文獻、報紙、臺灣電視公司出版的《電視周刊》，並訪談《群星會》歌手。由於電視開播之初尚無錄影技術，節目均為現場播出，《群星會》珍貴的音樂及影像未能保存，[7] 因而本文討論音樂時，也參考歌手日後灌錄的唱片。[8] 本文分三節，首先探討關華石與慎芝的成長背景、音樂生命，其次分析《群星會》的演出型態與行銷，及其視覺吸引力的營造。其三考訂《群星會》的聽覺內容，分析其演唱曲目、探究歌曲來源及音樂特色。針對《群星會》本身的探掘，本文試圖呈現電視開播初期，國語流行歌曲如何透過視覺和聽覺兩方面的形塑，達成「極視聽之娛」的目的。

一、牽手與推手——關華石與慎芝

　　慎芝、關華石夫妻是恩愛的「牽手」，也是《群星會》節目的「推手」；現實生活裡，「製作人慎芝」較丈夫「音樂指導關華石」更具知名度，但關華石是慎芝背後支持她、鼓勵她，甚至

---

[7]　參見朱心儀《臺視1962-1969節目內容的演變》（花蓮：花蓮師範學院鄉土文化研究所碩士論文，2005），頁10。

[8]　《群星會》歌手的唱片未必能代表《群星會》的音樂，因為歌手還有個人風格的考量，更受唱片公司老闆的左右。慎芝的作詞手稿也未必等於《群星會》的音樂，因為其中部分歌曲是受唱片公司囑託而作，未必能排上《群星會》。但唱片及手稿等資料仍為研究《群星會》音樂不可或缺的參考。

關華石、慎芝夫婦，國立臺灣大學圖書館藏。

指導她的那雙「推手」。[9]

關華石，廣東南海人，成長於天津，二十歲舉家遷至上海，自報的學歷是「南開大學文學系兩年，國立音專小提琴及樂理兩年」。[10] 事實上，九一八事變後，關華石「無心繼續求學，開始進入社會工作」。先後從事教學、電影公司、攝影記者等工作，最後成為一名專業樂師。[11]

關華石的音樂經驗始於十三歲在天津學習廣東音樂，其後又跟隨知名小提琴家金律聲學小提琴。他曾擔任業餘廣東音樂教師，教紅極一時的阮玲玉唱歌，更首開風氣，組成爵士風格的廣東樂團在上海灘的舞廳裡伴奏，蔚成風潮。為了與洋人樂師一較長短，還倡議組織「上海市中國音樂師公會」。上海時期，他演奏小提琴、帶領樂隊、編曲寫譜，也登台演唱，被譽為「爵士歌王」，在舞廳及流行音樂圈中名號響亮。

慎芝，本名邱雪梅，客家人，祖籍廣東梅縣。1928 年生於臺中東勢，1934 年隨父母遷居江蘇無錫，1937 年移居上海，1945 年 7 月由上海日租界第一高女畢業。她成長於一個臺灣家庭，浸潤於江南的中國傳統文化，又接受日本教育，親炙上海的

9　臺大圖書館主辦《慎芝、關華石手稿資料暨藏書展》，即以「牽手與推手」為名，出自柯慶明手筆，本文借用此概念。

10　據〈臺北市私立華石歌唱短期普通／職業補習班申請設立計畫呈報表〉（臺大圖書館收藏）。

11　關華石在《歌壇春秋》廣播稿裡曾詳細敘述他的前半生，而全面整理關華石生平的兩篇文章都出於汪其楣之手，一是〈完美的和弦──慎芝身旁的他〉（《聯合報》2007 年 4 月 29 日 E7 版），二是〈原來她的身旁有個他──認識關華石〉（《歌未央》，頁 39-69），前篇其實是後篇的節略本。本文主要根據《歌壇春秋》並參考上海、臺灣報紙及汪其楣著作。

現代文明。其好友「藍明」（何藝文）曾撰文指出：「慎芝能說標準的客家話、臺灣話、廣州話，乃至流利的滬語，同時也是日文專家，譯筆流暢。」[12] 這種多元文化的涵融，對她日後的事業有極大助益。[13]

　　慎芝的上海歲月為她日後的音樂事業開啟了一扇門。[14] 她從小愛唱歌、喜歡搜集歌本，1938年以來搜集了約500本歌本，李香蘭是她最愛的歌手之一。[15] 二戰後，慎芝舉家返臺，1949年5月，關華石也隨國民政府撤退來臺。1950年初，慎芝在臺北中山堂對面「喜臨門」餐廳初見關華石拉小提琴，一見傾心。她本在布莊擔任會計，兼職民聲廣播電台的播音主任。其後應徵該電台的歌手，赫然發現主考官就是關華石，兩人1951年7月30日共結連理，可謂風華正茂的二十四歲本省富家千金，和孑然一身的四十歲外省音樂家的結合。年齡的差異無礙於二人同心，在三十二年的婚姻裡，他們共創了一番精采的音樂事業。[16]

---

[12] 藍明，〈我的好友——慎芝〉（《電視周刊》第2期），頁29。藍明本名何藝文，曾於正聲電台擔任「夜深沉」節目主持人，為慎芝好友，臺大圖書館藏有多封她與慎芝來往書信。關華石去世後，撰有〈悼關華石兼懷慎芝〉，發表於《傳記文學》42卷5期（1983），後收入《繁花不落》（臺北：秀威，2013）。

[13] 慎芝的成長經驗，與著名學者、散文家、翻譯家、臺大中文系林文月老師類似。關於林文月的研究往往指出她童年上海生活是一種「國族認同的迷思」（張少明，《林文月散文研究》，政大國文教學碩士論文，2006年），由另一角度看卻是多元文化的收穫。

[14] 何貽謀提及慎芝「年輕曾鬻歌於上海」（何貽謀《臺灣電視風雲錄》，頁69），又據慎芝收藏1970年2月8日李姓觀眾來信（臺大圖書館收藏），李先生的朋友在上海時期曾聽過慎芝唱歌，但細節已無可查證。

[15] 慎芝，〈心聲〉，《聯合報》（1972年7月3、4日第9版）。

[16] 此處關華石來臺之初的情況，均據《歌壇春秋》關華石自述，關華石與慎芝

　　關華石來臺之初生活困頓，他自述在基隆登岸時只有「一個
鋪蓋、一個箱子，和兩隻跟隨我廿多年的小提琴」，[17] 其後臺北
的娛樂事業逐漸復甦，他和音樂圈的朋友重組樂隊，婚後夫婦聯
手行走江湖。翻檢當年資料，可知慎芝的主要工作是歌唱，她曾
是民聲廣播電台《青春歌唱團》節目歌星，也參與慰問反共義
士、勞軍等活動，[18] 名字與紫薇、王琛，以及香港歌星董佩佩等
人同列。報紙也指出她與紀露霞、薇莉等歌手同在美國聯誼社駐
唱，「薇莉、紀露霞均屬叫座的熱門歌星」，而慎芝為「電台歌
星」，表示此時她小有名氣。[19] 關華石則延續上海時期的工作，
以領導樂隊、演奏、指揮為主。《徵信新聞》曾有一文記述1950
年代中葉「臺北市新興娛樂場」，其中「流行歌曲音樂茶室」最
獲好評的，即為關華石領導的「碧雲天」茶室樂隊。[20] 此外，
關華石也參與勞軍、晚會、康樂隊等現場表演，[21] 開設歌唱補習

　　相識相戀的經過，慎芝在自撰的〈夜未央〉一文中有深情回憶，見《聯合報》
　　1984年8月5日第8版。

[17]　《歌壇春秋》，頁242。

[18]　如《聯合報》（1954年3月8日第3版）參與大陸災胞救濟總會慰問反共義士
　　（按：即為一萬四千韓戰反共義士）、（1954年10月18日第3版）參與香港影
　　劇界勞軍團。其餘活動仍多，不贅。

[19]　見《聯合報》（1960年5月3日第6版）。

[20]　見《徵信新聞》（1956年2月20日第4版）。

[21]　例如1957年12月8日「軍友總社」在三軍球場舉辦盛大勞軍活動，大批香港
　　歌手包括名歌星崔萍等人參與演出，關華石現場指揮樂隊並演奏小提琴。見
　　《聯合報》（1957年12月9日第3版），1962年9月又有「救濟難胞支援前線
　　愛國藝人聯合大義演」，參與者眾，關華石為音樂組召集人，此時已是《群
　　星會》開播前夕，關華石顯然氣象不同。見《聯合報》（1962年8月31日第6
　　版）。

班，[22] 更在電台製播歌唱節目，自組「華聲社」為節目班底，[23] 其後與慎芝一起主持以播放唱片為主的《歌壇春秋》，大受歡迎，[24] 接著又有以「名歌星及影星輪流參加播唱」為號召的《歌迷俱樂部》，已頗具《群星會》雛型。[25] 為確保國內樂師的工作機會，關華石沿襲上海時期作法，成立「臺北市西樂業職業工會」，會員除了樂師二百餘人外，也囊括職業及業餘歌手，包括名歌星紫薇、敏華、李小梅、美黛等，[26] 凡此種種，顯示關華石在歌壇已居領導地位，一切的努力，看來都是為電視節目《群星會》預作準備。

這夫妻二人如何共同成就《群星會》？由現存資料可簡要歸納如下：關華石是《群星會》的「音樂指導」，負責選曲、編曲、寫套譜、訓練歌手、組織樂隊，排練、現場指揮、演奏，基本上承襲過去一貫的音樂事業。相形之下，慎芝則有了迥異於

---

[22] 見《中央日報》（1959年5月3日），特別指出「關華石在爵士樂壇享譽廿餘年，小提琴和教歌經驗更負盛名。」教學是關華石生活中重要部分，《群星會》知名歌手大多出於門下。

[23] 參見《聯合報》（1956年10月20日第3版），「華聲社」歌手包括慎芝、司馬音、蓓蒂等人。

[24] 《歌壇春秋》十個月的廣播手稿完整保存，現庋藏於臺大圖書館，已由汪其楣編輯校註出版（臺北：臺大圖書館，2010），是研究國語流行歌曲的重要參考資料。這個節目是正聲廣播公司為慶祝創立三週年而推出的新節目，於台慶4月1日當天開始播出，所以廣播稿始於民國四十七年4月1日。參見《歌壇春秋》、《聯合報》（1958年3月31日）、《徵信新聞》（1958年7月10日）。

[25] 《歌迷俱樂部》每週日中午12點至2點播出，與《群星會》時段類似。見《聯合報》（1959年11月21日）。

[26] 《聯合報》（1962年2月19日第3版）。

廣播時期的多元發展。她在《群星會》身兼歌手、[27] 第一位節目
主持人、[28] 節目製作人、作曲家（最著名的作品是《群星會》的
主題曲〈群星頌〉）、填詞人、[29] 以及歌手的老師、作家等多重身
分，真可謂六〇、七〇年代國語流行歌曲教母，而關華石隱身其
後，是她最重要的「牽手」與「推手」。

二、觀看《群星會》──由廣播到電視的轉型

1962年10月5日，臺灣電視公司在臺北賓館舉行「試播酒
會」，《群星會》初次亮相。[30] 五天後，10月10日（週三）國
慶日臺視開播，《群星會》正式登場。初期播出時間是「星期三
晚間9點15分到45分，星期六中午12點30分到1點」，[31] 每週兩
次、每次半小時的所謂「雙時段」播出。但電視草創之初，一切

---

[27] 例如《電視周刊》第5期唱〈沒有月亮的晚上〉、32期〈葬花〉、147期與
夏心兄弟合唱團合唱〈群星頌〉、154期〈金玉盟〉、156期演唱自己作曲的
〈船〉、〈情人的眼淚〉等。

[28] 如《電視周刊》第2期有慎芝大幅照片，並說明「在每週的國語歌曲《群星
會》節目中……更可以看到一位美麗的節目主持人──慎芝小姐。」

[29] 她曾填詞一千四百首以上，被稱為「千首詞人」，汪其楣《歌未央──千首
詞人慎芝的故事》首先提出這種說法。但以作詞數量看，慎芝不是最多的，
陳蝶衣、莊奴據稱都有五千首以上的作品。

[30] 參與演出的歌手有霜華、雪華、金石等人，有「小型樂隊」現場伴奏，歌手
也「盛妝出場」。參見何貽謀《臺灣電視風雲錄》（臺北：商務），頁42。何
貽謀為臺灣電視公司成立時的節目部主任，此次試播由他負責，本書即是他
臺視生涯的回憶。

[31] 《群星會》十五年間播出時間屢有變化，許多書籍徵引的資料都不同，此處
是開播時的規畫，據慎芝自撰的〈寫在《群星會》開播以前〉專文，發表在
《電視周刊》第1期。

仍在摸索，因此據《電視周刊》的節目表，《群星會》不時提前延後，週三也曾移到週四晚上，週六改到週日，逐漸才固定為週三與週日的時段。

　　《群星會》的演出主體是歌唱，最重要的成員為樂隊和歌手。當時一般人對爵士樂隊接觸不多，因此《群星會》現場伴奏的小樂隊頗受歡迎。[32] 關華石擔任樂隊指揮，小提琴獨奏更是一大亮點，他演奏時表情專注，眼神憂鬱，頗有觀眾為之動容。[33] 基本上《群星會》的演出流程仍是相當廣播節目式的「線性」進行。由現存腳本看來，大體是談話與歌唱輪流出現，兩首歌曲之間穿插以歌手和歌曲介紹，早期多是主持人貫串全場，後來也常由歌手相互串接應答，觀眾在聽歌之餘還可聽歌手聊聊個人生活。[34]

　　《群星會》節目每次半小時，上場歌手大約五至六位，演唱歌曲十首左右，[35] 後來節目延長為一小時，歌手八人就十分吃緊，有

---

[32] 據孫樸生回憶，在他擔任《群星會》鋼琴伴奏的那段時間，《群星會》樂隊是六人編制，小提琴關華石、黑管梁建民、小喇叭周宗旭、貝斯程鵬、鼓手吳敏、鋼琴孫樸生。孫樸生也提及原來的鋼琴是翁清溪（湯尼），播出一年多後，因為翁「紅到分不開身」，所以由孫接手，可見《群星會》樂隊之受歡迎。見劉國煒，《群星歌唱50年》（臺北：華風文化，2011），頁12。

[33] 關華石的獨奏出現在歌曲的前奏、間奏，有時也獨奏一些較通俗的世界名曲如〈藍色多瑙河〉、〈當我們年輕的時候〉等（《電視周刊》第20期、158期）。

[34] 筆者所見臺大收藏慎芝手稿中有〈群星會第1000集講稿〉一份，書寫於臺視公司節目部稿紙上，即是如此歌唱與講話間雜進行，本集並無固定主持人，慎芝開場致詞後，即由歌手相互串接，每位歌手介紹下一位（組）上場的歌手。

[35] 《電視周刊》偶而刊載《群星會》全集曲目，如第155期載民國五十四年9月的兩次演出，一是六名歌手十一首歌曲，另一次則是五人十一首，而其中一名歌手唱了三首歌，曲目此處不贅。

時一位歌手必須出場三次，因此慎芝向公司要求增加為十人。[36]
《群星會》播出十五年，據慎芝整理的清單，約三百餘人（組）曾
在此登台獻藝。[37] 其中紫薇、美黛等少數幾位與慎芝同輩，其
餘多是後輩歌手，如吳靜嫻、王慧蓮、秦蜜、冉肖玲、張琪、謝
雷、青山、婉曲、孔蘭薰、閻荷婷、白嘉莉等。鄧麗君也在1968
年上了《群星會》，從此星途大開。[38] 何貽謀說：「《群星會》竟
成為歌星成名階梯。……歌星如曾上過《群星會》，恍如公務員
曾通過高考，必在海報中註明以廣招徠。」[39] 確是實情。

慎芝對於如何行銷《群星會》頗有想法。據何貽謀回憶，
「群星會」三個字是當時擔任「臺視節目部副理，筆名老沙的鄭
炳森所命名」，[40] 而慎芝就以此概念創作了主題曲〈群星頌〉，
於1963年4月推出，與《群星會》之名相輔相成，使節目形象更
為鮮明。此曲由慎芝作詞作曲，據臺大收藏慎芝手稿，以簡譜
形式寫在泛黃的活頁筆記紙上，慎芝親筆在稿頭註記「慎芝詞
並曲、臺灣電視公司群星會主題曲」，並註明「美黛主唱女聲合

---

[36] 根據臺大收藏慎芝手稿〈提交臺視公司報告〉，民國五十九年11月16日。

[37] 據慎芝自行整理的〈群星會歌星名單〉（手稿，臺大收藏），包括歌手、舞者，以及多人組合的合唱、舞團，共有三百三十餘人（組）。此名單是否完整不得而知。

[38] 記者請教鄧麗君的兄長鄧長禧，「鄧麗君如何紅起來的？」他回答：「14歲是開始上電視，那個對她影響比較大，……有一個歌唱節目，叫《群星會》，那個收視率也高，……哪一家有電視，然後鄰居都圍在門口看，一台電視幾十個人看，所以能夠上那個節目對她的知名度就幫助很大了。那時候都擠破頭要去上那個節目。」見《一個真實的鄧麗君》，思君編（北京：東方，2005），頁72。

[39] 何貽謀，《臺灣電視風雲錄》，頁69。

[40] 同上註，頁69。

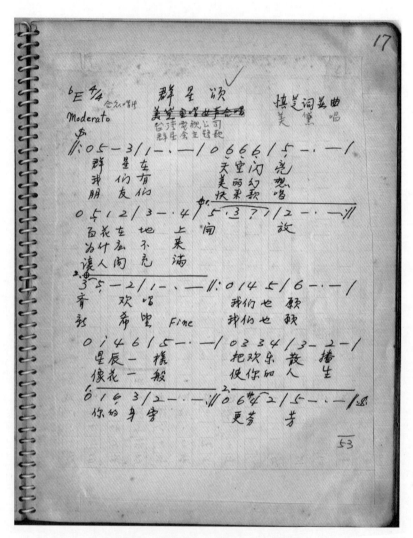

慎芝〈群星頌〉手稿，國立臺灣大學圖書館藏。

唱」，又塗改為「美黛唱」。美黛即是原唱者，後才有合唱版本出現。[41] 此曲固然旋律動聽，但所以深入人心，其實超越一般歌曲音樂性的因素。試想；在長達十五年的歲月裡，每週一次或兩次由電視機裡傳出「群星在，天空閃亮……」的歌聲，許多人立即拋下手邊工作，圍坐在那個神奇的方盒子前面，等候喜愛的歌手樂音出現。久而久之，只要〈群星頌〉歌聲一出，觀眾腦海即刻閃現聲色並茂的歌舞場景，毫不考慮地奔向電視機前，一般流行歌曲難有如此魔力，無怪何貽謀稱之為「五○、六○年代流行歌曲的座標」，[42] 這是慎芝建立《群星會》品牌並成功行銷的重要一步。

慎芝也充分利用文字媒體的力量宣傳《群星會》。她在《電視周刊》創刊號發表了〈寫在《群星會》開播以前〉，向讀者宣告新節目的製播方向。第2期又有何藝文（藍明）撰寫〈我的好友──慎芝〉，藍明並非臺視員工，寫此文章無非為朋友宣傳罷了。自第4期起，慎芝開始撰寫〈群星會每週一星〉，以淺顯文字配合照片介紹歌手，〈每週一星〉未必週週出現，但經慎芝推薦的歌手確有魚登龍門的效果。[43] 當時坊間出版的歌譜會刊登廣

---

[41] 美黛的獨唱收入合眾唱片《合眾中國歌曲》第十四集《夜夜夢江南》（唱片編號CM-14，1964）。見劉國煒，《群星歡唱50年》，頁15、27。《電視周刊》第147期記載「慎芝和夏心兄弟合唱團合唱〈群星頌〉」，並附照片。〈群星頌〉成為節目主題曲之後，多半以合唱方式呈現，獨唱反而少見。

[42] 何貽謀，《臺灣電視風雲錄》，頁69。又據《電視周刊》，〈群星頌〉首播是4月28日。

[43] 歷年推薦歌手名單本文不暇具載。見汪其楣《歌未央》附〈慎芝年表與《群星會》記事〉，頁184-188。

播節目資訊，方便聽眾按時收聽對照學習，[44] 慎芝也引入同樣手法。《群星會》自第5期起開始刊登歌譜，並預告此曲在《群星會》的播出時間。這種作法不但對歌迷有吸引力，也能引起一般人的興趣。這些歌曲都是經過慎芝篩選後刊登，猶如《群星會》的「推薦曲」，對於理解《群星會》的音樂內容有莫大意義。[45] 除此以外，慎芝還不時在《電視周刊》上以「啟事」的方式與觀眾溝通，結合《周刊》例行刊登的節目報導、照片、圖集、幕後花絮等，更配合了其他報章雜誌，整體形成一個文宣網絡，成功為《群星會》創造了更高的知名度。這套手法很快地為其他節目仿效，[46] 慎芝可說是為電視歌唱節目的行銷樹立了一套標準模式。

　　由廣播進入電視，是由單一聽覺變為視聽兼具的多重感官刺激，如何在動聽悅耳之餘，也能兼顧「電視」的「視覺性」？是出身廣播界的製作人慎芝的一大挑戰。《電視周刊》第1期慎芝專文〈寫在《群星會》開播之前〉提到：

> 過去那種，只聞其聲，不見其人的缺點，現在可以得到彌補了。……節目中，主要是邀請影歌星或名媛們來演唱國語歌曲。中間插以小小花絮或舞蹈，以避免畫面的單調。……（《電視周刊》第1期，頁38）

---

[44] 例如《正聲歌選》即為正聲廣播公司出版，用以搭配正聲的歌唱節目。再如筆者收藏《最新廣播歌選》（臺北：民族文化）一翻開內頁即說明「將本省各廣播電台播唱歌曲時間列後，以便諸位聽眾按時收聽，獲得無師自通之樂。」

[45] 推薦歌名本文不具載，仍可參見汪其楣《歌未央》附〈慎芝年表與《群星會》記事〉。

[46] 《電視周刊》自20期以後也出現了「臺語歌星」、「臺語歌曲」專欄，應是學習慎芝的手法。

由觀眾角度看，能看到喜愛歌手的廬山真面目，還能在自家客廳
與三五親友恣意評頭論足，是電視吸引觀眾的最大噱頭。何貽謀
也說：

> 在電視上，既聞其聲，又見其人，在客廳中，在臥室內，
> 到時間只要打開電視，歌星樂隊全都光臨，不費分毫令人
> 享受一段輕歌曼舞的時光。[47]

然而對出身廣播的慎芝和關華石來說，「輕歌」不為難事，「曼
舞」談何容易？如何在音樂以外豐富視覺的美感，「避免畫面的
單調」，想必是電視新手慎芝更關注的，所以在歌曲之間必須
「插以小小花絮或舞蹈」。由《周刊》的報導看來，慎芝的憂慮
並非無的放矢。《電視周刊》〈現場點滴〉指出：

> 每遇歌舞節目，導播莫不挖空心思，力求畫面的變化。但
> 偏偏許多歌唱小姐習慣於無線電台之播音，只顧唱，毫
> 無動作表情。使他們聞歌興歎，無可奈何。（《電視周刊》
> 第 11 期，頁 34）

可見草創之初多數歌手由廣播跨界電視，並不習慣面對攝影機，
《群星會》歌手尤其拘謹。早期出現在《電視周刊》上的《群星
會》照片，常是有美一人，身穿穠纖合度之旗袍（穿西式曳地長
禮服者後來才逐漸增加），亭亭獨立於一支落地麥克風之前，歌
者兩手交握於胸前，儀態端莊大方，肢體動作偏少，因此記者報

---

[47] 何貽謀，《臺灣電視風雲錄》，頁 68。

導是「毫無動作表情」，辜負了電「視」這種新型媒體。[48]

面對這種情況，慎芝如何去扭轉這種聽覺唯美、視覺單調的缺憾呢？由於《群星會》早期並無影片，只能根據書面資料加以探討。就個人所見，慎芝豐富節目視覺之美的主要策略如下：

（一）精緻華麗的妝髮服飾

《電視周刊》曾報導：「很多初上電視的小姐們，多愛打扮得花枝招展，愛穿釘有亮片或是鑲珠的晚禮服或旗袍登場。」[49]由照片可見，群星會歌手多是長旗袍，頭頂流行的「鳥巢頭」，歌手冉肖玲曾言，初上電視時「禮服都是慎芝借給她的」，其他《群星會》歌手也有類似經驗。[50] 可見這是慎芝的刻意要求，以不同於日常生活的華麗形象吸引觀眾的注意力。

（二）特殊設計的布景燈光

由照片看來，《群星會》的畫面遠比其他節目乾淨統一，[51]除了搭配歌曲內容的布景燈光以外，《群星會》還不時出現特製

---

[48] 類此之例信手拈來即是，如第6期葉玲、18期夏琍琍、19期夏琴心演唱時的照片，都是如此。

[49] 《電視周刊》第14期，頁36。

[50] 參見張夢瑞，〈冉肖玲與藍色的夢〉（《聯合報》1995年11月27日）。筆者曾訪問冉肖玲，她也重複類似說法。張琪也提到慎芝為她借衣服、借高跟鞋（黃北朗，〈細說「群星」群星話當年〉《聯合報》（1981年1月4日第9版）。藍明在〈我的好友──慎芝〉一文中，盛讚慎芝對於穿著打扮極有美感。

[51] 比較不講究的節目，甚至出現西式樂隊背景，而前方跳著宮裝綵帶舞的畫面（《電視周刊》第3期）。

主題。例如把現場布置成咖啡館，也曾設計韓國專集，布景衣飾都走韓風，[52] 更把整集節目變為「類歌舞劇」，例如《歌迷家庭》全集載歌載舞外，還出現了不同角色的扮演，有劇情對話，也有客廳、臥房等場景變化。[53] 在感官視覺上，大大超越了一般歌唱節目，可見慎芝追求視覺變化的用心。

（三）以舞配歌，載歌載舞

　　舞蹈是營造視覺變化最直接快速的手法之一。《群星會》開播之初，慎芝即規畫要在歌唱之間「插以小小花絮或舞蹈」。《電視周刊》有不少《群星會》「以舞配歌」的報導，如陳春華以芭蕾舞搭配慎芝演唱〈沒有月亮的晚上〉，崔蓉蓉以芭蕾舞搭配〈靜靜的湖水〉，吳淑貞和曹金鈴演出舞蹈〈海燕〉，張文建、陳玉律舞蹈搭配慎芝演唱〈情人的眼淚〉，前引《歌迷家庭》及韓國專集亦有載歌載舞場面，儘管與日後綜藝節目大場面的豪華伴舞仍難以相提並論，已是難能可貴了。以舞配歌形成慣例之後，節目也出現了固定的舞蹈班底；例如曹金鈴自幼學芭蕾，大約1964年開始出現於《群星會》，甚至固定為片頭主題曲〈群星頌〉伴舞。[54]《群星會》的舞蹈多半是芭蕾舞、現代舞、或是華爾茲、探戈、恰恰等「交際舞」，鮮少出現民族舞蹈，[55] 可知

52　分別見《電視周刊》30期、《電視周刊》第134期。

53　《歌迷家庭》見《電視周刊》145期。

54　曹金鈴原本隨關華石學唱歌，因擅長芭蕾舞，受關華石與慎芝賞識，栽培提攜不遺餘力。慎芝〈群星會歌星名單〉記錄其他舞者包括王廣生、陳玉律、蔡光代、許惠美等知名舞蹈家。

55　根據《電視周刊》，民族舞蹈多半出現在國樂節目或臺灣歌舞的節目裡。但

《群星會》的取向是更為現代化、都市化的。《群星會》的舞蹈多是一二人伴舞，較少歌手親自擔綱歌舞合一的表演。關華石曾在受訪時表示：「善唱的歌星，往往不會舞蹈，而會舞蹈的人，卻對歌唱又一竅不通。」[56] 所言確是實情，《群星會》旗下「能歌善舞」的歌手百不得一，歌手在演唱時勁歌熱舞的場面是不多見的。[57]

（四）培養新人，嚴格訓練

培養新人一直是慎芝的主要策略，與其說是為了聽覺上的精益求精，更是視覺上的求新求變，最終更成為她對臺灣國語流行歌曲的重要貢獻之所在。上文提及包括鄧麗君在內的歌手，多以新人之姿登上《群星會》，從此大紅大紫。慎芝曾指出：「新人的穿插，也是臺視的政策。」[58] 但新人出場不能純以素人之姿，因此由關華石教唱，慎芝訓練風度儀表，確保不致貽笑大方。慎芝在介紹新人秦蜜的文章裡提到他們施以訓練嚴格，她說：「秦蜜是關華石的得意高足……。到了決定要上電視以後，我們又再三地商量選歌，選服裝，選髮型，注意儀態，表情，和手勢等

慎芝整理的〈群星會歌星名單〉也包括知名的民族舞蹈家許惠美，可見《群星會》也偶有民族舞蹈。

[56] 《經濟日報》（1968年8月1日第8版）。

[57] 即使是照片，仍可看出歌手的肢體動作。熱門歌曲節目的歌手會隨著音樂節拍起舞，《群星會》歌手則是一貫端莊，《電視周刊》第23期有一張「紫蘿萍、紫蘿蓮姊妹及蘿莉小姐在演唱〈拉莫娜〉中熱舞」的照片，是早期節目中少見的。

[58] 慎芝，〈心聲〉（上、下）《聯合報》（1972年7月3、4日第10版）。顧名思義，本文是慎芝自撰雜憶她的成長之路以及製作《群星會》節目的甘苦。

等；經過了這些，才產生一個電視上的秦蜜。」[59] 顯然除了歌唱能力以外，慎芝在歌手的妝髮、儀態、表情、手勢等「視覺」層面更為重視。她也在提交臺視公司的報告裡自陳：「差不多的演員都是本人推介首上節目，有許多是從初學教起，不只是歌藝，連裝飾髮型一切都是本人花心血教導，就算只是上節目，為她們選歌，以期使她們能發揮最大的才能。她們能走上歌壇，很多都是從群星會發掘的。」[60] 由製作人的角度看，慎芝展現了她對於《群星會》的事必躬親，留意細節，也因此維持了《群星會》的一貫水準和統一的美學風格。《群星會》如同慎芝與關華石合辦的「群星會歌唱訓練班」，確保新的歌手源源不絕。[61]

（五）歌壇情侶，創造話題

「歌壇情侶」是許多人對《群星會》的主要印象。[62] 男女歌手形成固定搭檔，在情歌對唱時眉目傳情、打情罵俏，在視覺上增添了不少表演成分。《群星會》著名的「情侶」檔有余天／秦蜜、謝雷／張琪、青山／婉曲、夏心／張明麗、羅江／洪燕萍、劉朗／憶如等等。這些歌壇情侶合作日久，是否真的郎情妹意總讓觀眾及媒體津津樂道。一篇報紙專文以「疑真疑幻、有情無

---

[59] 《電視周刊》168期，頁53。

[60] 臺大圖書館藏慎芝手稿〈人事部分〉。

[61] 翻看當時報紙，新出道的歌手每每自詡為關華石學生，僅以報紙刊載已有知名度者統計已有數十人（詳細名單此處不贅），其後臺視成立歌唱訓練班，關華石也曾擔任班主任。參見臺大圖書館收藏〈臺視訓練中心唱歌班簡介〉。

[62] 《民生報》（1986年10月25日第13版）整理刊出〈電視大事記〉，指出《群星會》兩大重要性是「鄧麗君在此奠下聲譽，歌壇情侶對唱的表演型態首次出現」。

情」為標題，提到當時傳言之盛，說張琪、謝雷「已經訂婚，又曾傳說他們解除婚約，張琪相思、懊惱等等」。[63] 這些「歌壇情侶」後來都各有歸宿，但觀眾茶餘飯後仍八卦不斷，提升了歌手的人氣和《群星會》的收視率，可說是將戲劇的元素帶入了歌唱表演中。

本節梳理《群星會》節目的基本形式，探究慎芝如何打造品牌、營造視覺的「可看性」。此一過程其實就是臺灣由廣播轉型至電視的實際經歷。慎芝以妝髮布景的華麗唯美吸引觀眾注意、以新歌手新場景提升新鮮感、以舞配歌增加畫面的動感、帶入戲劇元素吸引觀眾矚目。這些手法豐富了視覺的美感，也帶動了音樂的轉變，諸多強調視覺之美的策略終使《群星會》逐步走向「極視聽之娛」，成為首屈一指的電視節目。[64]

三、聆聽《群星會》
——貫通歷史、三分天下的歌曲內容

承接上節討論《群星會》的視覺，本節討論《群星會》的聽覺。《群星會》唱些什麼歌？唱誰作的歌？唱哪裡來的歌？因欠

---

[63] 周銘秀，〈疑真疑幻．有情無情——歌台上的「情侶」〉，《經濟日報》（1968年8月24日第8版）。

[64] 徐剛夫，《臺北市家庭收看電視節目之反應分析》（臺北：政治大學新聞研究所，1970），以臺北市1000戶家庭為樣本，調查分析1968年11、12月市民的收視習慣，結果不論性別、省籍，或教育程度不同群組，《群星會》均為歌舞節目中受喜愛比例第一，最高的喜愛比例落在中等教育程度的外省籍婦女群組，高達83.05%，而本省籍男性女性各組也都在60%上下。

缺具體的視聽資料，本文以《電視周刊》第一年的前七個月及第三年全年約九十期為主要參考，[65] 輔以《群星會》歌手訪談、唱片及相關報導。遺憾的是，《電視周刊》很少收錄《群星會》完整的節目表，只有零星曲目散見於圖文報導中。以常理推判，這些曲目既被登載宣傳，必具有一定代表性，可藉此理解《群星會》的音樂設計。筆者將所有見於《周刊》的歌曲摘錄而出，再分別考訂其來源出處、詞曲作者。由於《周刊》的記載多半只有短短歌名，追查頗費心力；撇開少數暫時無法確定來源的曲目不計，共計找出《群星會》初期大約一百八十首歌曲，列成曲目清單（以下稱之〈電視周刊曲目〉，簡稱〈曲目〉），作為以下討論的基礎。

　　在討論《群星會》之前，宜先回溯近代中國流行歌曲的發展。國語流行歌曲始於1930年代的上海，有「中國流行音樂之父」之稱的黎錦暉創作了〈毛毛雨〉、〈特別快車〉、〈桃花江〉等歌曲，「時代曲」就此成為時代的寵兒。黎錦光、嚴華、陳歌辛、劉雪庵、李厚襄、姚敏等作曲家先後投入，帶出周璇、白虹、李香蘭、白光、姚莉、吳鶯音、龔秋霞這些炙手可熱的歌手。新出現的流行歌曲藉著唱片、廣播電台、舞廳、電影等不同媒介與管道廣為流傳。三、四〇年代上海流行歌壇佳作紛呈，傳唱一時，造就了大批普羅大眾的歌迷。[66]

---

[65] 《電視周刊》每週一冊，數量龐大，本文無法全部涵蓋，只以手邊現有《群星會》開播第一年及第三年的資料進行研究（1-37期，117-168期）。

[66] 本段牽涉資料甚廣，不一一加註。參見吳劍，《何日君再來：流行歌曲滄桑史話1927-1949》（哈爾濱：北方文藝，2010）、安德魯‧瓊斯（Andrew F.

　　戰後國語流行歌曲的重鎮移到香港。曾在上海唱片界領導風騷的百代唱片公司，1952年底在香港復業，重整旗鼓，延攬上海時期姚莉、張露、逸敏等重新加入，並力圖發掘新人。來港的詞人曲家包括李厚襄、李雋青、姚敏、陳蝶衣等人。隨著歌唱電影的潮流興起，香港幾乎每部國語電影都有七、八首甚至十餘首插曲，影星或者演而兼歌（如葛蘭、林黛），或者由歌手幕後代唱（如姚莉、靜婷）。另一方面，唱片科技已由78轉進展到33又1/3轉的長行唱片（long play），一張唱片的容量從以前正反面兩首歌曲，暴增到八首、十首。這些因素交互為用之下，帶動了香港時代曲的黃金時代。[67]

　　至於臺灣，日治時期的流行歌曲已受上海時代曲的影響。[68] 1949年後隨著大批大陸移民的遷臺，周璇、白光、吳鶯音等人的歌聲也隨之「移植」來臺。1958年慎芝與關華石主持的《歌壇春秋》，即是以上海流行歌曲作為主體的節目。戰後臺灣也開始有國語流行歌曲的創作，最早應是1949年電影《阿里山風雲》中的插曲〈高山青〉，[69] 接著有1954年周藍萍創作

　　Jones）著，宋偉航譯，《留聲中國——摩登音樂文化的形成（*Yellow Music: Media Culture and Colonial Modernity in the Chinese Jazz Age*）》（臺北：商務，2004），及筆者指導的碩士論文，洪芳怡，《天涯歌女：周璇與她的歌》（臺北：秀威，2008）等著作。

[67] 見黃奇智，《時代曲的流光歲月》（香港：三聯，2000）。黃湛森，《粵語流行曲的發展與興衰——香港流行音樂研究（1949-1997）》（香港：香港大學博士論文，2003）等。

[68] 拙作〈音樂臺北vs.音樂上海：音樂文化對照記〉有初步探討，收入《文化啟蒙與知識生產：跨領域的視野》（臺北：麥田，2006），頁317-340。

[69] 〈高山青〉可謂臺灣的代表歌曲，作詞者鄧禹平，作曲者則有異說。張徹在

的〈綠島小夜曲〉，[70] 這兩首歌迄今仍是臺灣國語流行歌曲的代表作。周藍萍是五〇年代臺灣的重要作曲家，被視作臺灣國語流行歌曲的開創者，[71] 他於1962年被香港邵氏電影公司延攬，因而《群星會》開播之時，臺灣流行歌壇的人才是相當不足的，這是當年慎芝面對的現實處境。本文蒐集《電視周刊》刊載《群星會》曲目約一百八十首，尋索歌曲來源、探究詞曲作者，結合上述國語流行歌曲發展史，歸納初期《群星會》的音樂特色至少有如下四點：

（一）以上海為源頭的風格認同

《群星會》歌手介紹裡，常見「小周璇」、「小白光」、「寶島周璇」、「李香蘭第二」等稱呼，[72] 這類後生晚輩嘗試認同前輩名家的手法不足為奇，但在《群星會》有較深刻的意義。首

《回顧香港電影三十年》（香港：三聯，1989）一書中屢屢提到自己創作〈高山青〉，但此曲原唱女高音陳明律卻認為周藍萍才是作曲者（2013年受訪時仍持此說，見2013年5月7日《中國時報》邱祖胤專訪）。

[70] 有關周藍萍〈綠島小夜曲〉及臺灣原創國語流行歌曲研究，參見拙作〈周藍萍與〈綠島小夜曲〉傳奇〉，《臺灣文學研究集刊》12期（2012年8月），頁79-122。

[71] 這是臺灣早期影壇歌壇相關人士所公認的，筆者訪談的楊秉忠（訪談日期：2012年4月1日）、秦晉（2014年10月14日）、李行（2015年2月8日）均執此說。

[72] 例如于璇被稱為「小周璇」，她的曲目就以周璇歌曲為主，youtube上流傳她近年的公開演唱，仍是〈夜上海〉、〈鳳凰于飛〉、〈真善美〉、〈天涯歌女〉等周璇代表作（蒐檢日期：2015年5月10日），早期的報紙也報導她演唱〈拷紅〉、〈凱旋歌〉等，連她的藝名「于璇」也擺明了對「周璇」的認同。《電視周刊》159期慎芝撰文，稱胡美芳「被譽為『李香蘭第二』」，第166期仍是慎芝撰文，以「寶島周璇沈雪珍」為標題。其餘類似資料甚多，不暇列舉。

先，這種作法顯示觀眾對三、四〇年代歌手的喜愛已根深蒂固，雖僅相去二十餘年，但周璇等人已成無可超越的經典。其次，1949年政權遞嬗後，歌手或是身陷鐵幕（如吳鶯音），或已香消玉殞（如周璇），離散海外的華人對「舊時歌曲舊時人」更有一分思鄉憶舊之情，極易「移情」於某些後起歌手。其三，由歌手的角度看，被視作某某接班人不但現成有了固定曲目，更可拓展歌迷數量，何樂不為？其四，慎芝在撰文介紹歌手時，常以「擅長周璇」、「擅長吳鶯音」來形容，[73] 不但可見她對新進歌手的栽培方向，也可看出身為製作人的她對節目特質的期待。她是以上海時期流行歌曲作為《群星會》根基，以喜好上海老歌的觀眾作為《群星會》基本觀眾。從慎芝、關華石二人的上海背景來說，這種節目取向也是理所當然的。

　　《群星會》刻意塑造上海老歌接班人的態勢，在歌手冉肖玲身上十分明顯。冉肖玲以低沉磁性的歌喉出道，人稱「小白光」，記者曾報導：「『小白光』當年冉肖玲是個不懂唱歌、不會裝扮自己的女孩，完全是由慎芝『心傳口授』教出來，甚至連禮服都是慎芝借給她的。慎芝認為，冉肖玲低沉的嗓音是唱白光歌曲的最佳人選。」[74] 筆者曾經訪談冉肖玲，她表示當年在《群星會》，如果以自己的音色演唱，就會接獲觀眾來信批評，而改用白光帶有些微鼻音的慵懶韻味，便會獲得觀眾的讚美。其實她

---

[73] 例如《電視周刊》第35期稱歌手沈丹楓「擅長的是周璇的歌」，第154期154-1藍夢真「擅唱周璇、吳鶯音等的歌」，第160期陳玲「她適合，也喜歡唱周璇的歌」，以上均為慎芝親自執筆的《群星會每週一星》專欄。
[74] 張夢瑞，〈冉肖玲與藍色的夢〉，《聯合報》（1995年11月27日第34版）。

的歌喉低沉溫暖，頗有風格，但從登上《群星會》就被界定為不作第二人想的「小白光」，可見《群星會》以上海時代曲為宗主，部分歌手也以繼承上海歌手為目標。[75]

（二）歷史聲音同台再現

《群星會》作為第一個電視國語歌唱節目，製作人慎芝對於歌曲的選擇其實相當寬廣。流行歌曲儘管占曲目的絕大多數，其他如民謠、小調、藝術歌曲、抗日救亡歌詠，乃至學堂樂歌等等，無所不包。學堂樂歌是近代中國受西方影響設立音樂課程後，為音樂教育而創作的歌曲，曲詞相對單純，李叔同的名作〈送別〉、〈憶兒時〉也曾出現在《群星會》。藝術歌曲的創作始於青主、趙元任、黃自等學院派作曲家，相對需要更高的歌唱技巧，也更曲高和寡，但《群星會》也不乏趙元任的〈教我如何不想她〉、黃自的〈玫瑰三願〉、劉雪庵的〈紅豆詞〉等曲。救亡歌詠是因應抗日而作的愛國歌曲，唱來義正辭嚴、音節鏗鏘，其風格與所謂「靡靡之音」的流行歌曲南轅北轍，但《群星會》裡也有黃自的〈熱血歌〉、安娥作詞的〈杯酒高歌〉、夏之秋的〈歌八百壯士〉、黃友棣的〈杜鵑花〉等。[76]

學堂樂歌、藝術歌曲，到抗日救亡歌詠，這三類歌曲在近

---

[75] 據2009年12月25日〈冉肖玲訪談〉。慎芝對歌手的栽培有一定想法，她反對什麼都能唱的「萬能歌手」，希望取法日本歌壇，發掘每位歌手的「歌唱個性」。參見慎芝〈日本歌唱事業的特色〉（臺大圖書館收藏慎芝手稿）。

[76] 閻荷婷是《群星會》中以演唱藝術歌曲著稱的歌手；在流行歌曲節目中，她以藝術歌曲為標幟而廣受歡迎，可見節目吸納不同曲風的包容性。

代中國音樂史上是風格迥異、不同時期的線性發展，卻同時被
「收編」在流行歌曲《群星會》的平台上，可謂不同時期「歷史
聲音」的「同台再現」。值得注意的是，這些不同類別的歌曲都
被《群星會》歌手以更柔軟的方式唱出，加上了更多滑音和裝飾
音。顯然不論原來的背景和時代，所有歌曲都被《群星會》流行
歌曲的風格和技巧同化而統一了。[77]

（三）歌曲來源三分天下

　　據上述國語流行歌曲的發展探看《群星會》早期的音樂，可
說是以上海時期流行歌曲為根基，增添了香港時代曲的色彩，再
加上臺灣仍在醞釀中的本地風味，呈現三分天下兼收並蓄的音樂
風格，本文整理〈電視周刊曲目〉，恰可印證此說。

　　上海時代曲是《群星會》的根本，這點由歌手的風格認同及
慎芝對歌手的栽培訓練已可看出，慎芝自己的論述更可證明：

> 以我國來說，從大陸來臺的人士，誰不想再一次聽到周璇
> 的〈送君〉和〈採檳榔〉、龔秋雲的〈秋水伊人〉，和白
> 光的〈戀之火〉呢？那要比當今任何一位年輕貌美的歌星
> 唱起來有意義的多。[78]

---

[77] 例如吳靜嫻唱片《吳靜嫻歌曲精華》（臺北：四海唱片，1970）收錄夏之秋
〈歌八百壯士〉，閻荷婷唱片《閻荷婷愛花唱片》（臺北：四海唱片，1968）
演唱黃自〈熱血歌〉，均可明顯聽出流行歌手以滑音和裝飾音「軟化」抗日
救亡歌詠的演唱方式。

[78] 見1969年慎芝〈日本歌唱事業的特色〉（臺大圖書館收藏慎芝手稿）一文，
當時慎芝應邀赴日本考察一個月，這是她的出訪報告。

　　由〈電視周刊曲目〉可見，一百八十首歌曲中上海老歌約占十分之一，詳見表1：

表1　〈電視周刊《群星會》曲目〉上海老歌舉例

歌名	作曲	作詞	原唱
〈小放牛〉	金鋼	金鋼	姚敏、姚莉
〈五月的風〉	陳歌辛	黎錦光	周璇
〈我想忘了你〉	徐朗	徐朗	吳鶯音
〈我愛媽媽〉	棟蓀	姚敏	姚莉
〈夜色濛濛意悄悄〉	司徒容	水西村	雲雲
〈前程萬里〉	陳蝶衣	陳昌壽	周璇
〈恨不鍾情在當年〉	淑岑	侯湘	吳鶯音
〈春風野草〉	吳村	陳歌辛	龔秋霞
〈秋夜〉	小珠	李厚襄	白光
〈秋的懷念〉	吳村	林枚	都杰
〈紅豆詞〉	曹雪芹	劉雪庵	周小燕
〈海燕〉	林枚	衡山	李香蘭
〈得不到的愛情〉	陸麗	姚敏	姚莉
〈採檳榔〉	殷憶秋	黎錦光	周璇
〈葬花〉	曹雪芹	黎錦光	周璇
〈雷夢娜〉	姚敏	姚敏	姚莉
〈賣糖歌〉	李雋青	梁樂音	李香蘭
〈憶良人〉	洪菲	李厚襄	周璇
〈獻給心上人〉	姚敏	水西村	姚莉

　　上表所列幾乎是〈曲目〉中所有的上海老歌；可能因為《周刊》報導集中於新曲、新人，新布景、新設計（例如以舞配

歌），因此略而不提老歌。至於少數幾則記錄全集曲目的報導，必然都有一至兩首上海老歌，如314集的〈小放牛〉（黎錦光詞曲）、315集的〈採檳榔〉（黎錦光曲、殷憶秋詞）、〈憶良人〉（李厚襄曲、洪菲詞）。[79]結合上文慎芝對於個別歌手歌路的介紹，可見上海老歌即使在曲目中所占比例不高，卻是每集不可或缺的基本曲，而演唱上海老歌可說是每位歌手必備的基本功。

由《電視周刊》整理曲目看來，三分天下的最大版圖不是上海，也非臺灣，而是香港時代曲。香港自1952年百代唱片復業，雖然詞人、曲家、歌手的數量都不如上海時期，產量卻十分可觀。關華石曾談及當時香港最重要的一位作曲家——姚敏：

> 姚敏是個多產的作家，……自從《桃花江》一部影片裡面的歌曲由姚敏作曲，姚莉幕後代唱，一炮而紅，……〈桃花江〉一曲，原是廿幾年前很流行的一首老歌，調兒早在一般老歌迷的印象之中，……因此《桃花江》之後又有《特別快車》、《葡萄仙子》……等等影片，而這些片子就是拿老歌名字當片名，裡面的歌也就是老歌翻新……。[80]

---

[79] 見《電視周刊》158期記載1964年10月17日（314集）及10月20日（315集）的完整曲目，314集由於請到香港名歌手崔萍，因此以當時流行的香港新曲居多。

[80] 見《歌壇春秋》，頁119-120。筆者訪問靜婷（2015年4月2日），她直言：「姚敏每年要作幾百首歌呀！」一方面表露了姚敏的才氣，也顯示當時影劇圈快速生產的風氣，在歌后靜婷口中，更隱含了成品良莠不齊不免粗疏的批判意味。

這則談話簡要勾勒了香港時代曲的產製方程式：多才多產的作曲家姚敏、出色的歌手姚莉、上海時期的老歌「翻新」、以一首老歌為片名及主題的電影、附帶創作更多新曲。這樣在舊有基礎上快速生產，既可喚起觀眾記憶，又能行銷更多新曲，由此可知戰後香港流行歌曲工業如何蓬勃發展。雖是香港生產，但作詞、作曲、歌手、歌曲主題都與上海有關，仍脫不了濃重的滬上風味。香港這類電影歌曲在臺灣極受歡迎，1950年代臺灣出版的歌譜經常以完整收錄電影插曲作為賣點，[81] 慎芝的《歌壇春秋》廣播節目裡也有香港歌曲的一席之地，這解釋了何以《群星會》裡香港歌曲能占重要版圖之因。

　　本文整理的〈電視周刊曲目〉，其中香港流行歌曲占一半左右，主要作曲家包括姚敏、李厚襄、綦湘棠等，重要的詞人則為陳蝶衣、李雋青、司徒明等。歌曲舉例如表2：

表2　〈電視周刊《群星會》曲目〉香港時代曲舉例

曲名	作詞	作曲	原唱	年代、電影
〈人面桃花〉	狄薏	姚敏	姚莉	1957《風雨桃花村》
〈不了情〉	陶秦	王福齡	顧媚	1961《不了情》
〈今夕何夕〉	徐蘇靈	陳瑞楨	白光	1948《人盡可夫》
〈分離〉	李雋青	梁樂音	李香蘭	1957《神祕美人》

---

[81] 例如筆者收藏的《廣播歌選》（臺南：勝利，1956），〈編者的話〉：「廣播歌選的姿態是站在時代前，只要有新的影片拍攝，不待上演，我們就會每片必錄，每歌必唱。」翻開目錄，第一部分即是《最近電影插曲目錄》，收錄《花開花落》、《碧海同舟》等十一部電影插曲，然後才是以字數筆畫排序的一般歌曲。

〈母親你在何方〉	毛文波	司徒容	顧媚	1955《戀愛與義務》
〈我有一顆心〉	狄薏	姚敏	姚莉	1959《歌迷小姐》
〈沒有月亮的晚上〉	陶秦	綦湘棠	葛蘭	1956《驚魂記》
〈九個郎〉	易文	姚敏	霜華	1966《空谷蘭》
〈待嫁女兒心〉	狄薏	姚敏	靜婷	1961《燕子盜》
〈相思河畔〉	藍詩	顧嘉煇	麥韻	1965《小雲雀》
〈海上良宵〉	易文	姚敏	葛蘭	1960《六月新娘》
〈站在高崗上〉	司徒明	姚敏	姚莉	1957《阿里山之鶯》
〈情人的眼淚〉	狄薏	姚敏	潘秀瓊	1965《小雲雀》
〈第二春〉	易文	姚敏	李麗華	1956《戀之火》
〈愛情像汽球〉	李雋青	姚敏	葛蘭	1960《野玫瑰之戀》
〈葡萄仙子〉	狄薏	姚敏	姚莉	1956《葡萄仙子》

　　以上所列僅是《群星會》曲目中香港歌曲的一小部分，有些
歌曲如〈不了情〉、〈情人的眼淚〉多次出現，可見極受歡迎；
而當年香港歌手如崔萍、顧媚訪臺，也都會出現在《群星會》，
更增加了香港歌曲的曝光度。本表未列出的還有當年在臺灣家家
傳唱的《梁山伯與祝英台》黃梅調。《梁祝》的作曲配樂雖是臺
灣作曲家周藍萍，但因是香港出品，不得不列在香港歌曲之中，
整體而言，香港歌曲實為《群星會》初期音樂的主流。

　　令人欣喜的是，臺灣音樂在《群星會》也有一席之地，曲
目中不乏臺灣原創的新歌。顯然在上海及香港的勢力下，《群星
會》仍試圖走出自己的道路，茲條列部分曲目如表3：

表3　〈電視周刊《群星會》曲目〉臺灣新歌舉例

曲名	作詞	作曲	原唱
〈月光小夜曲〉	周藍萍	周藍萍	張清真
〈春風春雨〉	唐紹華	周藍萍	秦晉、薇莉
〈情人情人〉	李慧倫	周藍萍	紫薇
〈群星頌〉	慎芝	慎芝	美黛
〈還是走吧〉	慎芝	慎芝	美黛
〈柳葉迎風笑〉	慎芝	慎芝	美黛
〈良夜莫錯過〉	慎芝	慎芝	
〈船〉	瓊瑤	慎芝	
〈我要你來〉	慎芝	梁樂音	
〈舞獅謠〉	慎芝	梁樂音	
〈偶然〉	徐志摩	許德舉	
〈遙遠的懷想〉	慎芝	許德舉	
〈心中的太陽〉	佳寧	慧一	
〈何日君歸來〉	慎芝	楊三郎	
〈馬蘭山歌〉	慎芝	阿美族歌謠	

　　由上表可知，出現在《群星會》曲目中的臺灣流行歌曲，小部分是早已問世甚至膾炙人口的臺灣原創作品（如周藍萍的〈情人情人〉、〈月光小夜曲〉），而絕大多數則是《群星會》開播後與慎芝有關的作品。她在專訪時談及：

　　　　……老歌就那幾首，唱多了也覺得乏味，因此，我在三
　　　　年前開始嘗試作曲。……三年來我作了差不多有五百首
　　　　較為通俗的抒情流行歌曲，……目前，在「群星會」節

目中，歌星們所唱的歌曲，多半是我的新歌。[82]

慎芝在此所謂的「作曲」，其實包括作曲和作詞，且以填詞為主。本條資料見於民國五十四年，正是《群星會》播出第四年，她說「我在三年前開始嘗試作曲」，顯然在《群星會》開播後就積極投入創作。由曲目看，詞曲都出於她手的作品有〈群星頌〉、〈良夜莫錯過〉等，但更多是慎芝填詞的新歌，其中有與知名音樂人梁樂音、許德舉等人的合作，有以原住民阿美族歌謠填詞的〈馬蘭山歌〉，有以楊三郎耳熟能詳的臺語歌謠〈望你早歸〉填詞的〈何日君歸來〉等，還有更多「洋曲中詞」的新曲。

以量來看，《群星會》的音樂源頭雖是上海、香港、臺灣「三分天下」，但三塊版圖大小明顯不等，可以說上海老歌是節目的根基所在，香港時代曲是時尚主流，而臺灣新創的歌曲雖為數不多，在慎芝苦心經營下，卻是增長快速。

（四）外國歌曲加入競豔

上文提及慎芝三年內創作了「差不多有五百首」歌曲，這些歌曲構成《群星會》裡臺灣國語流行歌曲家族。慎芝非作曲家，其創作以填詞為主，這「五百首」歌的音樂從何而來？〈電視周刊曲目〉已為我們揭開謎底，原來她採用了「舊曲新詞」、「洋曲中詞」之法；這本是學堂樂歌以及滬港流行歌曲習見的手法，[83]

---

[82]〈從歌唱到作曲的慎芝〉，1965年11月27日《徵信週刊》，頁7。

[83] 例如被視為中國第一首學堂樂歌的沈心工〈體操〉（1902），原為日本鈴木米次郎的〈手戲〉，李叔同名作〈送別〉（1915）原為美國作曲家J.P. Ordway

以現有的曲調填入新詞，一首「翻唱曲」（Cover Song）就此產生，[84] 是快速產出的不二法門。在此，慎芝的「牽手」關華石扮演了重要角色。筆名黃霑的香港名作家黃湛森曾提及，關華石「對選曲方面，有獨到眼光。」[85] 至於歌詞，則是慎芝個人成就，以下是早期《群星會》中外國歌曲的國語「翻唱曲」部分曲目：

表4　〈電視周刊《群星會》曲目〉洋曲中詞舉例

曲名	作詞	作曲	出處
〈出人頭地〉	莊奴	周藍萍	印尼・Ayo Mama
〈心聲〉	慎芝	韓・朴椿石	韓國
〈我在你左右〉	慎芝	韓・朴椿石	韓國
〈情人的黃襯衫〉	慎芝	韓・孫夕友	韓國
〈星星索〉	韶瓊		印尼船歌
〈情鎖〉	慎芝	菲・Mike Velarde	菲律賓 Dahil Saiyo
〈越南海邊夕陽下〉	慎芝		越南

'Dreaming of Home and Mother'，其餘類似之例不可勝數，參見錢仁康《學堂樂歌考源》（上海：上海音樂，2001）。而1959年香港國泰電影《空中小姐》插曲〈臺灣小調〉，易文詞，姚敏曲，葛蘭演唱，其實原曲是臺灣作曲家許石（1919-1980）的〈南都之夜〉。

[84] 在流行歌曲中，凡是原曲經由另一歌手重新演唱詮釋、或重填新詞、或重新編曲、甚至局部延伸創作新曲，都稱之為「翻唱曲」（Cover Song）。〈綠島小夜曲〉是首翻唱極多的曲子，原唱秦晉是男聲，紫薇、紀露霞轉為女聲就是翻唱，鄭智化〈新綠島小夜曲〉創作新詞也是翻唱，英語版 'I am Yours'、粵語版〈荷花千朵水裡開〉、〈友誼之光〉，日語版〈乙女の心に雨が降る〉也都是翻唱。翻唱常出現在不同語言之間，顯示流行歌曲「自行流動」的特質。

[85] 黃湛森，《粵語流行曲的發展與興衰——香港流行音樂研究（1949-1997）》，頁68。事實上，關華石除了選曲外，也包辦了新歌完成後的重新編曲。正因新的編曲、新的歌手、新的演唱，才讓這些「翻唱曲」顯現臺灣的「本土風味」。

〈靜靜的湖水〉	慎芝	英・Eric Coates	Sleepy Lagoon
〈追〉	慎芝	日・紅葉	日本
〈意難忘〉	慎芝	日・佐佐木俊一	日本・東京夜曲
〈我的他〉	慎芝	美・John D. Loudermilk	美・Sad Movies
〈祝福你我愛〉	慎芝	美・Larry Russell, Inez James, Buddy Pepper	美・Vaya Con Dios
〈婚禮的祝福〉	慎芝	智利・Joaquín Prieto	美・The Wedding, La novia
〈不再分離〉	慎芝	西班牙・Sebastián Iradier	美・No More, La Paloma
〈香吻和情淚〉	慎芝	Ben Weisman	美・Summer Kisses Winter Tears

　　上表〈出人頭地〉由莊奴作詞、周藍萍編曲，旋律來自印尼民謠「Ayo Mama」（哎喲媽媽），原為電影《龍山寺之戀》插曲，本片女主角是人稱「廈語片皇后」的新加坡影星莊雪芳。因此，這首「洋曲中詞」翻唱曲的出現，很可能是為擴大電影在南洋的銷路，於是採用當地的流行歌謠重新翻唱。然而，像這樣仍可追溯緣由的歌曲百不得一，常見的「舊瓶裝新酒」、舊曲填新詞，大多只能歸因於市場需要──不僅是每週播出兩次的《群星會》需要新歌，唱片公司與歌手也需要大量新曲，當需求超出了臺灣作曲家的供應能力，[86] 翻唱現成外國歌曲乃成為不得不爾的選擇。

　　慎芝「千首詞人」的美譽主要奠基於大量的「洋曲中詞」翻

---

[86] 如上文所述，當時臺灣最主要的國語歌曲作曲家周藍萍在《群星會》開播前已赴香港工作，新一代的作曲家如翁清溪、左宏元、駱明道等尚未挑起大樑，臺灣的流行歌曲作曲家嚴重不足。

唱曲。所謂「洋曲」泛指中國以外的歌曲，上表已可看出慎芝在
選曲上十分多元，有日本、韓國、印尼、越南、菲律賓、美國、
英國、西班牙，甚至智利作曲家的作品。日本作品如慎芝最喜愛
的李香蘭原唱的〈東京夜曲〉，經慎芝填詞改為〈意難忘〉，成
為美黛的代表作。〈心聲〉、〈我在你左右〉都是韓國知名作曲
家朴椿石之作，〈情人的黃襯衫〉原曲同樣出於韓國作曲家孫夕
友。〈情鎖〉、〈越南海邊夕陽下〉則是分別出於菲律賓及越南
的流行歌曲。[87] 美國歌曲對臺灣一直影響頗大，即使不是美國作
曲家原作，大抵也經由美國二手輸入，如〈靜靜的湖水〉、〈我
的他〉、〈祝福你我愛〉、〈婚禮的祝福〉等歌曲都是轉譯為英文
後才流行到臺灣。〈不再分離〉、〈香吻和情淚〉原曲都是「貓
王」（Elvis Presley）演唱，他深情慵懶的演繹深受臺灣年輕人喜
愛，可能因此才被慎芝選中翻唱為國語歌曲。

　　雖然上表顯示慎芝選曲方向的多元，但現今留下來的慎芝手
稿卻以日語翻唱曲占大多數，[88] 黃霑曾提及：

> 臺灣歌曲那時流行「中詞日曲」。……精通日語女詞人慎
> 芝根據臺語歌曲傳統，用日本流行旋律改填中詞。[89]

---

[87] 紀露霞曾提及，〈越南海邊夕陽下〉是她去越南演唱後帶回臺灣，請慎芝填
　　寫國語歌詞的。見〈紀露霞訪談〉（2014年8月）。

[88] 據臺大圖書館藏慎芝創作歌詞手稿，確實以日本翻唱曲居多。初步統計，其
　　中約70%為日本翻唱曲，其次為西洋歌曲，再其次為臺語及東南亞各國民謠
　　翻唱。

[89] 黃湛森，《粵語流行曲的發展與興衰——香港流行音樂研究（1949-1997）》，
　　頁86。

為何慎芝大量運用「中詞日曲」？考量她成長於上海日租界精於日語的背景，當需要新曲時，取材於熟悉的日本歌謠是輕而易舉的，而臺灣曾受日本殖民，多數臺灣人對日本歌曲有一定熟悉度與親切感，日本旋律的國語翻唱曲想必也有助於吸收「本省人」的觀眾。戰後的臺灣歌謠其實也同樣翻唱日語歌曲，[90] 國語歌曲如法炮製也不足為奇。[91] 然而，回到《群星會》開創的初期，由〈電視周刊曲目〉可見，日本翻唱曲的數量並不多，此時仍是多元的外國歌曲加入競豔的開始，「洋曲中詞」尚在逐步發展中。

黃奇智提到流行歌曲「滬—港—臺」的流傳時，有如下看法：

> 我們要談的時代曲，是指二十年代末，三十年代初始於上海的流行曲，經過三四十年代的發揚光大，然後傳到五十年代的香港再繼續發展，成為最純粹和最正宗的「海派」國語流行曲。姚蘇蓉時代的臺灣歌曲來自另一系統，血緣有別，和時代曲在風格上就截然不同了。[92]

黃奇智認為的「另一系統」即是由慎芝為主導的日本翻唱歌曲系

90　參見黃裕元，《戰後臺語流行歌曲的發展（1945-1971）》（中央大學歷史研究所碩士論文，2000）；陳培豐，〈從三種演歌來看重層殖民下的臺灣圖像——重組「類似」凸顯「差異」再創自我〉，《臺灣史研究》15卷2期（2008年6月）。

91　例如中野忠晴的〈達者でな〉，國語由慎芝填詞、青山主唱〈可愛的馬〉，臺語由葉俊麟填詞、郭金發主唱〈可愛的馬〉。遠藤實的〈星影のワルツ〉，國語由慎芝填詞、青山主唱〈星夜的離別〉，臺語由郭金發填詞、演唱的〈星夜的離別〉。市川昭介的〈レモン月夜の散步道〉，國語由慎芝填詞，陳芬蘭主唱的〈月兒像檸檬〉，臺語之一為邱宏瀛填詞的〈玫瑰酒〉。可見這種國、臺語同時翻唱日本歌的情形相當常見，值得深究。

92　黃奇智，《時代曲的流光歲月》，頁10-11。

統，代表歌手即是出自《群星會》姚蘇蓉、青山等人，演唱技巧亦飽含日本風味。他認為這類臺灣流行歌曲與上海時代曲是斷裂的、是「血緣有別」的，而香港時代曲才是「純粹、正宗、海派」的國語歌曲。他將「時代曲」收束於狹小的範圍內，而臺灣流行歌曲則被排除在外。然而，本質上華洋文化糅合的流行歌曲是否在風格上只能定於一尊？或只能接納西洋而峻拒東洋？這些問題猶待商榷，但至少黃奇智的描述並不適用於本文所論述的《群星會》初期。

　　綜上所述，流行歌曲初上電視，《群星會》營造了一個貫穿不同時期，收編各類歌曲的寬廣歌唱平台，歌曲內容以上海老歌為根本，香港歌曲為大宗，而臺灣原創流行歌曲、以及「洋曲中詞」翻唱歌曲則如雨後春筍快速萌生。由音樂史的角度看，由於香港流行歌曲幾占了《群星會》演出曲目的一半，而這些歌曲的作曲、作詞，多半都是上海移居來港的音樂人，因此早期《群星會》的音樂風格可說仍浸潤在上海的流風餘韻中，更何況《群星會》少數歌手被標榜為上海歌手的繼承者。由此，黃奇智所謂的「血緣有別」、「另一系統」顯而易見尚未形成。

四、結論

　　《群星會》是許多臺灣民眾成長記憶的一部分，然而，「群星會」之名雖是大家耳熟能詳，這個節目的具體呈現方式、歌曲內容，卻始終未經深入研究。本文參考珍貴的慎芝、關華石手稿，輔以《電視周刊》、報紙、訪談，由資料梳理開始，探究

了《群星會》演出形式、行銷方式，指陳了《群星會》強化視覺之美的主要策略，包括精緻華麗的妝髮服飾、特殊設計的布景燈光、以舞配歌，載歌載舞、培養新人，嚴格訓練、歌壇情侶，創造話題。這些手法都在於引起觀眾注意，讓觀眾的目光更長時間地停留於螢光幕上。

本文的重點更在於《群星會》的音樂內容，本文蒐集《電視周刊》的刊載曲目並一一追索歌曲源頭，由這些曲目探看《群星會》的音樂特點，我們發現《群星會》製作人慎芝鼓勵個別歌手認同於上海歌手的老派風格，在歌曲內容上，《群星會》貫穿近現代中國不同時期的歌曲，讓歷史聲音同台再現。至於歌曲來源上，上海老歌是節目的根基所在，香港時代曲是主流大宗，而臺灣原創歌曲及慎芝積極創作的「洋曲中唱」也駸駸然聲勢日漸上揚。可以說，早期的《群星會》延續了上海的流風餘韻，追隨五〇年代香港的時代曲風，逐漸變身為臺北大眾文化。

本文定格於「流行歌曲上電視」的六〇年代初期，探究歌唱節目《群星會》有關「視聽之娛」的形塑，可謂是《群星會》研究的基礎。本文發現香港時代曲對臺灣國語歌壇的深刻影響，也呈現了慎芝在大量創作「日曲中詞」之前，試圖以「洋曲中詞」方式多元開創的努力，這是過去較少為人注意的面向。事實上，《群星會》帶動了臺灣唱片工業、歌廳文化的興盛，更成為國語歌曲流行海外華人世界的領軍火車頭，這個節目以衣香鬢影、歌聲曼妙之姿，為觀眾提供了世外桃源式的想像樂園，凡此種種均值得探究，留待日後繼續深入，也期待更多學者投入這個精采的領域。

泰雅族詩人瓦歷斯・諾幹的族群書寫與文化關懷

洪淑苓

　　在臺灣原住民作家中，泰雅族詩人瓦歷斯・諾幹出版的作品集非常多，包括詩集、散文集、評論集、報導文學集與部落田野調查紀錄等；他既從事創作，又具社會運動的精神，以返回部落擔任教職、創辦雜誌為原住民發聲等實際行動，來落實他對族群文化的關懷。瓦歷斯曾獲「一九九二年年度詩獎」、教育部創作獎、時報文學獎、臺灣省文學獎等，是一位非常值得注意和肯定的作家。他的新詩創作語言流暢，內容深刻，充分反映一個原住民作家對自身部落文化的關懷，也旁及對所有原住民命運和歷史的關注，因此本文將探討他新詩作品中所呈現的原鄉風貌，並分析在現代社會的衝擊下，瓦歷斯對原住民文化有著怎樣的反省和期許。

一、創作歷程與轉折

　　瓦歷斯・諾幹（瓦歷斯・尤幹），漢名吳俊傑，曾取筆名柳翱，後以原名發表作品。[1] 1961年出生於臺灣中部和平鄉的泰雅族部落Mihuo，這個部落在清朝稱之為「埋伏坪」。瓦歷斯從小接受漢人教育，中文書寫能力極佳，中學畢業後考上臺中師專，也開始他的創作之路。1980年，瓦歷斯自師專畢業，服役兩年，1982年分發到花蓮富里國小任教，為了更接近家鄉，1984年、1989年分別請調至臺中縣梧南國小、豐原市富春國小，而終於在1994年回到母校臺中縣自由國小任教，落實他關懷部落人民與土地的理想。

　　瓦歷斯的教師身分，使他對學童在生活上、課業上的問題非常關心，也為他們寫下一系列的新詩作品，藉此表達他對原住民學童未來命運的關懷。而瓦歷斯本身對原／漢文化衝突的省思，來自於他成長過程中，逐漸發現漢人對原住民的歧視，以及意識到自己是個原住民的身分與責任，加上父親和部落老人對他的呼喚，因此決定回到家鄉教書。[2] 原本瓦歷斯以為持續發表文學作

---

[1]　瓦歷斯的名字也反映了他的身分認同的歷程。他原本以漢名行世，後來恢復泰雅族的名字，起初被寫成瓦歷斯・尤幹，或作瓦里斯・尤幹；後來根據正確的母語發音，又再更正為瓦歷斯・諾幹。而柳翱這樣文謅謅的筆名，也就捨棄不用了。如吳晟說：「從他的漢名吳俊傑，到『文藝氣息』的筆名柳翱，改為瓦歷斯・尤幹，再確定為瓦歷斯・諾幹，這期間轉變，已大致說明了追尋部落原鄉的軌跡。」，吳晟，〈超越哀歌〉，見瓦歷斯・諾幹，《伊能再踏查》（臺中：晨星，1999），序文，頁7。又，為行文方便，以下皆逕稱他為「瓦歷斯」。

[2]　參見瓦里斯・尤幹，《山是一座學校》的〈序〉（臺中：晨星，1994）。

品可以引起社會對原住民的關心，進而提高原住民在現代社會的地位，但後來發現這樣的效果有限，可以說幾乎沒有太大作用，因此他另外尋求更有效的作法。1984年起，瓦歷斯接觸了社會主義和閱讀《夏潮》雜誌，開始更廣泛地認識臺灣原住民社會的現況，也開始發表議論的文章；[3] 1990年，創辦《獵人文化》雜誌，企圖以雜誌報導來提醒社會大眾關心原住民的處境與權益問題；[4] 另一方面，也更積極地展開對各部落文化的調查和報告，希望從神話、傳說、祭典、生活等文化層面建立族人的自尊心與信心，以身為泰雅族為榮，並且找到更好的生活方式來適應現代社會。[5]

　　由以上歷程可知，是身分認同的問題促使瓦歷斯決定了自己寫作的方向，因此他不寫風花雪月的愛情故事，而是用各種體裁，詩、散文、評論、報導文學，來書寫與部落相關的題材。最重要的是，他也因此跳脫漢人的價值觀，擺脫漢人作家形塑的現代文學風格，而以質樸自然的筆觸，真實地挖掘原住民的歷史文化，剖析原住民在當前的社會問題。在新詩創作上，瓦歷斯曾說自己剛開始寫詩，是以周夢蝶、洛夫、張默、楊牧等名家為模仿對象，期許自己寫出和他們一樣好的作品，但這些作品其實自己也未必看得懂。直到有一天聽鄉土詩人吳晟演講，才知道詩也可

---

[3]　這些文章結集為《番刀出鞘》（臺北：稻鄉，1992）。

[4]　魏貽君，〈從埋伏坪部落出發——專訪瓦歷斯‧尤幹〉，收入瓦歷斯‧尤幹，《想念族人》（臺中：晨星，1994），頁206-221。

[5]　瓦歷斯在1990年起，開始到各部落進行部落社會觀察報告，這些成果結集為《荒野的呼喚》（臺中：晨星，1992）。

以用淺白的語言書寫家鄉的土地，因此改變了他的寫作風格，擺脫現代主義的束縛，真正掌握自己的語言特色。瓦歷斯在接受訪問時曾說：「詩社曾經邀請吳晟到學校演講，我對他印象很深……，最重要的是，他的詩我看得懂，沒有詩貴族的臺北觀點。」因此可知：

> 從接觸吳晟的人與詩之後，瓦歷斯憶起部落老人的祭典對吟，事實上就是詩意的絕對表現；自此開始，泰雅族的人民歷史記憶、俗民日常生活的思維字彙，在瓦歷斯捕捉詩意象之時即不請自來地活潑躍舞。[6]

故，當瓦歷斯感到寫作的靈感枯竭時，原住民題材也是他重新出發的契機。這一點，他認為是受到小說家林輝熊的啟發。林輝熊對他說：「你本身是山地人，你怎麼不寫你山地的東西？可以寫你從小成長的部落故事。」[7] 也就在這樣的提醒下，瓦歷斯開始回過頭來尋找自身的族群文化，找到書寫的泉源，成為他畢生努力的方向。

瓦歷斯目前已出版五本詩集，包括《泰雅孩子，臺灣心》（臺灣原住民人文研究中心，1993年12月）、《想念族人》（臺中：晨星出版社，1994年3月）、《山是一座學校》（臺中縣立文化中心，1994年6月）、《伊能再踏查》（臺中：晨星出版社，1999年11月）與《當世界留下兩行詩》（臺北：布拉格文化出版

---

[6] 同註4，頁208。

[7] 同註4，頁212。

社，2011年12月）都是圍繞在泰雅族或其他原住民的題材而書寫，忠實呈現一個原住民詩人的所思所感。以下更進一步分析其詩作中的內容與反映的現象。

二、反映原住民在都市生活的困境

　　瓦歷斯的新詩作品中最常見的題材是反映原住民在都市生活的困境。自1960年代起，臺灣社會由於工商業的發展，大批的年輕人從鄉村湧向工業區、都市，以便求取工作機會，賺錢養家。而居住於山區或城市邊緣的原住民學童，有很多人在小學一畢業，就被仲介到都市工作。男孩大都從事搬運、建築等勞力工作，也有的踏上遠洋漁船去工作；而女孩則被帶往加工區充當廉價女工，更不幸者，可能被賣往風化區，變成雛妓，從事出賣肉體的工作。

　　面對這些不公不義的事，有許多社運分子都曾發起抗議活動，但問題仍然層出不窮。瓦歷斯在他的作品中也曾為此類問題憂心忡忡，他試圖藉由文字對這些現象表示憤怒，也表達他對這些青少年的關愛。例如〈軌道〉，以第一人稱代言手法，寫一個名叫「洛克」的泰雅族青年進入都市後的情形，他曾經做過搭鷹架的建築工人，也當過遠洋漁船的船員，但現在顯然在城市的邊緣廝混，沒有朋友，「我學臺語，講三字經[8]／和許多人稱兄道地／最後他們都離我遠去」；他偶爾回部落，但前年雙親已經因

---

[8] 「講三字經」，指說一些罵人的粗話。

哀傷而逝世，家中只剩一個弟弟，而去年他回部落敘舊，才發現
戶口名簿上已經劃去他的名字，換句話說，他已經被家人和族人
視為脫離部落，永遠寄身在都市了。因此這首詩的最後說：

> 我只能順著鐵軌滑下去
> 下班後恆常躲入賓館
> 定時向老人買愛國獎券
> 假如中獎，打算環遊世界各地
> 我已沒有名字和鄉愁
> 只能朝向死亡的終點出發[9]

　　從前文推測，「我」大概是打零工維生，居住在廉價的小公
寓，透過鋁窗，可以看到火車鐵軌，因此「順著軌道滑下去」指
的是隨波逐流，日復一日過下去，是百無聊賴的人生樣態。詩中
的「我」失去親人，也遠離家鄉，只是在都市討生活，人生已
經失去意義，因此才說「只能向死亡的終點出發」。全篇充塞蕭
頹、悲哀的氣氛，以第一人稱來寫，更可以令人感受到其中的無
奈和辛酸。

　　對於女孩落入火坑的命運，瓦歷斯更有沉痛的控訴。例如
〈在大同〉，[10] 寫的即是宜蘭大同鄉泰雅族女孩的悲慘遭遇，詩中
的「我」自學校畢業後，即被賣到當時臺北的風化區華西街充當
妓女，詩末透過「我」的口中感歎：「進入社會，我不再捧書朗

9　瓦歷斯，〈軌道〉，《山是一座學校》，頁93-95。
10　瓦歷斯，〈在大同〉，《想念族人》，頁69-72。

誦／被賣斷的青春課本從不解答／在華西街陰冷的房間一角／偶
爾，我還會想起故鄉／賭博醉酒的母親，死於／斷崖的父親，荒
廢的田園／和尚在讀書的弟妹」（《想念族人》，頁71）。另一首
〈紅花〉，[11] 筆觸更加沉痛，詩中透過敘述者我，對名叫紅花的女
孩的人生加以描述，紅花被父親賣到妓女戶，因此她開始濃妝豔
抹，擦上低劣的香水，改名叫瑪利亞，出入豪華飯店賣淫──
「當然有人偷偷在廊柱背後監視」，這句詩的補充說明，使人意
識到紅花的命運是十分可悲的。這首詩以散文詩的形式構成，第
一段寫敘述者和紅花在多霧的G港相遇，想像紅花的皮肉生涯；
第二段寫紅花生病回到家鄉，卻遭到父親的鄙棄；第三段又回到
多霧的G港的場景：

> 今日我在多霧的G港遇見紅花，塗滿蔻丹的手指在喑啞的
> 窗櫺背後猶如展翼的蝙蝠，無所謂恥辱的面龐招引街道的
> 行人。五年後，也許我們淡忘，五年後我們都遺忘了紅
> 花。[12]

敘述者雖然頗為同情紅花，但他也無法改變紅花的命運；在
人人各自為求溫飽而奔波時，紅花可能不久後就會被人遺忘。泰
雅族少女墮入風塵，是族群的悲劇，但似乎也莫可奈何；透過詩
作，瓦歷斯表達了同情與悲歎。

類似這樣的問題：原住民離開部落到都市求職，遭遇不公

---

[11] 瓦歷斯，〈在大同〉，《想念族人》，頁140-141。
[12] 同上註。

平的待遇，以致戕害他們身心的情形，在1980年代的臺灣文學作品屢見反映，而由同是原住民的作家寫來，更是充滿「感同身受」的痛楚。[13] 以瓦歷斯來看，除了上述作品，他還寫過〈刺痛的感覺〉、〈娼妓籲天錄〉、〈礦工‧淚〉與〈漁人‧淚〉等，[14] 詩中可說是斑斑血淚，令人感慨萬千。更深入來看，不只是這些廉價勞工、妓女的問題，原住民青年進入都市以後，最堪憂慮的是面臨「失根」的問題，因為他們離開部落文化的薰陶，受到不同的價值觀衝擊，往往迷失了自己，只好隨波逐流，度過徬徨迷惘的人生。這點也是瓦歷斯相當關心的問題，他曾在〈蜘蛛〉中，這麼形容都市：「都市叢林是龐大的蜘蛛族／灰白的絲綢猶如八陣圖／誰也不許──輕易逃離。」（《想念族人》，頁136），而這一張龐大糾結的蜘蛛網因為載滿各種物質享樂，反而吸引了族人不斷撲上去，如〈下山〉[15] 所說的，在巴士站等車的孩子臉上盡是喜悅的神情，因為他們要到山下的市鎮去採買日用品，他們很天真，一點兒也不知道自己往後的歲月會如何。但是詩中的「我」，一個剛從城市裡回鄉的人，卻很清楚都市中的生活是不自由、痛苦的，因為：

　　在城市，我已不說泰雅母語
　　儘量粉刷黧黑的膚色
　　儘量掩飾蠻強的血液

---

[13] 例如布農族作家拓拔斯的小說集《最後的獵人》、《情人與妓女》等。

[14] 瓦歷斯，《想念族人》，頁153-155，156-160，161-164，165-168。

[15] 瓦歷斯，〈下山〉，《想念族人》，頁107-109。

　　甚至深埋童年的記憶
　　學習與眾人愉快地交談
　　打蝴蝶結領帶，喝咖啡 [16]

　　詩中的「我」努力掩飾自己是原住民的身分，學習都市人的
裝扮和言談，但顯然地，他的內心一點都不快樂，只是隱忍矛盾
和痛苦苟活下去。另一首〈來到都會〉的主角是一個工人，他也
有類似的感受：「我想說的話都被打斷／黧黑的膚色並不代表什
麼／我的血液和你一樣是紅色／高興時會笑傷心時會哭／……／
只要你嘗試著了解我／我會學著海洋讓你進入我的胸膛／但不要
給我廉價的同情」(《想念族人》，頁188-189)這裡指出，原住
民要求的是了解和接納，不是歧視或廉價的同情。

　　瓦歷斯以真誠的心、樸實的筆，寫出原住民進入都市以後的
處境；而慶幸的是，這些問題也因原住民意識的覺醒、設立原住
民委員會及制定原住民政策等，逐漸獲得改善。[17] 回觀瓦歷斯
的這類作品，在原住民文化發展的歷程中，恰恰留下了時代的見
證。

---

[16] 同上註，頁108。

[17] 面對原住民在現代社會中的不平等待遇，許多原住民青年與關心原住民的社
　　會人士曾多次呼籲與抗爭；至1984年，由原住民青年發起成立「原住民權利
　　促進會」，對於各原住民族正名、身分、母語、就業、經濟立法保障等，以
　　及原住民保留地等問題，不斷提出建言與訴求。1996年，終於成立行政院原
　　住民(族)委員會，進行憲法增修條款，改善相關問題。參見田哲益，《臺
　　灣原住民社會運動》(臺北：臺灣書房，2010)。

三、記敘家族與族群歷史

　　瓦歷斯返回部落之前，已經展開對部落歷史、神話、傳說的
調查工作，這些成果除了彙集成書之外，在他的新詩作中，也可
以看到大量相關的思考與書寫。由於原住民的歷史文化以口傳為
主，瓦歷斯努力從事的，有兩個方向與成果，一是記述其父祖輩
的口述歷史，而以文學的筆法來記載、建構其家族的歷史；二是
藉由探訪部落耆老，挖掘泰雅族的集體記憶，試圖在漢人主流文
化的論述之外，建構具有主體意識的泰雅族歷史。

　　瓦歷斯曾透過祖母的口中，得知祖父和其他叔公曾經到南洋
充當軍伕。這應是二次大戰末期的事，太平洋戰爭（1941）爆發
後，日本為南進之需，征調殖民地的臺灣人民到南洋出征。這些
士兵有漢人也有原住民，他們被迫加入軍隊，卻只能充當低階的
軍伕，負責勞役工作，戰事吃緊時又成為第一線的炮灰。二次大
戰結束後，日本戰敗，這些士兵大都下落不明，少數幸運者才能
夠返回臺灣；他們犧牲了青春或生命，但在戰場上的經歷與重
要性，卻往往被歷史忽略。瓦歷斯的〈家族第四〉[18] 與〈家族第
五〉[19] 二首詩寫的就是祖父的故事。然而因為祖父死於戰場，詳
情無人知曉，因此只能透過祖母的眼光去回憶祖父，而唯一的憑
藉是一張發黃的祖父的照片；這張照片，直到臨終前，祖母都還
緊握在手上。兩首詩裡的相關片段是這樣寫的：

---

[18]　瓦歷斯，〈家族第四〉，《想念族人》，頁30-31。
[19]　瓦歷斯，〈家族第五〉，《想念族人》，頁32-33。

> 某個秋日黃昏，祖母牽著我的右手
> 忽然感到莫名的不安。當我們越過
> 無人的樹林，抬著頭試圖微笑著卻
> 突然僵住的我，聽到祖母凝望一棵
> 野生的半枯的棕樹輕輕呼喚祖父的
> 小名，忽然一張悲戚的容顏像天空
> 一角湧動的烏雲不斷地不斷地撲來[20]
> 在祖母斷氣的剎那，那雙眼睛適時地
> 幽滅無蹤。一如手上緊握的發黃破敗
> 一張遠至南洋充當炮灰的祖父的照片
> 黯淡[21]

　　另一位也曾充當軍伕的么叔公，他雖然幸運返回家鄉，但從此卻變得蒼老沉默。他的軍裝照片，顯現無助與悲痛的神情，而終於他也離開人世，有關戰爭的一切，似乎只能交付給墓旁的風去追問。透過對那張照片的描寫，更襯托出么叔公悲慘而無奈的人生：

> 牆上一幀背負屈辱的發黃照片，依稀是軍刀
> 直指叉指布鞋，太陽旗幟軍帽底下那雙倉皇
> 無助的眼神，彷彿是被歷史嘲弄的小丑，在
> 歲月的舞台塗著白色的妝底，誰看到那悲痛

---

[20]　同註18，頁30。
[21]　同註19，頁33。

　　　而扭曲的五官？[22]

　　就寫作策略而言，在《想念族人》這本詩集中，以「家族」為題的作品共十三首，且列為書中的第一輯，可見瓦歷斯對它的重視。而從〈家族第一〉到〈家族第十三〉，書寫的正是其家族從遠古時代流傳下來，歷代親人的生活縮影。但因為無信史可考，瓦歷斯書寫的家族史也就以祖母這代為起點，一直寫到他這一代人所歷經的1980年代的生活與社會氛圍。在〈家族第十一──新生代〉他寫著：「八〇年代，新生代的我／帶領理想重回部落／鋪柏油的產業道路外／老人依舊醉臥草叢／小孩守著電視守著黑夜／至於我早年的同伴／男的當船員鷹架工／女的躲在都市一角／工作相異，卻一同／撕下臉譜，抹掉／喜怒哀樂」（《想念族人》，頁44-45），說的即是現代化社會下，原住民進入都市工作所產生的問題。瓦歷斯之所以致力於家族書寫，其實內心是非常沉痛的，因為在臺灣四百年的開發史上，原住民是被忽略，甚至是被遺忘的。如何重建自己的家族史與泰雅族歷史？從瓦歷斯的「家族」詩輯，不難窺見其苦心。

　　就族群歷史的書寫來看，瓦歷斯著墨最多的是1930年的「霧社事件」。在日據時期，臺灣人民時有反抗日人統治的抗暴事件，與泰雅族有關的「霧社事件」即是非常慘烈的事件之一。霧社位於臺中，為泰雅族聚居的部落。日本政府對於原住民採高壓統治，因此泰雅族人心中逐漸累積不滿的情緒。1930年10月

---

[22] 瓦歷斯，〈家族第七──最後的日本軍伕〉，《想念族人》，頁35-36。從第六首起，到最後的第十三首，都有副標題。

27日，日本「臺灣總督府」政府為追悼北白川宮能久親王喪命於臺灣而舉行「臺灣神社祭」，霧社地區照例舉行聯合運動會，泰雅族賽德克霧社群的族人即欲趁此機會發難。首先由泰雅族頭目莫那魯道帶領族人起來反抗，趁天未亮時襲擊日警，殺掉日本警察，於是爆發嚴重的衝突。日人為了鎮壓暴動，派出大批軍警，征召勞役，同時調派飛機施放毒氣殺害泰雅族人，企圖以此逼迫他們就範。然而莫那魯道等人堅持抵抗，直到12月初，大部分的人都犧牲性命，抗暴、鎮壓才告停歇。[23] 這段可歌可泣的歷史，瓦歷斯一再書寫，〈櫻花〉、[24]〈關於1930年，霧社〉、[25]〈霧社青年〉、[26]〈庚午霧社行〉[27] 與〈觀光事業〉[28] 等詩都是相關的作品。

在這些詩中，最常出現的意象是櫻花。櫻花在這裡並不是日本的象徵，而是因為霧社一帶廣植櫻花林，豔紅的櫻花和泰雅族勇士的鮮血互相輝映，每當櫻花盛開燦爛時，也就一再映現當年泰雅族人的英勇事蹟，令人感動又感傷。例如〈櫻花〉，以簡練的筆法描寫霧社事件，焦點放在莫那魯道等人和日軍對抗的過程，而以櫻花來烘托熱血沸騰的氣氛，「在櫻花之都──霧社／所有的花都燦爛過，／所有的花都泣血過；／在莫那魯道退入山谷，／親信四十八名掩面疾走。」、「泣血的花燦爛的花，／使

23　參見鄧相揚，《霧社事件》（臺北：玉山社，1998）。

24　瓦歷斯，〈櫻花〉，《想念族人》，頁73-75。

25　瓦歷斯，〈關於1930年，霧社〉，《想念族人》，頁81-86。

26　瓦歷斯，〈霧社青年〉，《想念族人》，頁100-102。

27　瓦歷斯，〈庚午霧社行〉，《想念族人》，頁86-88。

28　瓦歷斯，〈觀光事業〉，《想念族人》，頁119-120。

泰雅的血液迅速沸騰，／每一條鞭笞在肌膚的傷痕，／返身咬住
帝國主義的眼睛；／每一雙受辱過的雙眼／噴出一團火焚燒大日
本的腳掌」（《想念族人》，頁73-74），櫻花彷彿成了歷史的見
證人。〈關於1930年，霧社〉則有這樣的形容：「你看不見那赭
紅的櫻花／它的眼睛熱烈地燃燒著／每一次綻放，正是／逼視逐
漸沉淪的歷史」，（《想念族人》，頁81-82），在詩的第四節更
想像當時的激烈戰況：

> 時間依舊隨地球轉動
>
> 陸軍部隊的槍枝推動時間
>
> 埔里警察隊像嗜血的狼群
>
> 飛機撒下熱淚的瓦斯
>
> 這秋天混合煙硝與輕霧
>
> 生與死貼得好近
>
> 每一株斷裂的櫻樹
>
> 多年後都哭著一張臉[29]（《想念族人》，頁84）

「斷裂的櫻樹」是用來形容被摧折的族群命脈，在多年以
後，還是「哭著一張臉」，無法平復創傷。這首詩的最後說：
「霧社的霧依然升起／白茫茫的視野／突兀著幾株憤怒的櫻花／
歷史如夢，有沉重的黑夜」（《想念族人》，頁85）語氣確實沉
痛！

但瓦歷斯也指出，大多數人是健忘的，甚至只把霧社當作是

---

[29] 同註25，頁84。

觀光景點，雖然公路旁樹立著莫那魯道等人的紀念碑，人們看見的只是美麗的櫻花或是原住民歌舞表演，「霧社事件」與泰雅族勇士似乎被人淡忘。例如〈觀光事業〉：「我是你們觀光的內容／站在眼睛的前面／道地的原住民——泰雅族／你該記得秋天的霧社事件／莫那魯道與我同族／三〇年代初的櫻花／族人用鮮血擦亮歷史／八〇年代的新生代／我用衣飾滿足你的好奇」（《想念族人》，頁119）。這裡把三〇年代和八〇年代兩個世代的泰雅族人作對照，祖先流血抵抗，具有英勇的事蹟；今人卻只能以服飾來滿足觀光客的好奇，令人相當感慨。就像他自己也曾到霧社、盧山一帶旅遊，但卻是觸景傷情，〈庚午霧社行〉寫道：「霧色瀰漫灼我眼／一早，誰施放催淚的煙霧／從山谷施施然升起／灼痛賞景的泰雅子弟」、「我遂斷定：泰雅子弟／不宜在祖先殉難之處／觀光、玩賞、嬉遊／雖然盧山是個好地方」（《想念族人》，頁87-88）。由此，我們可以了解，霧社一帶因為是泰雅族祖先抗日的歷史之地，因而詩人也無心賞景，心中、眼前浮現的都是「霧社事件」的陰霾，使詩人心情抑鬱難安。

　　瓦歷斯對家族與歷史的追溯和描寫，使我們看到泰雅族詩人對自我族群的關心，而泰雅族的形象在現代文學上也將更加清晰。

四、以原民家園意識喚起對國家體制的抗議

　　在書寫歷史之外，原住民所面臨的社會現實仍然是必須重視的。在這一點，瓦歷斯以辦雜誌等行動，實際投入原住民權益的

活動之中。而在《伊能再踏查》這本詩集中，瓦歷斯的作品也有
更多面向的表現。首先，我們看到他為原住民發出抗議之聲，不
僅是為了泰雅族，而是關乎全體原住民的權益，他在詩中抗議：
不能歧視原住民、把土地還給原住民、不要把核廢料倒在原住民
的家園、禁止砍伐山林、禁止官商勾結炒地皮、還給原住民說母
語的權利……等等，請先看〈獵人獨語〉的部分內容：

> 這是祖先留下的獵場
>
> 希望子孫肚子裡有食物
>
> ……
>
> 這裡已經成為我們的獵場
>
> 不論生養或者死滅
>
> 山上都寬容地接納我們
>
> 現在，為什麼沒收了獵槍？
>
> 為什麼沒有所有權？[30]
>
> （憑什麼土地是你的？）
>
> 為什麼觀光飯店開進來？[31]
>
> （我們是觀光的動物嗎？）
>
> 為什麼傾倒核廢料？[32]
>
> （如果安全，放你家好了……）

---

[30] 這句意謂因為政府徵收森林土地為國有地的政策，原住民就無法在祖先的獵
場自由打獵。

[31] 這句意謂財團以「開發」的名義，配合政府推動觀光的政策，引進觀光飯店
等設施，但原住民並未因此獲利，反而身受其害。

[32] 這句指台電公司將核廢料運往蘭嶼掩埋，卻隱藏實情。

　　　為什麼砍伐森林？[33]

　　　（不怕洪水沖進你鼻孔裡嗎？）

　　　為何太多的「為什麼」

　　　總像盤據在山頭的烏雲？

　　　你能告訴我嗎？

　　　文明人！[34]

　　這裡的情緒是憤怒的，括號內的話是原住民心裡的真實感受，但面對強大的「文明人」與漢人國家體制，也只能括號夾註的方式表達弱勢者的心聲。又如〈開放〉詩所寫的，也是類似的意思，詩的第四段有言：

　　　開放的定義是什麼？

　　　是背棄母語朗讀國語？

　　　是拋棄傳統典當傳統？

　　　還是肚臍以下開放人間？[35]

　　這裡使用的言語都相當憤慨，因為唯有發出怒吼，才能抒發心中怨氣，或者也能稍微提醒有良知者的同情與支持[36]。其他詩

---

[33] 這句意謂為了「開發」等藉口，大量砍伐森林，卻無視於水土保持的生態問題，最後在颱風季節引發土石流等災害，受害的卻是當地的原住民。

[34] 瓦歷斯，〈獵人獨語〉，《伊能再踏查》，頁74-76。

[35] 這句意謂原住民女子被迫到都市賣淫。瓦歷斯，〈開放〉，《伊能再踏查》，頁100-103。

[36] 這類不公現象，已引起相關的社會運動，例如拯救雛妓運動、原住民正名運動、反核運動等，參與者包含漢人與原住民，學者、學生與社會人士，涵蓋層面極廣。

例，如〈百分之二〉、〈不再相信〉與〈回答〉等詩，[37] 都是例證；這些作品大都用語淺白，情感激切，但這是可以理解的，可以感受瓦歷斯內心的憤怒與深刻的族群意識。

其次，瓦歷斯也嘗試用溫和而堅定的語氣告訴世人，山是原住民的好朋友，更是祖靈賜與他們的獵場和家園。他更呼籲原住民回到山裡，回到自己的部落，重新體會祖靈的照拂，遠離都市、平地的生活，跳脫都市人的價值標準；〈山與原住民〉、〈土地〉、〈走進生活〉、〈家園〉與〈回部落了〉等詩，[38] 都是例證。

除了回歸山林的呼喚，瓦歷斯也有更為積極的意念，那就是把希望建立在充滿愛與溫暖的夢想上。例如〈在想像的部落〉，以「那時我們又回到歷史的起點」、「那時我們又回到島嶼的起點」和「我們又重回到愛的起點」來提示詩中許多美好的景象，例如回復到耕獵的生活，部落裡人氣旺盛，氣氛和諧；不會因為慾望而傷害彼此，懂得愛人、自愛，也懂得尊敬大自然，形成「族人敬重典律與祭儀／夫婦嚴守親愛的真義／長輩當如沉穩的山脈」（《伊能再踏查》，頁62-64），而孩童則興高采烈地學習獵人的行止，整個部落詳和安康的太平圖像。這不啻是桃花源一樣的理想境界！而〈雨落在部落的屋頂上〉更進一步期盼部落也將和漢人的世界和平共處，藉著雨的潤澤，真正達到充滿愛的理想生活：「我聽見雨聲探足在新耕的玉米田，／我聽見雨聲躡

---

[37] 瓦歷斯，《伊能再踏查》，頁74-76，38-43，92-95，100-103。

[38] 瓦歷斯，《伊能再踏查》，頁66-67，44-49，82-83，96-99，144-149。

步在憂傷的窗口旁，／……／我看到雨落在部落的屋頂上，／小
學生將要背著書包上學，／和所有的臺灣孩子做好朋友；／新生
代露出結實的臂膀，／和所有的島嶼青年握手；／中年人流露孺
慕的眼神，／和所有島嶼的父母親一樣，／以熱烈的血汗愛護子
女。」詩的後半部繼續加強這樣的意念：

> 我知道這雨正快速地通過部落，
> 攜帶沉穩與滋潤的色澤，
> 越過每一座部落，
> 每一座城鎮，
> 越過每一張島嶼的臉上，
> 越過每一座光明的心靈上。
> ……
> 我看到雨落在部落的屋頂上，
> 通過城鎮，人群……
> 在島嶼的土地上匯成壯大的
> 最純淨最古老的，我們叫它
> 愛[39]

　　這些作品，讓我們看到瓦歷斯心中的終極關懷，不是一直吶
喊、抗議下去，而是要能找到心中的愛，超越族群的隔閡，互相
尊重，平等對待。

---

[39] 瓦歷斯，〈雨落在部落的屋頂上〉，《伊能再踏查》，頁28-31。

五、漢語／母語創作的試驗與實踐

　　緣於泰雅族的身分，瓦歷斯對自己身為原住民、漢語寫作的作家，如何寫出具有泰雅族精神與特色的作品，是瓦歷斯不斷在努力的方向。然而強調原住民特色的寫作，當然不只是使用母語而已，也包括把泰雅族世代相傳的神話、儀式、生活智慧以及獨特的感知模式運用在作品中，使自己的作品可以與眾不同，讓人一眼就感受到泰雅族作家的獨特風格。這方面，瓦歷斯已經撰寫、出版多本著作，包括《番人之眼》、[40]《迷霧之旅》[41] 等。前者有個副標題「部落觀點泰雅獵人說故事」，後者則是「記錄部落故事的泰雅田野書」，都是強調「泰雅族」的書寫觀點。就創作藝術而言，原住民作家面臨的兩難問題是，究竟應該維持漢語書寫的成績，還是回歸母語的創作？這個問題瓦歷斯也一直在思考，1990 年代開始，瓦歷斯嘗試在作品中用英文字母拼音的方式寫下人名、部落用語，也引用泰雅族諺語來描述一些情境，例如〈Na Dahan Rutux 祖靈在環顧〉（《伊能再踏查》，頁110-113），從題目到內文即大量運用拼音方式來代表地名、專稱等；[42] 而〈回部落囉〉[43] 這首詩中的幾個人物，都用原住民語言發音的方式來命名，並在註解中譯出漢名。而詩中回鄉教書的Bihau，無疑是瓦歷斯的化身，久居都市的Bihau不能流暢地說

---

[40] 瓦歷斯，《番人之眼》（臺中：晨星，1999）。

[41] 瓦歷斯，《迷霧之旅》（臺北：晨星，2003）。

[42] 這些泰雅族語，瓦歷斯都在詩末附註，例如Rutux是祖靈，Papak-wagu是大霸尖山，Gava是長輩。《伊能再踏查》，頁112。

[43] 瓦歷斯，〈回部落囉〉，《伊能再踏查》，頁144-149。

母語，被形容成「就像撒謊的狗」，「撒謊的狗」係來自泰雅族的神話，故事中的狗因撒謊而失去說話的能力，[44] 可見喪失母語能力在瓦歷斯心中是多麼痛苦的事，如同詩的第一段：

> 發現自己一寸一寸地消失，
>
> 在都市當國小老師的 Bihau 就決定要回部落了。
>
> 這一天清晨，Bihau 接到部落的電話
>
> 伊伊呀呀地他，不再發出 YaYa[45] 聽懂的聲音
>
> Bihau 的喉嚨就像撒了謊的狗
>
> 消失在安靜的都市清晨啦！
>
> 他只好讓淚水的聲音流進聽筒
>
> 彷彿電話一端是接受告解的神父。
>
> 族人問他回來幹什麼？
>
> Bihau 病厭厭地發聲：「治喉嚨痛。」
>
> 但沒有人聽懂他的阿美里嘎話。[46]

根據原註，阿美里嘎話指族人聽不懂的外來語。當 Bihau 自我解嘲地說是回來「治喉嚨痛」，族人仍然聽不懂他的「阿美里嘎話」，可說幽默又辛酸。也因此，〈回部落囉〉詩中回到部落的人們，不只是為了找回母語，也有為了「找回一張臉」，一張

---

[44] 瓦歷斯在詩末附註，Bihau，泰雅族男子名，漢譯畢號；「撒謊的狗」，泰雅族神話傳說中，狗原來是會說話的，但因為喜歡對族人撒謊，族人便割其喉嚨，使其不能說話，只能吠叫狗的語言。《伊能再踏查》，頁148。

[45] YaYa，母親。

[46] 同註43，頁144。

屬於泰雅族的臉；還有人是為了尋找昔日的獵場和果園，瓦歷斯形容他們「像疲倦而遍體鱗傷的鮭魚」，「他們一同突破洶湧的海洋／閃避暗礁與鯊魚的突擊／直抵初生的溪流。／沒有人知道他們將找回什麼／我們只是高興流浪的族人終於回家囉！／流浪的族人終於回家囉！」（《伊能再踏查》，頁148）瓦歷斯在33歲那年（1994年）回到家鄉——臺中東勢的埋伏坪，擔任自由國小的教師，迄今已過二十年，成為回歸原鄉最好的例證。在瓦歷斯任教的自由國小，全校共有學生三十多人，瓦歷斯教導學生作文、寫詩，希望他們打好漢語基礎，也告訴他們漢人世界的競爭情形，期許學生不要自滿，「讓他們知道真相，學會武裝，才有力氣拼鬥。」[47] 詩人作家、國小老師的雙重身分，是瓦歷斯安頓自我的方式。其他的族人不一定回得來，但總是有瓦歷斯帶頭發出這樣的呼喚和具體實踐，相信可以成為年輕族人心中的最佳範例。

然而可注意的是，瓦歷斯在2012年推出的新詩集卻叫作《當世界留下兩行詩》，該詩集不強調母語的創作，反而強調的是形式的試驗——以「兩行」來挑戰新詩的創作。為何出現這樣的轉變？首先看這本詩集的起因。

這是瓦歷斯在教學過程中，無意間啟發的靈感，進而成為他訓練學生寫作的示範。有一天的課間休息時間，瓦歷斯隨手寫下「寒流南下部落小學／學童北上韓流取暖」，覺得很有意思，

---

[47] 瞿欣怡，〈當風吹過部落的髮——瓦歷斯・諾幹在他的故鄉Mihu〉，收入瓦歷斯・諾幹，《當世界留下兩行詩》（臺北：布拉格文化，2012），頁251。

於是往下寫出第二首、第三首……「二行詩」逐漸成形。[48] 又有一次，他先將2009年發生的12條國際新聞，以大事記的形式貼在黑板上，讓學生說說其中詳細的內容，然後再用兩行詩的形式提綱挈領，和大事記的內容互相參照。如此一來，學生既學習了國際大事，又學習了簡要的寫詩方法；這一輯詩，瓦歷斯命名為「社會課」，可見其勤於教學、又有創意的作法。[49] 而瀏覽詩集內容，也有不少作品寓含身為原住民的認同問題與思考，例如〈母語教學〉：「母語老師尋思發音教學／方塊結晶的嘴型如何放軟？」（《當世界留下兩行詩》，頁36）；〈身分〉：「我們的歷史是違禁品／流離失所也不許書寫」（《當世界留下兩行詩》，頁176）；〈祖父的地契〉：「紀念品。近看，可見到／一無所有的記憶」（《當世界留下兩行詩》，頁178）因此，這本詩集雖不強調母語創作，但仍然和瓦歷斯關心的教育事業、族群文化有密切的關聯。

「二行詩」的出現，代表瓦歷斯在新詩創作上創意的試驗，他不僅用「二行詩」來教導自己的學生寫詩，也到處演講，推動「二行詩運動」，引起中小學熱烈的迴響。[50] 瓦歷斯轉向創作藝術的追求，那麼他對母語、族群文化的看法呢？

---

[48] 瓦歷斯‧諾幹，《當世界留下兩行詩》，頁33，〈小詩學堂〉輯的序言。詩中的「韓流」指的是學生愛聽韓國的流行音樂。

[49] 同上註，頁49。

[50] 多所中、小學，甚至也有大學、縣市圖書館邀請瓦歷斯演講，並示範如何寫「二行詩」。這些演講與現場觀眾的即席寫作，後來選錄、編輯為《2012：自由寫作的年代》（臺北：原民會臺灣原住民族圖資中心，2012）。

　　在2012年新詩集出版後的一次座談會中，[51] 瓦歷斯表示，他
對於母語的流失仍然是憂慮的，但他的態度改變了，「因為我愈
來愈覺得每一代的人，他會有方法適應當下的社會」，他強調的
是族群意識、自我意識的覺醒，「當你意識到全球化衝擊，就會
意識到自己的身分、自己的文化在喪失，這個時候，你就會採取
行動！你會開始和你的爸媽、祖父母聊天，用母語來聊，你會開
始在社區裡面，比如透過社區發展協會去護漁，把自己家鄉的產
業搞起來！你開始有這樣的覺醒，你更會想要培育人才，加強傳
遞自己的文化！」[52]

　　回到家鄉、回到自己的部落社區，是瓦歷斯一再提出的呼
籲，他又說：「我經常講，特別是母語的部分，我不認為在學校
安排一節母語課就可以把母語寫好；但是不能因為一節課不夠，
就不要有母語課。我們要回過頭來，回復到你語言的環境，更應
該到社區的每一個家庭去鼓勵這個東西。因為日常生活不使用，
這個語言就會跑掉。」可知瓦歷斯強調的是「怎樣讓部落活下
去，所謂的『生活』是去『使用』這些東西」，[53] 這些東西包括
生活中的各種有關山林、原野的知識，也包括語言。而強化原住
民的教育，培訓原住民人才方面，瓦歷斯認為：「語文能力是最

---

[51] 這個座談會由行政院原委會、臺灣原住民圖書資訊中心主辦，瓦歷斯‧諾幹
　　與向陽對談，2012年6月8日下午13：30起，地點：臺大總圖書館B1國際會
　　議廳。演講紀實〈當兩行詩遇到十行詩──瓦歷斯‧諾幹與向陽（林淇瀁）
　　兩位詩人對話錄〉，收於瓦歷斯‧諾幹著、曾湘綾主編，《2012：自由寫作的
　　年代》（臺北：原民會臺灣原住民族圖資中心，2012），頁227-278。
[52] 同上註，頁259-261。
[53] 同上註，頁273、275。

基本的，以後你要基測、要學測。或是多元入學，再往後還有任職、考試，或是什麼東西，第一個要求的就是中文要好！並不因為你是泰雅族，你是布農族，所以你的國語文可以不好。學好了，接著你再多增一個英語能力，這就是你加分的部分。到目前為止，我感覺原住民人才培育的部分，還是太狹隘了，大概都發展體育、音樂、舞蹈。我其實更希望看到更多的人才培育面向，不管是律師也好，醫生也好，這個面向要更多、更廣，對原住民社會幫助會更大。」[54] 從這些意見來看，瓦歷斯仍然沒有忘卻他身為泰雅族詩人的身分與使命，他從來不是一個閉門造車、關起門來寫作的詩人。

六、結論

瓦歷斯以流暢的漢語、中文書寫族群歷史，挖掘當代社會中原住民的問題，他的創作成果值得肯定。他從追尋當代知名漢語詩人的創作腳步到建立自己書寫的方向，以泰雅族和全體原住民的口傳文化、歷史經驗為題材，從中建立起自我認同和族群意識，可說具體實踐了身為原住民的歷史責任，也樹立了原住民詩人書寫的典範。

原住民詩人的創作，應該以漢語為準，還是恢復母語的寫作？或是有折衷的辦法？瓦歷斯提供給我們的是，歷經長期的抗爭與運動，他回歸寫作的本位，試圖在創作藝術上求新求變，同

---

[54] 同上註，頁270。

時又積極推動他的「二行詩運動」。他沒有特別強調母語與族群
文化，其實是認為內在的意識覺醒比外在的母語教學、母語寫作
來得更重要，因為那才是根本的力量。[55] 瓦歷斯向來以泰雅族
的視角來審視漢人的歷史觀與文學史觀，他所要凸顯的是原住
民作家的主體性，以期建構原住民自身的文學史觀。[56] 這是瓦
歷斯早期提出的觀點，仍具有與漢人抗爭的色彩，但《當世界留
下兩行詩》出版後，他提出「加法」的概念：「我經常跟很多朋
友分享一個概念，那就是『把異文化當成一個加法，而不是減
法。』」他希望可以從不同的族群（包括漢人與其他原住民族）
身上去學習對方的優點，以創造個人以及族群的優勢，這才是面
對全球化、資本化社會的有效方法。當然，這並不是說要順從潮
流，這裡面還是有個基本面，就是加強原住民學生對於知識與文
化的吸收和傳承，才能以自己的族群文化為基底，投入這個浪潮
中。[57]

---

[55] 這當然不是一蹴可幾，而是他長久以來的努力，並且也加上社會集體觀念的
推展，才能促使族群意識的覺醒。

[56] 參見魏貽君，〈從埋伏坪部落出發——專訪瓦歷斯‧尤幹〉，瓦歷斯對於臺中
縣志中記載的臺中開發史，即指出其中並未真實顯現原住民因為漢人的開發
而不斷後退的歷史；對於某些研究者「認為原住民文學是臺灣文學的一個新
興支派，我認為這樣的評論是沒有必要的。」又說：「現在的原住民文學是
由誰來定義的，基本上是由漢人來定義，所以口傳文學部分不會被納入原住
民文學」見瓦歷斯‧尤幹，《想念族人》，頁223-224，227。

[57] 〈當兩行詩遇到十行詩——瓦歷斯‧諾幹與向陽（林淇瀁）兩位詩人對話
錄〉，瓦歷斯‧諾幹著、曾湘綾主編，《2012：自由寫作的年代》，頁260-
262。

　　如是，透過瓦歷斯的創作與實踐，我們看到一個原住民詩人對於自己多重身分的思考，無論是創作者、原住民社會運動者、國教第一線上的教師，瓦歷斯都扮演了重要的角色，是一位非常有代表性的詩人。

國家圖書館出版品預行編目資料

交界與游移：跨文史視野中的文化傳譯與知識
生產／陳熙遠等著；梅家玲、林姵吟主編.
-- 初版.-- 臺北市：麥田，城邦文化出版：
家庭傳媒城邦分公司發行，民105.12
面；　公分.--（麥田人文；163）
ISBN 978-986-344-407-7（平裝）

1. 臺灣文化　2. 多元文化　3. 文化研究
4. 文集

733.407　　　　　　　　　　　　　　　105021687

麥田人文 163

交界與游移
跨文史視野中的文化傳譯與知識生產

作　　　者／陳熙遠、張哲嘉、周春燕、胡曉真、黃子平、黃美娥、
　　　　　　梅家玲、林姵吟、廖炳惠、黃英哲、張必瑜、沈冬、洪淑苓
主　　　編／梅家玲、林姵吟
特 約 編 輯／吳菡

行　　　銷／艾青荷　蘇莞婷　黃家瑜
業　　　務／李再星　陳玫潾　陳美燕　杻幸君
編 輯 總 監／劉麗真
總 經 理／陳逸瑛
發 行 人／涂玉雲
出　　　版／麥田出版
　　　　　　10483臺北市民生東路二段141號5樓
　　　　　　電話：(886)2-2500-7696　傳真：(886)2-2500-1967
發　　　行／英屬蓋曼群島商家庭傳媒股份有限公司城邦分公司
　　　　　　10483臺北市民生東路二段141號11樓
　　　　　　客服服務專線：(886) 2-2500-7718、2500-7719
　　　　　　24小時傳真服務：(886) 2-2500-1990、2500-1991
　　　　　　服務時間：週一至週五09:30-12:00、13:30-17:00
　　　　　　郵撥帳號：19863813　戶名：書虫股份有限公司
　　　　　　讀者服務信箱E-mail：service@readingclub.com.tw
麥 出 網 址／http://ryefield.com.tw
香港發行所／城邦（香港）出版集團有限公司
　　　　　　香港灣仔駱克道193號東超商業中心1樓
　　　　　　電話：(852)2508-6231　傳真：(852)2578-9337
　　　　　　E-mail：hkcite@biznetvigator.com
馬新發行所／城邦（馬新）出版集團【Cite(M) Sdn. Bhd. (458372U)】
　　　　　　41, Jalan Radin Anum, Bandar Baru Sri Petaling, 57000 Kuala Lumpur, Malaysia.
　　　　　　電話：(603)9057-8822　傳真：(603)9057-6622
　　　　　　電郵：cite@cite.com.my

封 面 設 計／李東記
印　　　刷／前進彩藝有限公司

■ 2016年（民105）12月1日　初版一刷　　　　　　　　　　Printed in Taiwan.

定價：520元

著作權所有·翻印必究
ISBN 978-986-344-407-7

城邦讀書花園
www.cite.com.tw
書店網址：www.cite.com.tw